中国社会科学院创新工程学术出版资助项目

中国少数民族语言方言实验研究丛书

呼和 主编

艾则孜·阿不力米提 呼和 著

维吾尔语语音声学研究

社会科学文献出版社
SOCIAL SCIENCES ACADEMIC PRESS(CHINA)

目 录

绪 论 ·· 001
 一 "中国少数民族语言语音声学参数统一平台" ············ 003
 二 丛书的研究思路、方法和内容 ······························ 029

第一章 维吾尔语及其语音实验研究概况 ······················· 031

第二章 维吾尔语元音声学特征 ····································· 038
 一 元音声学特征参数及分析方法 ······························ 038
 二 词首音节元音 ··· 040
 三 非词首音节元音 ··· 110

第三章 维吾尔语辅音声学特点 ····································· 162
 一 维吾尔语标准音辅音音位系统 ······························ 162
 二 辅音声学特征参数及分析方法 ······························ 162

第四章 维吾尔语单词韵律特征 ····································· 293
 一 维吾尔语单词韵律模式 ·· 293
 二 维吾尔语词重音问题 ··· 299

第五章 维吾尔语语音模式 ·· 307
  一 元音模式 ·· 307
  二 辅音模式 ·· 314
  三 维吾尔语的元音和谐律 ·· 320

参考文献 ··· 327

后　记 ··· 332

绪 论

　　从全国人大民族委员会和中央民族事务委员会组织的 1956 年开始的少数民族语言、少数民族社会历史调查和自 1962 年《中国语文》杂志开始刊登少数民族语言概况算起，我国民族语言研究已走过了 60 多年的历程，完成了"中国少数民族语言简志丛书"（1958 年启动，1991 年基本完成，2009 年修订）、"蒙古语族语言方言研究丛书"（21 本，内蒙古大学蒙古语文研究所 20 世纪 80 年代初开始陆续出版）、"中国新发现语言研究丛书"（1997 年至今，已出版 41 种）和"中国少数民族方言研究丛书"（1998 年至今，已出版 17 种）等大型研究成果。可以说，在前辈们的不懈努力下，我国民族语言研究取得了较辉煌的成就。目前的民族语言研究虽然涵盖了描写语言学、历史比较语言学、记录语言学、语言类型学、民族语言文字应用、实验语言学、民族文字文献等诸多领域，但与英语和汉语等强势语言的研究相比，在研究深度和广度等方面都存在一定的差距。

　　1985 年中国社会科学院民族所（现中国社会科学院民族学与人类学研究所）建立的语音实验室是我国民族语言实验语言学学科成立的标志，该实验室语音学队伍也是我国最早开展少数民族语言语音实验的研究团队。1985～1995 年，该团队主要开展了汉语普通话和少数民族语言语音声学、生理实验基础研究工作，主持完成了多项国家自然科学基金和国家社会科学基金项目。如在国家社科基金资助下，研究团队历时数年完成了大约 25 种语言和方言的音档录制。与少数民族地区大学和研究所合作完成了几个在国内外有一定影响的少数民族语言语音声学参数库。例如，"藏语拉萨话语音声学参数库"（国家自然基金项目，1991）、"哈萨克语语音声学参数库"（国家自然基金项目，1992）、"蒙古语语音声学参数库"（国家社科基金项目，1993）等。这一阶段的成果主要发表在《实验语音学概要》（吴宗济、林茂灿主编，鲍怀翘撰写第三和第五两章，即语音产生的生理基础和元音部分，1989）及国内外学术刊物和学术会议上。这些成果在国内外语音学界产生了一定的影响，为我国少数民族语言实验语言学学科乃至汉语实验语言学学科的发展奠定了基础。

1995～2005年，该团队使用当时国际最先进的设备，如"声门高速摄影"和"电子动态腭位仪"开展了汉语普通话和少数民族语言发声类型、调音的生理研究，主持完成了1项中国社会科学院重大项目"汉藏语声调的声学研究"和4项国家自然科学基金项目（"汉语普通话嗓音声学研究"、"普通话动态腭位研究"、"基于动态腭位的普通话协同发音研究"和"蒙古语韵律特征声学模型研究"）。这一阶段除撰写出版《论语言发生》（孔江平，2001）、《蒙古语语音声学分析》（蒙文版，呼和、确精扎布，1999）和 *A Basic Study of Mongolian Prosody*（呼和，2003）3部专著外，还发表了50余篇有影响的学术论文，在学科创新和应用研究方面也进行了大胆探索和实践。如，2001～2005年在中国社会科学院重大项目"民族多媒体信息系统"中完成的"民族GIS多媒体检索系统"，首次将自然科学的地理信息系统技术（GIS）成功应用于民族语言及民族多媒体信息研究。这些成果在国内外实验语言学和言语工程学界以及嗓音病理学界产生了较大反响，提高了学科的知名度，奠定了该团队少数民族实验语言学学科在国内外学术界中的地位。

自2006年开始，该团队加强了少数民族语言语音声学和生理参数数据库的研制工作，并提出建立"中国少数民族语言语音声学参数统一平台"的中长期研究目标。在国家自然科学基金、国家社会科学基金、教育部和中国社会科学院科研局的资助下，完成了"藏语、维吾尔语和彝语语音声学参数库"（300MB，2009）和"三少民族语言语音声学参数库"（300MB，2011）等项目，出版了《蒙古语语音实验研究》（呼和，2009）、《中国少数民族特殊语音研究》（周学文，2011）和《基于动态腭位图谱的蒙古语辅音研究》（哈斯其木格，2013）等专著，发表了数十篇有关民族语言实验研究的学术论文。

自2014年2月开始，该团队根据多年积累的语音声学参数库研制经验，研发并投入使用"语音声学参数自动标注/提取系统"（3.3版本）和诸多数据处理小工具，使该项工作逐渐走上自动化，提高了工作效率和准确率，避免了采集者的主观因素，确保了数据的客观性和准确性（参看周学文、呼和，2014）。目前，该团队在国家社科基金重大招标项目"中国少数民族语言语音声学参数统一平台建设研究"（编号：12 & ZD225）和中国社会科学院创新工程学术出版资助项目"阿尔泰语系语言实验研究"（编号：2016MZSCX 009）的资助下先后完成了蒙古语、达斡尔语、土族语、东部裕固语、维吾尔语、哈萨克语、鄂温克语、鄂伦春语等语言的语音声学参数库和"中国少数民族语言语音声学参数统一平台"（简称"统一平台"）框架，并基于"统一平台"完成了"中国少数民族语言方言实验研究丛书"的蒙古语、维吾尔语和鄂温克语等三卷的撰写工作。目前正在研制布里亚特、东乡、保安、图瓦、锡伯等语言和蒙古语相关方言土语的语音声学参数库。

一 "中国少数民族语言语音声学参数统一平台"

实验语音学为语音学这门传统的人文学科增加了实验科学的新方法，为语言分析提供了新的研究视角和内容，为有声语言资源库建设提供了技术保障。语音声学参数库（Acoustical Database）是语言资源声学层面的最高形式，是对特定语言的语音系统进行系统声学分析、提取该语言语音声学特征的微观声学参数集合，可比喻为提取语言 DNA。在语音信号分析和处理过程中，时域和频域特性是至关重要的。在语音研究中对音段和超音段特征测量和分析已进行了几十年，从以音节、词为基础的音段和超音段特征分析到现在连续语料的音段和超音段特征分析，使我们对语音和韵律特性的认识越来越清晰、越来越准确，在应用研究中越来越有效。

我们正在建设的"统一平台"是利用国际通用的语音声学分析软件，提取有效表征语言语音系统的各种声学特征参数，并把它们集合成一个完整的语音声学参数数据库，用数据库管理软件进行统一管理的平台（详见图1）。

（一）"统一平台"的作用和意义

第一，推动科学保护弱势语言、抢救濒危语言的进程。保护弱势语言、抢救濒危语言是世界各国共同面临的紧迫任务。2003 年 3 月，联合国教科文组织在巴黎总部举行的"关于濒危语言问题的专家会议"上提出，保护

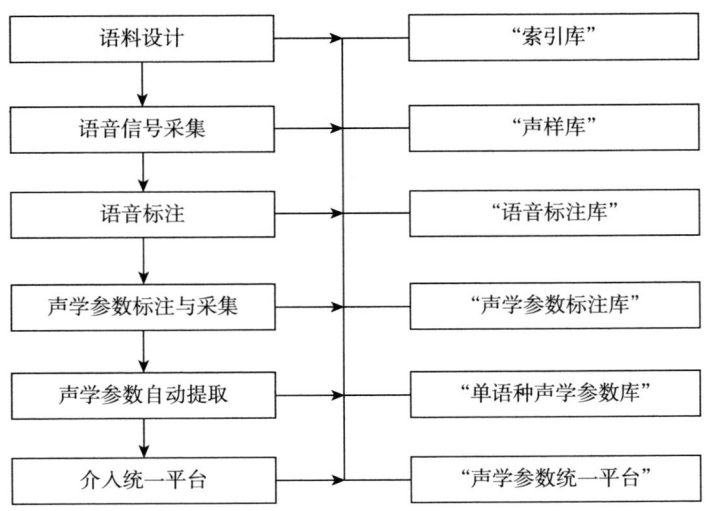

图1 "中国少数民族语言语音声学参数统一平台"研制流程示意图

世界语言多样性一直在联合国教科文组织众多工作中占有重要的地位。这和"维护人类的多样性"是同一性质的工作。在我国少数民族语言中,有的语言正处于濒临失传的境地,有些语言的特色语音现象正在消失或被同化。为了保护人类共同的文化遗产——语言的多样性,进行抢救性的保护已到了刻不容缓的地步。"统一平台"将致力于开发一个基于互联网技术的中国少数民族语言资源和技术在线服务平台,以适应国家语言资源战略发展之需要,进而达到依靠现代科学技术搜集和保护我国语言资源的目标,有力推动保护弱势语言、抢救濒危语言的进程。

第二,有效促进科研资源的共享和科学研究的延续性。"统一平台"能够确保数据资源的共享性和科学研究的延续性,推动语音声学参数库研制和语音声学实验研究工作的规范化和标准化进程,与同行共享数据资源,提高数据库、语料库、信息和技术平台的使用价值,加快我国少数民族语言语音研究从"经验科学"转变为"精密科学"的进程,提升语音学研究水平。如,以往的语音实验研究多以研究某种语言语音现象为目标,选取少量的语料,以提取相关语音参数为目的,很少以研究特定语言的语音系统为出发点。因而,对语音声学和生理特征的选择和把握缺乏全面性和系统性,所采集的语音声学和生理参数数据仅满足于写出论著,不注重数据的积累和整合,缺乏共享性和延续性。"统一平台"将摒弃这种传统小作坊式的方法，运用现代化的技术，系统全面地采集和分析数据。这种研究成果将对后人具有很高的参考价值，并提供后续研究的可能。

第三，推进语音学重大基础理论研究，促进语音学与相关学科的发展。"统一平台"不但能够推进语音学重大基础理论研究，为历史比较语言学和语音学研究提供新的理论和方法，还能促进语音学与相关学科的发展，引导语音学研究更加深入地走进社会，解决语言交际中存在的实际问题。语音特征是个性和共性的统一体，不但同一个语系或语族语言的音位系统之间存在共性，而且不同语系或语族语言之间也存在一定的共性。了解这个共性，有利于推动个体语言语音特征的描写和语言之间的比较研究，促进语音学基础研究，推动语音学基础理论的建立和发展。利用"统一平台"，不仅可以对单语种的音段和超音段特征参数进行全面、系统的统计分析（相关分析、因子分析、聚类分析等），探讨并总结出其特征和变化规律，而且还可以对跨语系、跨语族语言的音段和超音段特征进行比较研究，积极推动历史比较语言学（如语言同源、演化等）和普通语音学（如人类语言语音的共性问题）的发展。

第四，能够为民族语言言语声学工程研究和研发提供语音学基础数据资源，推动我国多语种人机智能交互平台技术的发展。众所周知，进入21世纪后，加速推进少数民族语言（文字）的标准化、规范化和信息化进程，保护弱势语言、抢救濒危语言的工作显得尤为重要。我们既要加速推进其标准化、规范化、信息化进程，同时还要抢救性地保护它们的多样性。这是我国民族语言文字工作目前所面临的两大挑战。一方面，需要投入大量的人力和财力，去填补汉语和少数民族语言信息化之间的数字鸿沟。另一方面，也要下大力气保护少数民族语言这一人类宝贵的非物质文化遗产。我们虽然可以直接引进世界最先进的语言和语音处理技术和方法来解决少数民族语言语音研究的技术性问题，但再先进的技术也只能是客观的物质支持，真正对于少数民族语言本质与规律的研究还要靠我们自己。现代计算机技术虽然通过云数据的统计，能够建立比较准确的语言模型，但实践证明好的统计模型需要语言知识库支撑。"统一平台"能够提供真实有效的数据依据。

第五，保护我国民族文化的多样性，促进我国语言生活的健康和谐发展，捍卫国家边疆文化安全，完善我国多语种人机智能交互平台，使言语声学工程研究更好地为国家"一带一路"建设服务。语言（文字）的规范化和信息化是一个民族走上信息化道路的重要标志，而中国语言（文字）的全面发展离不开少数民族语言（文字）的进一步发展。只有实现各民族语言（文字）的规范化和信息化，才能保障我国政治、经济、文化和社会的和谐稳定发展。我国许多少数民族语言是跨境语言，如蒙古语、维吾尔语、哈萨克语、傣语、壮语和苗语等。据我们所知，上述跨境语言所处国家和地区关于语音技术的整体研究相对滞后，仍有较大研究和开发空间。

"统一平台"中所提出的各项标准和原则必将成为国际国内语言声学实验研究依据和标准，推动语言声学实验研究工作的规范化和标准化进程。目前国际上虽然有一个包括世界大多数语言的语音样品库（UCLA），但尚未包容多语种的语音声学参数库，更没有大家所公认和遵循的标准和方法，我们所提出的各项标准和原则必将成为国际国内语言语音声学参数库的研制依据和标准，推动语音声学参数库研制和语音声学实验研究工作的规范化和标准化进程。

"统一平台"不仅是语音本体基础研究领域的一个突破，而且将会成为国家信息资源的重要组成部分，弥补国家少数民族语言信息资源的阙如。到目前为止，在国内外还没有类似关于特定语言的完整的语音声学参数库（包括元音、辅音、韵律及各种特殊音质）。

总之，"统一平台"将我国传统的优势学科同新的前沿领域相结合，无论从现代社会语言资料和文化遗产流失的严峻现实，还是从科学技术和语言研究相结合的发展方向来看，都有着广阔的发展空间和远大前景。该平台将为我国同类语言数据库、档案库提供范例，为语言本体描写研究和比较研究，以及民族学与人类学等其他学科的研究提供真实、客观的数据资源，将会有力促进我国民族语言学学科的发展。

1. 语料设计与"索引库"的建立

1.1 语料规模和范围

建立多语种统一的、完备的语音声学参数库，首要的工作是语音材料（简称语料）的设计与编写。这是整个工作的基石，必须制定统一的语料设计原则并严格把关，充分反映每种语言语音和韵律（单词层面上）系统的全貌及特点。各种语言以双音节为主，但应包含一定数量的单音节词，并顾及各语言的多音节词，特别要注意 4~5 音节词的出现概率。除此之外，还要顾及元音和辅音的和谐问题、音段和超音段的协同发音问题，以及音段序列，如辅音串等问题。考虑到语料的完整性，选择一定数量的能够覆盖目标语言语音和语法特点的词组和各类简单句，以便观察、分析语音变化和句子韵律特征。本项研究不涉及词组和语句声学参数，但搜集濒危语言的话语语料，以起到"语言保存"的作用。以下是语料设计原则和方法。

首先，字母表的设计。遵循目标语言传统字母表，字母表包括所有的元音和辅音。

其次，单词语料的设计。

（1）单音节词。每种语言选择 150~500 个常用的单音节词。要求：一般都是独立出现的，覆盖所有的音节类型，覆盖各种音节类型中的所有元音和辅音以及它们的各类组合（搭配）等（能够组合的都要考虑到）。

（2）双音节及多音节词。每种语言选择 1500~2000 个常用的双音节和多音节词。要求：双音节词和多音节词的比例不宜太悬殊，控制在 1/2 左右；尽可能选择词干性的（未加黏着成分）或派生词；确保每个音位在不同位置上的（多次）出现次数，如，音节内的不同位置和词的不同位置（首、腰、末位置）等。除个别音段外，音段的出现频率不应相差太悬殊；所有的词，应尽可能反映目标语言的语音变化，包括元音和辅音的和谐、协同发音以及重音等问题。

（3）数词及量词。基数词（尽可能穷尽）、序数词、约数词和集合数词的读音，并兼顾量词。除基本词外，结合目标语言的特点，结合多位数字，读音发生变化的现象也应收入其中。

（4）形态变化的典型词。选择一批常用的、有变化词类，如名词、代词、形容词和动词等（总数不超过 50 个，以名词和动词为主适当考虑其他词），并在其后依次附加上可能的成分：名词后加数、格、概称和领属等，形容词后加比较范畴。包括所有的形态变化，如包括词尾变化中的式动词、副动词和形动词以及词干变化中的态、体等范畴。

再次，词组语料的设计。选择 100~200 个目标语言的固定词组（如谚语、成语和惯用语）和由不同句法结构（如形态变化、虚词、词序和语调等）构成的一般词组。原则是以固定词组为主，兼顾一般词组。

复次，句子语料的设计。能够反映目标语言语调特征的、经典的日常用语,包含各类简单句(陈述、疑问、祈使和感叹)和复合句(100~300个)。

最后,篇章语料的设计。《北风与太阳》(汉文稿由笔者提供),在本民族中广泛流传的、家喻户晓的短故事(5~10篇)。但不控制濒危语言民间故事语料的量。

1.2 语料编写原则

1.2.1 单音节词编写原则

图 2 为音节类型和单词结构模式示意图。覆盖该语言所有音节类型(口语、书面语)。对于黏着型语言来说,音节类型与单音节词的结构模式相同。因此,所有音节类型指图 2① 上的①~⑥类单音节词(音节类型数目由每种语言本身音节类型而定,但至少覆盖这六种)。

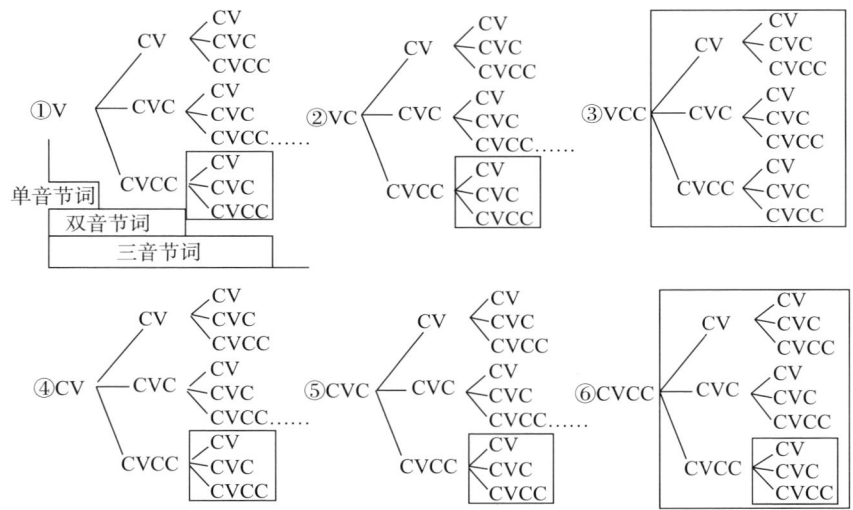

图 2 音节类型和单词结构模式

每一个音节类型必须覆盖在该类型中能够出现的所有音位及其变体(所有音段),即覆盖能够构成该音节类型的所有音位及其变体(所有音段)。如:①V 指能够单独构成词的所有元音(短长及复合元音);②VC 指

---

① 图 2 中的 V 为能够在该位置上出现的所有元音,C 为能够在该位置上出现的所有辅音,V 代表单元音(V)、长元音(V:)和二合元音(V1V2),CV 音节中的 V 为长元音或二合元音,多音节词的结构模式为总体模式。设计词表时根据每种语言的具体情况而定;用方块标记的是在本条件下不构成或很少构成词的音节。

所有元+辅组合的词，其中 V 为所有元音（短长及复合元音），C 为所有非词首辅音；③VCC 指所有元音和（包括二合元音和三合元音）复辅音组合的词，其中 V 为所有元音（短长及复合元音），CC 为所有复辅音；④CV 指所有辅+元组合的词，C 为所有词首辅音，V 为所有元音（短长及复合元音）；⑤C1VC2 指所有辅+元+辅组合的词，C1 为所有词首辅音，V 为所有元音（短长及复合元音），C2 为能够在词末出现的所有辅音；⑥C1VC2C3 指所有辅+元+辅+辅组合的词，C1 为所有词首辅音，V 为所有元音（短长及复合元音），C2C3 为能够组合并在词尾出现的所有复辅音。

在上述 6 类单音节词（音节类型）中，每类都有能够在该类型中出现的若干个词。如对 CV 来说，C 能够与若干个元音组合，即 nɑː、nəː、niː、nɔː、noː、nuː 等。V 也能够与若干个辅音组合，即 nɑː、pɑː、xɑː、kɑː、lɑː、mɑː、sɑː、ʃɑː、tʰɑː 等。单音节词必须如实地反映上述特点，尽量控制在 150~200 个词。

1.2.2 多音节词编写原则

多音节词的选词比单音节词的选词复杂。多音节词的选择除考虑上述（单音节词）因素外，还要考虑音节之间音段的搭配和前后音节的开闭问题（语境问题）。图 3 为多音节词音节之间音段的搭配和前后音节的开闭问题示意图。编写多音节词时，注意如下三个问题：必须充分反映元音和谐律问题；考虑好前后音节之间的音段搭配问题，除 CVC+CVC 和 CV+CVC 外，还要考虑非词首音节的开、闭问题（如图 3 所示）；覆盖能够组合的所有单词结构。

图 3 多音节之间音段的搭配和前后音节的开闭问题示意图

在黏着型阿尔泰语系诸语言中，没有类似 CCV、CCVC、CCVCC 等以复辅音开头的音节（书面语中有些以复辅音开头的词不是阿尔泰语系语言的固有词）。在非词首音节中没有类似 V、VC、VCC 等以元音开头的音节。因此，图 2 上没有列出类似 CVC+CCV 和 CVC+VC 等结构的双或三音节词。类似 CVCC+CV 或 CVCC+CVC 等含有三个辅音串的词也较少。图 2 中用方块标记的部分是在阿尔泰语系诸语言中没有或比较少见的词。图 4 是索引库样本示意。

No.	Traditional Monggolian	Latin	Phoneme	SAMPA	Allophone	SAMPA	English	Syllable Number	Syllable Types
A0001		UGEI	kue:	k}e:	kue:	k}e:	none	1	CVV
A0002		NIGE	nek	nek	nek	nek	one	1	CVC
A0003		ENE	en	en	en	en	this	1	VC
A0004		HÖMÖN	kʰun	k_hun	kʰun	k_hun	human	1	CVC
A0005		TERE	tʰer	the4	tʰer	the4	that	1	CVC
A0006		GAR	kɐr	k64	kɐr	k64	hand	1	CVC
A0007		BI	piː	pi:	piː	pi:	I	1	CV
A0008		VLVS	ʊlʊs	UlUs	ʊlʊs	UlUs	country	2	V-CVC
A0009		BASA	pɐs	p6s	pɐs	p6s	again	1	CVC
A0010		DEGER_E	teːr	te:4	teːr	te:r	on	1	CVC
A0011		AB	ɐß	6B	ɐpʰ	6p_h	to take	1	VC
A0012		NAM	nɐm	n6m	nɐm	n6m	party	1	CVC
A0013		TEGUN	tʰn	t_h}n	tʰn	t_h}n	his	1	CVC
A0014		UJE	ts	}ts			to look	1	VC
A0015		OLAN	ʊlʊn	UlUn	ʊlʊn	UlUn	more	2	V-CVC
A0016		MÖN	møːn	m8:n	møːn	m8:n	yes	1	CVC
A0017		GAJAR	kɐtsɔr	k6ts34	kɐtsr\	k6ts3r\	land	2	CV-CVC
A0018		HEREGTEI	kʰerekʰtʰɐ	k_he4@\kth[:	kʰereχtʰɐ	k_he4@\Xt_h[:	need	3	CV-CVC-CV
A0019		MAN	mɐn	m6n	mɐn	m6n	we	1	CVC
A0020		HAR_A	xɐr	x64	xɐrɐ	x64@_	black	1	CVC

图 4　蒙古语索引库样本示意

2. 语音信号采集与"声样库"的建立

录音设备采用配置高性能外置声卡、调音台和定向性话筒的手提电脑、电声门仪（EGG）以及 DV 摄影机等。采样率为 22kHz、16bits，双通道记录，S/N 不低于 45dB。在低噪音环境中按照事先准备好的词句表进行语音信号和视频采集。当然，这些只是我们以往采用的方法，目前市场上有多种录音设备供选择。保证音质、选好发音人是本项工作的关键，必须认真对待。录制好的声音文件可以用 audacity 软件进行切音和命名。图 5 为声样库实例。

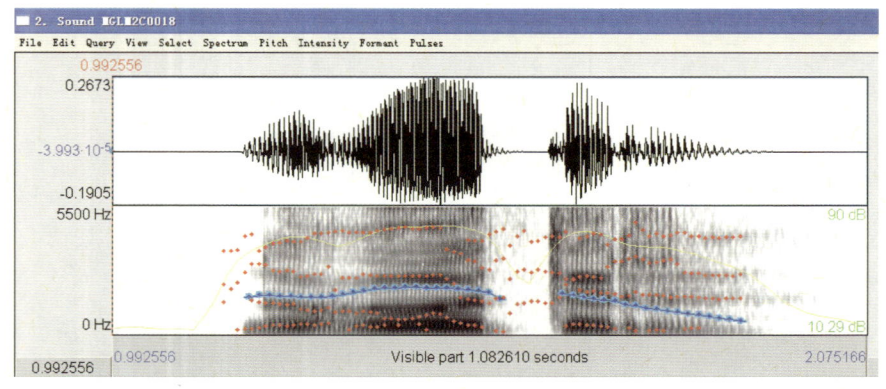

图 5　声样库实例

3. 语音标注与"语音标注库"的建立

语音标注分三层（如图6所示），其中，第一层为音段标注，采用音素标记法，即怎么读怎么标记，呈现语音音变状况和音段时长；第二、第三层为音节和词标注，采用音位标记法，即根据目标语言的音位系统标记，呈现目标语言的音位系统或书面语面貌。从事语音标注的研究人员不但应具备扎实的语言功底和语言学、语音学知识，而且必须掌握声学语音学的理论知识和声学分析方法。

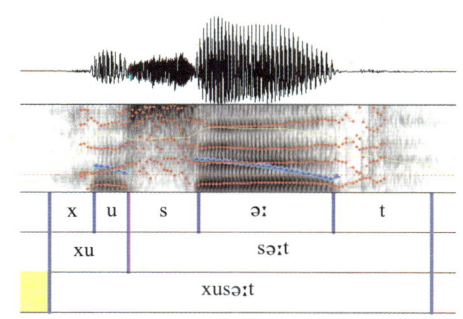

图6 蒙古语语音标注库实例

"语音标注库"是"语言声学参数库"研制工作的重要环节。该库能够呈现给读者或使用者每个音段的三维语图及其界限、音标，包括每个词的超音段特征，是图、声音和音标有机结合的语音基础研究的必备库。

4. 声学参数标注、采集与"声学参数标注库"的建立

4.1 功能性字段集的设计

功能字段担负着查找和统计每一种语言、每一个词、每一个音节中每一个音段的声学参数的重任，因此它必须包含足够的信息量。为满足查找和统计统一平台中不同语言、处于不同位置和不同条件音段的信息和参数，需要设计统一的功能字段。通过二十几年的努力，我们已探索出以下15个功能字段。这些特征集，具有确定性、唯一性、全面性和权威性等特点，能够涵盖所有民族语言的特征。功能性字段分词层、音节层、音段层、发声类型层和声调类型层等5层15个字段（请见表1）。

表 1　功能性字段及其说明

层级	字段名	字段说明
词层	No.（物理序号）	No. 为物理序号，以行计，自动形成
词层	TNo.（分类序号）	TNo. 为分类序号，表示词在该语言"词表"的分类位置，与索引库的"编号"（发音词表）一致。A 为单音节词，B 为双音节词，C 为三音节词，D 为多音节词，P 为词组。如：A0001 代表单音节词表的第一个，B0001 代表双音节词表的第一个，C0001 代表三音节词表的第一个，D0001 代表多音节词表的第一个，P0001 代表词组表的第一个
词层	WN（嗓音起始时间）	WN 为声样（音）文件名。与索引库的"文件名"字段一致。录音后切音时产生，是唯一的，共由 9 位代码（符号和数字）组成。其中，前 2~3 位符号为语种名称信息，取目标语言名称的音节首字母；第四位为发音人性别和代码信息，M 为男性，F 为女性；后 5 位与索引库的"编号"相同（请见 TNo.）。如：EWKM1A0001 中，EWK 代表鄂温克语，M1 代表男性 1 号发音人，A0001 代表单音节词的第一个词（句子参数库单独标）。如维吾尔语男性发音人的第一个句子文件名为 WWEM1JZ001，故事分解成句子后编号。词的序号采用千位，句子序号采用百位
词层	WP（词的读音）	WP 为词的读音，采用音位标记法标记。记音符号：用 IPA 和 SAMPA（Speech Assessment Methods Phonetic Alphabet）码
音节层	SN（词的音节个数）	SN 为词的音节个数，用 1~9 的阿拉伯数字表示
音节层	S（音节读音）	S 为音节读音，采用音位标记法标记。记音符号：用 IPA 和 SAMPA
音节层	ST（音节类型）	ST 为音节类型。根据以往所涉及语言的音节类型，我们初步确定为 15 类（可以追加）。如：1—V，2—VV，3—VC，4—VVC，5—VCC，6—VVCC，7—C，8—CV，9—CVV，10—CVC，11—CVVC，12—CVCC，13—CVVCC，14—CCVVCC，15—CC 等
音节层	SL（音节位置）	SL 为音节位置。用 1~9 的阿拉伯数字表示。其中，1 为词首音节，2~8 为词腹音节，9 为词尾音节
音层	P（音位层标记）	P 为音段读音。记音符号：用 IPA 和 SAMPA。采用音位标记法标记
音层	PA（音素层标记）	PA 为音段读音。记音符号：用 IPA 和 SAMPA。采用音素标记法标记
音层	PN（音段序号）	PN 为音段序号，记录词中所有音段的序位。采用阿拉伯数字标记
音层	PV（音变标段记）	取消原来的数字标记，改用附加符号表示擦化、清化、浊化等音段音变现象。根据元音在语图上的声学表现，可分为正常元音、气化或擦化元音、清化元音（语图上有所表现，即有相应的位置，有时长和乱纹）和脱落（语图上没有任何表现）等四种

续表

层级	字段名	字段说明
音段层	PO（音段序位）	PO 为音节中的音段序位。根据以主所涉及语言的音节类型，我们把 C1C2V3V4C5C6 假设为最大音节并根据音节中音段的次序进行了编号。如，C1C2V3V4C5C6，其中 1 为音节首单辅音或复辅音的前置辅音 2 为音节首复辅音的后置辅音 3 为单元音或复合元音的前置元音 4 为复合元音的后置元音 5 为单辅音或复辅音的前置辅音 6 为复辅音的后置辅音
发声类型层	PT（发声类型）	PT 为发声类型（Phonation Type）。根据学者们的研究成果，我们采纳以下 7 种发声类型。如： 1 为正常嗓音（Modal Voice） 2 为紧喉嗓音（Creaky Voice） 3 为护喉嗓音（Pressed Voice） 4 为气嗓音（Breathy Voice） 5 为气泡音（Fry Voice） 6 为假声（Falsetto） 7 为耳语音（Whisper） 如果目标语言的发声类型问题尚未解决，暂不填写
声调类型层	TT（声调类型）	TT 为声调类型，用阿拉伯数字代替传统的标调。适用于声调类型比较明确的语言。如：55 调标为 1，53 调标为 2，15 调标为 3，13 调标为 4 等

4.2 声学特征参数集的设计

声学特征参数负载着音段所有的声学特征信息，是观察了解音段特征及其变化的密钥，是语音描写研究的基石。为了对不同语言音段或超音段特征之间进行比较研究，需要设计一套统一的声学特征参数。经过二十几年的努力，我们已探索出以下 39 个声学特征参数。其中，除音节时长 SD（单位：毫秒）和词长 WD（单位：毫秒）外，元音和辅音各设计 14 个参数，包括时长、音强、共振峰频率及其前后过渡，清、浊辅音的强频集中区和共振峰频率（为统计分析上的方便采用该名称）；韵律特征设计 6 个参数，包括韵母总时长、调长、调型的起点、折点和终点频率，调型起点至折点的时间长度等；另外，还有辅音谱重心、相对于谱重心的谱偏移量和偏离度（低于谱重心的谱与高于谱重心的谱之比）等 3 个参数（请见表 2~4）。

表 2　辅音声学特征及定义

序号	代码	意　义	单　位
1	G	辅音无声间隙	毫秒（ms）
2	VOT	嗓音起始时间	毫秒（ms）
3	CD	辅音时长	毫秒（ms）
4	CA	辅音强度	分贝（db）
5	CF1	清辅音第一共振峰	赫兹（Hz）
6	CF2	清辅音第二共振峰	赫兹（Hz）
7	CF3	清辅音第三共振峰	赫兹（Hz）
8	CF4	清辅音第四共振峰	赫兹（Hz）
9	CF5	清辅音第五共振峰	赫兹（Hz）
10	VF1	浊辅音第一共振峰	赫兹（Hz）
11	VF2	浊辅音第二共振峰	赫兹（Hz）
12	VF3	浊辅音第三共振峰	赫兹（Hz）
13	VF4	浊辅音第四共振峰	赫兹（Hz）
14	VF5	浊辅音第五共振峰	赫兹（Hz）
15	COG	辅音谱重心	赫兹（Hz）
16	Dispersion	离散度	赫兹（Hz）
17	SKEW	倾斜度	无单位

表 3　元音声学特征及定义

序号	代码	意　义	单　位
1	VD	元音时长	毫秒（ms）
2	VA	元音强度	分贝（db）
3	TF1	元音前过渡第一共振峰	赫兹（Hz）
4	TF2	元音前过渡第二共振峰	赫兹（Hz）
5	TF3	元音前过渡第三共振峰	赫兹（Hz）
6	TF4	元音前过渡第四共振峰	赫兹（Hz）
7	F1	元音目标点第一共振峰	赫兹（Hz）
8	F2	元音目标点第二共振峰	赫兹（Hz）
9	F3	元音目标点第三共振峰	赫兹（Hz）
10	F4	元音目标点第四共振峰	赫兹（Hz）
11	TP1	元音后过渡第一共振峰	赫兹（Hz）
12	TP2	元音后过渡第二共振峰	赫兹（Hz）

续表

序号	代码	意义	单位
13	TP3	元音后过渡第三共振峰	赫兹（Hz）
14	TP4	元音后过渡第四共振峰	赫兹（Hz）

表4　韵律特征及定义

序号	代码	意义	单位
1	FD	韵母总时长	毫秒（ms）
2	TD	调长	毫秒（ms）
3	SF	调型的起点频率	赫兹（Hz）
4	BF	调型的折点频率	赫兹（Hz）
5	EF	调型的终点频率	赫兹（Hz）
6	BD	调型起点至折点的时间长度	毫秒（ms）

4.3　声学参数采集方法和原则

根据以往对汉语普通话和少数民族语言的生理和声学研究经验，经过多次讨论、反复修改，我们团队制定了下列统一的测量、采集方法和标准（请见表5~6）。

表5　声学特征参数及其测量采集方法和原则（辅音部分）

音段	声学特征参数	测量采集方法和原则
辅音	CD（音长）	（1）塞音和塞擦音的音长是无声段和嗓音起始时间的总和，即 CD = GAP + VOT；（2）音节末或词末弱短元音（不构成音节的元音）的音长归其前位辅音并在备注中加以说明
	GAP（无声段）	（1）暂不测量词首塞音、塞擦音的 GAP；（2）不测量浊塞音和浊塞擦音的无声段。浊塞音和浊塞擦音冲直条和嗓音横杠（Voice bar）之间出现的 GAP 归 -VOT
	VOT（嗓音起始时间）	（1）VOT 起始点的规定：嗓音起始时间通常指破裂音除阻到后面元音声带振动起始的时间，我们把元音第二共振峰的出现点作为 VOT 的起始点；（2）浊音 -VOT 时长的测量：从 Voice bar 的起始点到浊塞音的冲直条（破裂点），同时要参照上面"浊塞音和浊塞擦音冲直条和嗓音横杠（Voice bar）之间出现的 GAP 归 -VOT"的规定
	CA（音强）	（1）测量点：目标位置上的强度；（2）目标位置的确定，目标位置因辅音而异，如塞音的目标位置一般在其冲直条上，塞擦音、擦音和鼻音的目标位置一般在有声段时长的前1/3处（理由：该位置较少受前后音段的影响）；（3）要参照目标位置附近的最大能量

续表

音段	声学特征参数	测量采集方法和原则
辅音	CF（清辅音共振峰）	（1）测量清辅音的 1~5 个共振峰（CF1~CF5）；（2）测量点：清塞音、清塞擦音、清擦音目标位置上的 5 个共振峰；（3）目标位置的确定与 CA 项相同，即塞音的目标位置一般在其冲直条上，塞擦音、擦音和鼻音的目标位置一般在有声段时长的前 1/3 处，该标准也适用于复辅音；（4）参考因素：采集清辅音共振峰时参考辅音与前位和后续元音共振峰之间的延续性和对应性，但测量第五共振峰（CF5）时，不宜与元音共振峰联系，要独立测量，还可以参考 View Spectral Clice
	VF（浊辅音共振峰）	（1）测量浊辅音的 1~5 个共振峰（VF1~VF5）；（2）测量范围：浊塞音、浊塞擦音和鼻冠音的浊音（鼻音）部分，浊擦音共振峰、半元音和 [r, l] 等辅音的共振峰；（3）采集方法：浊塞音、浊塞擦音的嗓音横杠 Voice bar 的参数填入 VF1，而 Voice bar 之后的频率填入同一行的 CF1~CF5 中，鼻冠音虽是一个音位，但分两行填写参数，即鼻冠音的前半部分——鼻音部分的参数填入第一行的相应参数 VF1~VF4 中，后半部分的参数填入第二行

表 6　声学特征参数及其测量采集方法和原则（元音和韵律部分）

音段	声学参数	测量采集方法和原则
元音	VD（音长）	（1）元音音长的测量方法：元音音长一般以第二共振峰的时长为准；（2）词末元音的音长问题：以波形没有周期信号为准；（3）半元音与元音界限的判断方法：（a）音强差别，半元音的音强比元音弱；（b）音长差别，半元音时长比元音相对短，一般在 40ms 左右；（c）成阻差别，与元音相比半元音有较明显的摩擦成分，这是它与元音之间的主要差别；（4）复合元音的测量方法：首先要找到两个元音的目标点，然后把中间的过渡段一分为二给两个元音，复合元音的元音音长不一定是等长的；（5）波形可以作为判断半元音与元音、二合元音前后位元音界限的参考依据
	VA（音强）	采集音强曲线峰值，同时兼顾元音是否在目标位置附近
	TF（共振峰前过渡）	元音 4 个共振峰前过渡（TF1~TF4）的测量方法：测量点选在元音起始点
	F（共振峰）	（1）测量采集原则：测量点选在元音共振峰（F1~F4）目标位置；（2）元音共振峰目标位置的特点：（a）相对平稳；（b）共振峰模式典型；（c）能量相对强；（3）测量方法：在 CV 音节中，目标位置尽量选择相对靠后的点，在 VC 音节中目标位置尽量选择相对靠前的点，在 CVC 音节中目标位置尽量选择中间位置；（4）测量元音共振峰时可以参考如下原则：在所有元音中 [i] 的 F1 和 F2 的距离最远，[a] 的 F1 最高，F1 与 F2 较接近，[u] 的 F1 和 F2 最低、最近，[e] 的 F1、F2、F3 分布较均匀
	TP（共振峰后过渡）	元音共振峰后过渡 TP1~TP4 的测量方法：测量点选在元音结束处

续表

音段	声学参数	测量采集方法和原则
韵律	FD（韵母总时长）	韵母的定义：音节中除了声母，后面都是韵母（元音或元音+鼻韵尾等辅音），非声调语言不测量
	TD（调长）	测量方法：测声调语言调型段内元音（韵母）的音高曲线长度（不包括调型的弯头降尾部分），非声调语言不测量
	SF（调型起点） BF（调型折点） EF（调型终点） BD（调型起点至折点时长）	（1）调型的起点 SF 频率的测量方法：不包括弯头部分，声调和非声调语言均以元音测量，数据放在元音记录行； （2）调型的折点 BF 频率的测量方法：声调中断问题的解决方法，暂采用人工自然连接的方式； （3）调型的终点 EF 频率的测量方法：不包括降尾部分； （4）调型起点至折点 BD 的时间长度的测量方法：无特别提示

4.4 标注原则与方法

自 2012 年 2 月我们课题组开始着手编写 PRAAT 脚本程序，到目前为止已投入使用的工具（程序）有以下几种。（1）自动添加 8 层标注层工具。该工具能够自动生成八层标注文件，分别为：P（音素）、S（音节）、W（词）、PI（音高）、IN（音强）、FO（共振峰）、BS（嗓音横杠和冲直条）、CS（辅音谱重心、偏移量、偏移度）等。其中，第 1~3 层为语音标注层，第 4~8 层为参数标注层。（2）自动增加 5 层标注层工具。该工具在原 1~3 层语音标注层的基础上能够自动增加第 4~8 层标注层和词边界。（3）自动转换标注文件工具。该工具能够将同一种语言或方言一位发言人的标注文件转化成另一位发言人的标注文件，节约语音标注时间。（4）自动反转前三层并加五层工具。该工具能够自动反转前三层并增加五层。（5）参数自动标注工具（3.1 版）。该工具目前能够自动标注除第 4 层（PI）和第 7 层（BS）以外的参数。（6）参数自动提取工具（3.9 版）。该工具目前能够自动提取 1~8 层的参数并自动转化成 TXT 文件。

4.4.1 标注层

以下为 1~8 层标注层的内容和标记、标注方法。

第一层 P（Phone）为音素（音段 segment）层。该层以音段为单元进行标注。要标注目标词每一个音段的准确界限并按照"音位变体标记原则"[①]

[①] 从音位学理论的视角看，第一层为音位变体标注层，第二、第三层为音位标注层；在具体标注时，第一步需要标注第三层词的界限，然后再标注第一或第二层。

(发音人怎么说就怎么记,即完全按照声学特征标音)进行标音。

第二层 S(Syllable)为音节层。该层以音节为单元进行标注。在第一层的基础上,要标注目标词每一个音节的界限并按照"音位标记原则"(按照目标语言音位系统)进行标音。

第三层 W(Word)为词层。该层以词为单元进行标注。在第一、第二层的基础上,标注目标词界限并按照"音位标记原则"进行标音。

第四层 PI(Pitch)为音高曲线标注层。该层以音节为单元进行标注。要采集每个音节音高曲线的起始点、折点和结束点等三个点的音高参数,避开音高曲线的"弯头降尾"。音高曲线如果出现"断线"现象,可以人为地延伸。该层尚未自动化。

第五层 IN(Intensity)为音段音强标注层。该层以音段为单元进行标注,只采集每个音段最强点的参数。如果是多音节词,一定要采集每个音节的最强点。该层已实现自动化。

第六层 FO(Formant)为音段共振峰标注层。该层以音段为单元进行标注,要采集每个音段包括元音、浊辅音和清辅音的共振峰和强频集中区频率,统称共振峰频率。其中,元音共振峰要采集三个点,即前、后过渡和目标点频率;清、浊辅音只采集一个点,即目标点共振峰频率。缺少的共振峰用","号(必须是英文逗号)替代。如,200,,3200,,4600,表示没有 F2 和 F4。该层虽然已实现自动化,但对清辅音共振峰提取错误率较高,提取完参数后必须严格检查。目的:一要检验数据的准确性,二要检查没有显示共振峰的","号,特别是清辅音的 F1 一般都不显示。这时一定要手动修改,如:,1200,3200,3800,4600……标记所提取的共振峰位置时,特别注意要避开盲点。

第七层 BS(Voice Bar & Spike)为塞音,包括塞音、塞擦音浊音横杠或冲直条标注层,是音长参数标注层。(1)清塞音和塞擦音,要分词首和非词首。其中,要标记非词首的冲直条位置,不标记词首的,用词界限代替。(2)浊塞音和塞擦音,要标记所有浊塞音和塞擦音的冲直条位置。其中,非词首的有两种情况。第一种为如果嗓音横条(Voice Bar)之前有 GAP,要标记嗓音横杠起始点位置和冲直条位置。第二种为如果嗓音横杠之前没有 GAP,即嗓音横杠直接与前音节元音的 F1 连接时,只标记冲直条位置。这种情况下,只有嗓音横杠长度和 VOT 长度。该层尚未自动化。

第八层 CS（Consonant Spectrum）为除塞音（塞音和塞擦音）以外其他辅音的谱重心、偏移量和偏移度标注层。该层已实现自动化，只标记词的界限即可（参见图7）。

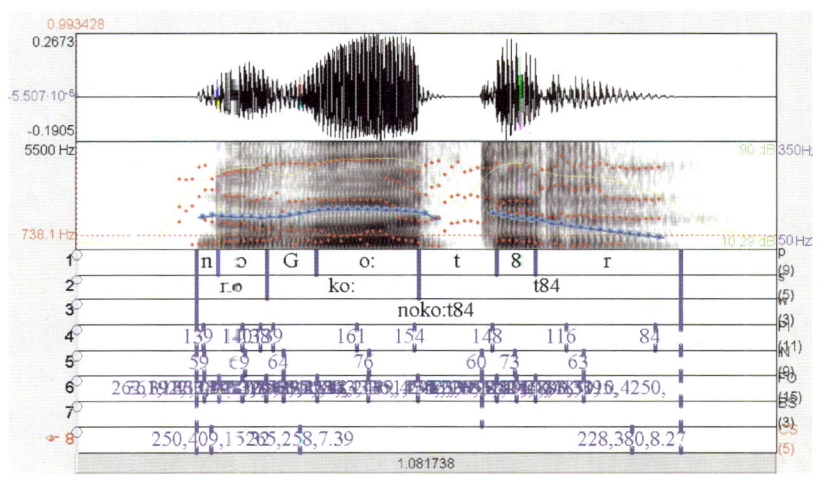

图7　声学参数标注实例

提示：(1)"参数自动标注"程序的用法：一定要用 PRAAT 的 Open PRAAT script 打开；先标注完后，run 改程序。注意：run 之前要检查光标是否在 TextGrid 上（不能在 Sound 上）；要检查 PI、IN、FO 等是否显示；PRAAT 的 run 完之后，要检查数据。其中，特别注意检查清辅音共振峰数据。如果有修改部分，不能再 run，一定要保存。(2) 关于 PRAAT 有些参数的设定问题。Formant Settings：分析男性发音人语料时，设定为 5000Hz，女性为 5500Hz。Pitch Settings：分析男性发音人语料时，设定为 75～300Hz，女性为 100～500Hz。这些设定，对参数的影响不会很大。上述设定是开发 PRAAT 软件的工程师们的建议，我们应该遵循。

4.4.2　辅音的声学表现

辅音在语图（spectrogram）上的声学表现可以分解为以下基本模式。

冲直条（Spike）：塞音破裂产生的脉冲频谱，表现为一直条，时程很短，10～20ms，意味在所有的频率成分上都有能量分布。

无声空间（Gap）：在塞音和塞擦音破裂之前有一段空白，这是辅音成阻、持阻时段的表现，造成清塞音的效果；这一段虽是空白，但对塞音感知来说是不可缺少的。

嗓音横杠（Voice bar）：这是声带振动的浊音流经鼻腔辐射到空气中在语图上的表现，冲直条之前若有一条500Hz以下较宽的嗓音横条，说明这是浊塞音。

乱纹（Fills）：这是气流流经口腔某部位狭窄通道造成的湍流，所有的擦音在语图上都表现为乱纹。

共振峰（Formant）：其定义与元音相同，鼻音、边音都有共振峰。

CS（Consonant Spectrum）：代表辅音的谱重心、偏移量、偏移度。

4.4.3 清辅音共振峰标注原则与方法

元音和辅音在词中的每个共振峰都是围绕各自的一条线上下移动。这些线就像一条橡皮带，随着共振峰的变化而上下摆动。因此，就像图8~10（为读者展示我们"语音标注库"原始面貌保留SAMPA码标注方式，下同）中所显示的那样，词中元音和辅音的每一个共振峰都会绘制一条完美的波浪线。原因：每个人的共鸣腔是固定的，决定上下移动幅度的是舌位（高低前后）。这完全符合发音机理。图8~10中几种语言词的共振峰波浪线对于元音和辅音共振峰的理解和采集，特别是对于清塞音、塞擦音和擦音共振峰的准确采集具有非常重要的意义。我们采用"顺藤摸瓜"的方法，可以比较容易地找到清塞音、塞擦音和擦音的几个共振峰。词中元音和辅音的共振峰对应规律为：

F1⇔VF1⇔CF1；F2⇔VF2⇔CF2；F3⇔VF3⇔CF3；

F4⇔VF4⇔CF4；F5⇔VF5⇔CF5

其中，CF1不稳定，有时比较明显，有时不明显，根据具体表现确定是否采集该参数。有关清辅音共振峰模式，请见图8~10。

4.4.4 鼻音对其前后音段共振峰的影响问题

如果一个词中有鼻音[m, n, ŋ]，可能会中断或打乱共振峰连接。这是因共鸣腔的改变或转换而发生的变化，主要表现在元音的F2和F3之间会出现"多余"的共振峰，即传统语音学中所说的"鼻化"。在这种情况下，忽略鼻音的影响而找到元音共振峰的准确位置是非常必要的（参见图11）。

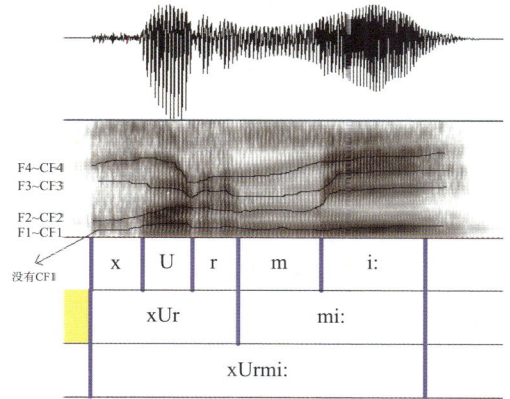

图 8　土族语 [xʊrmiː] "裙子" 一词的 CF "波浪线"

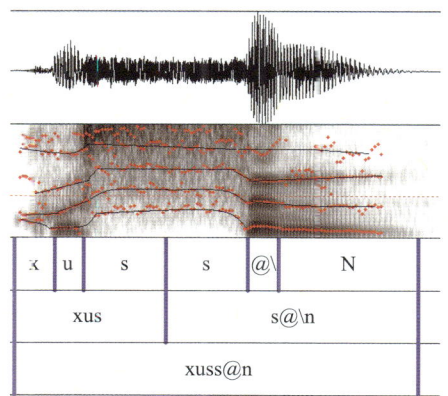

图 9　蒙古语 [xussəŋ] "所希望的" 一词的 CF "波浪线"

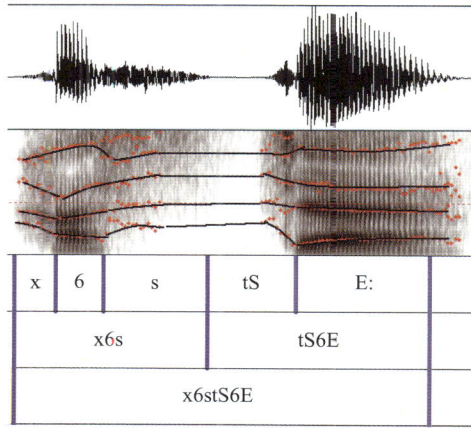

图 10　蒙古语 [xɐstʃɜː] "减了" 一词的 CF "波浪线"

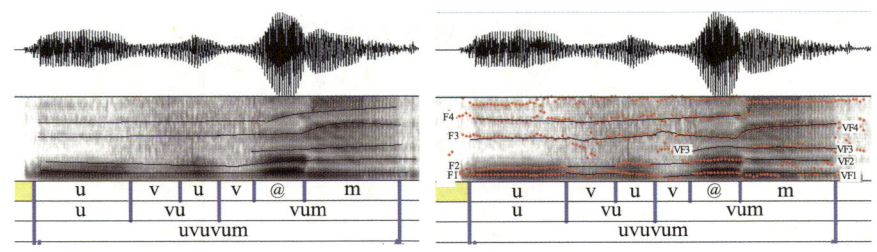

图 11　锡伯语［uvuvəm］"卸（货）"一词的 CF "波浪线"

4.4.5　闪音声学表现及其标注原则与方法

在蒙古、土、东部裕固、鄂温克、鄂伦春和哈萨克等族语言中都有/r/～/ɾ/辅音音位。在这些语言中，该音位的出现频率也相当高。目前，我们发现了以下四种变体［ɾ, r, ʒ～z, ɹ］。其中，我们对闪音［ɾ］[①] 语图的认识是随着分析语言的增多而逐渐深入的。典型闪音语图是"浊音横杠＋无声段＋浊音横杠"。在以往的研究（呼和，2009）中，我们把无声段之后的浊音横杠处理成弱短元音。通过比较上述阿尔泰语系诸多语言闪音之后，我们觉得处理成弱短元音不妥，因为该部分正是把闪音归为浊音的主要依据。通过分析发现，不管出现在什么样的语境下，如元音之间（-VɾV-）、音节首（-ɾV-）和音节末（-CVɾ-）等，闪音都能够保持其"浊音横杠＋无声段＋浊音横杠"模式。目前我们区分闪音与颤音的标准只限定在所颤的数量上，即颤一次为闪，两次或两次以上为颤音，即 r = ɾ + ɾ +……。

图 12～17 是不同语言和不同位置、不同语境中出现的闪音实例。标注时，以其前元音结束段为起始点（包括暂短的无声短）一直到后面的浊音横杠的结束点作为其音长。

闪音在清辅音之前（-Vɾ/C 清-）有时会清化为［ɹ］音。这种变体在蒙古语中较多，蒙古语族其他语言中也会出现（请见图 16）。

4.4.6　音高曲线三点的标记原则与方法

为了准确无误地采集每一个音节音高曲线，我们制定了以下标记方法。因为阿尔泰语系语言没有声调，为此研究描写词重音时我们只需采集三点

[①] 闪音共振峰参数只采集中间目标位置，不采集前后过渡段。参数填入与该闪音相应的浊辅音字段中，即 VF1～VF4。闪音音强采集点应与其共振峰目标点一致。颤音：标注和时长、共振峰的采集方法与闪音相同，颤音音强采集点应与其共振峰目标点一致。

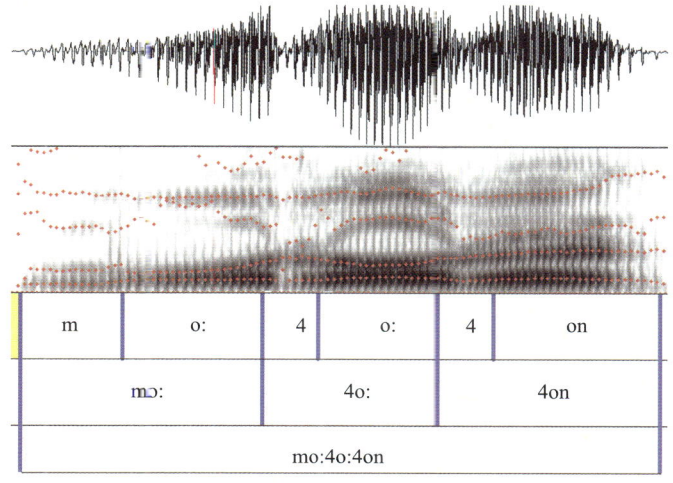

图12 鄂伦春语［moːroːron］"呻吟"一词的波形图、三维语图和标注实例

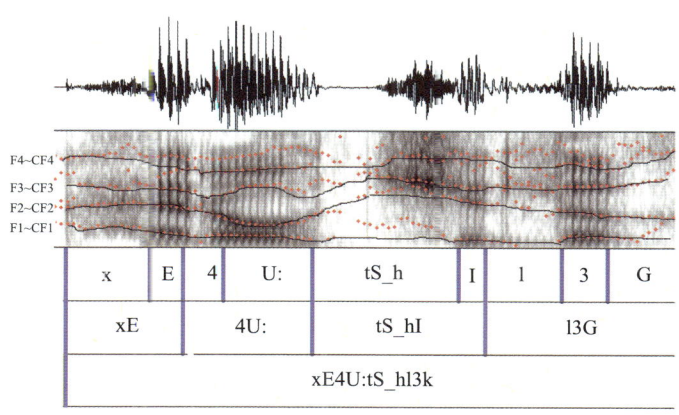

图13 蒙古语［xɛruːtʃʰil3ɣ］"责任"一词的波形图、三维语图和标注实例

即可。图18为音高曲线采集原则和方法。

5. 声学参数自动标注与提取系统

尽管通过二十多年的语音实验研究和描写研究实践，我们团队对语音声学特征有了新的认识，积累了测量和采集声学特征参数的丰富经验，但是声学参数采集工作仍然非常艰难。这是因为仅仅依靠手工标注和采集，一方面，工作量大，错误率高，效率低，无法保证实验方法和实验数据的

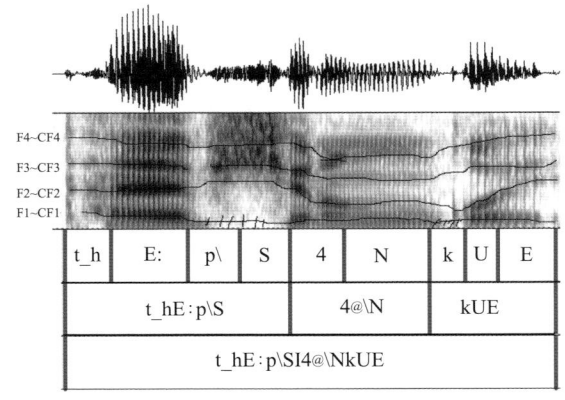

图 14 蒙古语 [tʰɛːɸʃɾŋkʊɛ] "安详的" 一词的
波形图、三维语图和标注实例

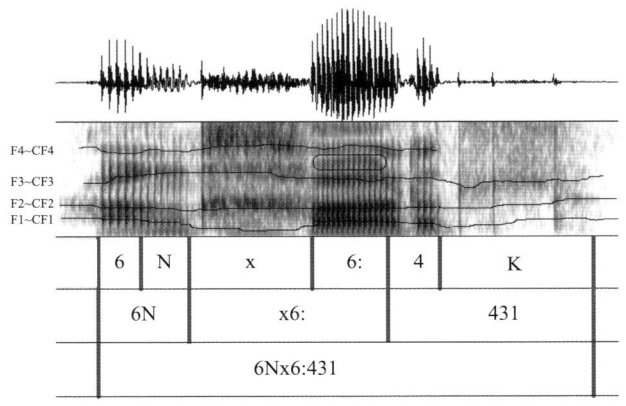

图 15 蒙古语 [ɪŋxeːɾl] "注意力" 一词的
波形图、三维语图和标注实例

可重复性，更无法实现语音声学研究工作的规范化和标准化；另一方面，由于声学特征定义及其提取方法和标准难以统一等原因，导致了语言之间难以相互比较、研究成果无法相互借鉴的后果。为了避免上述弊端，必须解决语音声学参数库研制工作的自动化问题，语音声学参数自动标注和提取是首先要解决的问题。

为推动语音声学实验研究工作的规范化和标准化进程，自 2013 年年初开始，根据多年积累的语音声学参数库研制经验，在呼和研究员的倡导下，由周学文副研究员编写完成并投入使用了"语音声学参数自动标注/提取系

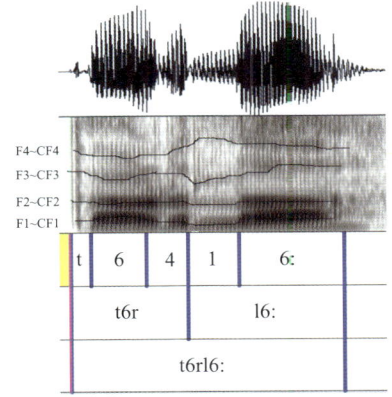

图16 东部裕固语 [tɐɾleː-] "兴盛" 一词的
波形图、三维语图和标注实例

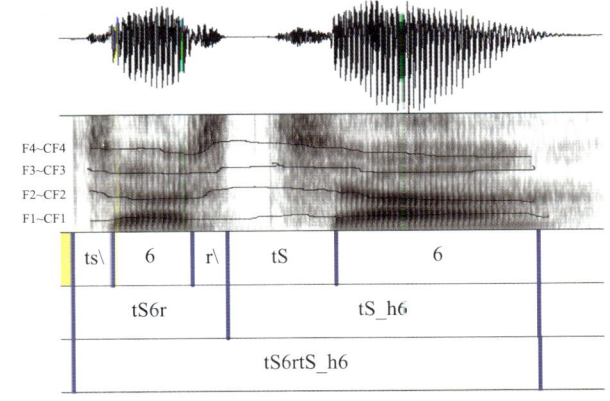

图17 东部裕固语 [tʃɐɾtʃʰɐʃ] "雇工" 一词的
波形图、三维语图和标注实例

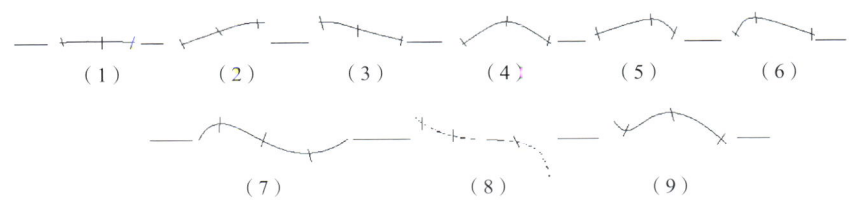

图18 音节音高曲线模式及其测量方法示意图

统"（周学文、呼和，2014）。该系统具有标准统一、数据完整、简单高效、可校对、能容错的特点。与手动采集声学参数相比，该系统能够减少大量的填写数据的工作量，减少人工标注的随意性，既减少工作量，又降低错误率，能够有效提高语音声学参数库研制效率，确保实验方法和实验数据的准确性和可重复性。

声学参数自动标注和自动提取两个工具共有源代码大约 1500 行，自动标注实现了除冲直条外所有声学参数的自动标注，自动提取软件增加了谱重心、偏移量、韵律参数等新的参数的自动计算和提取，两款软件经过了多个用户、大量数据的运行实践和改进，证明了其稳定和高效，极大提高了参数标注和提取的工作效率。

表 7 八层标注文件结构实例

第一层：音素	音素
第二层：音节	音节
第三层：词	词
第四层：音高	音高（每音节取三点：起点、折点、终点）
第五层：音强	音强（每音素最大音强）
第六层：共振峰	共振峰（辅音一点、元音三点，每点最多五个共振峰）
第七层：浊音杠与冲直条	塞音/塞擦音的浊音杠和冲直条位置（除词首清塞音和清塞擦音以外）
第八层：辅音谱	除塞音/塞擦音以外辅音的谱特征

为了对声学参数进行标准化标注和自动提取以及减少人工标注的随意性，在提出八层标注文件结构（请见表 7）的同时，制订了归一化的标注标准和标注点。该结构涵盖了音段和超音段主要声学特征。标注方法如下：在 PRAAT 环境下将标注文件与语音文件同时打开后，用户按照统一的标注标准和方法，选定标注位置（音高、音强、共振峰和浊音杠与冲直条），执行自动标注软件，系统把具体值自动标注到所选位置上，用户只需校对、修改和确认即可。有了该系统，语音实验人员可以把主要精力集中到对语音特征的分析和比较上，不再为手工填写大量数据而发愁。这样既减少工作量，又降低错误率。

图 19 为自动提取软件运行界面。自动提取软件是一款高效而稳定的软件，它主要完成如下工作。（1）根据 SAMPA-C 码定义，判断音素的元音/

辅音属性。如果是辅音，还要判断其清/浊、塞音塞擦音/非塞音塞擦音属性。(2) 根据音节内音素的组合，判断音节类型并得到类型号、音节位置和数量、词/音节/音素长度，将音高值赋予音素，将共振峰值串（可能有逗号分隔的缺省值）分解得到 F1～F5，并根据元音/辅音属性，分别赋予各自的共振峰，将音高赋予音节的属性。(3) 根据第七层的冲直条和浊音杠标记，与第一层的音素进行匹配，根据词首/非词首、清/浊属性，将各个标记解释为冲直条或浊音杠，计算得到 GAP、VOT 和音长，再赋值给音素。(4) 第八层将计算得到的辅音谱特征值赋予辅音等。

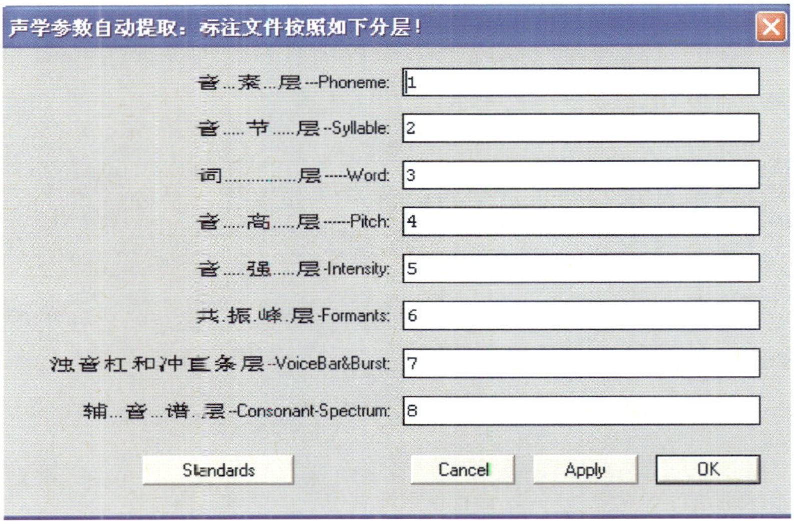

图 19　自动提取软件运行界面

语音声学参数自动标注/提取是我们整个工作的关键。语音声学参数的准确而高效提取能够有效提高语音声学参数库研制效率，确保实验方法和实验数据的准确性和可重复性。声学参数提取技术上的改进为逐步实现语音声学参数库研制工作的全面自动化，推动语音声学参数库研制和语音声学实验研究工作的规范化和标准化进程。类似资源库创建中计算机技术的运用，将需要计算机技术人员和语言学者互相结合、协同作战、进行攻关。

（二）语音声学参数统一平台建设

我们正在建设的统一平台是构建少数民族语言统一（通用）的自然语

言语音处理平台。统一平台将利用现代科技,以数据库(量化和数字化)的形式完整地保存少数民族语言音段和超音段的声学参数。出于对多语种语音系统的全面考虑,选择能有效表征目标语言语音系统各种语音现象的声学特征,把所分析、测量到的数据集合成一个完整的语音声学参数库。在此基础上,研发统一平台。用户利用统一平台可以完成查询检索多语种语音声学参数内所有的信息,可以任意设定查询的组合条件,可以对结果集合按照任意字段排序,可以在结果集合中查询词/音素之间任意切换,可以手动/自动对查询结果集进行选择并把选择的结果输出到 EXCEL 等。统一平台还有统计、分析和分类等功能。随着容纳更多语言声学参数库,可以根据用户需求,改进界面的友好性和系统的强壮性(鲁棒性 Robustness)。图 20 是目前使用的统一平台界面。

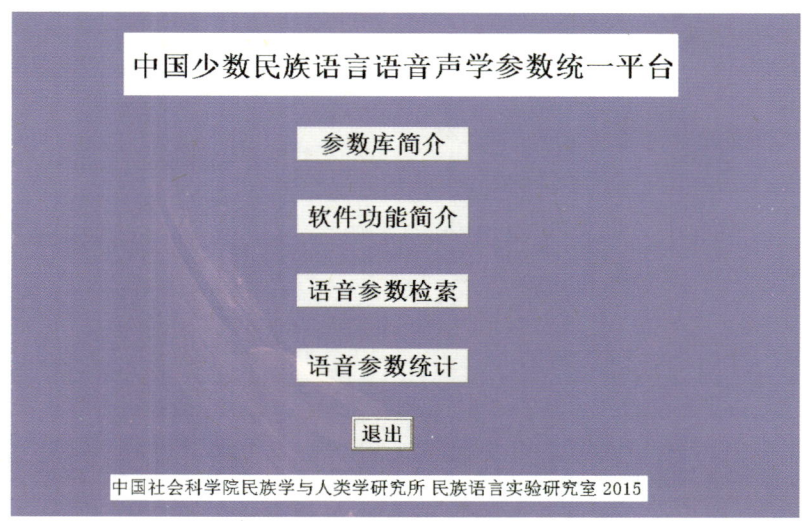

图 20 "中国少数民族语言语音声学参数统一平台"界面

基于几种语言语音声学参数库上搭建的统一平台的特点如下。(1) 实用性:基本上包含了所有音段的主要声学特征,能够满足所有的参数提取、统计分析和比较研究;(2) 稳定性:确保了数据库主要结构的稳定性(参数库的扩充不影响其稳定性),这样才能有利于声学参数的积累;(3) 扩充性:确保了数据库的可扩充性,以便满足新参数和结构的微调。该平台能够确保数据库内容的维护,包括增加、删除、修改、查询;确保方便提取所有参数,满足相关研究。

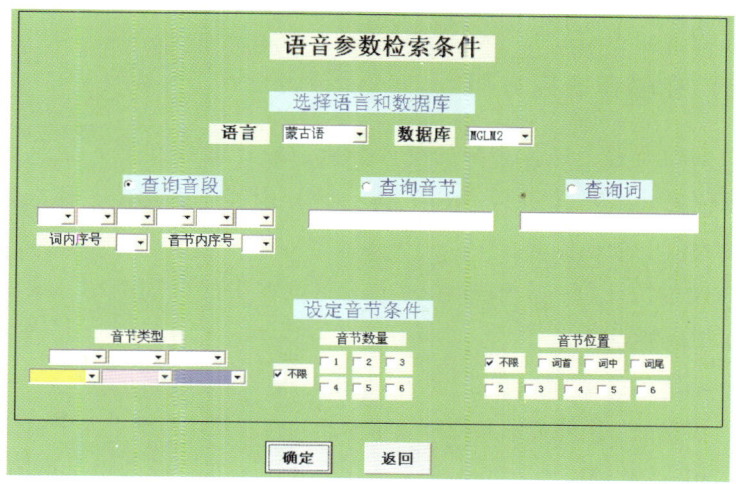

图 21　语音参数检索条件

二　丛书的研究思路、方法和内容

"中国少数民族语言方言实验研究丛书"是基于"统一平台"的研究成果，是我们团队多年合作研究的结晶。该丛书在以往研究的基础上，针对民族语言语音研究的历史和现状，从解决所面临的实际问题出发，采用声学语言学的理论和方法，对目标语言的元音、辅音等音段特征和词重音等超音段特征进行了较全面、系统的定量和定性分析。

（一）在元音研究方面

（1）对每一个元音进行系统的统计分析，统计参数（项）包括音长、音强、目标位置共振峰及其前后过渡频率。统计内容有平均值、标准差、变异系数、最大值、最小值等。

（2）基于参数平均值，确定每一个元音的音值，并列举每一个元音的三维语图作为旁证。

（3）根据每一个元音在声学空间中的分布格局，分析探讨其过去、现在和未来的变化规律。

（4）观察分析音节数量与元音声学参数之间的关系问题、音节类型与元音声学参数之间的关系问题、辅音音质对元音共振峰的影响问题、辅音位置对元音共振峰的影响问题等。

（二）在辅音研究方面

（1）对每个辅音进行系统的统计分析，统计参数（项）包括音长、音强、目标位置共振峰（CF1～CF3）等，统计内容有平均值、标准差、变异系数、最大值、最小值等。

（2）通过统计每一个辅音在词中不同位置中的出现频率，确定其在词中的出现频率特点。

（3）基于三维语图，阐述每一个辅音声学特点（声学表现）。

（4）根据每一个辅音的共振峰分布模式，确定其在声学空间中的分布特点。

（5）用 VOT-GAP 二维坐标观察分析塞音、塞擦音的声学格局。

（6）用 COG（辅音谱重心，简称谱重心）、STD（相对于谱重心的谱偏移量，简称谱偏移量）和 SKEW（偏离度，低于谱重心的谱与高于谱重心的谱之比）等三个参数探讨了清擦音和浊辅音的谱特点和谱参数分布规律。

（7）观察分析词中位置对辅音的影响问题、后续元音音质对辅音共振峰的影响问题。

（三）在词重音研究方面

从单词韵律模式和词重音问题入手，阐述了语音四要素与目标语言词重音性质之间的关系问题；基于声学参数分析了词重音功能与作用问题，并从类型学的视角对词重音位置问题进行了解释。

（四）在音系研究方面

基于实验音系学理论和方法，对目标语言的音系进行了较全面系统的分析和归纳。

（五）在语音学理论方面

通过解读声学元音图（元音声学空间动态分布图）中不同元音音位及其变体之间的叠加现象，元音阴阳（松紧）属性与和谐律之间的差异性，阐述了音位与变体、属性与规则、规则与实施等层面的绝对性和相对性问题，即语音学理论的相对性和绝对性等问题。

第一章
维吾尔语及其语音实验研究概况

维吾尔语属于黏着型语言。维吾尔语有中心、和田和罗布等三个方言。三个方言的差别主要表现在语音上，不影响交流。维吾尔语标准语以中心方言为基础，以乌鲁木齐语音为标准音，以文字正规出版物的语法作为规范。文字从右向左读写。维吾尔语书面语和口语之间的差别较小。在语音方面，有元音和谐律、语音同化、脱落、弱化和清化等其他阿尔泰语系语言所拥有的特点。其中，弱化（元音和辅音）和清化（元音）是维吾尔语较突出的特点。维吾尔语在形态变化中，有低和半低元音/ɑ/或/ɛ/变为/e/或/i/元音的语音变化现象，这种现象学界称为元音弱化。维吾尔语元音较常见的和谐律是基于词根与附加成分之间支配关系的以部位和谐为主的发音部位的和谐。另外，还有一种前高元音/i/和/e/与任何元音都可以发生和谐的现象。其中的/i/和/e/元音称为中性元音（neutral vowel）。

（一）维吾尔语语音系统

1. 元音音位

表 1.1　元音音位及其实例

编号	音标	例词	读音	汉义
1	i	kim	kʰim	谁
2	e	tez	tʰez	快
3	ɛ	bär	bɛr	给
4	ɑ	bax	bɑʃ	头
5	y	üzüm	yzym	葡萄

续表

编号	音标	例词	读音	汉义
6	o	qol	qʰol	手
7	u	pul	pʰul	钱
8	ø	köz	kʰøz	眼睛

如表 1.1 所示，大部分学者认为，在现代维吾尔语标准语有/i, e, ɛ, ɑ, y, o, u, ø/等八个元音音位。维吾尔语是否有长元音学者们的意见不一致。持有否定意见的学者认为，现代维吾尔语虽然有类似［ɑːrɑ］"叉子"和［ɑrɑ］"中间"等少数例子，但数量较少尚未形成独立音位。

2. 辅音音位

学界一般认为，现代维吾尔语标准话有/b, p, m, w, d, t, z, s, n, l, r, j, ʃ, tʃ, dʒ, g, k, q, ŋ, ʁ, χ, ɦ/等 22 个辅音音位。另外，还有在拟声词和部分借词里出现的不能作为独立音位的［f, ʒ］2 个辅音。以下是按照发音部位和发音方法分类的结果。

2.1 以发音部位分类

双唇音：/b/, /p/, /m/, /w/。上下唇属活动器官。这些是上下唇形成阻碍发出的音。

唇齿音：/f/。这是下唇和上唇接触形成阻碍而发出的音。

舌尖音：/d/, /t/, /z/, /s/, /n/, /l/, /r/。舌尖是在口腔中最为灵活的发音器官。

舌尖～硬腭音：/ʃ/, /ʒ/, /j/。舌尖～硬腭音又称舌尖后音。发音姿态为舌尖翘起向硬腭前部接触构成阻碍而发出的音。因舌尖翘起的程度不同，接触硬腭的部位也会有所不同。

舌根音：/k/, /g/, /ŋ/。发舌根音时，舌体收缩，其舌背与软腭部位接触构成阻碍而发出的音。

小舌音：/ʁ/, /χ/, /q/。小舌也是声腔中可以活动的部分，但只能随着软腭移动或受气流的冲击而颤动，自己并没有独立活动的能力。

喉音：/ɦ/。喉音的发音部位为自咽腔到声带，发喉音时舌根与喉壁接触形成阻碍而发出的音。

2.2 以发音方法分类

辅音的发音过程可分为三个阶段：（1）主动发音器官开始向被动发音器官靠拢形成阻碍或阻塞，称"成阻"阶段；（2）构成阻碍或阻塞的肌肉部分保持一定时间的紧张，使阻碍或阻塞持续，称"持阻"阶段；（3）主动发音器官的阻塞或阻碍部分脱离被动器官，肌肉放松，阻碍或阻塞解除，称"除阻"阶段。在这一动程中的不同阶段所采取的不同阻碍或阻塞方式会发出不同辅音。辅音的阻碍或阻塞方式主要指气流通过阻碍时所采取的方式或方法。

塞音（又称爆破音）：发塞音时持阻阶段完全闭塞（阻塞）使气流无法通过，造成声音短暂间歇，持续到除阻阶段。确切说，两个器官必须构成阻塞，气流不断在口腔内集聚，口腔内就会形成超压，突然释放，发出一个爆破音（鲍怀翘，2005）。维吾尔语主要有/ɔ/，/p/，/d/，/t/，/g/，/k/，/q/等7个塞音。

擦音：发擦音时持阻阶段阻碍并不完全闭塞（阻碍），让气流挤出去，产生摩擦。确切地说，发音时两个器官靠近，不完全阻塞，形成一个缝隙，气流强行通过缝隙产生摩擦噪声（鲍怀翘，2005）。维吾尔语有/z/，/s/，/ʃ/，/ʁ/，/χ/，/ɦ/，/ʒ/，/f/等8个擦音。

塞擦音：发塞擦音时，成阻阶段阻碍完全闭塞，气流无法通过；进入持阻阶段后阻碍略微释放，让气流挤出产生摩擦，发出先塞后擦音。确切地说，先是塞音破裂，口腔不马上打开，而是留有一窄缝，紧接着口腔内余气从缝隙中挤出，产生摩擦，发出擦音；塞擦音不是塞音＋擦音，而是单一语音单位（鲍怀翘 2005）。维吾尔语有/tʃ/和/dʒ/等2个塞擦音。

鼻音：发鼻音时成阻阶段口腔里形成的阻碍完全闭塞，软腭下降，打开鼻腔通道，气流从鼻空流出。确切地说，口控中某两部分构成阻塞，软腭下垂打开鼻咽通道，带音（声带振动）气流经鼻腔共鸣，从鼻孔辐射出去，就形成鼻辅音（鲍怀翘，2005）。维吾尔语有/m/，/n/，/ŋ/等3个鼻音。

边音：发边音时舌尖与龈齿或硬腭形成阻塞让气流从舌边流出。确切说，舌面中线下凹，两边卷起，接触牙齿。确刃地说，发音时带音气流从舌两边排出，发出可以延长的边音（鲍怀翘，2005）。维吾尔语有/l/一个边音。

颤音：气流通过口腔时颤动舌尖而产生的音。维吾尔语有一个颤音/r/。

通音（半元音）：发通音时其姿态与［u］，［i］等元音相似，差别在于有摩擦成分。维吾尔语有/w/、/j/ 2 个通音。

上述辅音还可以分清、浊音。如/b/，/d/，/g/，/z/，/ʁ/，/ʒ/，/m/，/n/，/ŋ/，/l/，/r/，/w/，/j/，/ʤ/等为浊辅音，其余为清辅音。

（二）维吾尔语语音实验研究概况

维吾尔语语音实验研究是从 1986 年开始的。当时在新疆社会科学院的大力支持下，成立了由北京师范大学中文系、新疆社会科学院和新疆维吾尔自治区民族语言文字工作委员会相关人员组成，由周同春和米尔苏里唐等负责的研究团队开展了一系列的研究工作。如米尔苏里唐等（1992）在《现代维吾尔语语音声学研究》一书中首次用实验语言学的理论和方法，对维吾尔语的元音和辅音进行了较全面和系统的研究。可以说，这是维吾尔语语音研究从传统语音学描写研究转向实证研究的具有历史意义的成果。该成果是基于 V、CV、VC、CVC 音节类型由 6 位发音人的发音语料组成的 765 个单词。这在当时条件下算是较大的数据了。

维吾尔语实验语言学研究虽然起步较晚，但发展较快。2006 年之前的成果有鲍怀翘的《维吾尔语元音声学初步分析》（1988），米尔苏里唐、阿米娜等著的《现代维吾尔语语音声学研究》（1992），易斌的《维吾尔语 c＋q 式音节结构中元音/i/的声学语音分析》（2004）、《现代维吾尔语元音/o/的声学特征分析》（2005）、《现代维吾尔语元音/y/的声学特征分析》（2005），吾买尔·尼亚孜的《试论朝鲜语同维吾尔语在语音上的亲属性印迹》（2005），易斌的《现代维吾尔语元音格局分析》（2006），赵平的《汉维语元音音位异同之比较》（2006），易斌的《现代维吾尔语的元音和谐形式及其特点》（2006）等。其中，易斌的博士学位论文《现代维吾尔语元音的实验语音学研究》是该时期的代表作。该文通过对 CV（ci）、VC（ic）、CVC（cic）三种音节模式中的元音［i］以及与小舌辅音结合的元音［i］的声学分析得出如下的基本结论：维吾尔语元音［i］（非清化时）在声学元音图上共有五个分布位置，分别相当于元音［ɪ］［ɨ］［ɘ］［ɣ］［ɯ］。在 CVC 结构中元音［i］在声学元音图中有五个分布位置，分别相当于元音［ɪ］［ɨ］［ɘ］［ɣ］［ɯ］。在 VC（ic）结构中有两个分布位置，分别相当于元音

[ɪ] 和 [ɘ]，在 CV (ci) 结构中有两个分布位置，分别相当于元音 [ɪ] 和 [ɣ]。与小舌辅音结合的元音 [i] 在声学元音图中有四个分布位置，其音值分别相当于 [ɪ][ɨ][ɘ][ɣ]。

  维吾尔语基于较大规模语料库的实验语言学研究是自 2006 年中国社会科学院民族学与人类学研究所郑玉玲副研究员承担的教育部、国家语言文字工作委员会民族语言文字规范标准建设及信息化项目"藏、维、彝民族语音参数数据库"（MZ115-037）开始的。该项目是与西藏语言文字工作委员会、新疆大学和西南民族大学合作完成的。建立了藏语、维吾尔语和彝语三个语言标准音（广播语）的语音特征声学参数数据库。这是国内外首次建立的具有数据容量大、标准化程度高的三种民族语言的声学参数数据库。可直接用于单一语言语音研究和多语种语音比较研究。其中，"维吾尔语语音声学参数数据库"对维吾尔语语音实验研究打下较好的基础，推动了维吾尔语语音研究。如呼和基于"蒙古语语音声学参数数据库"和"维吾尔语语音声学参数数据库"对蒙古语和维吾尔语双音节词的韵律模式进行过较详细的比较研究（呼和，2009）；孜丽卡木等利用该数据库统计归纳了维吾尔语词首音节元音的共振峰模式及分布格局（孜丽卡木等，2008，2009）；祖力皮亚·阿曼等基于该数据库统计归纳了维吾尔语元音时长、音高和音强分布模式，探讨了维吾尔语三音节词的韵律节奏模式与三音节词重音之间的关系问题（祖力皮亚·阿曼等，2008，2009）；艾斯卡尔·肉孜等利用该数据库对维吾尔语元音音长进行了较系统的统计分析并得出：维吾尔语的长元音虽然在一定条件下比一般元音相对长，在特殊情况下有区别意义的功能，但尚未形成长短对立的音系系统，只有节奏性作用（艾斯卡尔·肉孜等，2010）；地里木拉提·吐尔逊等利用该数据库，从语音合成和语音识别的视角，对/i/、/u/等高元音的时长、音高和音强进行统计分析，归纳了其发生清化时的时长、共振峰和音强在开音节和闭音节中的分布模式，探讨维吾尔语三个高元音的清化特点并验证了传统语音学界所提出的结论与实验语言学界提出的结论之间的一致性（地里木拉提·吐尔逊等，2010）。艾合买提将·祖农根据现代维吾尔语的语音特点，利用该数据库，结合计算语言学、语音学、计算机信息处理科学知识，采用工程语言学和统计学的理论与方法对标准维吾尔语辅音进行了较系统的声学分析（艾合买提将·祖农，2011）；热娜古丽等利用该数据库，从语音合成和识别的需求出发，对维吾尔语 CVC 音节中 1255 个词的声学参数，包括音节时长、音强和音高，进行统计分析并归纳了其时长、音强和音高分布模式（热娜古丽等，2011）；玛依努尔等从该数据库选择包含［p、t、k、q］等辅音的词，统计归纳了它们的嗓音起始时间、共振峰、音强和时长分布模式。同时，为提高语音合成的自然度，探讨了嗓音起始时间对清塞音声学特征的决定性作用问题等（玛依努尔等，2011）。

除此之外，杨红军以乌鲁木齐维吾尔语新闻广播为实验语料，通过对重音的三个声学变量即音强、音高和音长进行声学实验，分析探讨了维吾尔语连续性话语中双音节和三音节词重音的声学特性及重音模式。认为音强和音长在双音节词重音中的作用不明显，音高起着决定双音节词重音的作用。其重音模式为重音落在第二音节，从第一音节至第二音节逐步升高，至尾部渐趋平坦，句子的语调影响句尾词重音模式；音高而不是音强或者音长决定着维吾尔语三音节词重音，其重音模式为重音落在第三音节，从第一音节至第三音节逐渐升高，至尾部轻微下降，句子的语调影响词重音模式（杨红军，2010）。

最新成果"基于动态电子腭位的维吾尔语辅音协同发音研究"（艾则孜·阿不力米提，2018）是维吾尔语语音研究较有代表性的成果。该文利用动态电子腭位仪和统计理论和方法，较系统、深入地研究了维吾尔语单音节词音节首和音节末辅音在不同元音环境中的协同发音现象和辅音丛的发音特点，讨论了维吾尔语辅音协同发音的基本模式和控制机制。

通过学者们的不懈努力，有关维吾尔语音段和超音段方面的遗留或复杂问题得到了初步的解决。但无论在音段特征的描写还是超音段特征的分析方面仍存在诸多问题。如，基本元音音值的描写和音位归纳问题、/i/元音变体问题、词首音节元音的清化问题、词重音问题等。本书在以往研究的基础上，针对维吾尔语语音研究的历史和现状，从所面临的实际问题出发，采用声学语言学的理论和方法，对维吾尔语的元音、辅音等音段特征和词重音等超音段特征进行了较全面、系统的定量和定性分析。本研究数据来源为国家社科基金重大招标项目"中国少数民族语言语音声学参数统一平台建设项目"的子课题"维吾尔语语音声学参数数据库"。该数据库的索引库和声样库来源为郑玉玲副研究员主持的"藏、维、彝民族语音参数数据库"（教育部、国家语言文字工作委员会民族语言文字规范标准建设及信息化项目,MZ115-037)。与以往数据库相比,该数据库的声学参数标注和采集是用我们团队研制的"语音声学参数自动标注与自动提取工具"完成的。这种自动形成的数据避免了采集者的主观因素,确保了数据的客观性和准确性。

第二章
维吾尔语元音声学特征

鲍怀翘研究员在其实验语音学讲义中，从以下几个方面比较准确地总结了元音的发音特点。如（1）声源：声带振动；（2）感知：乐音，声音响亮；（3）时程：相对较长；（4）气流类型：层流；（5）气流受阻方式：气流在口腔中是畅通无阻的，不会遇到阻塞或阻碍；（6）肌肉活动范围：口腔腔壁的肌肉均匀紧张。这是元音的共性。

一 元音声学特征参数及分析方法

（一）共振峰

在描写和阐述元音声学特征之前有必要先阐明元音共振峰问题。因为它是元音音质最主要的声学特征（标志），由声带振动作为激励源经声腔共鸣而形成的。因不同元音有其不同的声腔形状，故有其不同的共振峰模式（Formant Pattern）。一般说每个元音有 5 个共振峰，习惯用 F1、F2、F3、F4、F5 等符号表示。其中，F1 和 F2 对元音音色起到重要的作用。圆唇作用（唇形面积减小），虽然会使所有共振峰频率降低，但受影响的程度是不同的，其中对 F2 的影响较为明显；F3 与舌尖翘舌动作有关。舌尖上翘越向后移（卷舌动作）舌面下凹，舌根略抬，此时声道被明显地分割成三个腔体，F3 会出现明显的下降。舌尖元音也有类似倾向（鲍怀翘，2005）。本书主要利用元音 F1、F2 和 F3 等参数描写维吾尔语元音的声学特征。图 2.1 为男发音人［ɑ］［o］［i］等元音的共振峰分布模式。

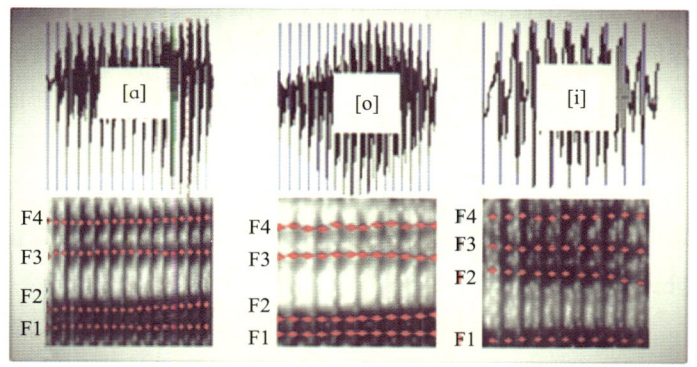

图 2.1 [ɑ] [o] [i] 等元音的共振峰模式图 (M)

(二) 声学元音图

在语音学研究中共振峰参数是十分重要的，但只有把它与元音的舌位状态联系起来才能有效、形象地说明它们之间的区别。声学元音图（元音共振峰图）要利用共振峰的数值将元音安排在声学空间适当的位置上，既能与舌位图相比较，又能符合听感上的区别距离（鲍怀翘，2005）。Eli Fischer-Jørgensen（1958）认为，声学元音图应成为能安排某一特定语言音位及其变体的声学空间。从该目的出发，人们一直在尝试用各种数值单位和不同坐标系的声学元音图。如，Joos 型声学元音图（1948）、Fant 型声学元音图（1958）和 Ladefoged 型声学元音图（1976）等。本文使用 Joos 型声学元音图分析和阐述维吾尔语元音的声学模型（格局）。请见图 2.2。

(三) 元音的音长、音高和音强

元音声学特征除共振峰外，还有音长、音高和音强等参数。对于像维吾尔语这样元音音长尚未形成系统的对比功能的语言来说，元音音长特征不显著。为此，我们比较了维吾尔语词首音节元音（实心三角）和非词首音节元音（空心三角）的舌位三角形图，请见图 2.3。显然，维吾尔语词首音节元音和非词首音节元音舌位三角形之间的差异不明显。

元音音高、音强基本上能够代表其所处音节的音高和音强，因此有必要分析了解处于词中不同位置（词首、词中和词尾）的元音的音高和音强。

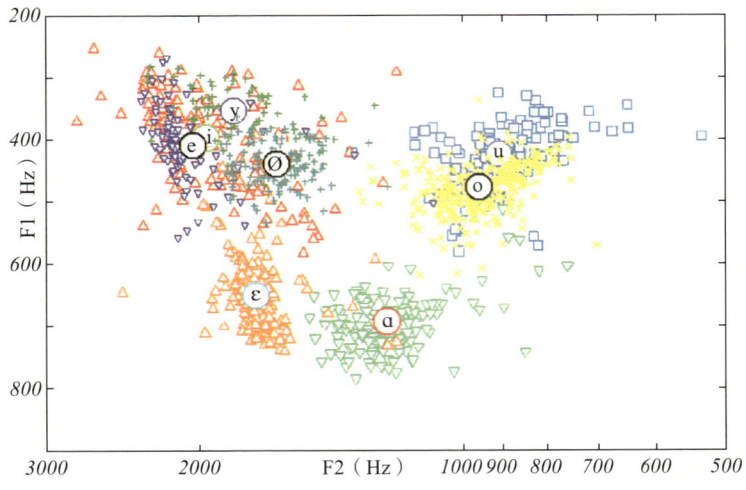

图 2.2 词首音节元音在声学空间中的分布模式（M）

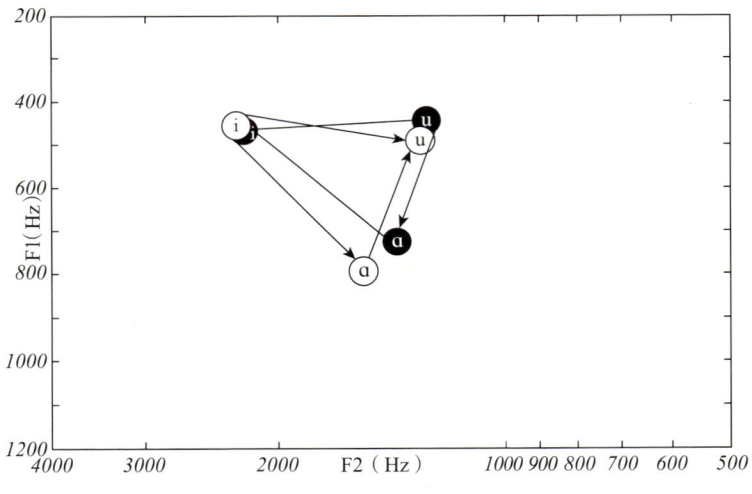

图 2.3 词首音节元音（实心圆）和非词首音节元音
（空心圆）的舌位三角形图（F）

我们在本章节中重点讨论，处于词中不同位置的元音的音长、音高和音强等特征。

二　词首音节元音

在"维吾尔语语音声学参数数据库"中共出现了 a[ɑ]、ä[ɛ]、e[e]、

i[i]、o[o]、ö[ø]、u[u]、ü[y]等元音。按照传统语音学的分类，a[ɑ]、ä[ɛ]、e[e]、i[i]为展唇元音，o[o]、ö[ø]、u[u]、ü[y]为圆唇元音。

（一）[ɑ] 元音

1. 参数平均值及其音质定位

表 2.1 为 [ɑ] 元音声学参数统计。该统计表显示男女发音人 [ɑ] 元音的平均时长、平均音强分别为 94ms（M），109ms（F）；70dB（M），71 dB（F）。该元音目标位置第一、第二共振峰频率均值（简称"F1 和 F2 均值"）分别为 M：F1 = 669Hz，F2 = 1241Hz；F：F1 = 714Hz，F2 = 1406Hz。

表 2.1　[ɑ] 元音声学参数统计

单位：VD 为 ms，VA 为 dB，F1、F2、F3 为 Hz，变异系数为 %。下同。

	VD		VA		F1		F2		F3	
	M	F	M	F	M	F	M	F	M	F
平均值	94	109	70	71	669	714	1241	1406	2568	3199
标准差	35	41	4	2	50	63	140	159	316	273
变异系数	37	38	5	3	7	9	11	11	12	9

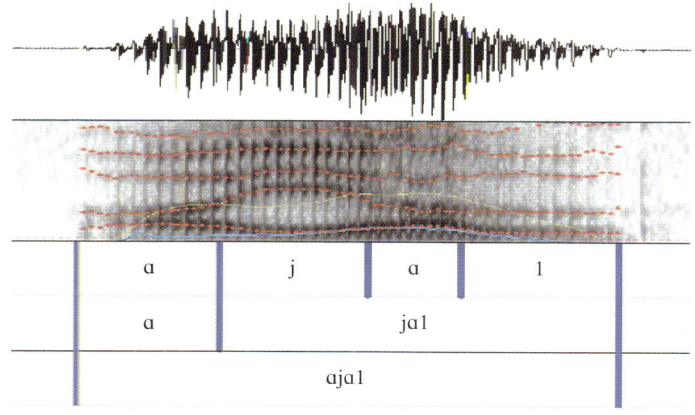

图 2.4　男发音人 [ɑjɑl]"女性"一词的三维语图

图 2.4 为男性发音人 [ɑjɑl]"女性"一词的三维语图。其中，词首元音 [ɑ] 的目标位置第一至第四共振峰频率（F1～F4）分别为 819Hz、

1152Hz、2766Hz、3645Hz。这是［ɑ］元音比较典型的声学语图。图 2.5 - 1 为男女发音人词首音节［ɑ］元音在声学元音图中的位置及其声学空间中的分布模式（国际音标位置为其总均值。上图为男性发音人，下图为女性发音人，下同）。维吾尔语传统语言学中所标记的［ɑ］元音，接近于国际音标中的［ɐ］音标（该音标在国际音标系统中是次开，即次低元音）音值，而不是传统语言学中常用的［ɑ］标记。参照国际音标元音标记规则我们认为维吾尔语标准语［ɐ］元音为次低、央、展唇元音。但本书考虑到诸

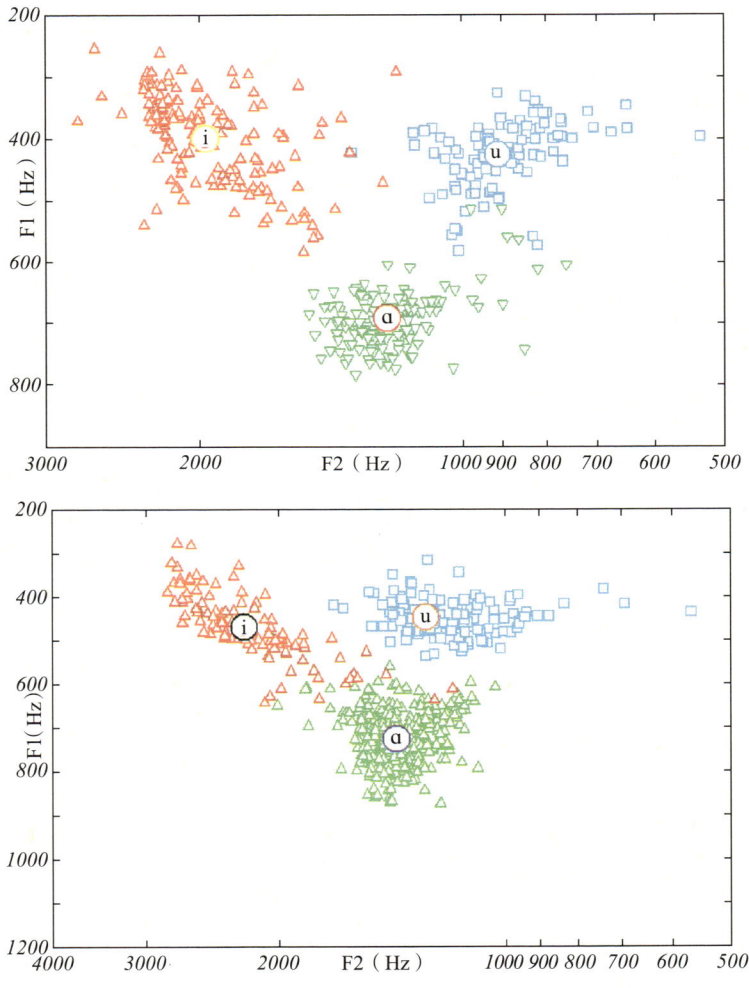

图 2.5 - 1　词首音节［ɑ］元音在声学元音图中的位置及其
声学空间中的分布模式（M、F）

多因素仍采用了传统标记音标［ɑ］。从图2.5-1中也可以看出，女发音人的［ɑ］元音虽然比男发音人的［ɑ］相对靠后，但未达到后元音位置。

图2.5-2~2.5-3为［ɑ］元音目标位置第一、第二共振峰F1/F2（绿色实心圆）及其前过渡TF1/TF2和后过渡TP1/TP2共振峰（橙色实心圆和红色三角形）比较图。其中，图2.5-2为目标位置共振峰和前过渡段共振峰比较图，图2.5-3为目标位置共振峰和后过渡段共振峰比较图。可以看出，与目标位置共振峰频率相比，［ɑ］元音前、后过渡段共振峰

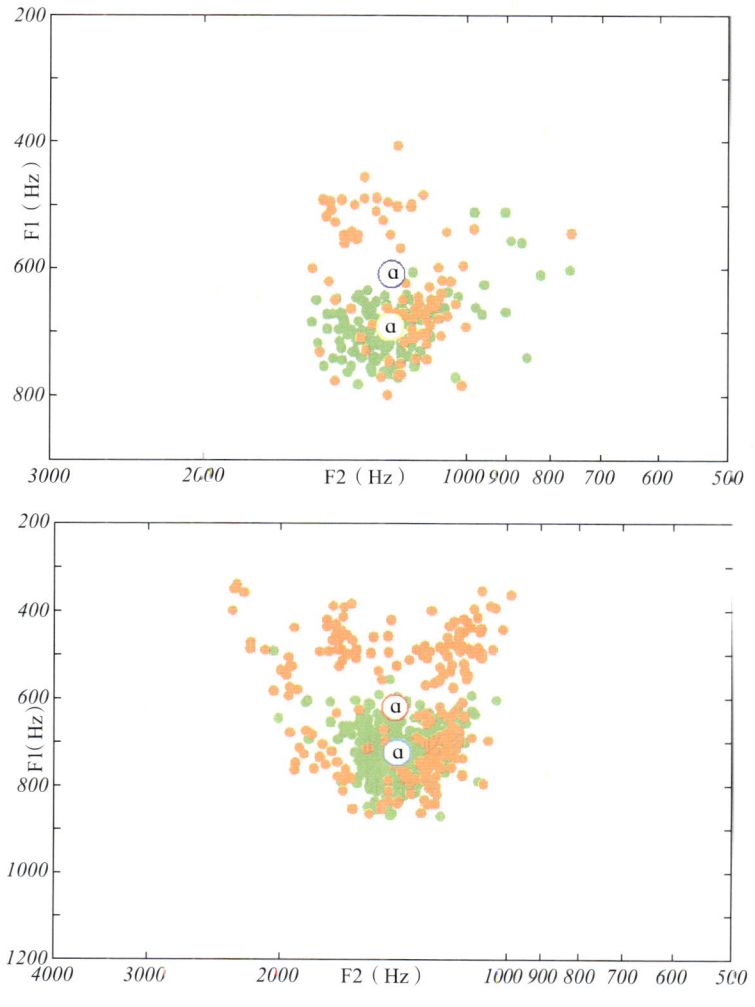

图2.5-2　［ɑ］元音目标位置（F1/F2）及其前过渡段共振峰
（TF1/TF2）比较图（M、F）

频率虽然都有所变化，但后过渡段（TP1）频率的下降比较明显（后过渡段变化大于前过渡段），说明［ɑ］元音在其后过渡段中舌位明显上升（开口度明显变小）。

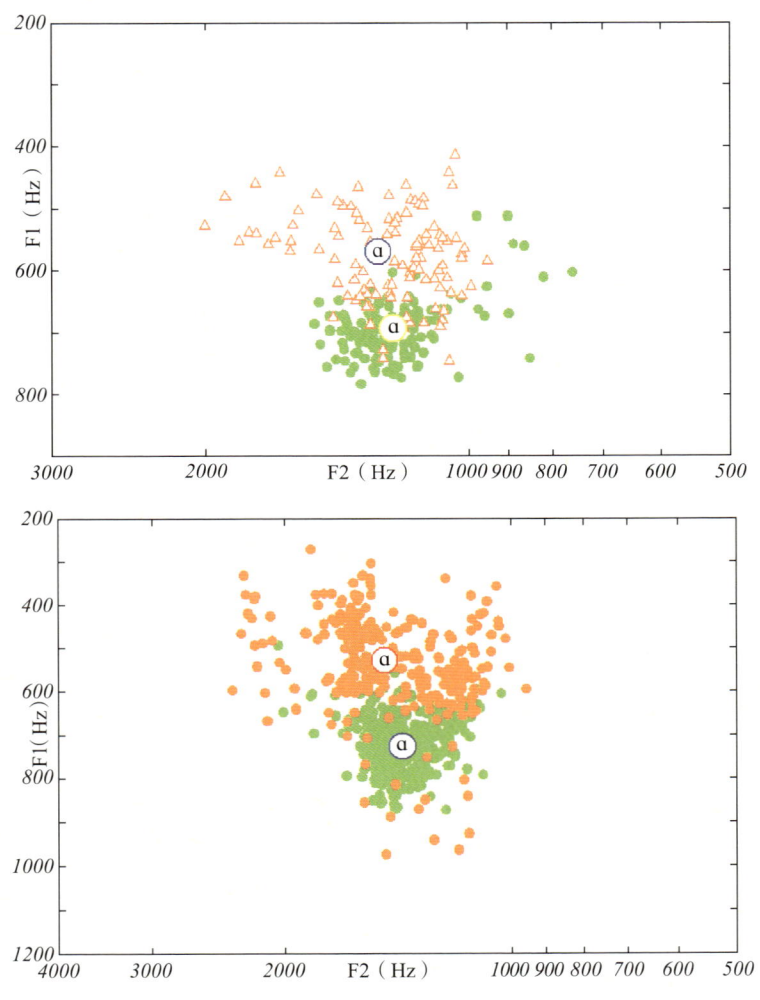

图 2.5-3　［ɑ］元音目标位置（F1/F2）及其后过渡段共振峰（TP1/TP2）比较图（M、F）

2. 音节数量与［ɑ］元音声学参数之间的关系

表 2.2 为［ɑ］元音在不同音节词中出现的频率统计。该表显示，［ɑ］元音在双音节词中出现频率相对高，达到了约 63%（M）和 61%（F）。这

种比例说明了双音节词在维吾尔语中的特殊地位。

表2.3为出现在不同音节词中[ɑ]元音的音长（VD）、音强（VA）、共振峰目标值（F）统计。可以看出，音节数量与[ɑ]元音音长、音强之间具有一定的相关性。如，该元音音长随着音节数量的增加而相对缩短，而其音强随着音节数量的增多相对变弱。如，

$$M:131ms(A) \to 83ms(B) \to 85ms(C); M:73dB(A) \to 69dB(B) \to 68dB(C)$$
$$F:159ms(A) \to 92ms(B) \to 100ms(C); F:73dB(A) \to 71dB(B) \to 71dB(C)$$

表2.3还显示，（1）男女发音人[ɑ]元音目标位置的共振峰呈现出同样趋势，即男女发音人[ɑ]的开口度与音节数量正相关，而[ɑ]的舌位前后与音节数量负相关。如，M：F1 = 696Hz，F2 = 1236Hz（A），F1 = 667Hz，F2 = 1251Hz（B），F1 = 647Hz，F2 = 1247Hz（C）；F：F1 = 762Hz，F2 = 1416Hz（A），F1 = 704Hz，F2 = 1414Hz（B），F1 = 699Hz，F2 = 1446Hz（C）。

表 2.2 [ɑ]元音在不同音节词中的出现频率统计

单位：次

发音人	音节数目	单音节词	双音节词	三音节词	共计
M	出现次数	121	347	81	549
F	出现次数	132	334	81	547
M	%	22	63	14	100
F	%	24	61	14	100

表 2.3 [ɑ]元音在不同音节词中的声学参数统计

		M					F				
		VD	VA	F1	F2	F3	VD	VA	F1	F2	F3
单音节词（A）	平均值	131	73.31	696	1236	2478	159	72.68	762	1416	3123
	标准差	33	2.55	48	140	443	33	2.08	44	84	332
	变异系数	25	3	7	11	18	21	3	6	6	11
双音节词（B）	平均值	83	69.06	667	1251	2291	92	70.88	704	1414	3242
	标准差	29	3.74	49	135	316	30	2.41	59	171	231
	变异系数	35	5	7	11	14%	33	3	8	12	7

续表

		M					F			
		VD	VA	F1	F2	F3	VD	VA	F1	F2	F3
三音节词（C）	平均值	85	68.15	647	1247	2459	100	70.93	699	1446	3106
	标准差	25	2.85	46	159	410	28	2.13	66	166	315
	变异系数	29	4	7	13	17	28	3	9	11	10

3. 音节类型与[ɑ]元音声学参数之间的关系

表 2.4　[ɑ]元音在不同音节类型中的出现频率统计

发音人	音节类型	V	VC	CV	CVC	CVCC	其他	共计
M	出现次数	61	64	223	226	6	3	580
F	出现次数	72	84	217	219	7	6	599
M	%	10	11	38	38	1	1	100
F	%	12	14	36	36	1	1	100

表 2.4 是[ɑ]元音在不同音节类型中出现的频率统计。该表显示，[ɑ]元音在 CV 和 CVC 音节中出现频率最高，分别到达了 76%（M）和 72%（F）。说明该元音在维吾尔语 CV 和 CVC 音节中是较常见的。

从表 2.5 和图 2.6 - 1（该类图纵坐标单位 H_z，下同）中可以看出，(1) 音节类型与该元音音长和音强之间的相关性不显著；(2) 音节类型与[ɑ]元音第一和第二共振峰（F1 和 F2）之间具有较密切的相关性。如，音节首辅音能够提升其后置[ɑ]元音第一共振峰的频率，即降低其舌位高度。M：在 V、VC 等以元音开头的音节中 F1 的均值为 653Hz，而在 CV、CVC、CVCC 等以辅音开头的音节中 F1 的均值为 703，约上升 150Hz；F：在 V、VC 等音节中 F1 的均值为 692Hz，而在 CV、CVC、CVCC 等音节中的 F1 均值为 749Hz，大约上升 60Hz；音节首辅音一般能够提升其后置[ɑ]元音的第二共振峰频率，即其舌位前移。(3) 音节首辅音不但能够提升其后置[ɑ]元音第一共振峰的频率，同样也能够提升[ɑ]元音第一共振峰的后过渡段频率。另外，该元音第一共振峰后过渡段（TP1）频率比其第一共振峰频率相对低，请见图 2.6 - 2。

表 2.5 – 1　［a］元音在不同音节类型中的声学参数统计（M）

音节类型	统计项	VD	VA	F1	F2	F3
V	平均值	99	69.25	653	1171	2619
	标准差	35	3.46	39	99	239
	变异系数	35	5	6	8	9
VC	平均值	108	69.91	655	1135	2595
	标准差	35	3.27	38	105	348
	变异系数	32	5	6	9	13
CV	平均值	82	68.87	662	1262	2582
	标准差	54	139	284	266	313
	变异系数	8	11	11	20	12
CVC	平均值	100	70.99	685	1272	2543
	标准差	33	4.46	47	132	342
	变异系数	33	6	7	10	13
CVCC	平均值	117	73.4	703	1066	2590
	标准差	35	1.14	69	269	129
	变异系数	30	2	10	25	5

表 2.5 – 2　［a］元音在不同音节类型中的声学参数统计（F）

音节类型	统计项	VD	VA	F1	F2	F3
V	平均值	106	70.1	692	1328	3268
	标准差	36	1.96	61	133	162
	变异系数	34	3	9	10	5
VC	平均值	119	70.68	697	1286	3278
	标准差	34	1.99	60	144	212
	变异系数	29	3	9	11	6
CV	平均值	90	70.72	699	1453	3185
	标准差	37	2.56	65	169	329
	变异系数	41	4	9	12	10
CVC	平均值	124	72.14	743	1430	3161
	标准差	40	2.17	53	128	257
	变异系数	32	3	7	9	8

续表

音节类型	统计项	VD	VA	F1	F2	F3
CVCC	平均值	122	73	749	1440	3098
	标准差	28	1.41	21	66	167
	变异系数	23	2	3	5	5

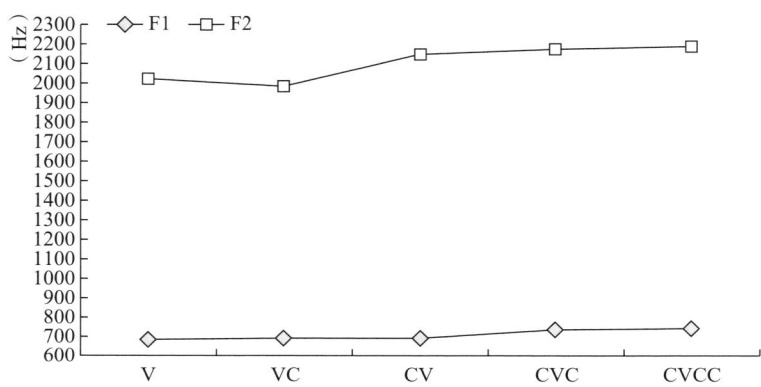

图 2.6-1 [a] 元音在不同音节类型中的第一共振峰（F1）、第二共振峰（F2）频率比较图（F）

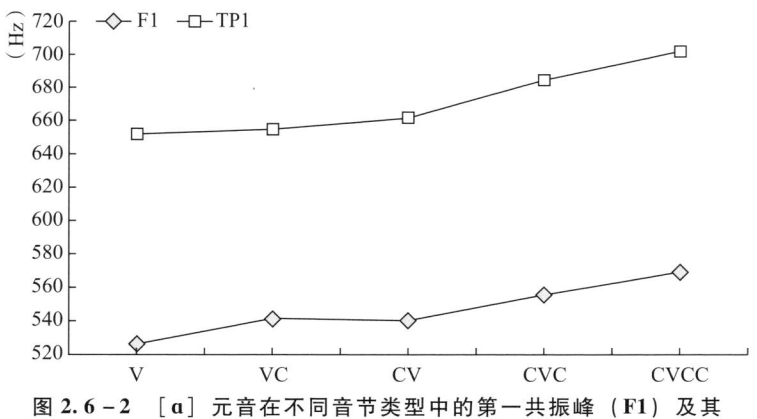

图 2.6-2 [a] 元音在不同音节类型中的第一共振峰（F1）及其后过渡段（TP1）频率比较图（M）

4. 辅音音质与 [a] 元音声学参数之间的关系

根据本次统计分析，辅音对元音共振峰的影响主要表现在 F1 和 F2 的前过渡 TF1 和 TF2 上。图 2.7 为男发音人①词首音节（包括单音节词）[b,

---

① 为压缩图表数量，必要时我们会省略女发音人图表，望读者谅解。

p, m, d, t, s, n, r, k, q, ɦ, ʧ, j 等辅音之后的［ɑ］元音第一、第二和第三共振峰前过渡 TF1～TF3 频率变化示意图。其中，图 2.7-1 是以 TF1 的上升为准排列的，即以舌位自高至低排列示意图，图 2.7-2 是以 TF2 的上升为准排列的，即以舌位自后至前排列示意图。

从图 2.7-1 中可以看到，维吾尔语辅音发音方法（清浊）与［ɑ］元音舌位高低之间具有较密切的相关性，即清辅音之后的［ɑ］元音第一共振峰前过渡段频率比浊辅音之后的频率相对高。如，在［p, t, k, q, ʧ, ɦ］等清塞音和清塞擦音之后，［ɑ］元音第一共振峰前过渡段（TF1）频率分别上升到（与均值相比）680Hz～720Hz（M）和 750Hz～892Hz（F）之间。说明清辅音能够降低其后置元音的舌位；而在［j, g, m, d, n, r］等浊辅音之后，其 TF1 分别下降（与均值相比）到 466Hz～569Hz（M）和 410Hz～~518Hz（F），说明浊辅音能够提升其后置元音的舌位。

从图 2.7-2 中可以看到，除在［t, ʧ, j］等辅音之后［ɑ］元音第二共振峰前过渡段（TF2）频率较显著上升外，在其他辅音之后没有显著变化（相关性不明显）。唯独［j］辅音之后的［ɑ］元音第二共振峰前过渡段频率上升幅度较大。说明该元音舌位前移较明显。

辅音清浊特征对其后置元音舌位的影响现象属发声类型和协同发音问题，有待进一步探讨。

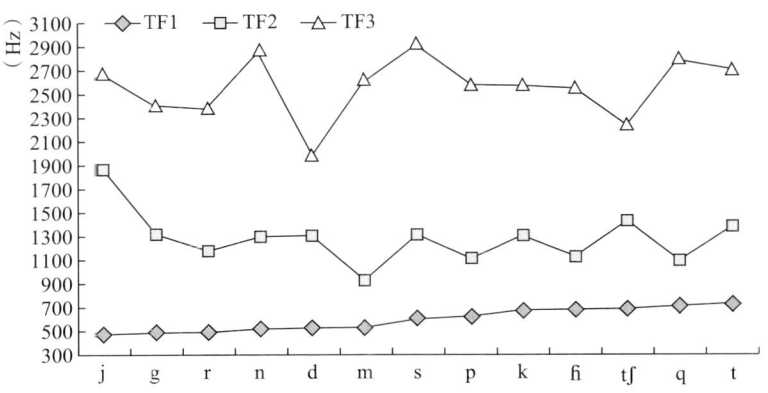

图 2.7-1　词首不同辅音之后［ɑ］元音的第一至第三共振峰前过渡段（TF1～TF3）频率变化示意图（M）

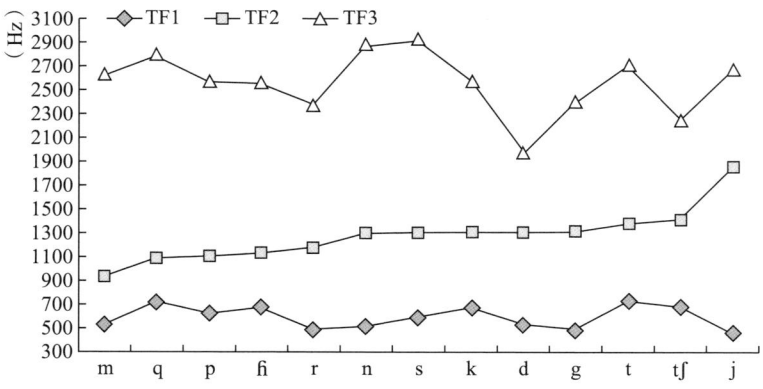

图 2.7-2 词首不同辅音之后 [ɑ] 元音的第一至第三共振峰前过渡段（TF1~TF3）频率变化示意图（M）

（二）[ɛ] 元音

1. 参数平均值及其音质定位

表 2.6 为 [ɛ] 元音参数统计。该统计表显示男女发音人 [ɛ] 元音平均时长、平均音强分别为 108ms（M），126ms（F）；70.74dB（M），71.21 dB（F）。该元音 F1 和 F2 的均值分别为 M：F1 = 640Hz，F2 = 1688Hz；F：F1 = 680Hz，F2 = 2085Hz。

表 2.6　[ɛ] 元音声学参数统计

	VD		VA		F1		F2		F3	
	M	F	M	F	M	F	M	F	M	F
平均值	108	126	70.74	71.21	640	680	1688	2085	2476	3059
标准差	38	43	3.2	2.36	62	72	209	1168	332	341
变异系数	35	34	5	3	10	11	12	56	13	11

图 2.8 为男性发音人 [ʧɛmbɛr]"圆圈"一词的三维语图。可以看出，元音 [ɛ] 目标位置第一至第四共振峰（F1~F4）的频率分别为 819Hz，1719Hz，2671Hz，3431Hz。这是 [ɛ] 元音较典型的声学语图。图 2.9-1 为男女发音人词首音节 [ɛ] 元音在声学元音图中的位置及其声学空间中的分布模式。

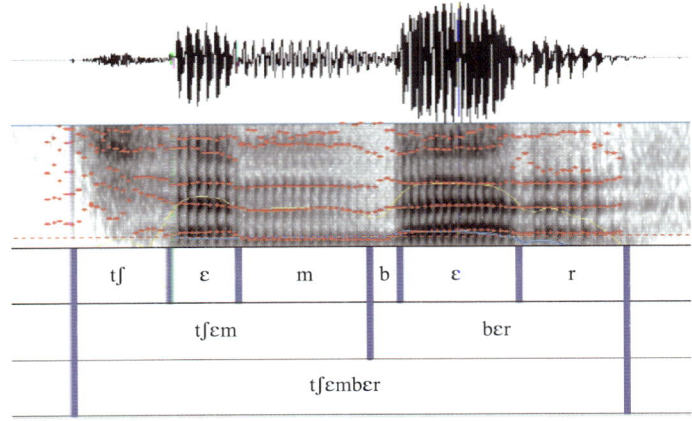

图2.8 男发音人[tʃembɜr]"圆圈"一词的三维语图

从表2.6和图2.8~2.9-1中可以看出,维吾尔语传统语言学中所标记的[ɛ]元音音值实际上不是半开元音,而是接近国际音标的次开元音[æ],用[æ]音标标记该元音接近实际音值。但本书考虑到诸多因素仍采用了传统标记音标[ɛ]。其实维吾尔语[ɛ]元音是较典型的次开元音。

图2.9-2~2.9-3为[ɛ]元音目标位置第一、第二共振峰F1/F2(男为橙色三角形,女为橙色十字)及其前过渡TF1/TF2(男为绿色十字,女为蓝色正方形)和后过渡TP1/TP2共振峰(男为绿色十字,女为蓝色正方形)比较图。从图2.9-2~2.9-3中可以看出,与目标位置共振峰频率相

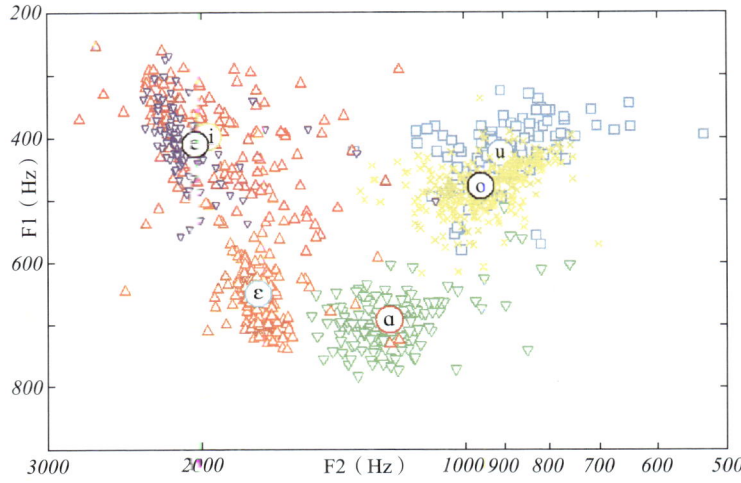

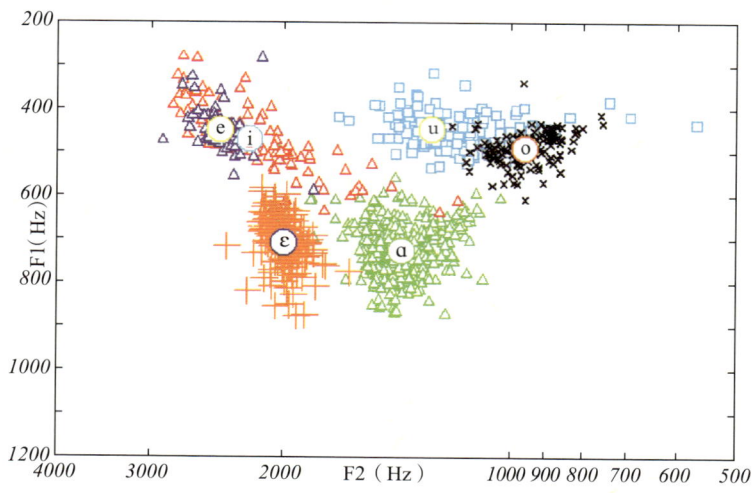

图 2.9-1 词首音节 [ɛ] 元音在声学元音图中的位置及其声学空间中的分布模式（M、F）

比，[ɛ] 元音前、后过渡段共振峰频率虽然都有所变化，但后过渡段（TP1）频率的下降比较明显（后过渡段变化大于前过渡段），说明 [ɛ] 元音在其后过渡段中舌位明显上升（开口度明显变小）。

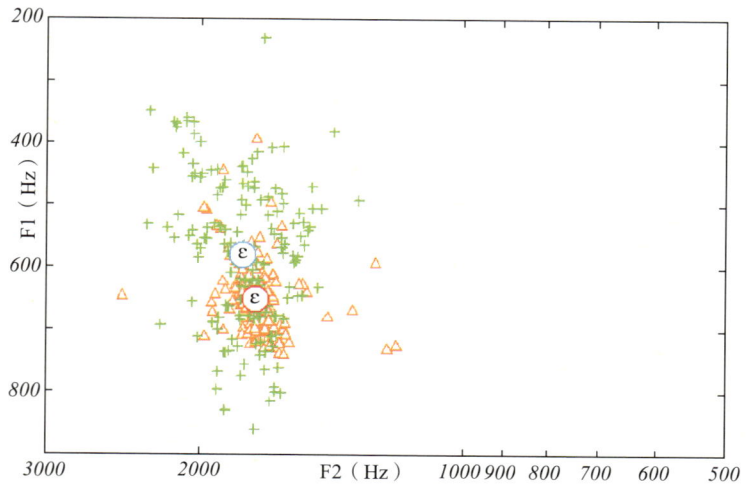

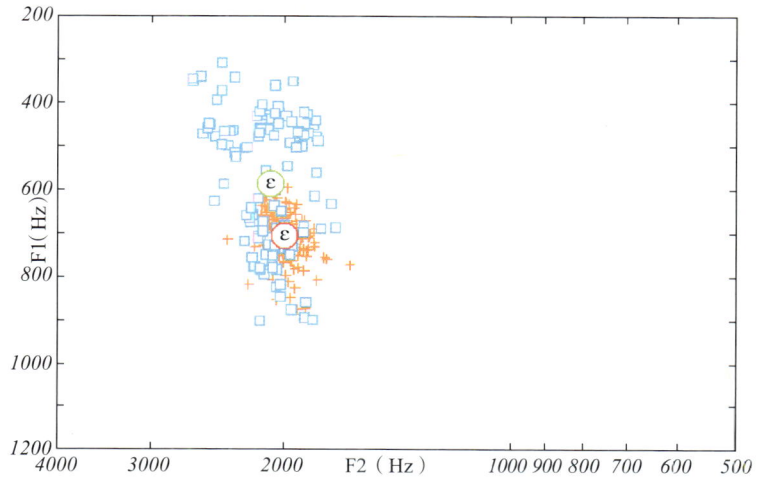

图 2.9-2 [ɛ] 元音目标位置共振峰 (F1/F2) 及其前过渡段
共振峰 (TF1/TF2) 比较图 (M、F)

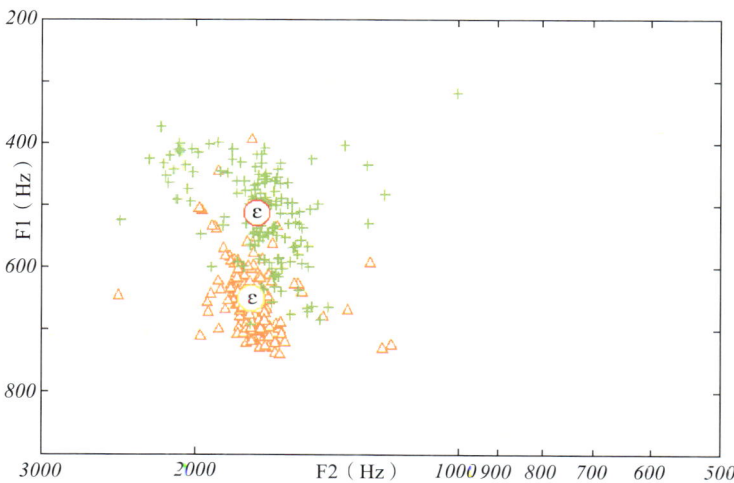

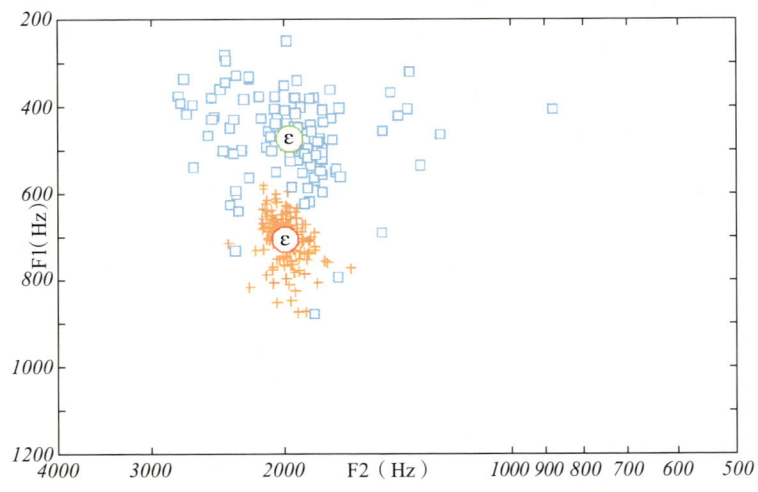

图 2.9-3 [ɛ] 元音目标位置共振峰（F1/F2）及其后过渡段
共振峰（TP1/TP2）比较图（M、F）

2. 音节数量与 [ɛ] 元音声学参数之间的关系

表 2.7 为出现在不同音节词中 [ɛ] 元音的频率统计。可以看出，[ɛ] 元音在单音节词中出现的频率相对高，达到了 40% 左右。这种现象有待进一步探讨。表 2.8 为男、女发音人的 [ɛ] 元音在单音节词（A），双音节词（B）和三音节词（C）中的音长（VD），音强（VA），共振峰目标值（F）统计。从表 2.8 中可以看出，随着音节数量的增多该元音音长和音强相对缩短、变弱。说明音节数量与该元音声学参数之间具有一定的相关性。如：

M：131ms(A)→101ms(B)→83ms(C)；M：73dB(A)→70dB(B)→69dB(C)
F：154ms(A)→109ms(B)→98ms(C)；F：72dB(A)→70dB(B)→71dB(C)

表 2.7 [ɛ] 元音在不同音节词中的出现频率统计

发音人	音节数目	单音节词	双音节词	三音节词	共计
M	出现次数	120	90	81	291
F	出现次数	131	89	81	301
M	%	41	30	27	100
F	%	43	29	26	100

除此之外，[ε] 元音目标位置第一共振峰（F1，开口度）与音节数量之间具有一定的相关性，即随着音节数量的增加 F1 频率相对下降。如 M：F1＝663Hz（A），F1＝628Hz（B），F1＝620Hz（C） F：F1＝708Hz（A），F1＝664Hz（B），F1＝652Hz（C）。

表 2.8　[ε] 元音在不同音节词中的声学参数统计

		M					F				
		VD	VA	F1	F2	F3	VD	VA	F1	F2	F3
单音节词（A）	平均值	131	72.78	663	1698	2520	154	72.11	708	1997	2931
	标准差	38	2.5	53	187	296	40	2.26	8	5	12
	变异系数	29	3	8	11	12	26	3	876	2381	3584
双音节词（B）	平均值	101	69.72	628	1731	2578	109	70.3	664	2027	3187
	标准差	33	2.88	69	213	193	35	2.32	67	209	281
	变异系数	33	4	11	12	7	32	3	10	10	9
三音节词（C）	平均值	83	63.86	620	1626	2297	98	70.74	652	2289	3123
	标准差	24	2.78	57	224	425	25	2.02	81	2231	288
	变异系数	29	4	14	19	19	26	3	12	97	9

3. 音节类型与 [ε] 元音声学参数之间的关系

表 2.9 为出现在不同音节类型中 [ε] 元音的频率统计。男发音人的 157 个、女发音人 160 个 [ε] 都在 CVC 音节中出现，占男女发音人所有 [ε] 的 54%。说明该元音在维吾尔语 CVC 音节中是较常见的。

表 2.9　[ε] 元音在不同音节类型中的出现频率统计

发音人	音节类型	V	VC	CV	CVC	CVCC	共计
M	出现次数	13	31	60	157	22	283
F	出现次数	16	33	57	160	30	296
M	%	5	11	21	55	8	100
F	%	5	11	19	54	10	100

表 2.10 为出现在不同音节类型中 [ε] 元音的声学参数统计。图 2.10

为不同音节类型中［ɛ］元音第一、第二共振峰（F1、F2）频率及其后过渡段（TP1、TP2）频率比较图。从表2.10和图2.10中可以看出，（1）音节类型与该元音音长和音强之间几乎没有相关性（2）音节类型与［ɛ］元音第一、第二共振峰频率及其后过渡段频率具有一定的相关性，即呈现与［ɑ］相似的趋势。如，音节首辅音能够提升其后置［ɛ］元音第一共振峰及其后过渡段频率，即降低其舌位高度；同时降低其后置［ɛ］元音第二共振峰及其后过渡段频率，即舌位后缩。

表2.10-1　［ɛ］元音在不同音节类型中的声学参数统计（M）

音节类型	统计项	VD	VA	F1	F2	F3
V	平均值	98	69.62	647	1708	2630
	标准差	43	3.43	33	93	91
	变异系数	44	5	5	5	3
VC	平均值	119	70.29	657	1751	2599
	标准差	33	2.69	39	84	211
	变异系数	28	4	6	5	8
CV	平均值	113	68.85	630	1593	2396
	标准差	58	2.85	58	289	407
	变异系数	51	4	9	18	17
CVC	平均值	104	71.16	634	1721	2468
	标准差	31	3.08	69	184	341
	变异系数	30	4	11	11	14
CVCC	平均值	117	73.82	671	1618	2508
	标准差	19	2.24	59	230	221
	变异系数	16	3	9	14	9

表2.10-2　［ɛ］元音在不同音节类型中的声学参数统计（F）

音节类型	统计项	VD	VA	F1	F2	F3
V	平均值	113	70.12	697	2018	3178
	标准差	40	2	74	154	166
	变异系数	35	3	11	8	5

续表

音节类型	统计项	VD	VA	F1	F2	F3
VC	平均值	136	70.33	687	2054	3158
	标准差	43	2.26	72	71	229
	变异系数	32	3	10	3	7
CV	平均值	122	71.09	665	2387	3183
	标准差	50	2.06	87	2662	270
	变异系数	41	3	13	112	8
CVC	平均值	128	71.57	673	2018	3003
	标准差	41	2.43	65	152	379
	变异系数	32	3	10	8	13
CVCC	平均值	113	71.03	700	1957	2954
	标准差	31	2.43	70	129	348
	变异系数	27	3	10	7	12

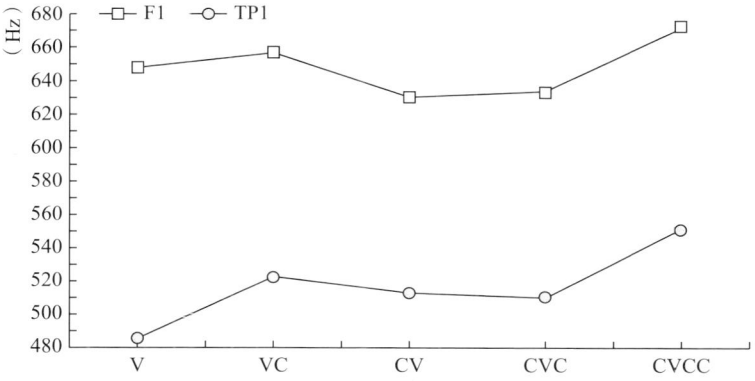

图 2.10 - 1 [ε] 元音在不同音节类型中的第一共振峰 (F1) 及其后过渡段 (TP1) 频率比较图 (M)

4. 辅音音质与 [ε] 元音声学参数之间的关系

图 2.11 为男发音人词首音节 (包括单音节词) [b, p, m, d, t, s, n, z, k, q, ɦ, ʧ] 等辅音之后 [ε] 元音的第一、第二和第三共振峰前过渡 TF1 ~ TF3 的变化示意图。其中，图 2.11 - 1 为以 TF1 的上升为准排列的，即以舌位自高至低排列示意图，图 2.11 - 2 为以 TF2 的上升为准排列的，即以舌位自后至前排列示意图。

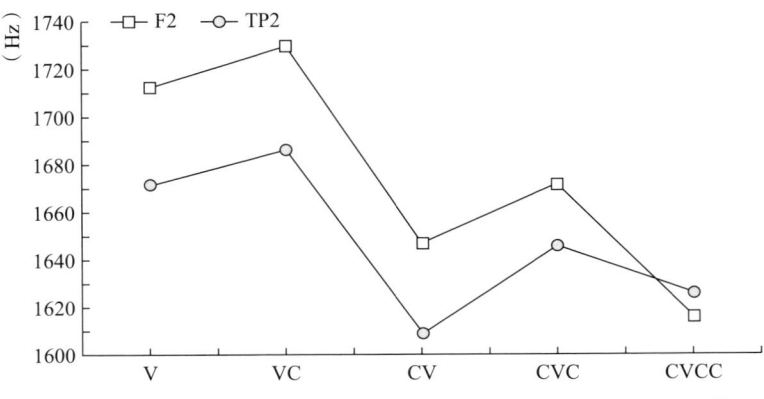

图 2.10 – 2　[ɛ] 元音在不同音节类型中的第二共振峰（F2）及其后过渡段（TP2）频率比较图（M）

从图 2.11 – 1 中可以看到，维吾尔语辅音发音方法（清浊）与 [ɛ] 元音舌位高低之间具有较密切的相关性，即清辅音之后的 [ɛ] 元音第一共振峰前过渡段频率比浊辅音之后的频率相对高。如，在 [p, t, k, q, ʧ, s] 等清塞音、清塞擦音以及清擦音之后，[ɛ] 元音 TF1 分别上升到（与均值相比）591Hz ~ 808Hz（M）和 620Hz ~ 900Hz（F）之间。说明清辅音能够降低其后置元音的舌位；而在 [m, d, n, r, j] 等浊辅音之后，其 TF1 分别下降（与均值相比）到 410Hz ~ 590Hz（M）和 443Hz ~ 560Hz（F）之间。说明浊辅音能够提升其后置元音的舌位。

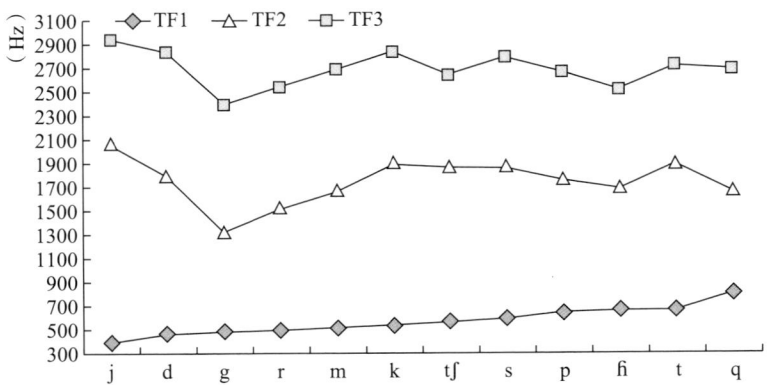

图 2.11 – 1　词首不同辅音之后 [ɛ] 元音的第一至第三共振峰前过渡段（TF1 ~ TF3）频率变化示意图（M）

图 2.11 – 2 显示，除在 [s, t, ʧ, j]（k）等辅音之后 [ɛ] 元音第二共

振峰前过渡段频率 TF2 较显著上升外，在其他辅音之后没有显著变化（相关性不明显）。唯独 [j] 辅音之后的 [ɛ] 元音第二共振峰前过渡段频率上升幅度较大。说明该元音舌位前移较明显。

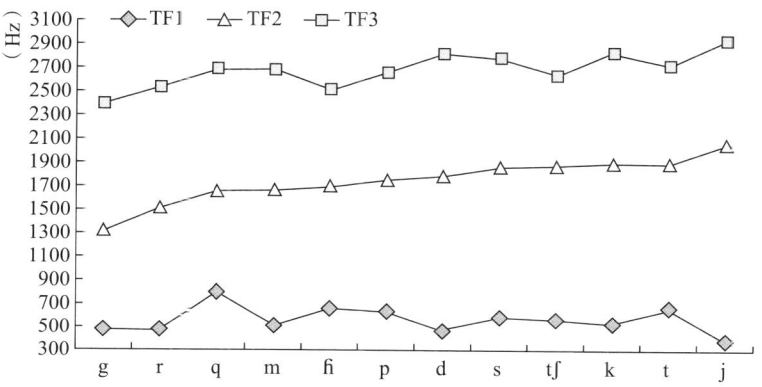

图 2.11 – 2　词首不同辅音之后 [ɛ] 元音的第一至第三共振峰前过渡段 (TF1 ~ TF3) 频率变化示意图 (M)

（三）[i] 元音

1. 参数平均值及其音质定位

表 2.11 为 [i] 元音参数统计。该统计表显示男女发音人 [i] 元音的平均时长、平均音强分别为 64ms (M)、83ms (F)；64dB (M)、67 dB (F)。该元音 F1 和 F2 的均值分别为 M：F1 = 479Hz，F2 = 1863Hz；F：F1 = 580Hz，F2 = 2223Hz。

表 2.11　[i] 元音参数总统计

	VD		VA		F1		F2		F3	
	M	F	M	F	M	F	M	F	M	F
平均值	64	83	63.9	67.16	479	580	1863	2223	3270	2686
标准差	30	40	7.71	7.43	185	289	366	371	251	335
变异系数	47	48	12	11	39	50	1446	17	8	12

图 2.12 为男发音人 [ili]"伊犁"一词的三维图。该词词首 [i] 元音目标位置第一至第四共振峰 (F1 ~ F4) 频率分别为 439Hz、2386Hz、

3003Hz、3715Hz。这是［i］元音比较典型的声学语图。图2.13-1为男女发音人词首音节［i］元音在声学元音图中的位置及其声学空间中的分布模式。从表2.11和图2.12~2.13-1中可以看出，该元音为高、前、展唇元音。显然，与其他元音相比该元音离散度相对大。

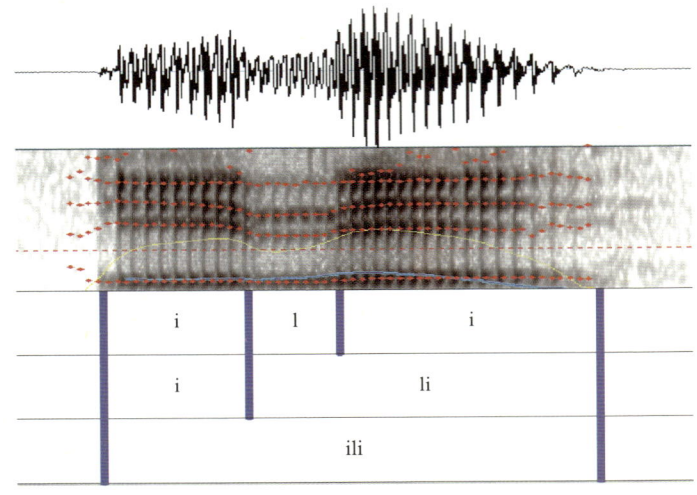

图2.12　男发音人［ili］"伊犁"一词的三维图

图2.13-2~2.13-3为［i］元音目标位置第一、第二共振峰F1/F2（红色空心三角形）及其前过渡TF1/TF2（男为橙色实心三角形，女为蓝色实心圆）和后过渡TP1/TP2共振峰（男为红色实心圆，女为蓝色实心

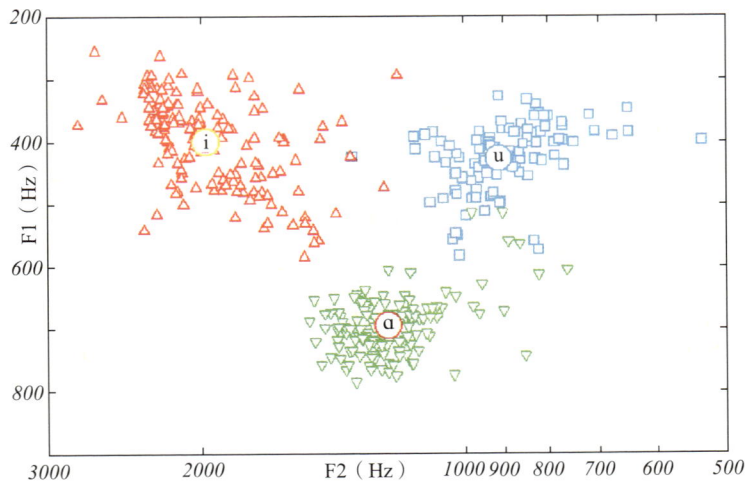

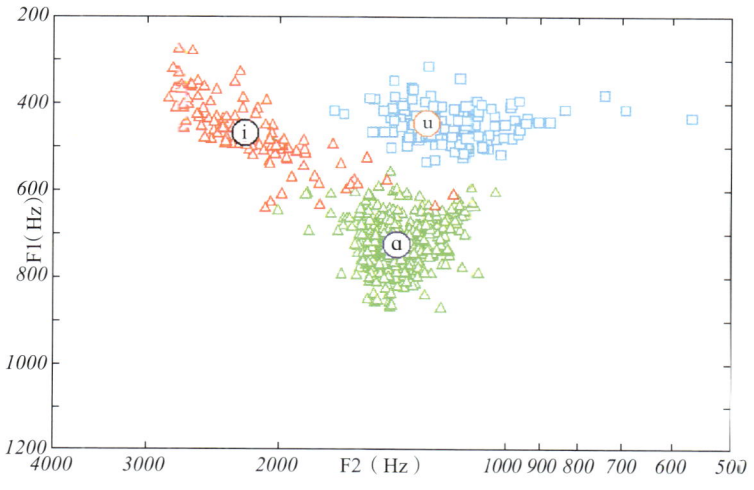

图 2.13 - 1　词首音节 [i] 元音在声学元音图中的位置及其
声学空间中的分布模式 (M、F)

圆) 比较图。从图 2.13 - 2 ~ 2.13 - 3 中可以看出, 与目标位置共振峰频率相比, 男女发音人 [i] 元音第一共振峰前、后过渡段频率均有下降趋势 (舌位上升趋势)。如 M: F1 为 479Hz, TP1 为 434Hz。F: F1 为 580Hz, TP1 为 540Hz。

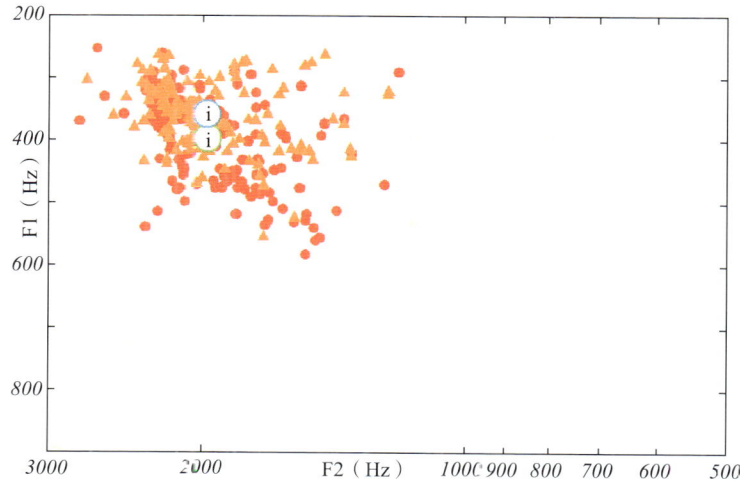

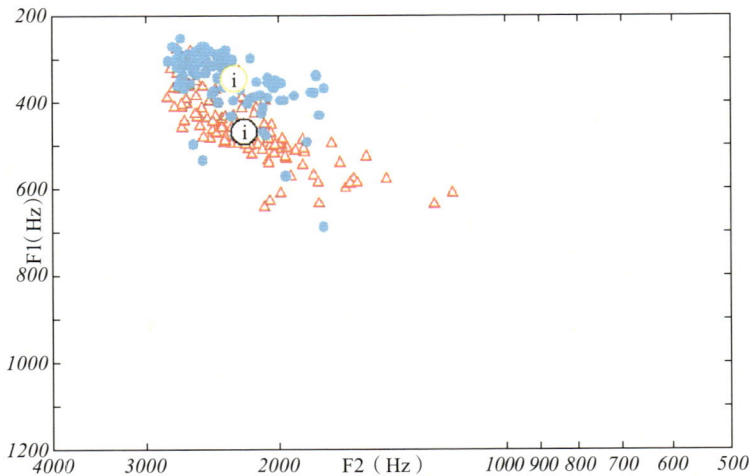

图 2.13－2 ［i］元音目标位置（F1/F2）及其前过渡段共振峰
（TF1/TF2）比较图（M、F）

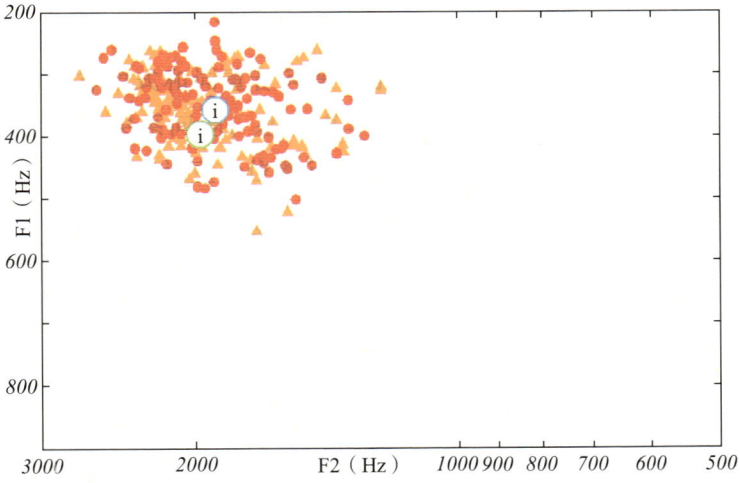

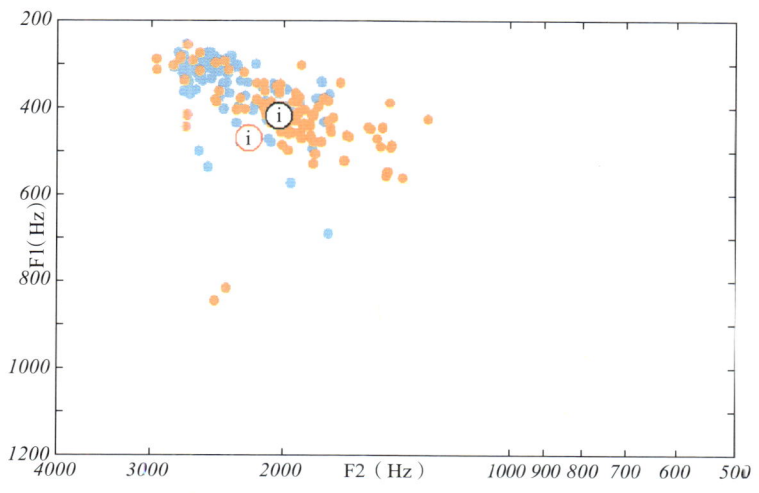

图 2.13-3 [i] 元音目标位置（F1/F2）及其后过渡段共振峰（TP1/TP2）比较图（M、F）

2. 音节数量与 [i] 元音声学参数之间的关系

表 2.12 为 [i] 元音在不同音节词中的出现频率统计。该表显示，[i] 元音在双音节词中的出现频率相对高，达到了 48%。

表 2.13 为男、女发音人 [i] 元音在单音节词（A 类），双音节词（B 类）和三音节词（C 类）中的音长（VD），音强（VA），共振峰（F）统计。从中可以看出，音节数量与该元音音长和音强之间具有一定的相关性。如，

M:84ms(A)→56ms(B)→56ms(C);M:71dB(A)→61dB(B)→61dB(C)

F:130ms(A)→64ms(B)→68ms(C);F:73dB(A)→65dB(B)→66dB(C)

表 2.13 还显示，音节数量与 [i] 元音目标位置第一、第二共振峰频率之间具有一定的相关性，即随着音节数量的增多其 F1 和 F2 的频率会有所上升。说明随着音节数量的增多该元音舌位有所降低和前伸。如 M：F1 = 447Hz，（A），F1 = 497Hz（B），F1 = 483Hz（C）；F：F1 = 495Hz（A），F1 = 622Hz（B），F1 = 595Hz（C）。M：F2 = 1778Hz（A），F2 = 1935Hz（B），F2 = 2299Hz（C）。F：F2 = 2148Hz（A），F2 = 2222Hz（B），F2 = 2311Hz（C）。

表 2.12　[i] 元音在不同音节词中的出现频率统计

发音人	音节数目	单音节词	双音节词	三音节词	共计
M	出现次数	63	104	49	216
F	出现次数	62	106	53	221
M	%	29	48	22	100
F	%	28	47	23	100

表 2.13　[i] 元音在不同音节词中的声学参数统计

		M					F				
		VD	VA	F1	F2	F3	VD	VA	F1	F2	F3
单音节词（A）	平均值	84	70.67	447	1778	2624	130	72.61	495	2148	3170
	标准差	32	3.98	74	332	330	34	2.22	57	319	260
	变异系数	38	6	17	19	13	26	3	12	15	8
双音节词（B）	平均值	56	61.15	497	1935	2784	64	64.7	622	2222	3293
	标准差	26	6.91	216	327	248	27	8.04	339	385	240
	变异系数	46	11	43	17	9	42	12	55	17	7
三音节词（C）	平均值	56	61.04	483	2299	2558	68	65.7	595	2311	3344
	标准差	24	7.67	210	340	433	21	6.89	328	388	232
	变异系数	43	13	43	66	17	31	10	55	17	7

3. 音节类型与 [i] 元音声学参数之间的关系

表 2.14 为出现在不同音节类型中 [i] 元音的频率统计。可以看出，大部分 [i] 元音是在 CV 或 CVC 等音节中出现的（男发音人的 163 个，女发音人 173 个，占男女发音人所有 [i] 的 72%～74%）。其中，在 CVC 音节中出现的频率相对高，达到或超过了 40%。说明 [i] 在维吾尔语 CV 和 CVC 音节类型中较常见。

表 2.14　[i] 元音在不同音节类型中的出现频率统计

发音人	音节类型	V	VC	CV	CVC	CVCC	共计
M	出现次数	17	30	73	90	5	215
F	出现次数	17	29	75	98	5	224

续表

发音人	音节类型	V	VC	CV	CVC	CVCC	共计
M	%	8	14	34	42	2	100
F	%	8	13	33	44	2	100

表 2.15-1　[i] 元音在不同音节类型中的声学参数统计（M）

音节类型	统计项	VD	VA	F1	F2	F3
V	平均值	71	60.88	413	2100	2907
V	标准差	25	6.39	250	410	188
V	变异系数	35	10	61	20	6
VC	平均值	66	56.63	583	1957	2814
VC	标准差	40	9.4	231	293	292
VC	变异系数	61	17	40	546	10
CV	平均值	57	63.18	460	1873	2644
CV	标准差	30	5.32	211	403	343
CV	变异系数	53	8	46	22	13
CVC	平均值	67	67.17	475	1791	2648
CVC	标准差	26	6.81	113	309	340
CVC	变异系数	39	10	24	17	13
CVCC	平均值	102	73.33	473	1838	2614
CVCC	标准差	42	2.89	55	228	35
CVCC	变异系数	41	4	12	12	1

从表 2.15-1 中可以看出，音节类型与 [i] 元音音长之间几乎没有相关性；音强与音节类型具有一定的相关性。如，CV、CVC、CVCC 等以辅音开头音节中 [i] 元音音强比 V、VC 等以元音开头音节中 [i] 元音的音强相对强；音节类型与 [i] 元音第二共振峰及其后过渡频率之间具有一定的相关性。如，在 CV、CVC、CVCC 等以辅音开头音节中 [i] 元音的第二共振峰及其后过渡频率比 V、VC 等以元音开头音节中 [i] 元音的频率相对低。如，M：在 V、VC 等音节中 F2 均值分别为 2100Hz、1957Hz。而在 CV、CVC、CVCC 等音节中其 F2 均值为分别为 1873Hz、1791Hz、1838Hz。在女发言人中在 V、VC 等音节中 F2 均值分别为 2636Hz、2295Hz。而在 CV、

CVC、CVCC 等音节中其 F2 均值分别为 2234Hz、2131Hz、1987Hz。请见表 2.15 – 2。

表 2.15 – 2　[i] 元音在不同音节类型中的声学参数统计（F）

音节类型	统计项	VD	VA	F1	F2	F3
V	平均值	97	66.12	591	2636	3504
	标准差	22	5.48	441	140	164
	变异系数	23	8	75	5	5
VC	平均值	80	60.48	733	2295	3354
	标准差	34	9.88	338	347	282
	变异系数	42	16	46	15	8
CV	平均值	62	66.08	590	2234	3281
	标准差	30	6.29	334	392	223
	变异系数	48	10	57	18	7
CVC	平均值	100	70.24	524	2131	3205
	标准差	43	5.92	172	336	231
	变异系数	43	8	33	16	7
CVCC	平均值	104	73	522	1987	2728
	标准差	6	4.24	71	86	532
	变异系数	6	6	14	4	20

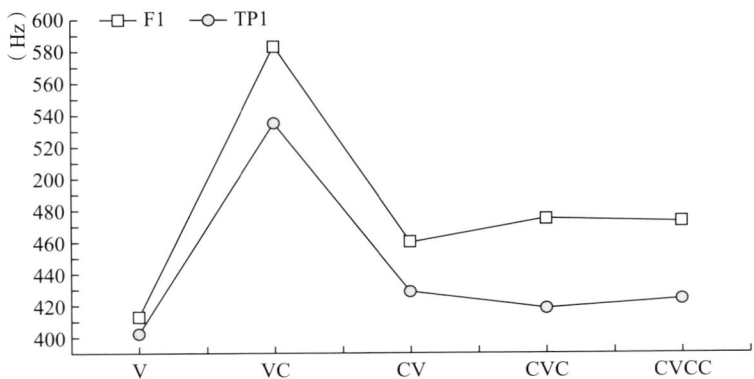

图 2.14 – 1　[i] 元音在不同音节类型中的第一共振峰频率（F1）及后过渡（TP1）频率比较图（M）

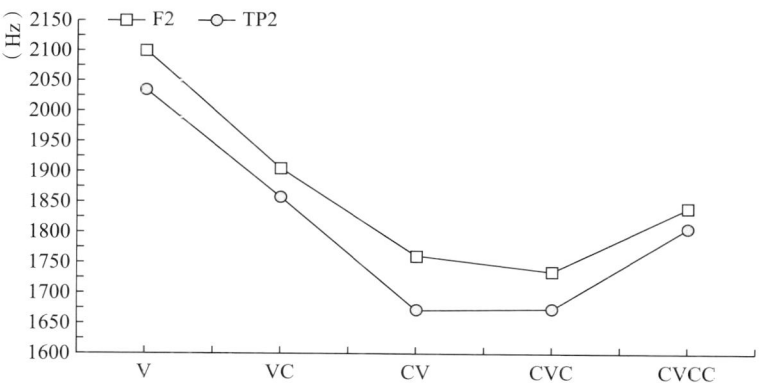

图 2.14 – 2　[i] 元音在不同音节类型中的第二共振峰频率（F2）及
后过渡（TP2）频率比较图（M）

4. 辅音音质与[i]元音声学参数之间的关系

图 2.15 为男发音人词首音节（包括单音节词）[b, p, m, d, t, s, n, r, k, q, ɦ, tʃ] 等辅音之后的 [i] 元音以及词首 [i] 元音第一、第二和第三共振峰前过渡 TF1、TF2、TF3 的变化示意图，其中，图 2.15 – 1 为以 TF1 的上升为准排列的，即以舌位自高至低排列示意图，图 2.15 – 2 为以 TF2 的上升为准排列的，即以舌位自后至前排列示意图。从图 2.15 – 1 中可以看到，辅音音质与 [i] 元音共振峰频率之间具有一定的相关性。如，在 [p, ɦ] 等后舌根或小舌辅音和双唇音之后 [i] 元音的第一共振峰（TF1）频率

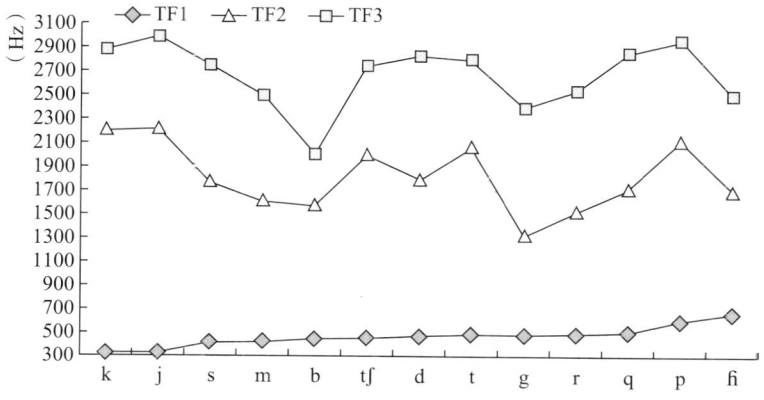

图 2.15 – 1　词首音节 [i] 元音第一至第三共振峰前过渡段
（TF1 ~ TF3）频率变化示意图（M）

有所上升，即舌位降低，开口度变大。从图 2.15-2 中可以看到，[i] 元音在 [tʃ, t, p, k, j] 等辅音之后，其 TF2 有明显的上升（与均值相比）趋势。为什么 [i] 元音第二共振峰前过渡段（TF2）频率在 [k] 和 [j] 等舌位具有较大差异的两个辅音之后会有相同的上升趋势等问题，有待进一步探讨。

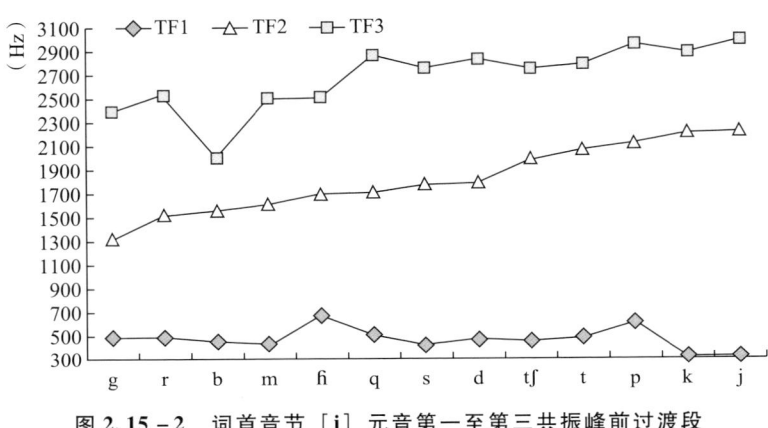

图 2.15-2　词首音节 [i] 元音第一至第三共振峰前过渡段
（TF1～TF3）频率变化示意图（M）

（四）[e] 元音

1. 参数平均值及其音质定位

表 2.16　[e] 元音声学参数统计

	VD		VA		F1		F2		F3	
	M	F	M	F	M	F	M	F	M	F
平均值	98	113	67.32	71.53	410	459	2035	2433	2702	3217
标准差	39	38	3.29	3.38	64	93	310	142	276	59
变异系数	40	34	5	5	16	20	15	6	10	90

表 2.16 为 [e] 元音参数统计。该统计表显示男女发音人 [e] 元音的平均时长、平均音强分别为 98ms（M）、113ms（F）；67dB（M）、72 dB（F）。该元音 F1 和 F2 的均值分别为 M：F1 = 410Hz，F2 = 2035Hz；F：F1 = 459Hz，F2 = 2433Hz。与 [i] 元音第一、第二共振峰均值（M：F1 = 479Hz，

F2 = 1863 Hz；F：F1 = 580 Hz，F2 = 2223 Hz）相比，女发音人 F2 值比 [i] 元音相对靠前。

图 2.16 为男性发音人 [etiz]"农田"一词的三维语图。其中，词首元音 [e] 元音目标位置第一至第四共振峰（F1～F4）频率分别为 581 Hz、2149 Hz、2813 Hz、3810 Hz。这是 [e] 元音比较典型的声学语图。图 2.17-1 为男女发音人词首音节 [e] 元音在声学元音图中的位置及其声学空间中的分布模式。从表 2.16 和图 2.16～2.17-1 中可以看到，该元音舌位与 [i] 元音相近，比 [i] 略前、高展唇元音。传统语言学论著中描写为前半高展唇元音。从总体上看，该元音接近于国际音标的 [I]。有关这一问题有待进一步研究。

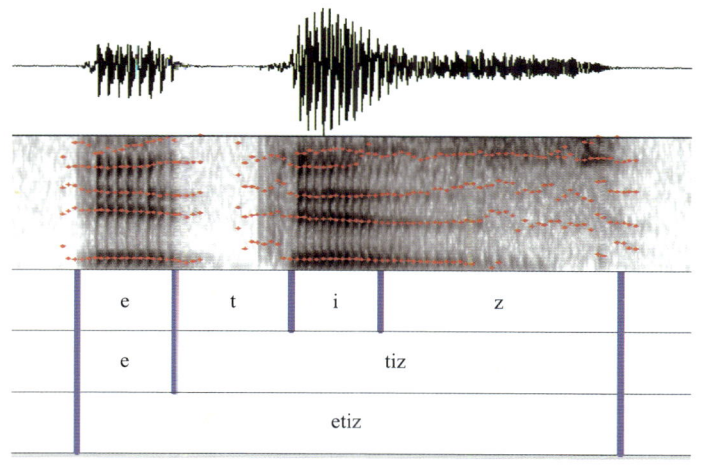

图 2.16 男发音人 [etiz]"农田"一词的三维语图

图 2.17-2～2.17-3 为 [e] 元音目标位置第一、第二共振峰 F1/F2（橙色实心圆和十字形）及其前过渡 TF1/TF2（男为深蓝色实心三角形，女为浅蓝色空心三角形）和后过渡 TP1/TP2 共振峰（男为盏色实心三角形，女为绿色空心三角形）比较图。可以看出，虽然男女发音人 [e] 元音第一共振峰的前、后过渡段（TF1 和 TP1）频率都相对下降，但后过渡段（TP1）频率的下降比较明显。另外，男女发音人 [e] 元音第二共振峰后过渡段（TP2）频率都相对上升。

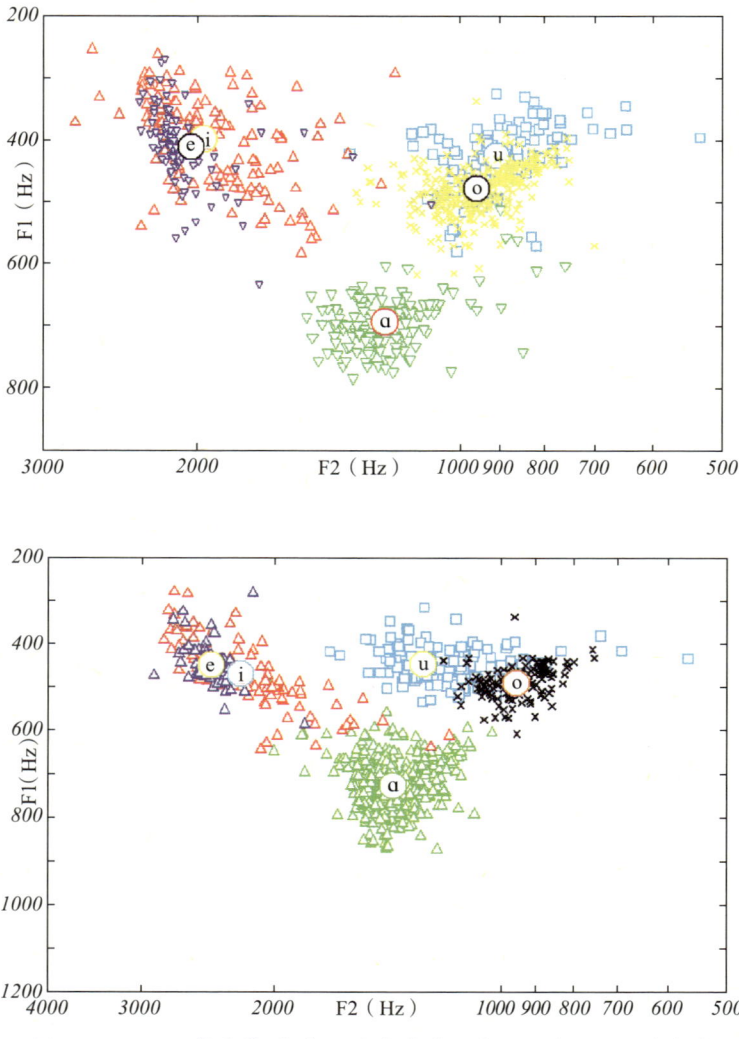

图 2.17-1 词首音节 [e] 元音在声学元音图中的位置及其声学空间中的分布模式（M、F）

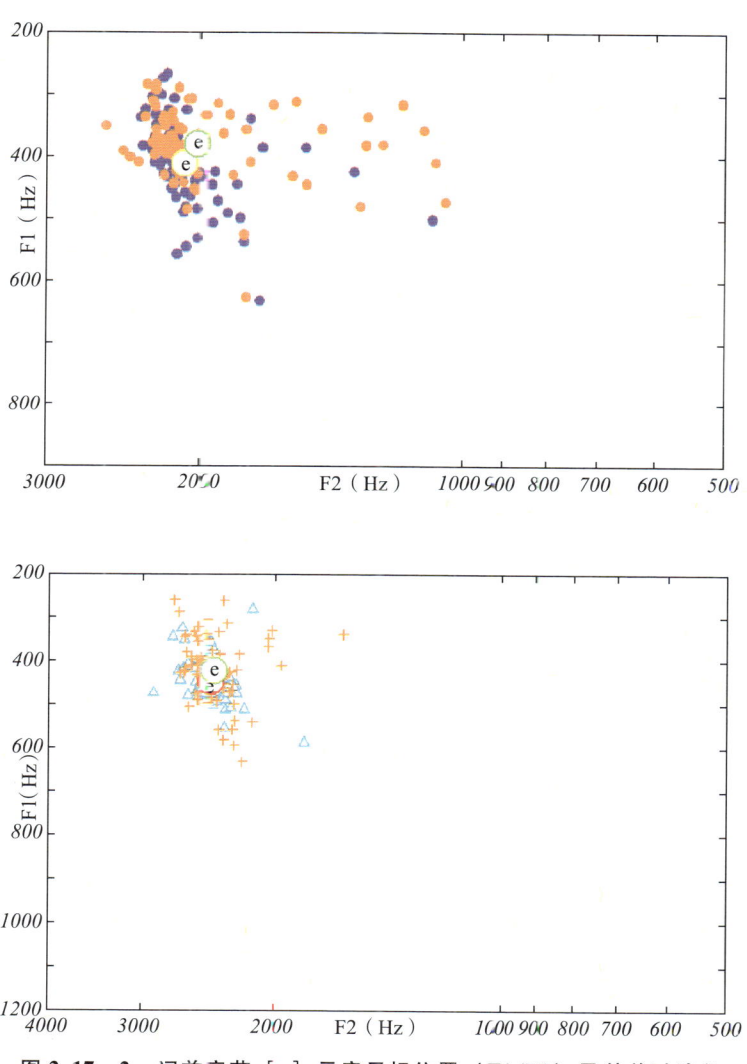

图2.17-2 词首音节[e]元音目标位置(F1/F2)及其前过渡段共振峰(TF1/TF2)比较图(M、F)

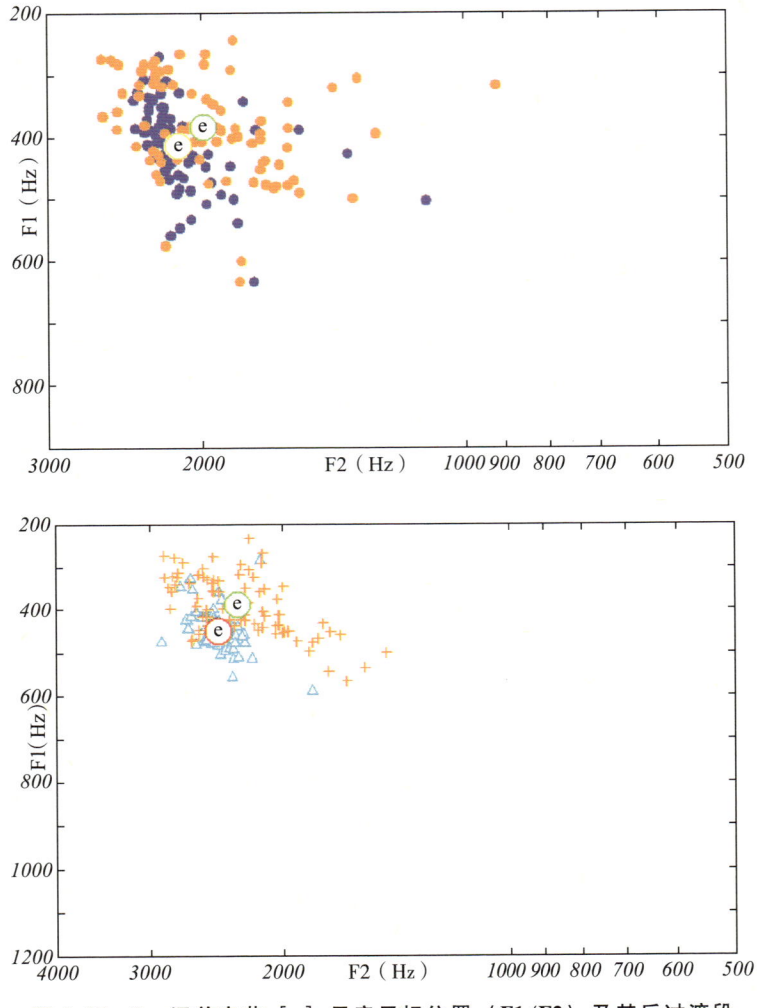

图 2.17-3 词首音节 [e] 元音目标位置（F1/F2）及其后过渡段
共振峰（TP1/TP2）比较图（M、F）

2. 音节数量与 [e] 元音声学参数之间的关系

表 2.17 为 [e] 元音在不同音节词中的出现频率统计。该表显示，91% 的 [e] 元音是在双音节词和三音节词中出现的。其中，双音节词的出现频率高于三音节词。

表 2.18 为 [e] 元音在单音节词（A），双音节词（B）和三音节词（C）中的音长（VD），音强（VA），共振峰目标位置共振峰（F）统计。从表

2.18 中可以看出，音节数量与该元音音长和音强之间具有较好的相关性，即随着音节数量的增加其音长相对缩短，音强相对变弱。如，

M:120ms(A)→116ms(B)→71ms(C);M:71dB(A)→68dB(B)→65dB(C)
F:130ms(A)→128ms(B)→88ms(C);F:73dB(A)→72dB(B)→71dB(C)

表 2.17　[e] 元音在不同音节词中的出现频率统计

发音人	音节数目	单音节词	双音节词	三音节词	共计
M	出现次数	7	45	37	89
F	出现次数	7	47	34	88
M	%	8	51	41	100
F	%	8	53	39	100

表 2.18　[e] 元音在不同音节词中的声学参数统计

		M					F				
		VD	VA	F1	F2	F3	VD	VA	F1	F2	F3
单音节词（A）	平均值	120	71.33	455	2067	2691	130	72.61	495	2148	3170
	标准差	32	2.88	19	81	51	138	73.2	502	2390	3245
	变异系数	27	4	4	4	2	10	3.27	34	59	89
双音节词（B）	平均值	116	68.27	419	2093	2779	128	71.6	463	2476	3303
	标准差	39	3.09	66	207	189	39	3.68	114	118	117
	变异系数	34	5	16	10	7	30	5	25	5	4
三音节词（C）	平均值	71	65.47	391	1956	2606	88	71.18	446	2378	4119
	标准差	23	2.47	62	413	354	21	2.92	58	164	5238
	变异系数	32	4	16	21	14	24	4	13	7	127

3. 音节类型与 [e] 元音声学参数之间的关系

表 2.19 是 [e] 元音在不同音节类型中出现频率统计。可以看出，[e] 主要在 CV、CVC 等音节类型中出现，超过了 70%。

表 2.20 为 [e] 元音在不同音节词中的声学参数统计。可以看出，音节类型与 [e] 元音音长之间具有一定的相关性。如，出现在 V、VC 等以元音开头音节中 [e] 元音音长比 CV、CVC 等以辅音开头音节中的音长相对

表 2.19 [e] 元音在不同音节类型中出现频率统计

发音人	音节类型	V	VC	CV	CVC	CVCC	共计
M	出现次数	31	37	107	101	9	285
F	出现次数	35	38	107	94	8	282
M	%	10	12	38	35	3	100
F	%	12	13	38	33	2	100

要长，即元音前置辅音能够缩短其音长。如，M：在 V、VC 等以元音开头的音节中 [e] 元音音长均值为 116ms、103 ms，而在 CV、CVC 等以辅音开头的音节中其音长均值为 67ms、86ms。（见表 2.20-1）F：在 V、VC 等以元音开头的音节中 [e] 元音的音长均值为 125ms、112ms，而在 CV、CVC 等音节中 [e] 元音的音长均值均为 90ms 左右。（见表 2.20-2）从图 2.18 中可以看到，音节类型与 [e] 元音第二共振峰频率之间具有一定的相关性。如，出现在 V、VC 等以元音开头音节中 [e] 元音的第二共振峰频率比出现在 CV、CVC 等以辅音开头音节中的频率相对高，即元音前置辅音能够减少其第二共振峰频率。

表 2.20-1 [e] 元音在不同音节词中的声学参数统计（M）

音节类型	统计项	VD	VA	F1	F2	F3
V	平均值	116	67.81	409	2105	2788
	标准差	39	3.22	60	205	195
	变异系数	34	5	15	10	7
VC	平均值	103	68.62	448	2106	2739
	标准差	32	4.34	77	175	102
	变异系数	31	6	17	8	4
CV	平均值	67	65.84	379	1915	2591
	标准差	24	2.3	65	439	343
	变异系数	36	3	17	23	13
CVC	平均值	86	67.22	452	1959	2578
	标准差	28	3.96	24	352	402
	变异系数	33	6	5	18	16

表 2.20-2　[e] 元音在不同音节词中的声学参数统计（F）

音节类型	统计项	VD	VA	F1	F2	F3
V	平均值	125	71.38	463	2478	3309
	标准差	40	3.68	112	113	113
	变异系数	32	5	24	5	3
VC	平均值	112	73.29	453	2474	3286
	标准差	35	2.75	46	112	151
	变异系数	31	4	10	5	5
CV	平均值	90	71.05	445	2351	4623
	标准差	21	2.75	69	182	6570
	变异系数	23	4	16	8	142
CVC	平均值	93	70.5	453	2355	3165
	标准差	39	2.88	47	96	121
	变异系数	42	4	10	4	4

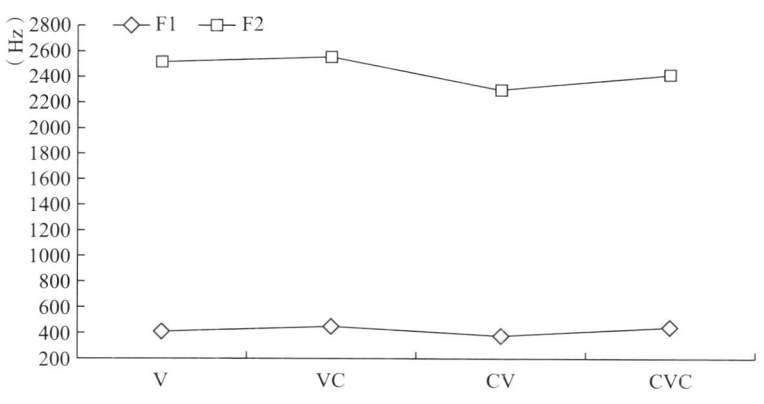

图 2.18-1　[e] 元音在不同音节类型中的第一、第二共振峰频率比较图（M）

4. 辅音音质与 [e] 元音声学参数之间的关系

图 2.19 为男发音人词首音节（包括单音节词）[p, m, d, t, s, n, r, k, q, ɦ, tʃ] 等辅音之后的 [e] 元音以及词首 [e] 元音第一、第二和第三共振峰前过渡 TF1~TF3 的变化示意图，其中，图 2.19-1 为以 TF1 的上升为

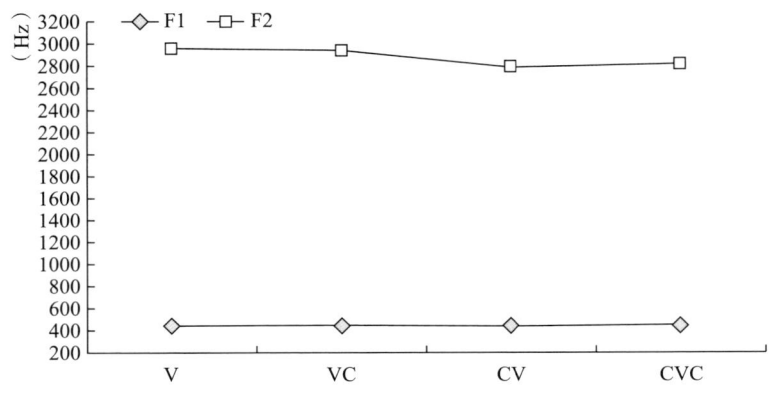

图 2.18 – 2　[e] 元音在不同音节类型中第一、第二
共振峰频率比较图（F）

准排列的，即以舌位自高至低排列示意图，图 2.19 – 2 为以 TF2 的上升为准排列的，即以舌位自后至前排列示意图。从图 2.19 中可以看到，辅音音质与 [e] 元音共振峰频率之间具有一定的相关性。如在 [ɦ, q] 等小舌音之后，其 TF1 明显提高。（请见图 2.19 – 1、2.19 – 2）[e] 元音在 [j, ʧ, k] 等辅音之后，其 TF2 明显上升（与均值相比）1900Hz ~ 2300Hz（M）。

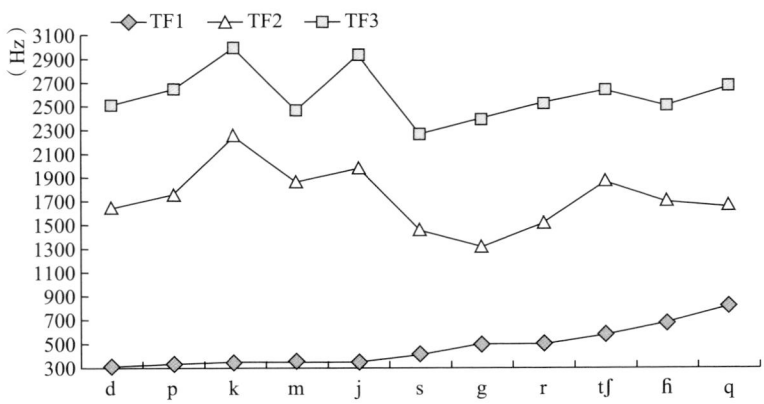

图 2.19 – 1　词首不同辅音后 [e] 元音的第一至第三共振峰前
过渡段（TF1 ~ TF3）频率变化示意图（M）

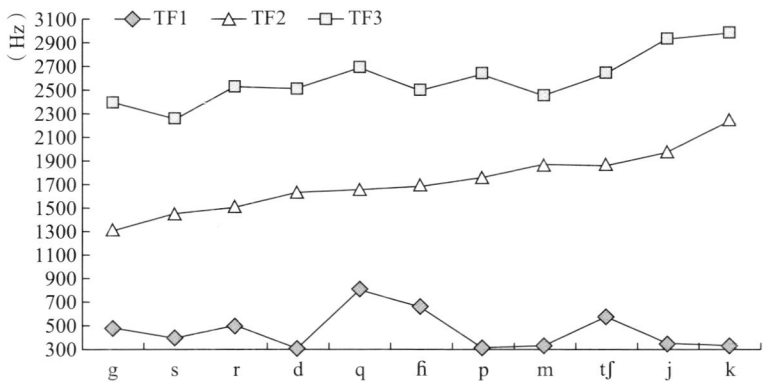

图 2.19 – 2　词首不同辅音后 [e] 元音的第一至第三共振峰前
过渡段（TF1~TF3）频率变化示意图（M）

（五）[u] 元音

1. 参数平均值及其音质定位

表 2.21 为 [u] 元音参数统计。该统计表显示男女发音人 [u] 元音平均时长、平均音强分别为 76ms（M），91ms（F）；63dB（M），67 dB（F）。该元音 F1 和 F2 的均值分别为 M：F1 = 504Hz，F2 = 1091Hz；F：F1 = 554Hz，F2 = 1304Hz。

表 2.21　[u] 元音参数统计

	VD		VA		F1		F2		F3	
	M	F	M	F	M	F	M	F	M	F
平均值	76	91	63.15	67.13	504	554	1091	1304	2593	3104
标准差	43	54	8.39	8.56	208	256	344	322	337	223
变异系数	57	59	13	13	41	45	32	25	13	7

图 2.20 为男性发音人 [bujruq]"命令"一词的三维语图。词首音节 [u] 元音目标位置的第一至第四共振峰（F1~F4）频率分别为 490Hz、730Hz、28161Hz、3431Hz。从该图中可以看出，因受后置辅音 [j] 的影响该元音第二共振峰自其前 1/3 段开始上升，协同发音现象比较显著。

图 2.21 – 1 为男发音人词首音节 [u] 元音在声学元音图中的位置及其

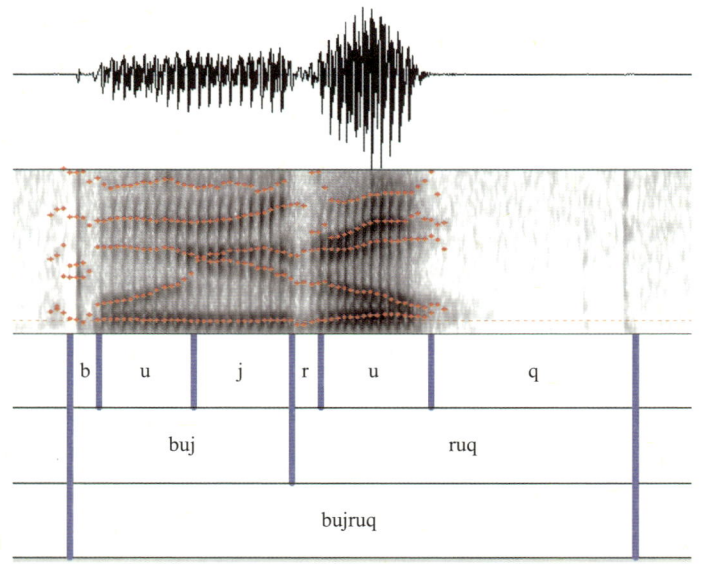

图 2.20 男发音人 [bujruq] "命令"一词的三维语图

声学空间中的分布模式。从表 2.21 和图 2.21-1 中可以看出，该元音为高、后、圆唇元音。

图 2.21-2 为女发音人词首音节 [u] 元音目标位置第一、第二共振峰 F1/F2（男为蓝色实心圆，女为蓝色空心正方形）及其前过渡段共振峰 TF1/

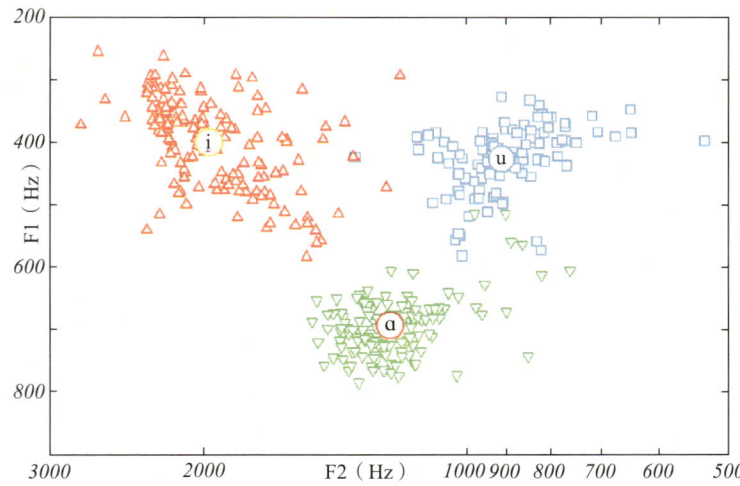

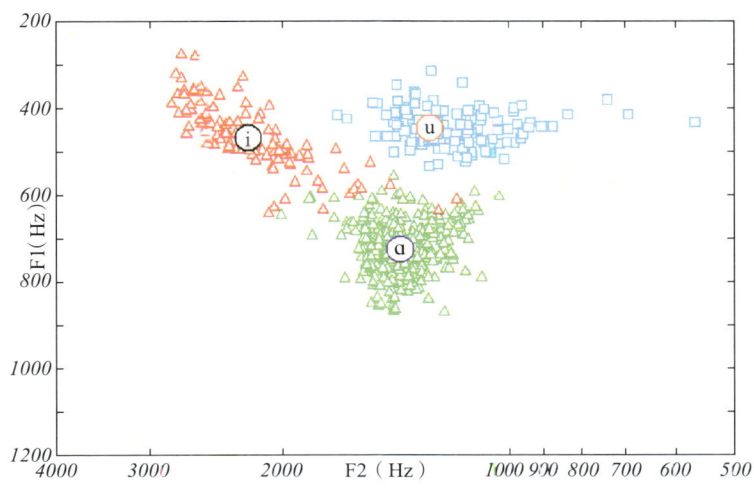

图 2.21 – 1　词首音节 [u] 元音在声学元音图中的位置及其声学空间中的分布模式（M、F）

TF2（男为黄色实心圆，女为黄色实心三角形）比较图，图 2.21 – 2 为男女发音人词首音节 [u] 元音目标位置第一、第二共振峰 F1/F2（男为蓝色实心圆，女为蓝色空心正方形）及其后过渡段共振峰 TF1/TF2（男为黄色实心圆，女为绿色实心三角形）比较图。从图 2.21 – 2 ~ 2.21 – 3 中可以看出，男女发音人 [u] 元音第一共振峰前、后过渡段（TF1 和 TP1）频率都相对下降，即舌位相对提升。

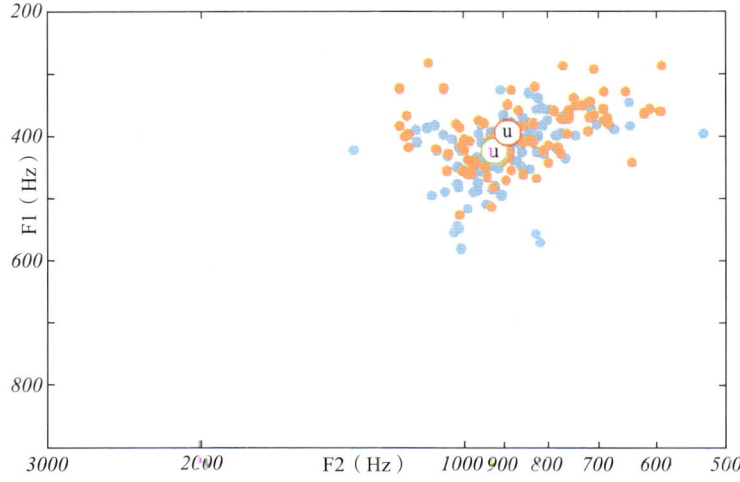

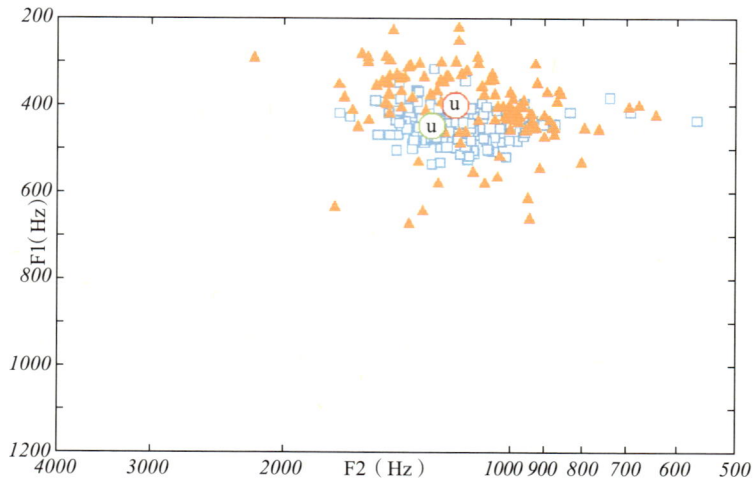

图 2.21-2　词首音节 [u] 元音目标位置共振峰（F1/F2）及其前过渡段共振峰（TF1/TF2）比较图（M、F）

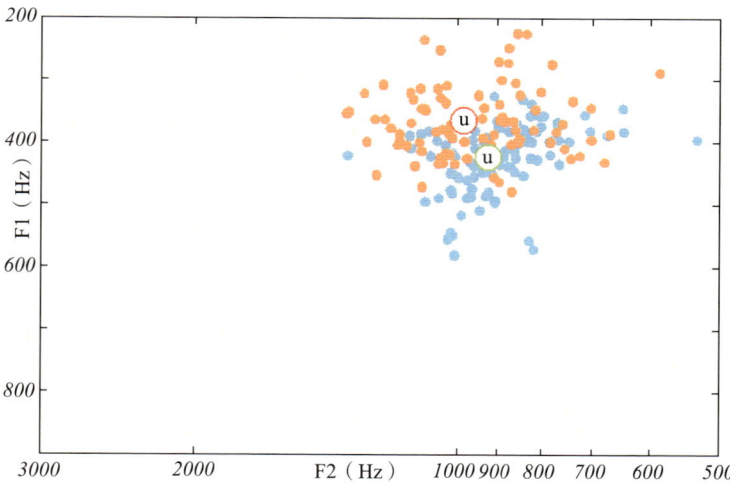

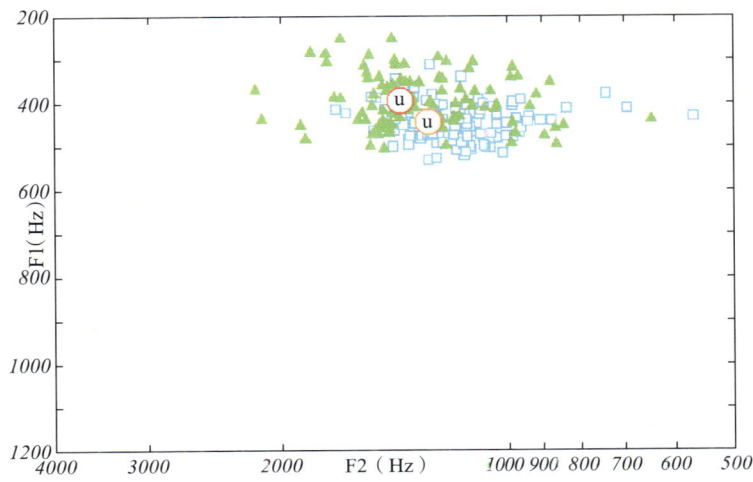

图 2.21 – 3　词首音节［u］元音目标位置共振峰（F1/F2）及其
后过渡段共振峰（TP1/TP2）比较图（M、F）

2. 音节数量与［u］元音声学参数之间的关系

表 2.22 为［u］元音在不同音节词中出现频率统计。该表显示，大约 53%（M）和 52%（F）的［u］元音是在双音节词中出现的。

表 2.23 为男、女发音人的［u］元音在单音节词（A）、双音节词（B）和三音节词（C）中的音长（VD）、音强（VA）、共振峰目标值（F）统计。从表 2.23 中可以看出，音节数量与［u］元音声学参数之间具有一定的相关性。（1）该元音音长和音强随着音节数量的增加而相对缩短、变弱。如，

M：111ms（A）→63ms（B）→55ms（C）；M：71dB（A）→61dB（B）→61dB（C）
F：150ms（A）→67ms（B）→61ms（C）；F：73dB（A）→65dB（B）→63dB（C）

（2）随着音节数量的增加［u］元音目标位置 F1 和 F2 频率相对提高。如 M：F1＝418Hz（A）、F1＝542Hz（B）、F1＝543Hz（C）；F：F1＝482Hz（A）、F1＝578Hz（B）、F1＝611Hz（C）、M：F2＝1008Hz（A）、F2＝1111Hz（B）、F2＝1182Hz（C）；F：F2＝1186Hz（A）、F2＝1323Hz（B）、F2＝1460Hz（C）。

（3）随着音节数量的增加该元音第一、第二共振峰后过渡（TP1/TP2）频率相对提高（图表略）。

表 2.22　［u］元音在不同音节词中的出现频率统计

发音人	音节数目	单音节词	双音节词	三音节词	共计
M	出现次数	44	77	23	144
F	出现次数	44	75	25	144
M	%	30	53	16	100
F	%	30	52	17	100

表 2.23　［u］元音在不同音节词中的声学参数统计

		M					F				
		VD	VA	F1	F2	F3	VD	VA	F1	F2	F3
单音节词（A）	平均值	111	70.52	418	1008	2518	150	73.43	482	1186	3090
	标准差	55	1.87	48	240	377	60	2.12	29	144	162
	变异系数	50	3	11	24	15	40	3	6	12	5
双音节词（B）	平均值	63	59.64	542	1111	2686	67	64.75	578	1323	3107
	标准差	27	7.99	255	383	242	21	9.34	260	357	219
	变异系数	43	13	47	34	9	31	14	45	27	7
三音节词（C）	平均值	55	60.78	543	1182	2426	61	63.2	611	1460	3121
	标准差	17	8.49	173	351	434	13	7.29	408	373	319
	变异系数	31	14	32	30	18	21	12	67	26	10

3. 音节类型与［u］元音声学参数之间的关系

表 2.24 为［u］元音在不同音节类型中的出现频率统计。可以看出，［u］元音主要在 CV、CVC 等音节中出现，出现频率达到了 65%～66%。

表 2.24　［u］元音在不同音节类型中的出现频率统计

发音人	音节类型	V	VC	CV	CVC	CVCC	共计
M	出现次数	28	15	52	45	5	145
F	出现次数	31	13	52	42	5	143
M	%	19	10	35	31	3	100
F	%	21	9	36	29	3	100

表 2.25 – 1 为 [u] 元音在不同音节类型中的声学参数统计。可以看出，该元音音强与其所出现的音节类型之间具有一定的相关性，即 [u] 元音在 CV、CVC、CVCC 等以辅音开头音节中的音强比其在 V、VC 等以元音开头音节中的音强相对强。说明词首音节前置辅音能够加强其后置元音的音强。另外，该元音目标位置第一共振峰与其所出现的音节类型之间也有一定的相关性，[u] 元音在 CV、CVC、CVCC 等以辅音开头音节中的第一共振峰及其后过渡段频率比其在 V、VC 等以元音开头音节中的频率相对低。

表 2.25 – 1　[u] 元音在不同音节类型中的声学参数统计（M）

音节类型	统计项	VD	VA	F1	F2	F3
V	平均值	86	59.3	555	1016	2611
	标准差	49	9.43	304	400	342
	变异系数	57	16	55	39	13
VC	平均值	99	59	557	1092	2651
	标准差	46	12	230	365	349
	变异系数	46	20	41	33	13
CV	平均值	66	62	515	1135	2639
	标准差	46	7	213	385	272
	变异系数	70	11	41	34	10
CVC	平均值	76	67	449	1088	2532
	标准差	33	7	102	260	364
	变异系数	43	10	23	24	14
CVCC	平均值	83	71	466	970	2215
	标准差	26	1	37	40	749
	变异系数	31	1	8	4	34

表 2.25 – 2　[u] 元音在不同音节类型中的声学参数统计（F）

音节类型	统计项	VD	VA	F1	F2	F3
V	平均值	84	65	582	1271	3117
	标准差	51	9	300	439	193
	变异系数	61	14	52	35	6

续表

音节类型	统计项	VD	VA	F1	F2	F3
VC	平均值	118	65	670	1281	3156
	标准差	76	11	345	350	214
	变异系数	64	18	51	27	7
CV	平均值	77	66	552	1345	3089
	标准差	55	8	285	328	245
	变异系数	71	12	52	24	8
CVC	平均值	107	70	517	1286	3122
	标准差	44	8	141	217	209
	变异系数	41	11	27	17	7
CVCC	平均值	78	71	458	1291	3052
	标准差	3	1	25	104	235
	变异系数	38	2	5	8	8

说明词首音节前置辅音能够降低其后置元音第一共振峰及其后过渡段频率。

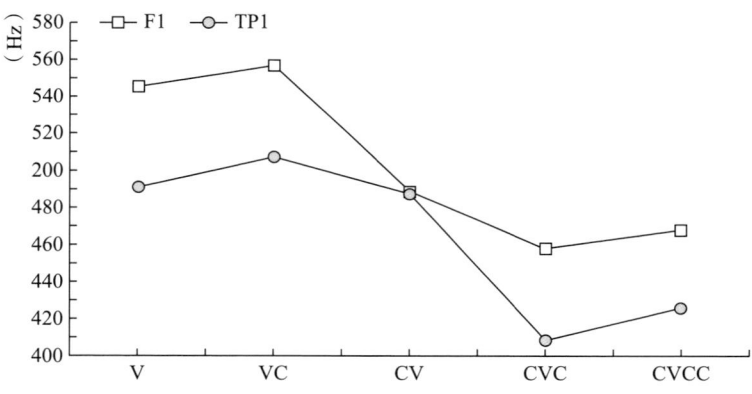

图 2.22 [u] 元音在不同音节类型中第一共振峰（F1）及后过渡段（TP1）频率比较图（M）

4. 辅音音质与 [u] 元音声学参数之间的关系

图 2.23 是男发音人词首不同辅音之后 [u] 元音第一至第三共振峰前过渡段（TF1~TF3）频率变化示意图。其中，图 2.23 - 1 为以 TF1 的上升为准排列的，即以舌位自高至低排列示意图，图 2.23 - 2 为以 TF2 的上升为

准排列的，即以舌位自后至前排列示意图。可以看出，辅音音质与［u］元音第二共振峰前过渡段频率之间具有一定的相关性。从图 2.23 – 2 中可以看到，与其第二共振峰均值（F2 = 1241 Hz）相比，［u］元音在［t, s, j, ʧ］等辅音之后的 TF2 分别上升到 1299 Hz ~ 1747 Hz。显然，［t, s, j, ʧ］等辅音能够提高［u］元音第二共振峰频率，即使其舌位前移。

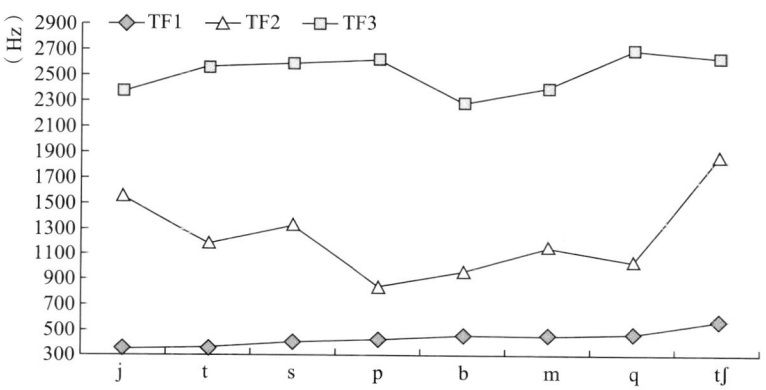

图 2.23 – 1　词首不同辅音之后［u］元音第一至第三共振峰前过渡段频率（**TF1 ~ TF3**）变化示意图（**M**）

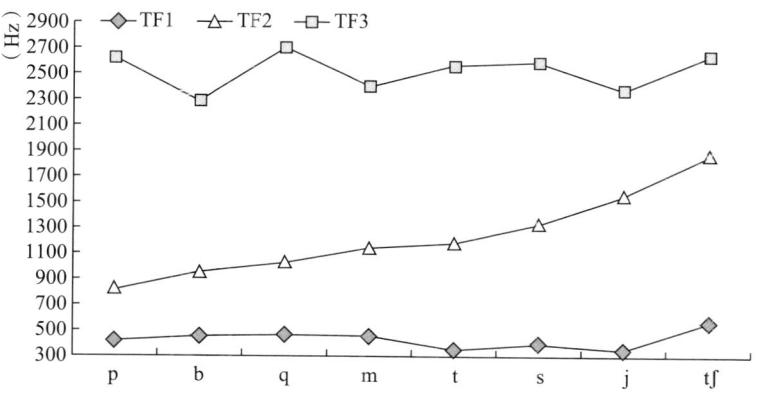

图 2.23 – 2　词首不同辅音之后［u］元音第一至第三共振峰前过渡段（**TF1 ~ TF3**）频率变化示意图（**M**）

（六）［o］元音

1. 参数平均值及其音质定位

表 2.26 为［o］元音参数统计表。该表显示，男女发音人［o］元音的平

均时长、平均音强分别为112ms（M），125ms（F）；69dB（M），72 dB（F）。该元音F1和F2均值分别为M：F1＝478Hz，F2＝960Hz；F：F1＝493Hz，F2＝1148Hz。

表2.26　［o］元音参数统计

	VD		VA		F1		F2		F3	
	M	F	M	F	M	F	M	F	M	F
平均值	69	125	69	72	478	493	960	1148	2652	3096
标准差	4	43	4	2	39	34	105	125	187	182
变异系数	36	34	36	3	8	7	11	11	7	6

图2.24为男性发音人［dorigɛr］"药剂师"一词的三维语图。图中词首音节［o］元音的目标位置第一至第四共振峰（F1～F4）频率分别为401Hz、1166Hz、2333Hz、3981Hz。显然，因受［d］和［r］的影响该元音第一、第二共振峰前后过渡段都有较明显的变化。

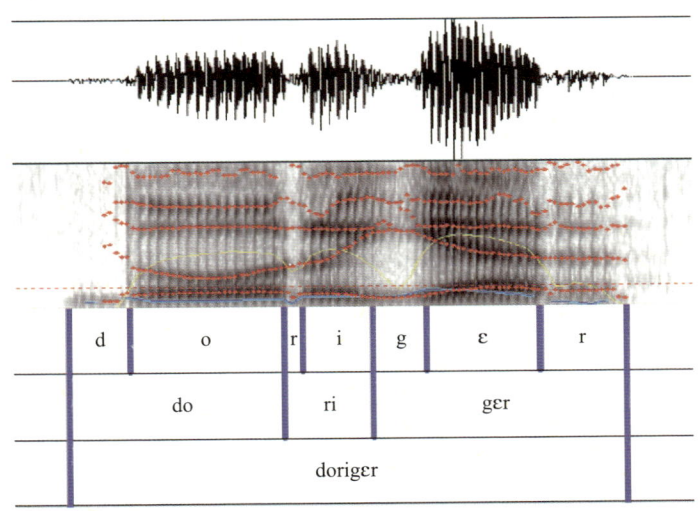

图2.24　男发音人［dorigɛr］"药剂师"一词的三维语图

图2.25为男女发音人词首音节［o］元音在声学元音图中的位置及其声学空间中的分布模式。从表2.26和图2.24～2.25－1中可以看出，维吾尔语传统语言学中所标记的［o］元音的音值实际上与国际音标的次闭、后、圆唇元音［ʊ］接近。用［ʊ］标记该元音接近其实际音值。参照国际

音标元音标记规则我们认为维吾尔语标准语 [o] 元音为次闭、后、圆唇元音。但本书考虑到诸多因素仍采用了传统标记音标 [o]。从图 2.5 – 1 中也可以看出，女发音人的 [o] 元音比男发音人的 [o] 相对靠后。

图 2.25 – 2 为男女发音人词首音节 [o] 元音目标位置第一、第二共振峰 F1/F2（男为黄色实心圆，女为粉色空心三角形）及其前过渡段共振峰 TF1/TF2（男为绿色实心圆，女为橙色实心圆）比较图。图 2.25 – 3 为男女发音人词首音节 [o] 元音目标位置第一、第二共振峰 F1/F2（男为黄色实

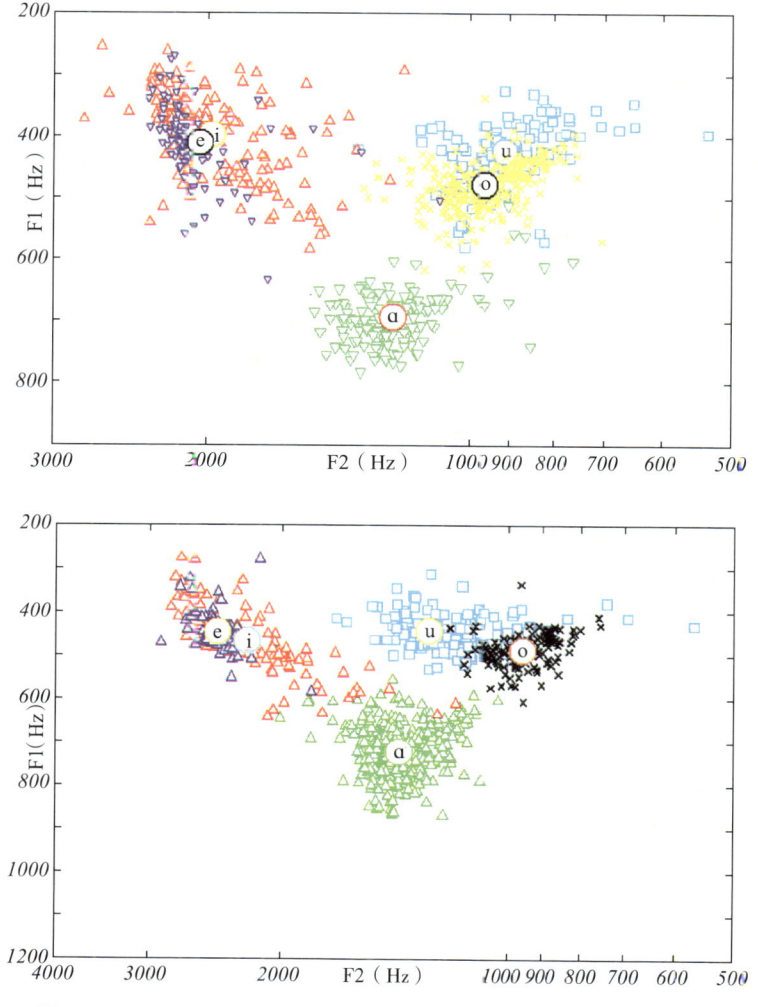

图 2.25 – 1　词首音节 [o] 元音在声学元音图中的位置及其声学空间中的分布模式（M、F）

心圆，女为粉色空心三角形）及其过渡段共振峰 TF1/TF2（男为绿色实心圆，女为橙色实心圆）比较图。从图 2.25-2 ~2.25-3 中可以看出，男女发音人［o］元音第一共振峰前、后过渡段频率（TF1 和 TP1）都相对下降，即舌位相对提升。其中，后过渡段变化比前过渡段变化略大。

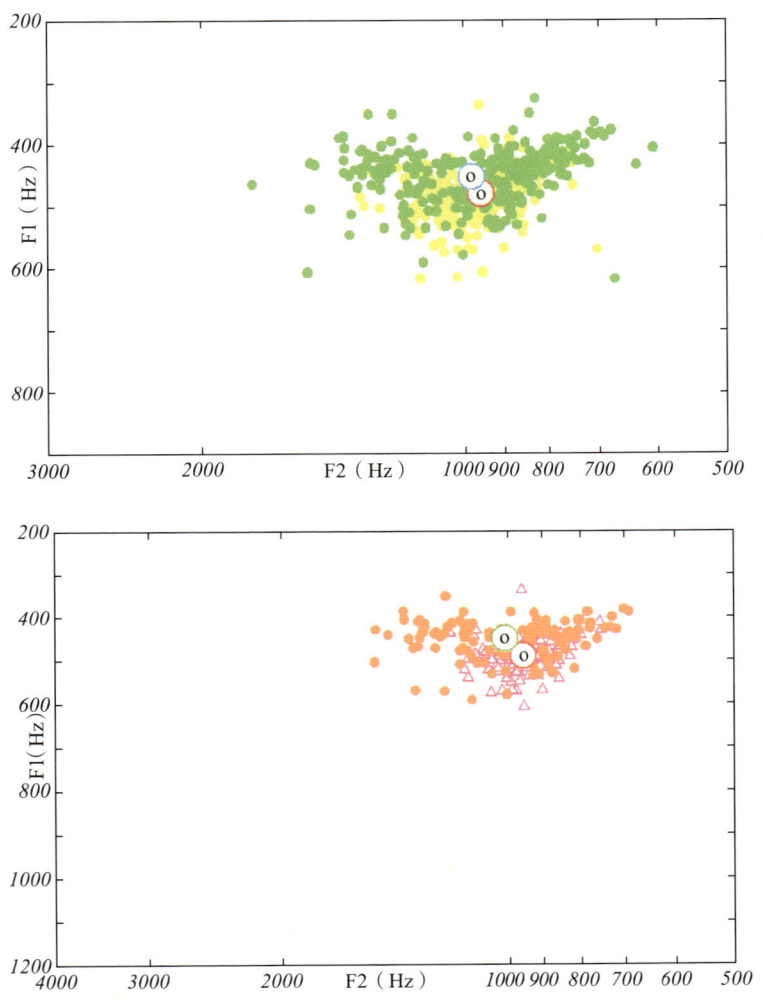

图 2.25-2　［o］元音目标位置共振峰（F1/F2）及其前过渡段
共振峰（TF1/TF2）比较图（M、F）

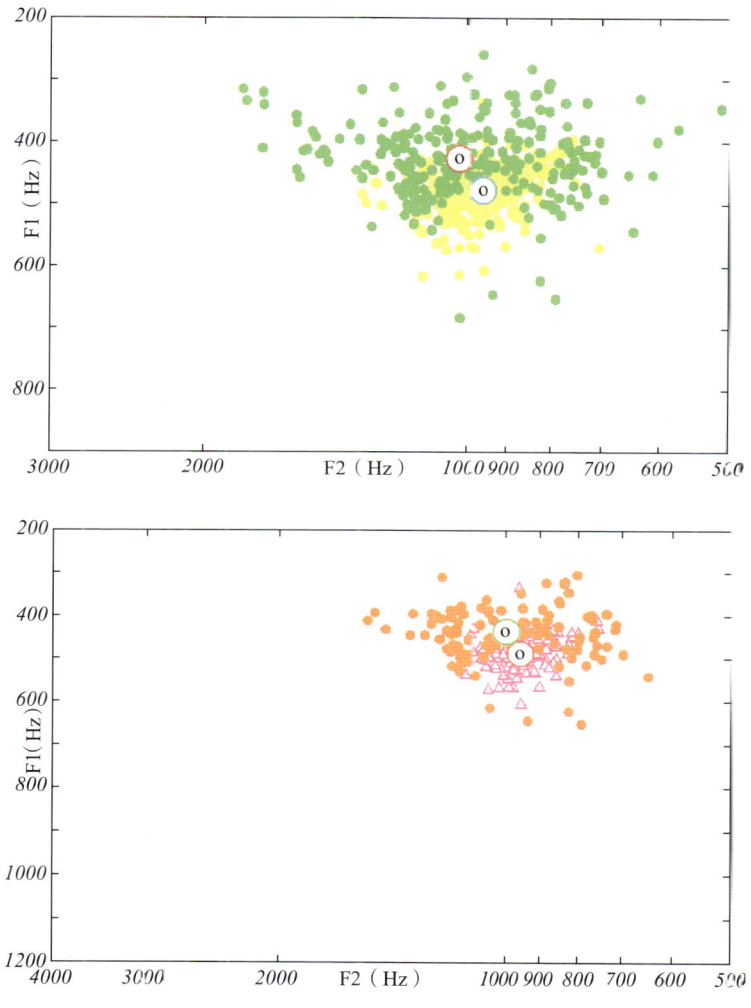

图 2.25-3 [o] 元音目标位置共振峰（F1/F2）及其后过渡段
共振峰（TP1/TP2）比较图（M、F）

2. 音节数量与 [o] 元音声学参数之间的关系

表 2.27 为 [o] 元音在不同音节词中出现的频率统计。可以看出，大约 63%（M）和 64%（F）的 [o] 元音是在双音节词中出现的。

表 2.28 为男、女发音人的 [o] 元音在单音节词（A），双音节词（B）和三音节词（C）中的音长（VD）、音强（VA）、共振峰目标值（F）统计。从表 2.28 中可以看出，音节数量与该元音音长和音强之间具有一定的

相关性,即随着音节数量的增加其音长相对缩短、音强相对变弱。如:

M:135ms(A)→106ms(B)→88ms(C);M:72dB(A)→67dB(B)→66dB(C)

F:159ms(A)→114ms(B)→98ms(C);F:73dB(A)→71dB(B)→72dB(C)

[o]元音第一共振峰虽然随着音节数量的增加有下降的趋势,但不显著。

表 2.27　[o]元音在不同音节词中出现的频率统计

单位:次

发音人	音节数目	单音节词	双音节词	三音节词	共计
M	出现次数	75	183	28	286
F	出现次数	75	185	25	285
M	%	26	63	9	100
F	%	26	64	8	100

表 2.28　[o]元音在不同音节词中的声学参数统计

		M					F				
		VD	VA	F1	F2	F3	VD	VA	F1	F2	F3
单音节词(A)	平均值	135	72	503	965	2641	159	73	518	1147	3078
	标准差	37	2	38	80	154	42	2	30	99	131
	变异系数	27	3	8	8	6	26	3	6	9	4
双音节词(B)	平均值	106	67	469	953	2670	114	71	485	1142	3107
	标准差	39	3	35	109	154	38	2	30	128	201
	变异系数	37	4	7	11	6	33	3	6	11	6
三音节词(C)	平均值	88	66	475	998	2563	98	72	480	1196	3065
	标准差	31	3	45	128	366	29	2	35	158	165
	变异系数	35	4	9	13	14	30	2	7	13	5

3. 音节类型与[o]元音声学参数之间的关系

表 2.29 为[o]元音在不同音节类型中的出现频率统计。可以看出,[o]主要出现在 CV、CVC 音节中,达到 71%~73%。说明该元音在这两种音节类型中是常见的。

表 2.29　[o] 元音在不同音节类型中的出现频率统计

单位：次

发音人	音节类型	V	VC	CV	CVC	CVCC	共计
M	出现次数	31	37	109	101	7	285
F	出现次数	35	38	107	94	7	281
M	%	10	12	38	35	2	100
F	%	12	13	38	33	2	100

表 2.30 是 [o] 元音在不同音节类型中的声学参数统计。可以看出，该元音音强与其所出现的音节类型之间的相关性不显著。而该元音目标位置第一、第二共振峰与其所出现的音节类型之间有一定的相关性。如，[o] 元音在 CV、CVC、CVCC 等以辅音开头音节中的第一、第二共振峰频率比其在 V、VC 等以元音开头音节中的频率相对高。说明该元音词首音节前置辅音能够提升其后置元音共振峰频率。请见图 2.26。

表 2.30-1　[o] 元音在不同音节类型口的声学参数统计（M）

音节类型	统计项	VD	VA	F1	F2	F3
V	平均值	122	66.97	443	861	2733
	标准差	40	2.86	40	74	129
	变异系数	33	4	9	9	5
VC	平均值	122	67.92	462	897	2660
	标准差	30	3.77	21	72	144
	变异系数	25	6	5	8	5
CV	平均值	110	67.5	467	969	2650
	标准差	50	2.89	32	110	214
	变异系数	45	4	7	11	8
CVC	平均值	108	70.16	506	1001	2623
	标准差	32	3.41	34	89	183
	变异系数	30	5	7	9	7
CVCC	平均值	113	71.86	507	1017	2690
	标准差	20	1.95	25	75	159
	变异系数	18	3	5	7	6

表 2.30－2　［o］元音在不同音节类型中的声学参数统计（F）

音节类型	统计项	VD	VA	F1	F2	F3
V	平均值	125	72	461	1058	3135
V	标准差	38	2	18	87	233
V	变异系数	30	3	4	8	7
VC	平均值	129	73	475	1077	3108
VC	标准差	33	3	18	91	146
VC	变异系数	26	4	4	8	5
CV	平均值	120	71	488	1177	3085
CV	标准差	5	2	28	131	193
CV	变异系数	42	3	6	11	6
CVC	平均值	131	73	488	1177	3085
CVC	标准差	41	2	28	131	193
CVC	变异系数	31	3	6	11	6
CVCC	平均值	114	72	532	1237	3080
CVCC	标准差	3	2	36	107	131
CVCC	变异系数	26	2	7	9	4

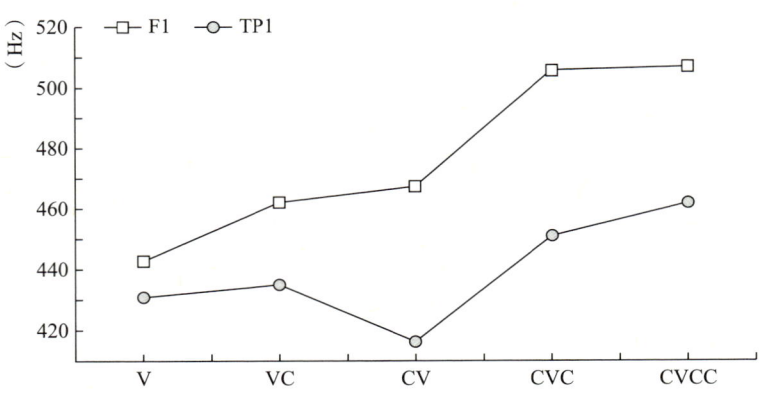

图 2.26－1　［o］元音在不同音节中的第一共振峰（F1）及后过渡段（TP1）频率比较图（M）

4. 辅音音质与［o］元音声学参数之间的关系

图 2.27 为男发音人词首音节（包括单音节词）［b，p，m，d，t，s，k，

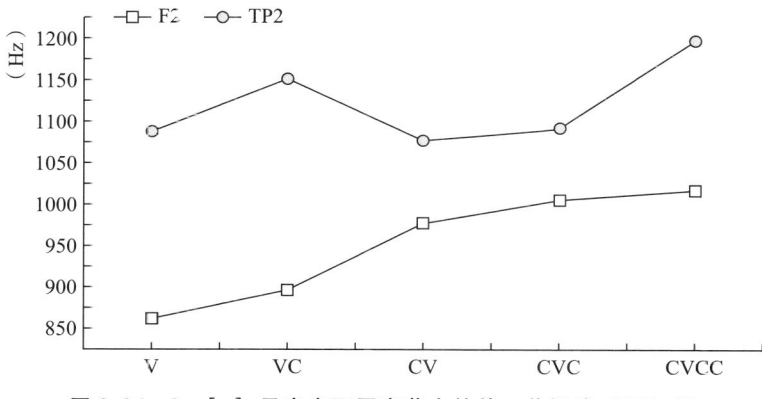

图 2.26 - 2 [o] 元音在不同音节中的第二共振峰（F2）及后过渡段（TP2）频率比较图（M）

q，tʃ] 等辅音之后的 [o] 元音第一至第三共振峰前过渡 TF1～TF3 的变化示意图。其中，图 2.27 - 1 为以 TF1 的上升为准排列的，即以舌位自高至低排列示意图；图 2.27 - 2 为以 TF2 的上升为准排列的，即以舌位自后至前排列示意图。从图 2.27 - 1 中可以看到，辅音音质与 [o] 元音共振峰之间具有一定的相关性。如，男发音人 [o] 元音在 [q，t，tʃ] 等清塞音塞擦音辅音之后，与均值相比该元音 TF1 上升到 680Hz～720Hz（M）之间。显然，这些辅音能够抬高该元音舌位。图 2.27 - 2 显示，[o] 元音在 [d，s，j，tʃ] 等辅音之后，与均值相比该元音 TF2 上升到 1299Hz～1747Hz（M）和 1427Hz～2276Hz（F）之间。显然，这些辅音能够前移该元音舌位。

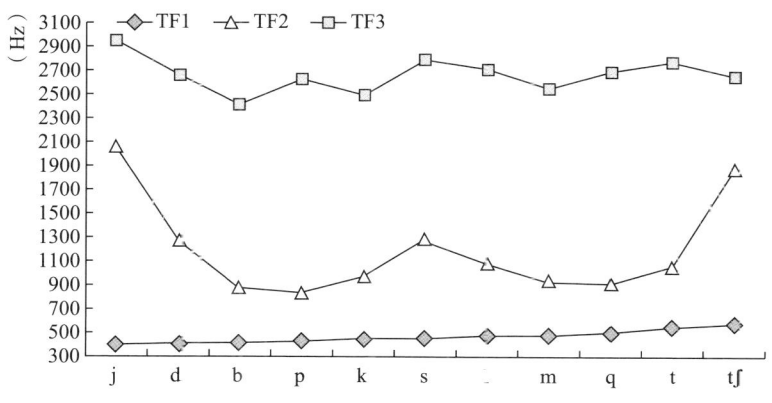

图 2.27 - 1 词首不同辅音后 [o] 元音第一至第三共振峰前过渡段（TF1～TF3）频率变化示意图（M）

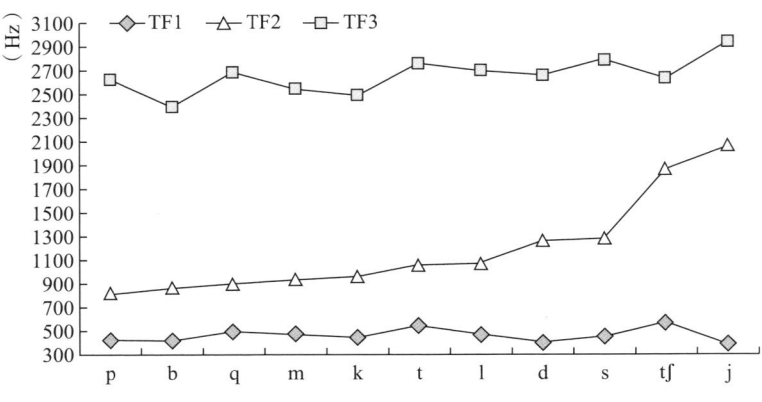

图 2.27 - 2　词首不同辅音后 [o] 元音第一至第三共振峰前
过渡段（TF1 ~ TF3）频率变化示意图（M）

（七）[y] 元音

1. 参数平均值及其音质定位

表 2.31 为 [y] 元音参数统计。可以看出，男女发音人 [y] 元音平均时长、平均音强分别为 71ms（M）、92ms（F）；64.43dB（M），68dB（F）。该元音 F1 和 F2 的频率均值分别为 M：F1 = 413Hz，F2 = 1855Hz；F：F1 = 505Hz，F2 = 2081Hz。

表 2.31　[y] 元音参数统计

统计参数 统计项	VD		VA		F1		F2		F3	
	M	F	M	F	M	F	M	F	M	F
平均值	71	92	64.43	68	413	505	1855	2081	2547	2993
标准差	32	49	6.06	6.19	177	354	225	285	179	274
变异系数	45	53	9	9	43	70	12	14	7	9

图 2.28 为男性发音人 [tyzyʃ]"编纂"一词的三维语图。其中，词首元音 [y] 的目标位置第一至第四共振峰（F1 ~ F4）频率分别为 366Hz、1237Hz、2262Hz、3652Hz。这是 [y] 元音比较典型的声学语图。图 2.29 - 1 为男女发音人 [y] 元音在声学元音图中的位置及其声学空间中的分布模式。从表 2.31 和图 2.29 - 1 中可以看出，维吾尔语词首音节 [y] 元音比该

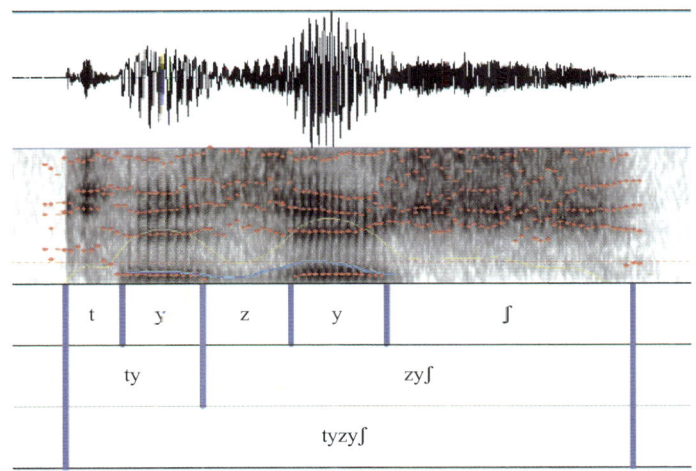

图 2.28 男发音人 [tyzyʃ] "编纂" 一词的三维语图

语言 [i] 和 [u] 等高元音相对高（闭）。有关这一问题有待进一步研究。

图 2.29 - 2 ~ 2.29 - 3 为 [y] 元音目标位置第一、第二共振峰 F1/F2（男为浅蓝色实心圆，女为粉色空心三角形）前过渡 TF1/TF2（男为橙色实心圆，女为绿色空心正方形）和后过渡 TP1/TP2（男为红色实心圆，女为绿色空心正方形）共振峰比较图。可以看出，与目标位置共振峰频率相比，[y] 元音前、后过渡段共振峰频率虽然都有所提升，但不显著。

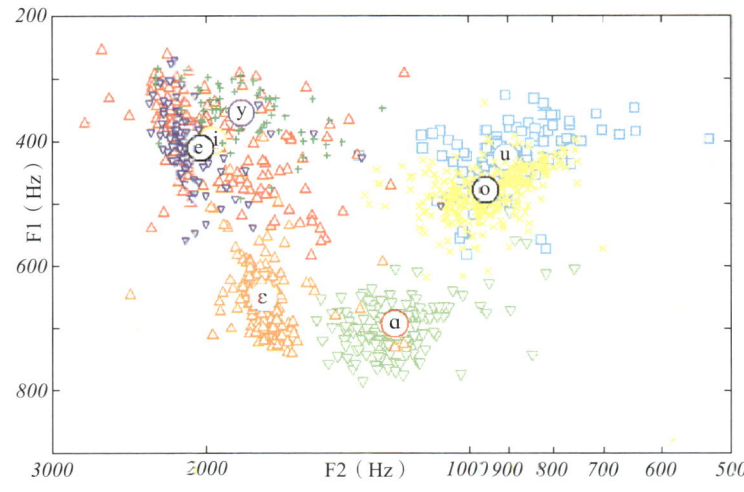

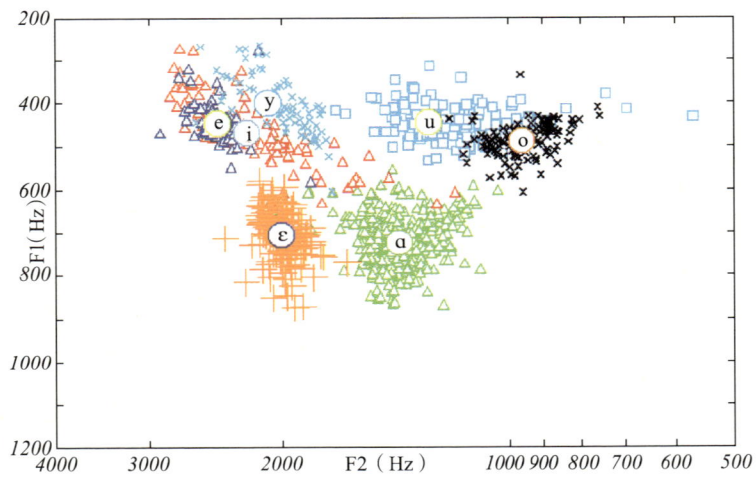

图 2.29-1　词首音节 [y] 元音在声学元音图中的位置及其声学空间中的分布模式（M、F）

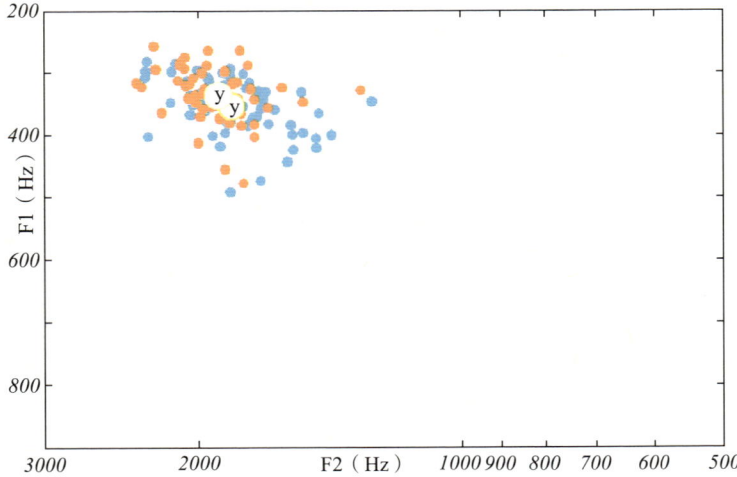

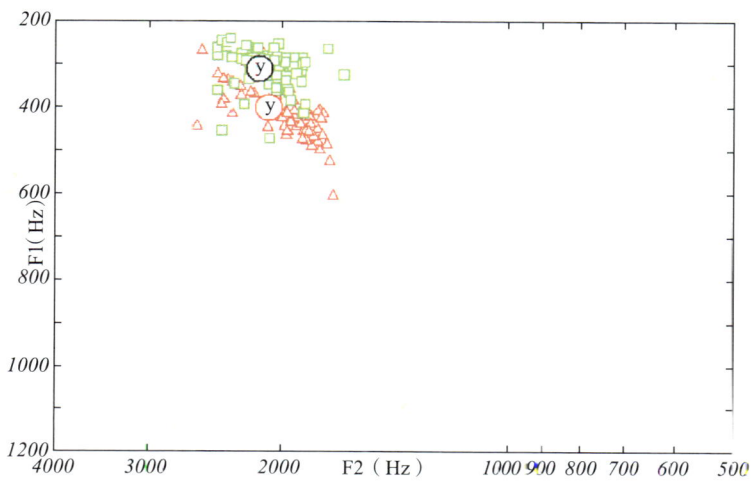

图 2.29-2 [y] 元音目标位置 (F1/F2) 及其前过渡段
共振峰 (TF1/TF2) 比较图 (M、F)

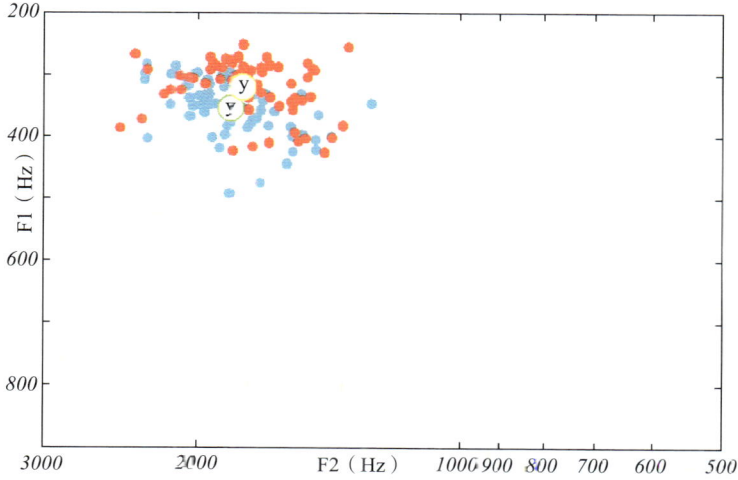

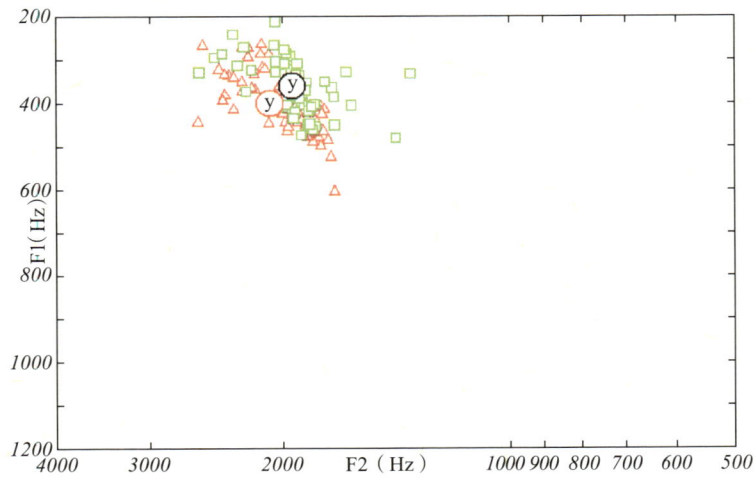

图 2.29-3 ［y］元音目标位置（F1/F2）及其后过渡段
共振峰（TP1/TP2）比较图（M、F）

2. 音节数量与［y］元音声学参数之间的关系

表 2.32 为［y］元音在不同音节词中的出现频率统计。该表显示，大约 52%（M）和 57%（F）的［y］元音是在双音节词中出现的。

表 2.33 为［y］元音在单音节词（A），双音节词（B）和三音节词（C）中的音长（VD），音强（VA）、共振峰目标值（F）统计表。从表 2.33 中可以看出，音节数量与［y］元音音长、音强之间具有一定的相关性。如，该元音音长随着音节数量的增加而相对缩短，而其音强随着音节数量的增多相对变弱。如，

M：100ms（A）→58ms（B）→60ms（C）；M：70dB（A）→62dB（B）→61dB（C）
F：157ms（A）→71ms（B）→69ms（C）；F：73dB（A）→67dB（B）→65dB（C）

表 2.32 ［y］元音在不同音节词中的出现频率统计

单位：次

发音人	音节数目	单音节词	双音节词	三音节词	共计
M	出现次数	23	39	13	75
F	出现次数	21	47	14	82
M	%	30	52	17	100
F	%	25	57	17	100

表 2.33 还显示，男女发音人 [y] 元音目标位置第一、第二共振峰频率与音节数量之间也有一定的相关性。如随着音节数量的增多该元音第一、第二共振峰频率都有所增加。

表 2.33　[y] 元音在不同音节词中的声学参数统计

		M					F				
		VD	VA	F1	F2	F3	VD	VA	F1	F2	F3
单音节词 (A)	平均值	100	70	26	370	1775	2541	57	73	460	1874	2912
	标准差	35	2	32	53	263	200	53	2	31	103	141
	变异系数	35	3		14	15	8	33	2	7	5	5
双音节词 (B)	平均值	58	62	424	1868	2558	71	67	473	2119	3010
	标准差	20	6	191	210	184	19	6	332	302	315
	变异系数	34	9	45	11	7	27	9	70	14	10
三音节词 (C)	平均值	60	63	458	1956	2525	69	65	675	2264	3059
	标准差	18	5	260	145	124	22	7	591	234	260
	变异系数	30	8	57	7	5	32	11	88	10	8

3. 音节类型与 [y] 元音声学参数之间的关系

表 2.34 为 [y] 元音在不同音节类型中的出现频率统计。可以看出，[y] 元音在 CV、CVC 音节中出现的频率达到了 76%~77%。

表 2.34　[y] 元音在不同音节类型中的出现频率统计

单位：次

发音人	音节类型	V	VC	CV	CVC	CVCC	共计
M	出现次数	6	7	28	36	5	82
F	出现次数	6	8	29	39	5	87
M	%	7	9	34	44	6	100
F	%	7	9	33	45	6	100

从表 2.35 和图 2.30 中可以看出，与上述其他元音相比 [y] 元音与其所出现的音节类型之间的相关性不凸显。

表 2.35-1　[y] 元音在不同音节类型中的声学参数统计（M）

音节类型	统计项	VD	VA	F1	F2	F3
V	平均值	96	57	550	1997	2536
	标准差	3	10	330	65	188
	变异系数	31	17	60	3	7
VC	平均值	117	66	356	1869	2421
	标准差	36	4	58	93	61
	变异系数	31	6	16	5	3
CV	平均值	54	62	460	1910	2545
	标准差	19	5	265	195	163
	变异系数	35	9	58	10	6
CVC	平均值	73	66	382	1821	2541
	标准差	25	6	74	209	169
	变异系数	34	8	19	11	7
CVCC	平均值	85	71	415	1471	2521
	标准差	6	3	13	75	74
	变异系数	7	4	3	5	3

表 2.35-2　[y] 元音在不同音节类型中的声学参数统计（F）

音节类型	统计项	VD	VA	F1	F2	F3
V	平均值	64	62	495	2156	2953
	标准差	16	9	312	90	222
	变异系数	25	15	63	4	8
VC	平均值	181	72	432	2108	3031
	标准差	107	2	36	257	143
	变异系数	59	3	8	12	5
CV	平均值	69	65	583	2202	3037
	标准差	25	8	518	355	357
	变异系数	36	12	89	16	12

续表

音节类型	统计项	VD	VA	F1	F2	F3
CVC	平均值	105	70	472	1992	2985
	标准差	52	4	253	202	226
	变异系数	50	6	54	10	8
CVCC	平均值	89	72	463	1790	2875
	标准差	11	1	34	46	72
	变异系数	12	1	7	3	3

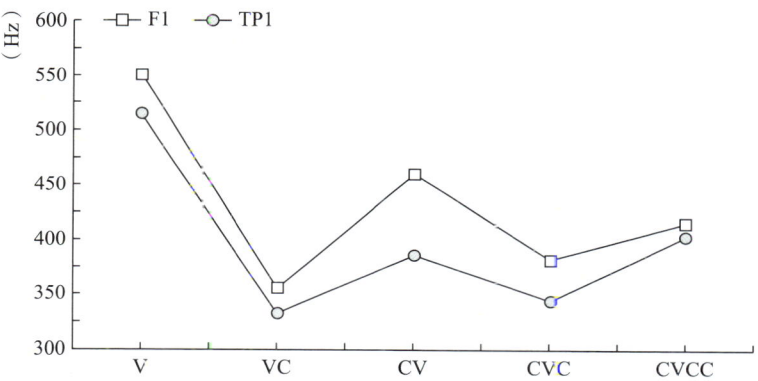

图 2.30-1 [y] 元音在不同音节类型中的第一共振峰 (F1) 及后过渡 (TP1) 频率比较 (M)

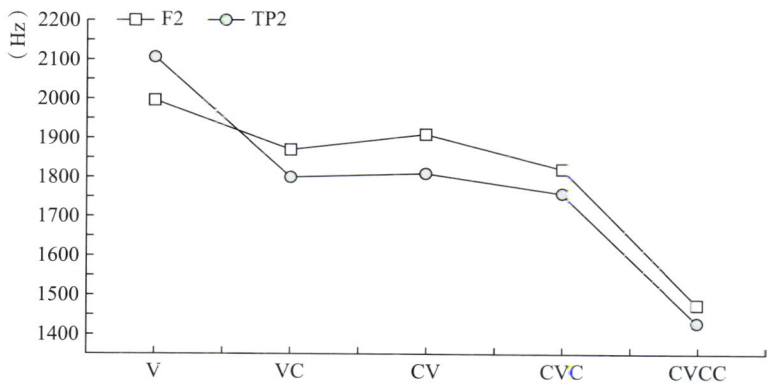

图 2.30-2 [y] 元音在不同音节类型中的第二共振峰 (F2) 及后过渡 (TP2) 频率比较 (M)

4. 辅音音质与 [y] 元音声学参数之间的关系

图 2.31 - 1 为男发音人词首（包括单音节词）不同辅音后 [y] 元音的第一至第三共振峰前过渡段频率（TF1 ~ TF3）变化示意图，以 TF1 的上升为准排列的，即以舌位自高至低排列示意图。图 2.31 - 2 为词首（包括单音节词）不同辅音后 [y] 元音的第一至第三共振峰前过渡段频率（TF1 ~ TF3）变化示意图，以 TF2 的上升为准排列。从图 2.31 - 1 中可以看到，除 [ʧ] 之后 [y] 元音第一共振峰前过渡段频率明显上升外，其他辅音之后的 [y] 元音变化不凸显。图 2.31 - 2 中所显示的 [k]、[ʧ] 之后的 TF2 明显上升，[j] 之后的 TF2 不凸显的现象比较有趣，有待进一步探究。

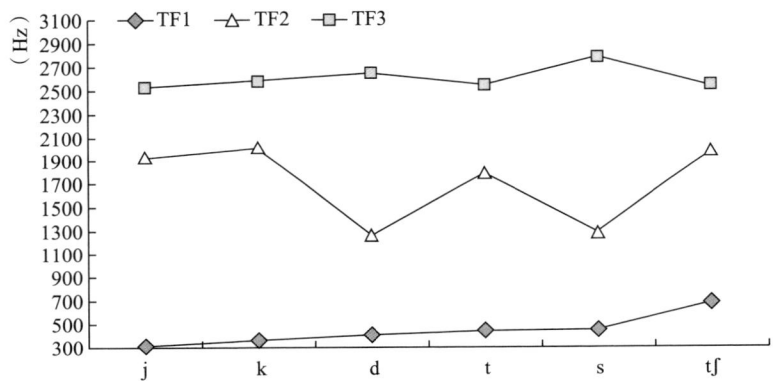

图 2.31 - 1 词首不同辅音后 [y] 元音的第一至第三共振峰前过渡段频率（TF1 ~ TF3）变化示意图（M）

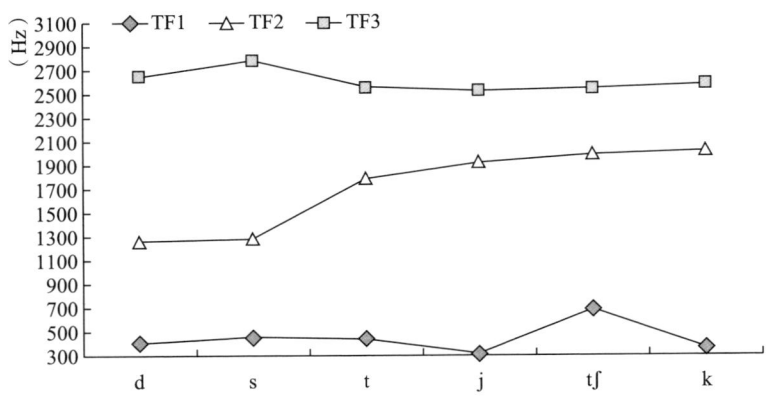

图 2.31 - 2 词首不同辅音后 [y] 元音的第一至第三共振峰前过渡段频率（TF1 ~ TF3）变化示意图（M）

(八)［ø］元音

1. 参数平均值及其音质定位

表 2.36 为［ø］元音声学参数统计。该统计表显示,男女发音人［ø］元音平均时长、平均音强分别为 110ms（M）、128ms（F）；68.09dB（M）、73.55dB（F）。该元音 F1 和 F2 的均值分别为 M：F1=438Hz, F2=1653Hz；F：F1=468Hz, F2=1878Hz。

表 2.36 ［ø］元音声学参数统计

	VD		VA		F1		F2		F3	
	M	F	M	F	M	F	M	F	M	F
平均值	110	128	68.09	73.55	438	468	1653	1878	2471	2905
标准差	38	43	3.64	2.13	35	31	155	119	166	117
变异系数	35	34	5	3	8	7	9	6	7	4

图 2.32 为男性发音人［jølɛʃ］"扶持"一词的三维语图。图中词首［ø］元音的目标位置第一至第四共振峰频率（F1～F4）分别为 655Hz、1993Hz、3071Hz、4634Hz。可以看出,［j］辅音与［ø］元音之间有明显的过渡段。图 2.33-1 为男女发音人［ø］元音在声学元音图中的位置及其声学空间中

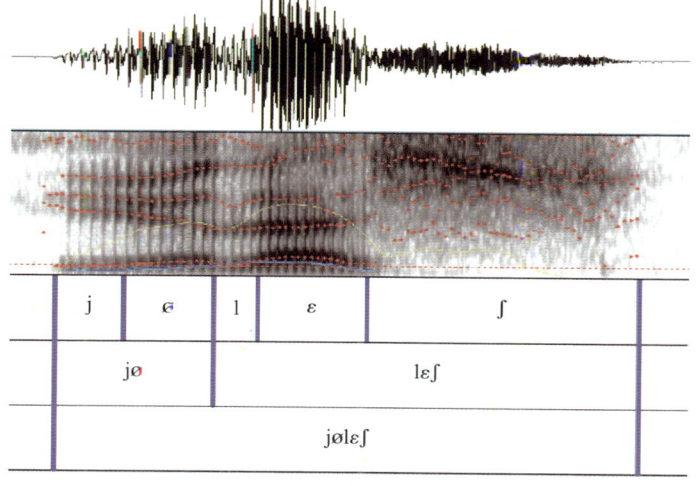

图 2.32 男发音人［jølɛʃ］"扶持"一词的三维语图

的分布模式。从表 2.36 和图 2.32~2.33 中可以看出，维吾尔语传统语言学中所标记的 [ø] 元音音值实际上是开口度与 [e] 接近的前半闭圆唇元音，而不是前次高圆唇元音。

图 2.33-2~2.33-3 为 [ø] 元音目标位置第一、第二共振峰 F1/F2（男为深绿色实心圆，女为绿色空心三角形）及其前过渡 TF1/TF2（男为红色实心圆，女为粉色空心圆）和后过渡 TP1/TP2 共振峰（男为橙色实心圆，

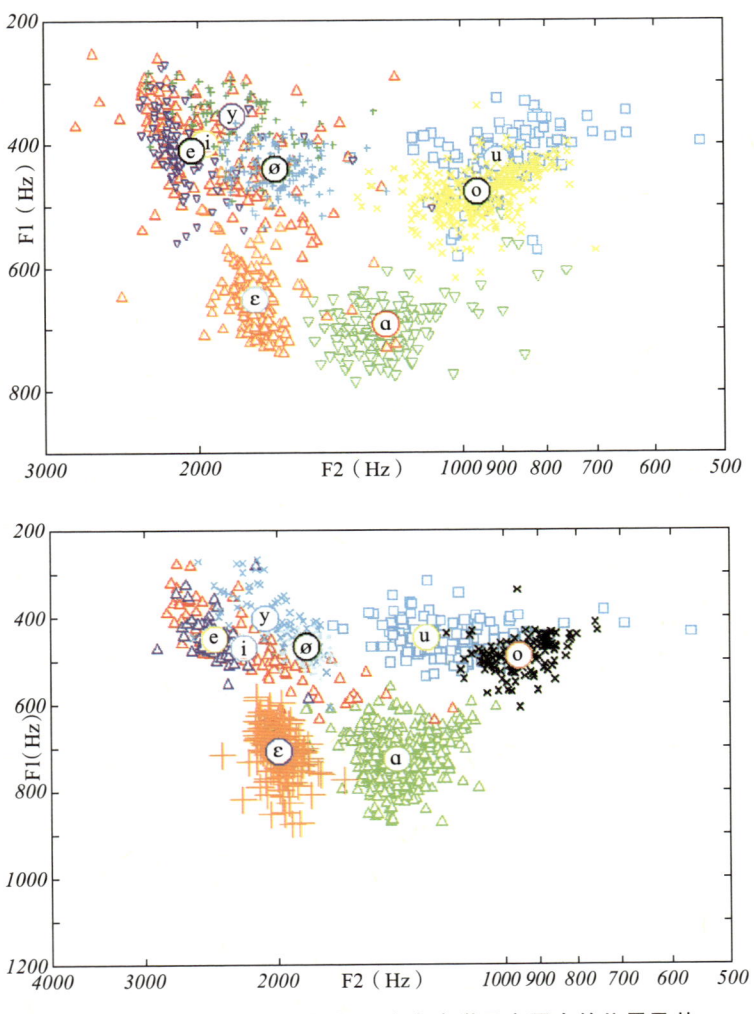

图 2.33-1　词首音节 [ø] 元音在声学元音图中的位置及其声学空间中的分布模式（M、F）

女为粉色空心圆)比较图。从图 2.33 – 2 ~ 2.33 – 3 中可以看出，与目标位置共振峰频率相比，[ø] 元音第一、第二共振峰前、后过渡段共振峰频率都有所提高，但后过渡段频率 TP1 的上升相对明显（"后段变化大于前段"）。

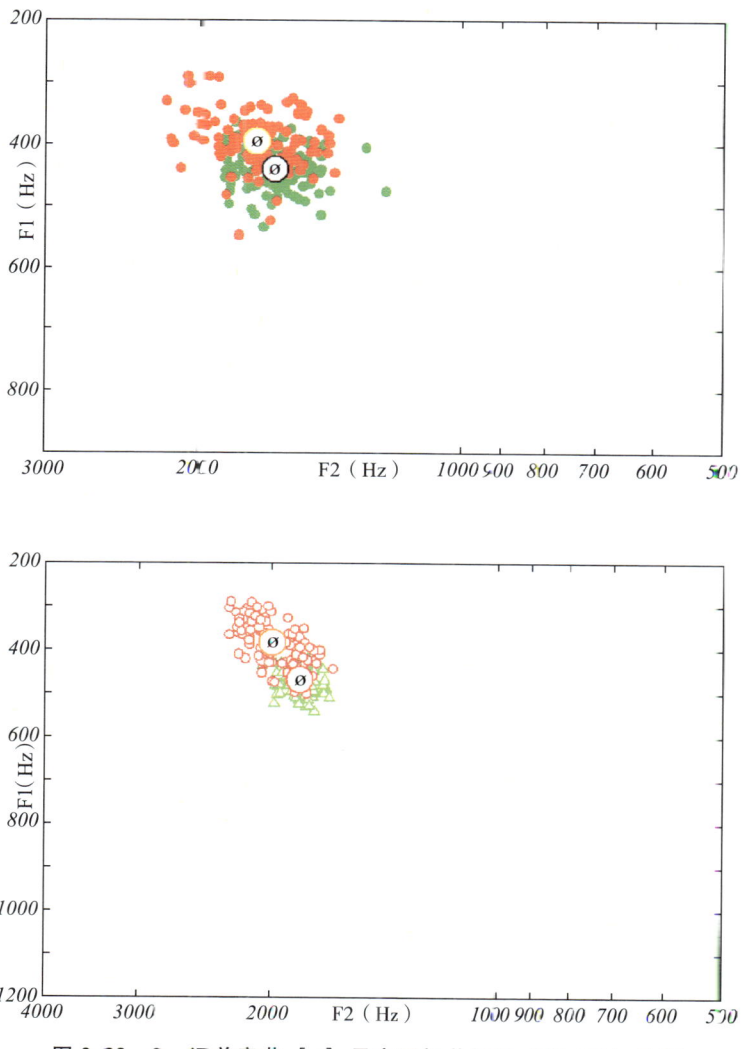

图 2.33 – 2　词首音节 [ø] 元音目标共振峰 (F1/F2) 及其
　　　　　　　前过渡段 (TF1/TF2) 比较图 (M、F)

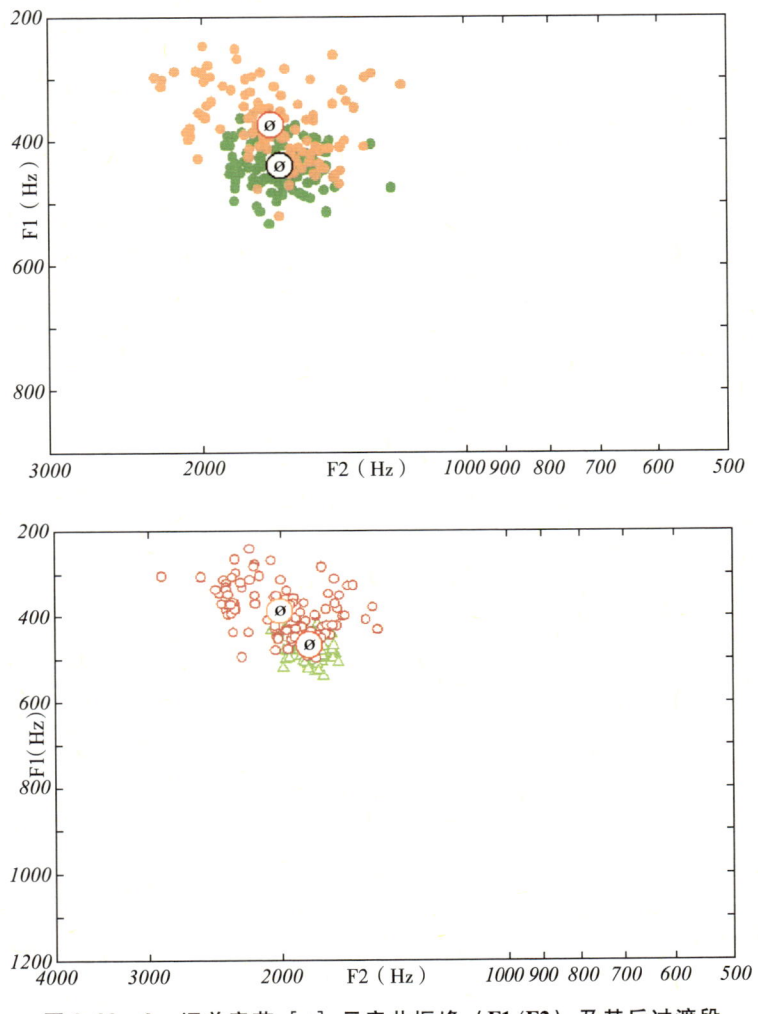

图 2.33 - 3 词首音节 [ø] 元音共振峰（F1/F2）及其后过渡段（TP1/TP2）比较图（M、F）

2. 音节数量与 [ø] 元音声学参数之间的关系

表 2.37 为 [ø] 元音在不同音节单词中的出现频率统计。该表显示，38% 和 54% 的 [ø] 元音是在双音节词中出现的。

表 2.38 为男女发音人 [ø] 元音在单音节词（A），双音节词（B）和三音节词（C）中的音长（VD）、音强（VA）、共振峰目标值（F）统计。从表 2.38 中可以看出，随着音节数量的增多该元音音长和音强相对缩短、变弱的趋势。说明音节数量与该元音音长和音强之间具有一定的相关性。如，

M:134ms(A)→100ms(B)→83ms(C);M:72dB(A)→66dB(B)→65dB(C)
F:165ms(A)→112ms(B)→93ms(C);F:75dB(A)→73dB(B)→73dB(C)

表 2.37　[ø] 元音在不同音节词中的出现频率统计

单位：次

发音人	音节数目	单音节词	双音节词	三音节词	共计
M	出现次数	38	45	36	119
F	出现次数	7	47	33	87
M	%	32	38	30	100
F	%	8	54	38	100

表 2.38　[ø] 元音在不同音节词中的声学参数统计

		M					F			
		VD	VA	F1	F2	F3	VD	VA	F1	F2	F3
单音节词(A)	平均值	134	72.29	462	1597	2426	165	74.74	497	1819	2912
	标准差	36	1.39	33	124	183	32	2.05	21	75	113
	变异系数	27	2	7	8	8	19	3	4	4	4
双音节词(B)	平均值	100	66.26	425	1683	2479	112	72.9	455	1915	2893
	标准差	33	2.26	29	163	117	37	2.03	21	126	118
	变异系数	33	3	7	10	5	33	3	5	7	4
三音节词(C)	平均值	83	64.92	436	1667	2572	93	73.25	447	1874	2940
	标准差	26	3.15	39	167	276	13	1.36	35	125	121
	变异系数	31	5	9	10	11	19	2	8	7	4

3. 音节类型与 [ø] 元音声学参数之间的关系

表 2.39 为 [ø] 元音在不同音节类型中的出现频率统计。可以看出，[ø] 元音主要在 V 音节中出现，出现比例达到了 48% (F)。这一特点与其他元音不同，有待进一步研究。

图 2.34 为 [ø] 元音在不同音节类型中的第一共振峰频率（F1）及其后过渡段频率（TP1）比较图。从表 2.40 和图 2.34 中可以看出，音节类型与该元音声学参数之间几乎没有相关性。

表 2.39　[ø] 元音在不同音节类型中的出现频率统计

单位：次

发音人	音节类型	V	VC	CV	CVC	共计
M	出现次数	43	10	25	10	88
F	出现次数	48	8	22	8	86
M	%	49	11	28	11	99
F	%	56	9	26	9	100

表 2.40 - 1　[ø] 元音在不同音节类型中的声学参数统计（M）

音节类型	统计项	VD	VA	F1	F2	F3
V	平均值	105	65	408	1650	2507
V	标准差	3	3	23	154	121
V	变异系数	29	4	6	9	5
VC	平均值	128	69	438	1580	2483
VC	标准差	35	3	19	111	86
VC	变异系数	27	4	4	7	3
CV	平均值	98	66	423	1745	2475
CV	标准差	49	3	30	168	112
CV	变异系数	50	4	7	10	5
CVC	平均值	112	71	469	1615	2442
CVC	标准差	27	3	29	126	243
CVC	变异系数	24	4	6	8	10

表 2.40 - 2　[ø] 元音在不同音节类型中的声学参数统计（F）

音节类型	统计项	VD	VA	F1	F2	F3
V	平均值	119	73	443	1874	2930
V	标准差	38	2	14	104	141
V	变异系数	32	3	3	6	5
VC	平均值	141	75	465	1801	2906
VC	标准差	4	2	16	58	111
VC	变异系数	28	3	3	3	4

续表

音节类型	统计项	VD	VA	F1	F2	F3
CV	平均值	110	73	454	1957	2872
	标准差	4	1	29	127	97
	变异系数	42	2	6	6	3
CVC	平均值	141	74	495	1845	2922
	标准差	41	2	23	103	120
	变异系数	29	2	5	6	4

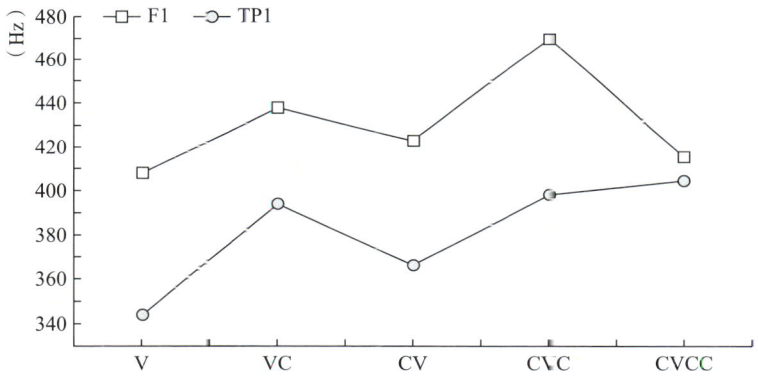

图 2.34　[ø] 元音在不同音节类型中的第一共振峰频率（F1）及其后过渡段频率（TP1）比较图（M）

4. 辅音音质与 [ø] 元音声学参数之间的关系

图 3.35 为男发音人词首不同辅音后 [ø] 元音的第一至第三共振峰前过渡段频率（TF1～TF3）变化示意图。其中，图 2.35－1 为以 TF1 的上升为准排列的，即以舌位自高至低排列示意图；图 2.35－2 为以 TF2 的上升为准排列的，即以舌位自后至前排列示意图。从图 2.35－1 中可以看到，出现在 [ʧ, t, s] 等清塞音和清擦音之后的 [ø] 元音 TF1 频率相对提高。图 2.35－2 显示，出现在 [ʧ, s, k] 等之后的 [ø] 元音 TF2 较明显提高。其中，[k] 之后的 TF2 明显上升现象比较有趣，有待进一步探究。

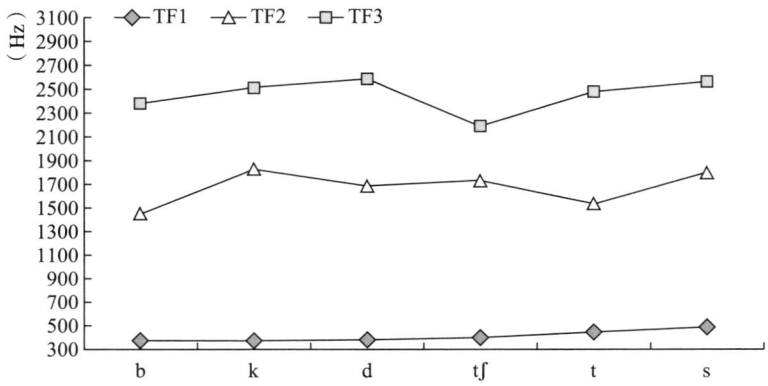

图 2.35 – 1　词首不同辅音后［ø］元音的第一至第三共振峰前过渡段频率（TF1～TF3）变化示意图（M）

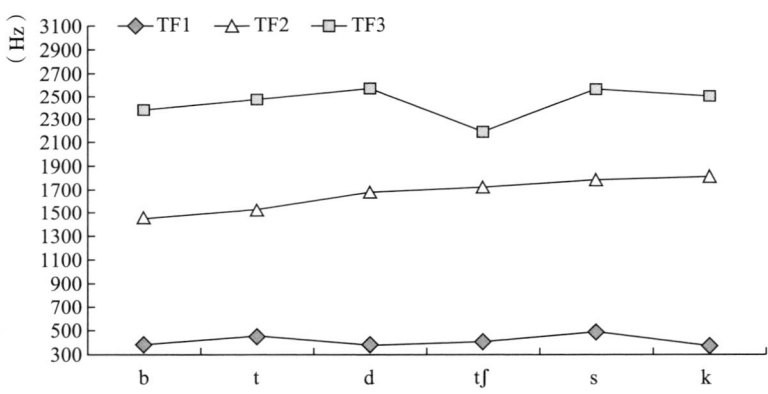

图 2.35 – 2　词首不同辅音后［ø］元音的第一至第三共振峰前过渡段频率（TF1～TF3）变化示意图（M）

三　非词首音节元音

（一）非词首音节［ɑ］元音

1. 参数平均值及其音质定位

表 2.41 为非词首［ɑ］元音参数统计。该统计表显示男女发音人非词首音节［ɑ］元音的平均时长、平均音强分别为 108ms（M）、164ms（F）；72.88dB（M）、71.86 dB（F）。该元音 F1 和 F2 的均值分别为 M：F1 = 702Hz，F2 =

1326Hz；F：F1=794Hz，F2=1563Hz。

表 2.41 非词首音节 [ɑ] 元音声学参数统计

	VD		VA		F1		F2		F3	
	M	F	M	F	M	F	M	F	M	F
平均值	108	164	72.88	71.86	702	794	1326	1563	2597	3191
标准差	29	48	3.1	2.2	59	84	140	204	365	281
变异系数	27	29	4	3	8	11	11	1893	14	9

图 2.36 为男发音人 [ɑdɑlɛt]"正义"一词的三维语图。图中的非词首音节 [ɑ] 元音目标位置第一至第四共振峰的频率（F1～F4）分别为 885Hz、1476Hz、3432Hz、4355Hz。图 2.37-1 为男女发音人非词首音节 [ɑ] 元音在声学元音图中的位置及其声学空间中的分布模式。从表 2.41 和图 2.37-1 中可以看出，维吾尔语非词首音节 [ɑ] 元音与其词首音节 [ɑ] 一样也是国际音标系统中的次开，即次低元音 [ɐ] 音标。但本书考虑到诸多因素仍采用了传统标记音标 [ɑ]。与词首音节 [ɑ] 元音第一、第二共振峰频率相比非词首 [ɑ] 元音的第一、第二共振峰都有所提高，即声学空间相对变大。如，词首 [ɑ] 的第一、第二共振峰频率均值为：F1=669Hz，

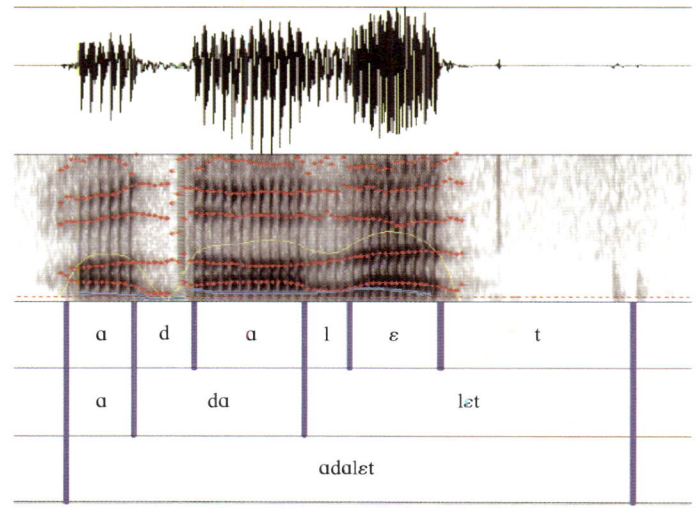

图 2.36 男发音人 [ɑdɑlɛt]"正义"一词的三维语图

F2 = 1241 Hz（M）；F1 = 714Hz，F2 = 1406 Hz（F）。非词首［ɑ］的第一、第二共振峰频率均值为：F1 = 702Hz，F2 = 1326 Hz（M）；F1 = 794Hz，F2 = 1563 Hz（F）。

图 2.37 – 2 ~ 2.37 – 3 为非词首音节［ɑ］元音目标位置第一、第二共振峰 F1/F2（男为绿色空心三角形，女为橙色实心三角形）及其前过渡 TF1/TF2（男为黄色实心三角形，女为黑色实心圆）和后过渡 TP1/TP2 共振峰（男为黄色实心三角形，女为黑色实心圆）比较图。从图 2.37 – 2 ~

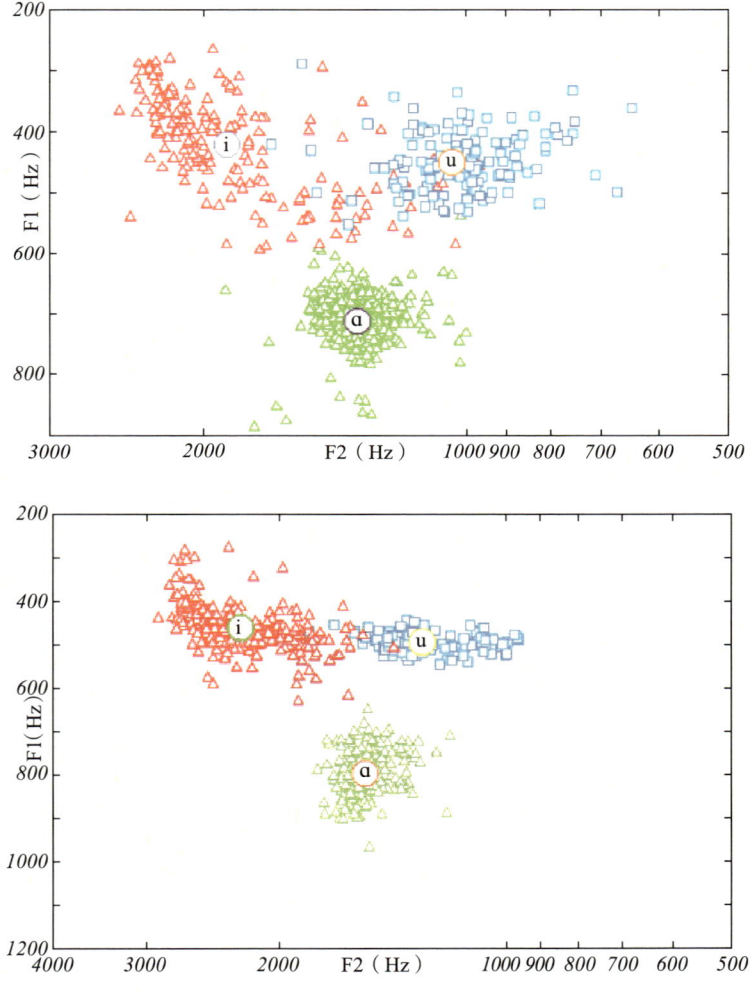

图 2.37 – 1　非词首音节［ɑ］元音在声学元音图中的位置及其声学空间中的分布模式（M、F）

2.37-3 中可以看出，与目标位置共振峰频率相比，非词首音节［ɑ］元音前、后过渡段共振峰频率虽然都有所变化，但前过渡段频率 TF1 的下降比较明显。这与词首音节元音的"后段变化大于前段"的特点正好相反，即"前段变化大于后段"。

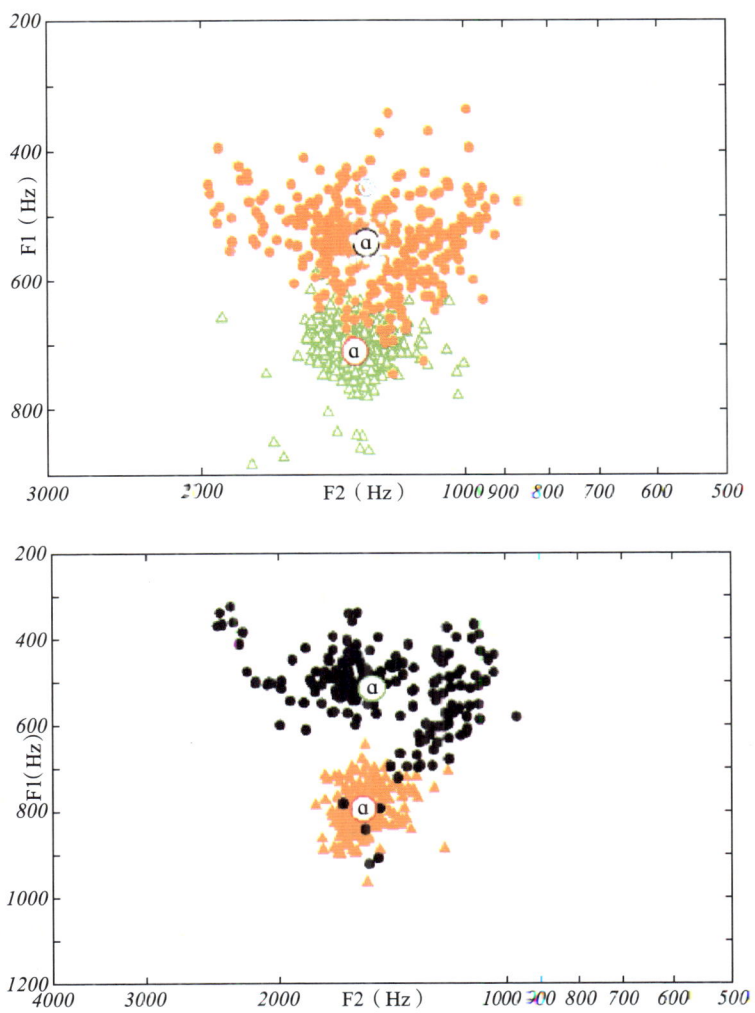

图 2.37-2　非词首音节［ɑ］元音目标位置共振峰（F1/F2）及其前过渡段（TF1/TF2）比较图（M、F）

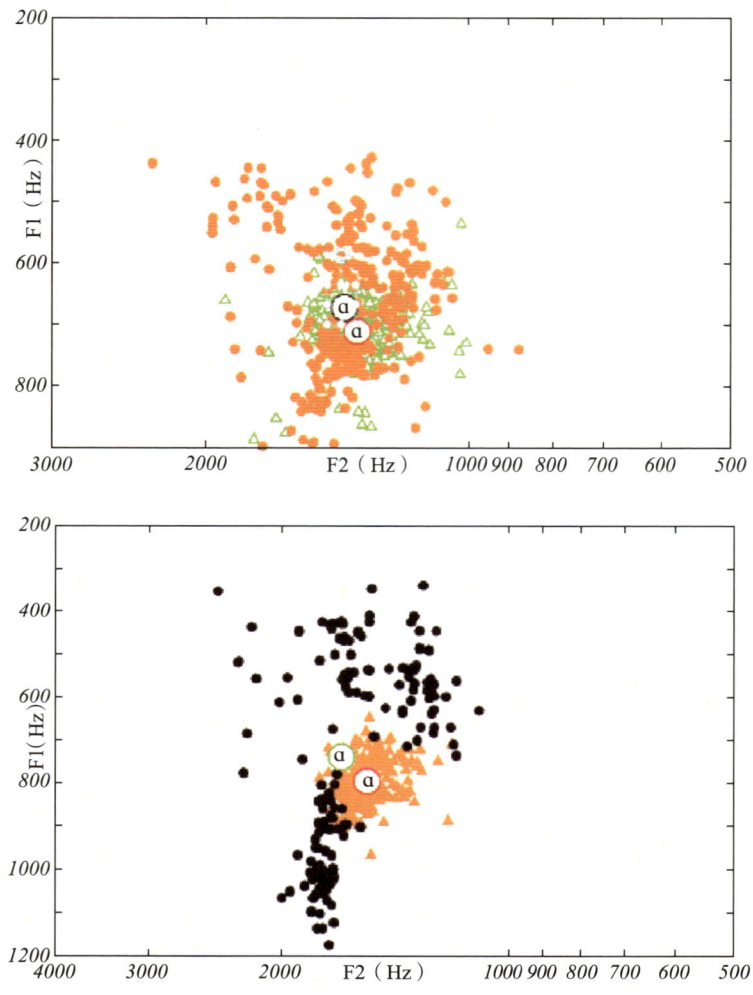

图 2.37 - 3　非词首音节 [ɑ] 元音目标位置共振峰（F1/F2）及其后过渡段（TP1/TP2）比较图（M、F）

2. 音节数量与非词首音节 [ɑ] 元音声学参数之间的关系

表 2.42 为非词首音节 [ɑ] 元音在不同音节词中的出现频率统计（注意非词首音节元音只会在双音节以上词中出现）。该表显示，非词首音节 [ɑ] 元音在双音节词中的出现频率相对高，超过了 70%。

表 2.43 为男女发音人的非词首音节 [ɑ] 元音在双音节词（B）和三音节词（C）中的音长（VD）、音强（VA）、共振峰目标值（F）统计。从该表中可以看出，音节数量与该元音音长、音强之间具有较好的相关性，即

随着音节数量的增加非词首音节［ɑ］元音的音长缩短、音强变弱（男发音人音长几乎相等）。表 2.43 还显示，音节数量与该元音共振峰频率之间几乎没有相关性。如，

$$M:111ms(B)\rightarrow108ms(C); M:73dB(B)\rightarrow72dB(C)$$
$$F:177ms(B)\rightarrow148ms(C); F:72dB(B)\rightarrow71dB(C)$$

表 2.42　非词首音节［ɑ］元音在不同音节词中的出现频率统计

单位：次

发音人	音节数目	双音节词	三音节词	共计
M	出现次数	527	183	710
F	出现次数	525	181	705
M	%	74	25	100
F	%	74	26	100

表 2.43　非词首音节［ɑ］元音在不同音节词中的声学参数统计

	发音人	M					F				
统计项		VD	VA	F1	F2	F3	VD	VA	F1	F2	F3
双音节词（B）	平均值	111	73.34	713	1337	2689	177	72.25	805	1548	3229
	标准差	27	3.11	56	127	224	44	2.07	74	109	238
	变异系数	24	4	8	9	8	25	3	9	7	7
三音节词（C）	平均值	108	72.12	684	1308	2438	148	71.55	790	1553	3164
	标准差	31	2.79	55	166	480	41	2.12	85	132	303
	变异系数	29	4	8	13	20	28	3	11	22	10

3. 音节类型与非词首音节［ɑ］元音声学参数之间的关系

表 2.44 为出现在不同音节类型中非词首音节［ɑ］元音的频率统计。可以看出，男发音人的 372 个，女发音人的 369 个非词首音节［ɑ］都在 CV 音节中出现的，占男女发音人所有［ɑ］的 49%。而男发音人 382 个，女发音人 379 个［ɑ］都在 CVC 音节中出现的，分别占总数的 50%。

表 2.45 为非词首音节［ɑ］元音在不同音节类型中的声学参数统计表。图 2.38 为不同音节类型中非词首音节［ɑ］元音第二共振峰频率（F2）及

其后过渡段频率（TP2）比较图。从表2.45和图2.38可以看出，该元音目标位置第二共振峰（F2）与音节类型之间具有一定的相关性，即［ɑ］元音在以辅音开头音节中F2频率比其在元音开头音节中的频率相对高。说明前置辅音能够前移该元音舌位。

表 2.44　非词首音节［ɑ］非词首音节元音在不同音节类型中的出现频率统计

单位：次

发音人	音节类型	V	VC	CV	CVC	CVCC	其他	共计
M	出现次数	1	3	372	382	1	0	759
F	出现次数	4	7	369	379	1	0	759
M	%			49	50			100
F	%			49	50			100

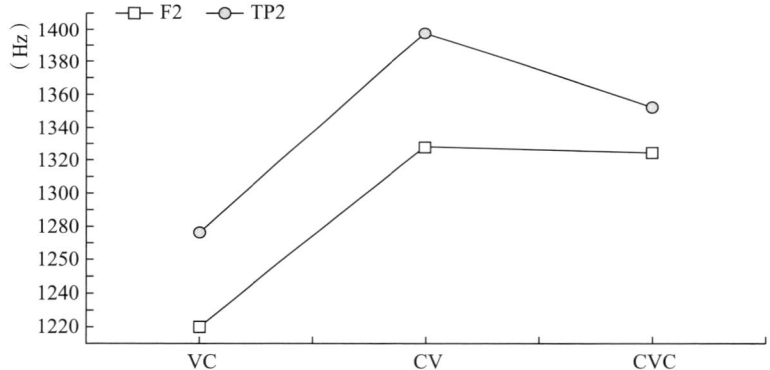

图 2.38　非词首音节［ɑ］元音在不同音节类型中的第二共振峰（F2）及其后过渡段频率（TP2）比较图（M）

表 2.45－1　非词首音节［ɑ］元音在不同音节类型中的声学参数统计（M）

音节类型	统计项	VD	VA	F1	F2	F3
VC	平均值	102	71.67	705	1221	2743
VC	标准差	5	3.06	35	49	112
VC	变异系数	5	4	5	4	4
CV	平均值	127	72.54	718	1334	2649
CV	标准差	27	3.67	50	151	403
CV	变异系数	21	5	7	11	15

续表

音节类型	统计项	VD	VA	F1	F2	F3
CVC	平均值	89	73.23	691	1325	2588
	标准差	17	2.39	50	148	398
	变异系数	19	3	9	13	18

表 2.45 – 2　非词首音节 [ɑ] 元音在不同音节类型中的声学参数统计（F）

音节类型	统计项	VD	VA	F1	F2	F3
VC	平均值	140	72.43	769	1405	3162
	标准差	27	1.27	56	158	225
	变异系数	19	2	7	11	7
CV	平均值	196	71.84	818	1553	3219
	标准差	45	2.19	97	145	284
	变异系数	23	3	12	31	9
CVC	平均值	132	71.85	770	1511	3167
	标准差	26	2.22	59	113	271
	变异系数	20	3	8	7	9

4. 辅音音质与非词首音节 [ɑ] 元音声学参数之间的关系

图 2.39 为男发音人不同辅音后非词首音节 [ɑ] 元音的第一至第三共振峰前过渡段频率（TF1 ~ TF3）变化示意图。其中，图 2.39 – 1 为以 TF1 的

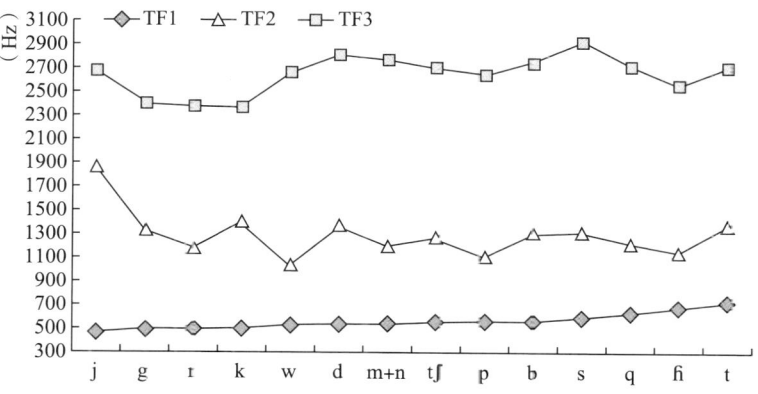

图 2.39 – 1　不同辅音之后非词首音节 [ɑ] 元音的第一至第三共振峰前过渡段频率（TF1 ~ TF3）变化示意图（M）

上升为准排列的，即以舌位自高至低排列示意图；图 2.39 – 2 为以 TF2 的上升为准排列的，即以舌位自后至前排列示意图。从 2.39 – 1 中可以看到，与均值相比非词首音节 [ɑ] 元音在 [s, q, ɦ, t] 等辅音之后，其 TF1 分别上升到 680Hz ~ 720Hz（M）和 750Hz ~ 892Hz（F）之间。为什么舌位前后不同的擦音和塞音能起同样作用？有关这一问题有待进一步研究。图 2.39 – 2 显示，在 [j] 之后，非词首音节 [ɑ] 元音 TF2 相对提高。说明该前置辅音能前移其后置元音的舌位。

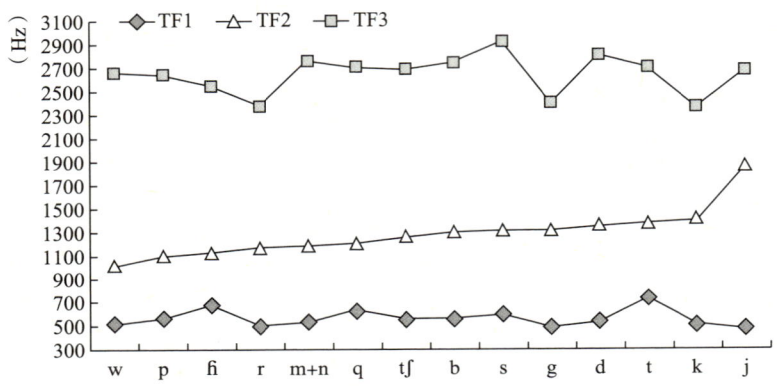

图 2.39 – 2　不同辅音之后非词首音节 [ɑ] 元音的第一至第三共振峰前过渡段频率（TF1 ~ TF3）变化示意图（M）

（二）非词首音节 [ɛ] 元音

1. 参数平均值及其音质定位

表 2.46 为非词首音节 [ɛ] 元音参数统计。该统计表显示，男女发音人非词首音节 [ɛ] 元音的平均时长、平均音强分别为 M = 113ms、F = 167ms；M = 71.4dB、F = 71.3dB。该元音 F1 和 F2 的频率均值分别为 M：F1 = 637Hz，F2 = 1643Hz；F：F1 = 720Hz，F2 = 2050Hz。与词首音节 [ɛ] 元音相比非词首音节 [ɛ] 元音的舌位相对后缩（词首音节 [ɛ] 元音第一、第二共振峰均值为 M：F1 = 640Hz，F2 = 1688Hz；F：F1 = 680Hz，F2 = 2085Hz）。

图 2.40 为男发音人 [ɛslɛʃ] "回顾" 一词的三维语图。这是该元音比较有代表性的声学语图。

图 2.41 – 1 为男女发音人非词首音节 [ɛ] 元音在声学元音图中的位置及其声学空间中的分布模式。非词首音节 [ɛ] 元音在声学元音图中的位置

几乎与词首音节［ɛ］元音相同（请见图 2.9 - 1），但两者在声学空间中的分布模式不同。

表 2.46　非词首音节［ɛ］元音声学参数统计

	VD		VA		F1		F2		F3	
	M	F	M	F	M	F	M	F	M	F
平均值	113	167	71.4	71.3	637	720	1643	2050	2461	3152
标准差	31	43	2.69	2.54	73	85	245	919	395	338
变异系数	27	29	4	4	11	12	15	45	16	18

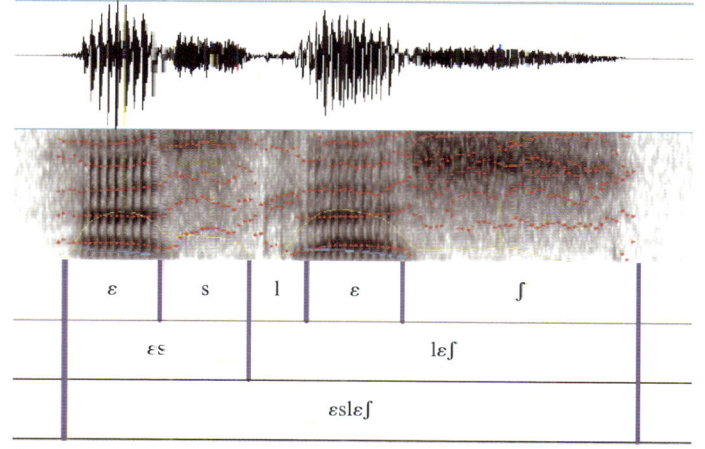

图 2.40　男发音人［ɛslɛʃ］"回顾"一词的三维语图

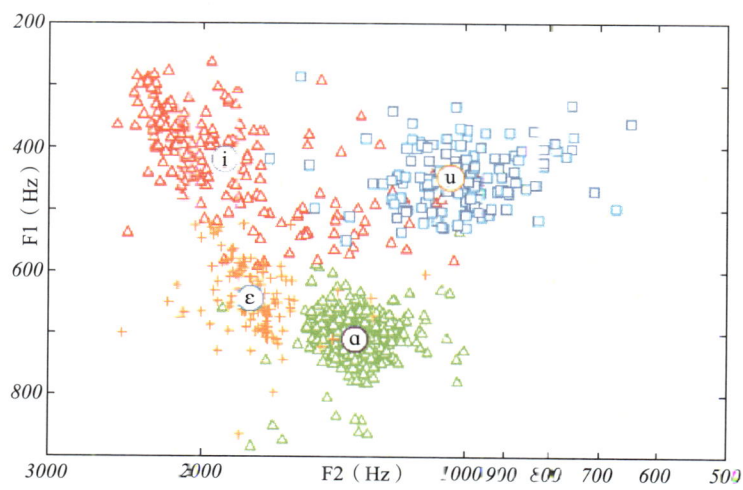

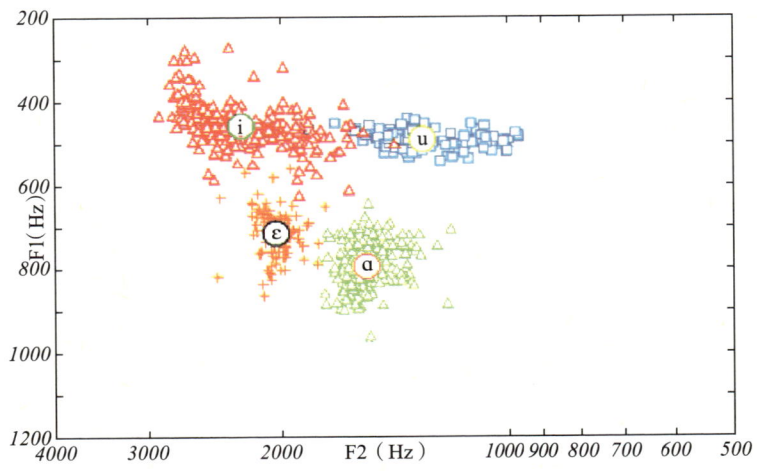

图 2.41-1　非词首音节 [ɛ] 元音在声学元音图中的位置及其声学空间中的分布模式（M、F）

图 2.41-2~2.41-3 为非词首音节 [ɛ] 元音目标位置第一、第二共振峰 F1/F2（男为黄色实心三角形，女为橙色实心圆）及其前过渡 TF1/TF2（男为黑色实心圆，女为绿色实心圆）和后过渡 TP1/TP2 共振峰（男为黑色实心圆，女为绿色实心圆）比较图。从图 2.41-2~2.41-3 中可以看出，与目标位置共振峰频率相比，非词首音节 [ɛ] 元音前、后过渡段共振峰频率虽然都有所变化，但前过渡段频率 TF1 的下降比较明显（"前段变化大于后段"），说明非词首音节 [ɛ] 元音在其前过渡段中舌位明显上升（开口度明显变小）。

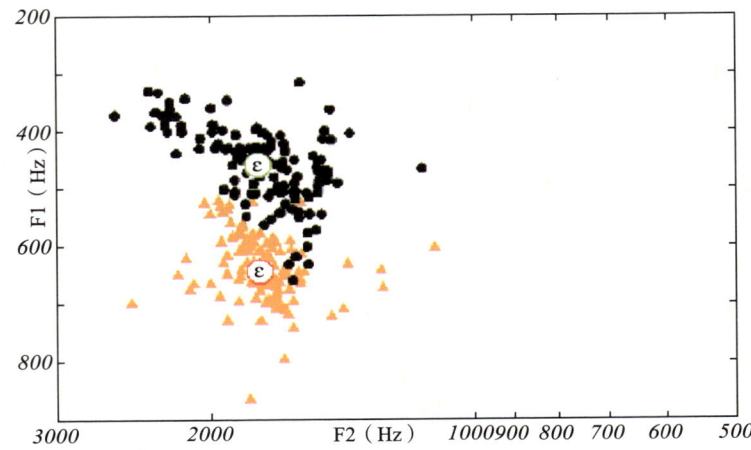

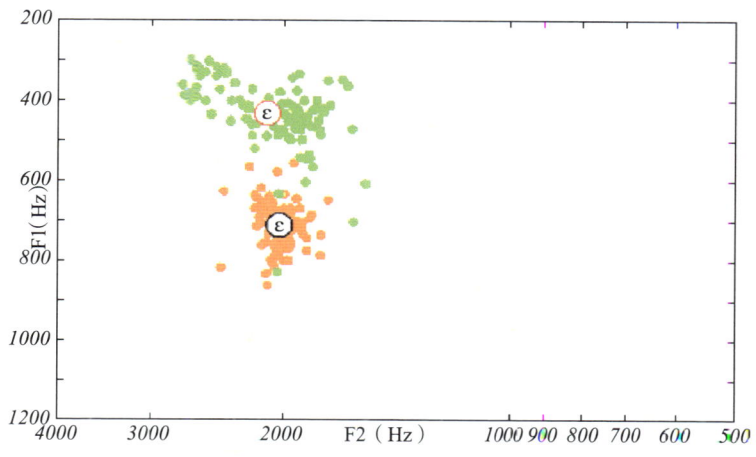

图 2.41-2 非词首音节 [ɛ] 元音目标位置（F1/F2）及其前过渡段（TF1/TF2）比较图（M、F）

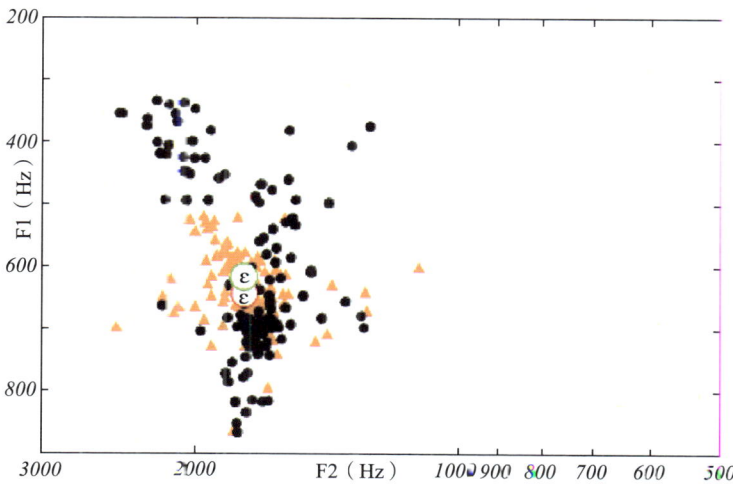

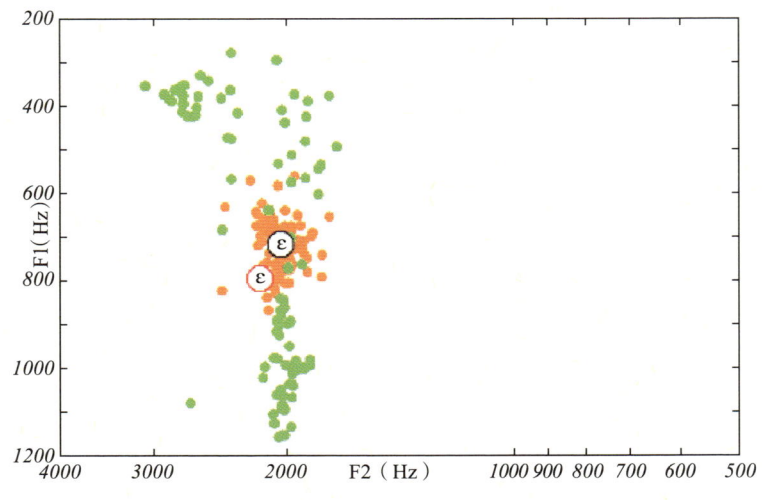

图 2.41-3　非词首音节 [ε] 元音目标位置 (F1/F2) 及其
后过渡段共振峰 (TP1/TP2) 比较图 (M、F)

2. 音节数量与非词首音节 [ε] 元音声学参数之间的关系

表 2.47 为非词首音节 [ε] 元音在不同音节词中的出现频率统计。该表显示，非词首音节 [ε] 元音在双音节词中的出现比例比三音节词中的相对高。

表 2.48 为男女发音人的非词首音节 [ε] 元音在双音节词 (B) 和三音节词 (C) 中的音长 (VD)、音强 (VA)、共振峰目标值 (F) 统计。从表 2.48 中可以看出，音节数量与非词首音节 [ε] 元音声学参数之间具有一定的相关性。如，该元音音长随着音节数量的增加而相对缩短，而其音强随着音节数量的增多相对变弱。如，

M：121ms(B)→106ms(C); M：72dB(B)→71dB(C)
F：191ms(B)→150ms(C); F：71.86dB(B)→71.6dB(C)

表 2.47　[ε] 元音在不同音节词中的出现频率统计

单位：次

发音人	音节数目	双音节词	三音节词	共计
M	出现次数	169	156	325
F	出现次数	174	156	330
M	%	52	48	100
F	%	52	48	100

表 2.48 还显示，随着音节数量的增加非词首音节 [ε] 元音目标位置第一、第二共振峰频率都相对降低。如 M：F1 = 650Hz（B），F1 = 626Hz（C）；F：F1 = 731Hz（B），F1 = 716Hz（C）；M：F2 = 1749Hz（B），F2 = 1551Hz（C）；F：F2 = 2016Hz（B），F2 = 1987Hz（C）。

表 2.48　非词首音节 [ε] 元音在不同音节词中的声学参数统计

		M				F				
		VD	VA	F1	F2	F3	VD	VA	F1	F2	F3
双音节词（B）	平均值	121	72.2	650	1749	2646	191	71.86	731	2016	3213
	标准差	23	2.23	66	159	196	41	2.43	86	127	261
	变异系数	19	3	10	9	7	21	3	12	6	8
三音节词（C）	平均值	106	70.75	626	1551	2320	150	71.6	716	1987	3117
	标准差	34	2.71	78	271	446	42	2.2	82	1386	329
	变异系数	32	4	12	17	19	28	3	11	66	1231

3. 音节类型与非词首音节 [ε] 元音声学参数之间的关系

表 2.49 为非词首音节 [ε] 元音在不同音节类型中的出现频率统计表。可以看出，男女发音人的 179 个 [ε] 都在 CV 音节中出现的，占所有 [ε] 的 50% 以上。男发音人的 160 个 [ε]，女发音人的 168 个 [ε] 都在 CVC 音节中出现的，占所有 [ε] 的 46%。说明该元音在维吾尔语 CV 和 CVC 中是交常见的。

表 2.49　非词首音节 [ε] 元音在不同音节类型中的出现频率统计

单位：次

发音人	音节类型	V	VC	CV	CVC	CVCC	共计
M	出现次数	3	2	179	160	1	345
F	出现次数	1	3	179	168	1	352
M	%			52	46		100
F	%			51	48		100

表 2.50 为不同音节类型中非词首音节 [ε] 元音的声学参数统计。从表 2.50 中可以看出，音节类型与非词首音节 [ε] 元音声学参数之间具有一定的相关性。如，非词首音节 [ε] 元音在开音节中的音长比其在闭音节

中的音长相对长；在开音节中的第一共振峰频率比其在闭音节中的共振峰频率相对低。请见图 2.42。

表 2.50 – 1　非词首音节 [ε] 元音在不同音节类型中的声学参数统计（M）

音节类型	统计项	VD	VA	F1	F2	F3
CV	平均值	59	69	365	1668	2612
CV	标准差	15	2.39	46	629	414
CV	变异系数	25	3	13	38	16
CVC	平均值	90	66	546	1857	2715
CVC	标准差	33	7.87	314	562	487
CVC	变异系数	37	12	58	30	18

表 2.50 – 2　非词首音节 [ε] 元音在不同音节类型中的声学参数统计（F）

音节类型	统计项	VD	VA	F1	F2	F3
CV	平均值	91	72.25	437	2424	3324
CV	标准差	29	2.22	32	124	90
CV	变异系数	32	3	7	5	3
CVC	平均值	130	73.67	501	2197	3244
CVC	标准差	18	1.53	34	141	251
CVC	变异系数	14	2	7	6	8

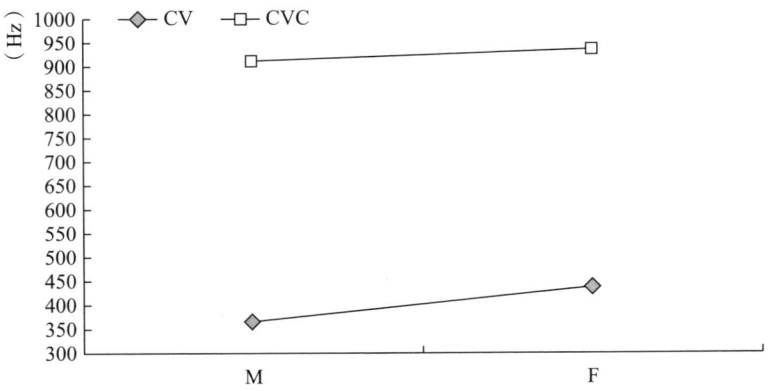

图 2.42　非词首音节 [ε] 元音在不同音节类型中第一共振峰频率均值比较图

4. 辅音音质与非词首音节 [ɛ] 元音声学参数之间的关系

由于受维吾尔语音位配列规则的限制，与非词首音节 [ɛ] 元音搭配的辅音数量有限。图 2.43 为男发音人 [l, t, k] 等辅音之后的非词首音节 [ɛ] 元音第一至第三共振峰前过渡段频率（TF1、TF2、TF3）的变化示意图。其中，图 2.43 – 1 为以 TF1 的上升为准排列的，即以舌位自高至低排列示意图，图 2.43 – 2 为以 TF2 的上升为准排列的，即以舌位自后至前排列示意图。从中我们可以看到，在舌根 [k] 辅音之后 [ɛ] 元音第一共振峰（TF1）比舌尖 [t] 辅音之后的相对高；而在 [t] 辅音之后的该元音第二共

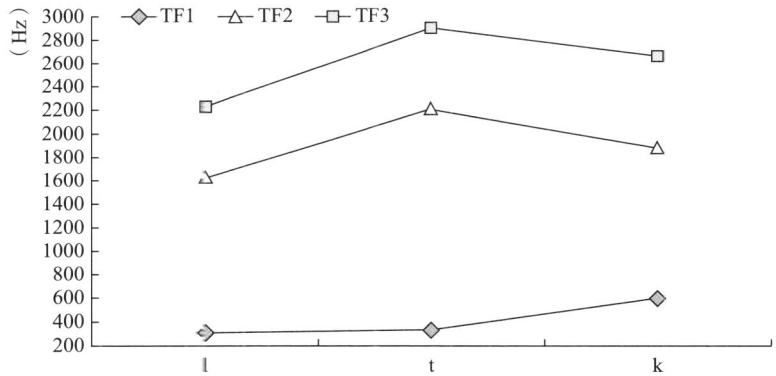

图 2.43 – 1　非词首不同辅音之后 [ɛ] 元音第一至第三共振峰前过渡段频率（**TF1 ~ TF3**）变化示意图（**M**）

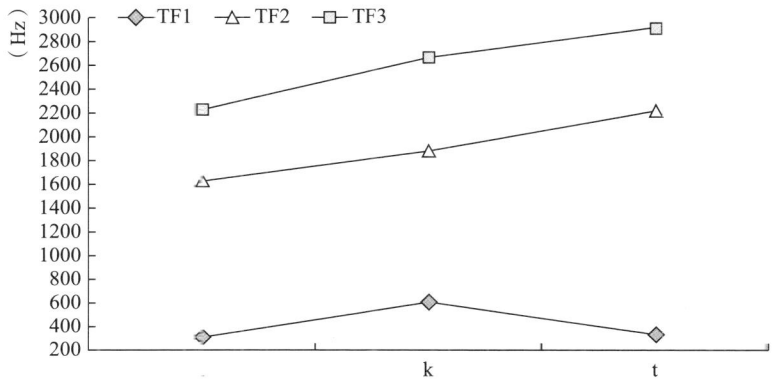

图 2.43 – 2　非词首不同辅音之后 [ɛ] 元音第一至第三共振峰前过渡段频率（**TF1 ~ TF3**）变化示意图（**M**）

振峰（TF2）比［k］辅音之后的相对高。这符合音段发音机理。［l］之后的［ɛ］元音第二共振峰有所提高是符合发音机理。但本次实验结果数据没有支持这一理论。

（三）非词首音节［i］元音

1. 参数平均值及其音质定位

表 2.51 为男女发音人［i］元音声学参数统计。该表显示，男女发音人非词首音节［i］元音的平均时长、平均音强分别为 M = 67ms，F = 92ms；M = 68dB，F = 69dB。该元音 F1 和 F2 的频率均值分别为 M：F1 = 457Hz，F2 = 1707Hz；F：F1 = 506Hz，F2 = 2125Hz。与词首音节［i］元音相比非词首音节［i］元音的舌位略降低并前移。

表 2.51　［i］元音声学参数统计

	VD		VA		F1		F2		F3	
	M	F	M	F	M	F	M	F	M	F
平均值	67	92	68	69.15	457	506	1707	2125	2527	3207
标准差	31	47	4	5.14	132	201	435	366	465	168
变异系数	46	51	6	7	29	38	25	21	18	24

图 2.44 为男发音人［ʃilim］"胶水"一词的三维语图。其中，元音［i］的目标位置第一至第四共振峰的频率（F1～F4）为 439Hz、2386Hz、3003Hz、3715Hz。这是非词首音节［i］元音比较典型的声学语图。图 2.45 - 1 是男女发音人非词首［i］元音在声学元音图中的位置及其声学空间中的分布模式。

图 2.45 - 2～2.45 - 3 为非词首音节［i］元音目标位置第一、第二共振峰 F1/F2（男为红色实心三角形，女为红色空心三角形）及其前过渡 TF1/TF2（男为橙色圆形，女为黑色圆形）和后过渡 TP1/TP2 共振峰（男为橙色实心圆，女为黑色实心圆）比较图。从中我们可以看出，与目标位置共振峰频率相比，［i］元音前、后过渡段共振峰频率虽然都有所变化，但变化相对小。

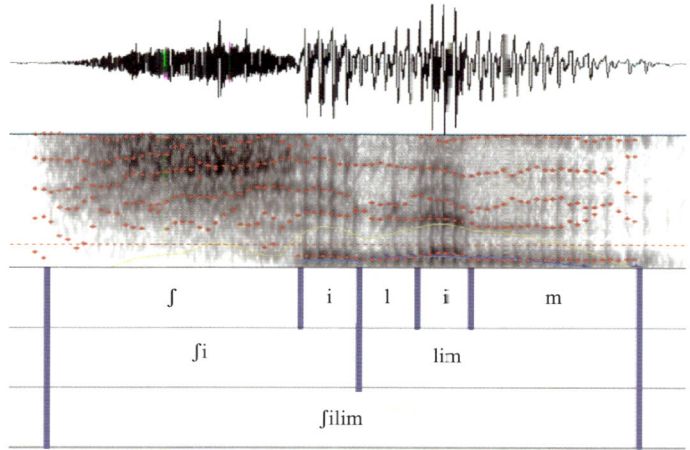

图 2.44 男发音人 [ʃilim] "胶水"一词的三维语图

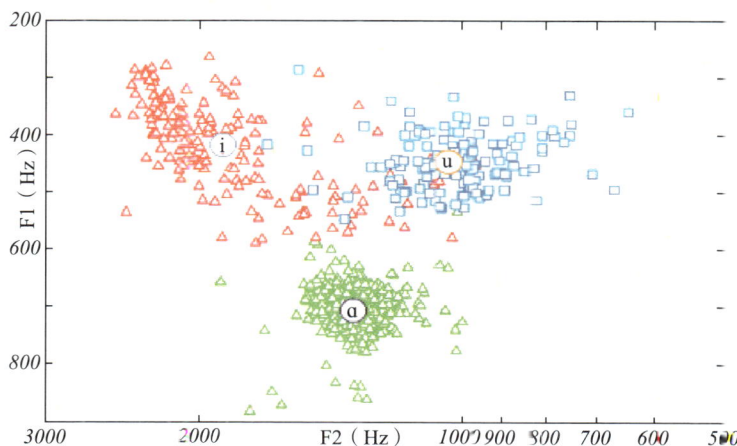

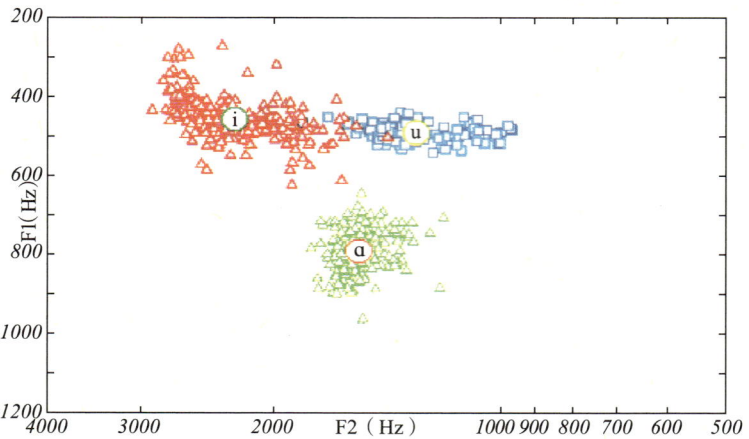

图 2.45 – 1　非词首音节 [i] 元音在声学元音图中的位置及其声学空间中的分布模式（M、F）

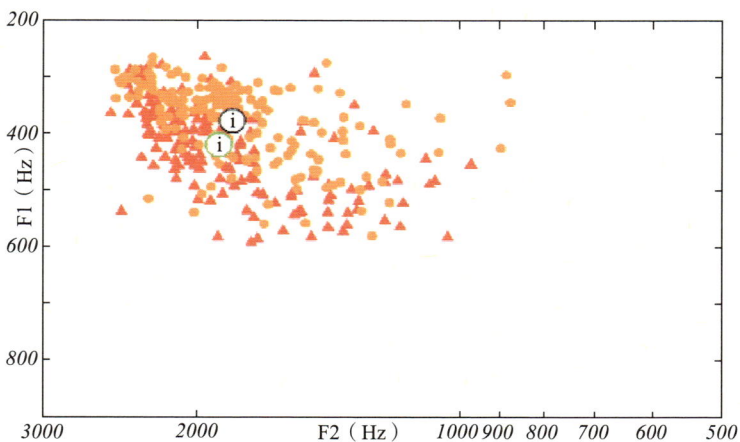

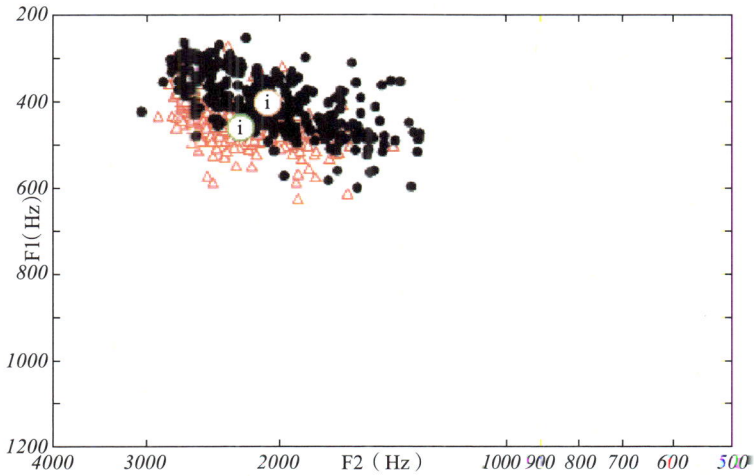

图 2.45 – 2 非词首音节 [i] 元音目标位置（F1/F2）及其前过渡段共振峰（TF1/TF2）比较图（M、F）

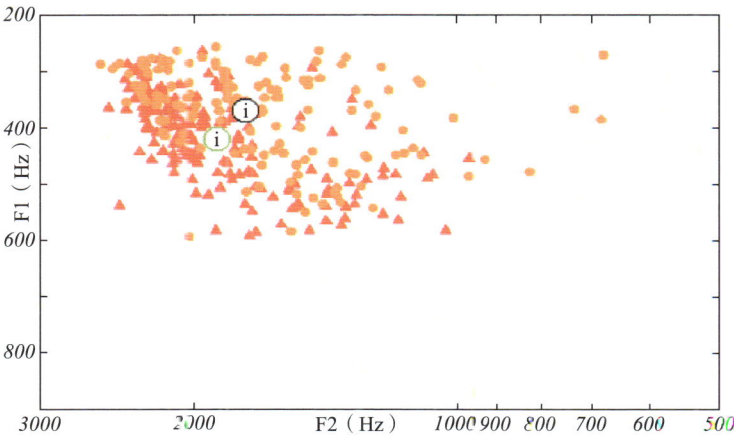

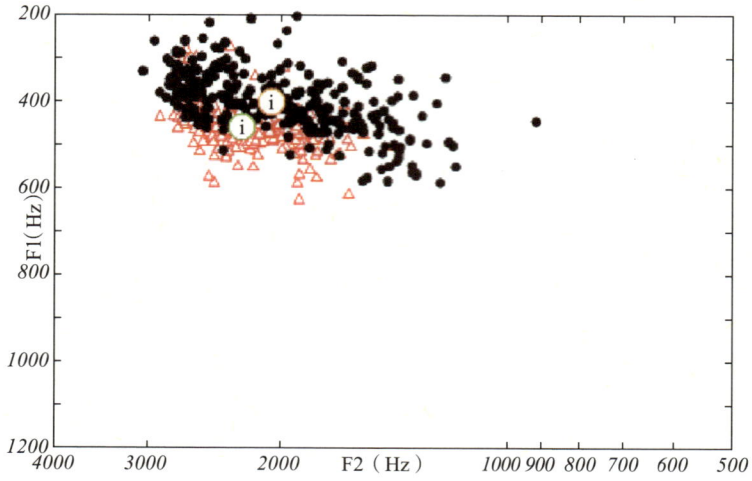

图 2.45-3 非词首音节 [i] 元音目标位置 (F1/F2) 及其后过渡段共振峰 (TP1/TP2) 比较图 (M、F)

2. 音节数量与非词首音节 [i] 元音声学参数之间的关系

表 2.52 为非词首音节 [i] 元音在不同音节词中的出现频率统计表。该表显示，72% 的 [i] 元音都是在三音节词中出现的。

表 2.53 为男、女发音人的非词首音节 [i] 元音在双音节词（B）和三音节词（C）中的音长（VD）、音强（VA）、共振峰目标值（F）统计。从表 2.53 中可以看出，该元音的音长随着音节数量的增加而相对缩短，其音强随着音节数量的增加而相对变弱。如，

$$M:78ms(B) \rightarrow 67ms(C); M:71dB(B) \rightarrow 68dB(C)$$
$$F:128ms(B) \rightarrow 88ms(C); F:73dB(B) \rightarrow 69dB(C)$$

表 2.53 显示，音节数量与该元音共振峰频率几乎没有相关性。

表 2.52 非词首音节 [i] 元音出现频率统计

单位：次

发音人	音节数目	0	双音节词	三音节词	共计
M	出现次数	0	80	200	280
F	出现次数	0	82	211	293
M	%	0	28	72	100
F	%	0	27	73	100

表 2.53　非词首音节 [i] 元音在不同音节词中的声学参数统计

		M					F				
		VD	VA	F1	F2	F3	VD	VA	F1	F2	F3
双音节词 (B)	平均值	78	70.35	447	1923	2747	128	72.5	516	2174	3236
	标准差	32	3.09	111	318	267	43	2.2	57	275	125
	变异系数	41	4	25	17	10	34	3	11	13	4
三音节词 (C)	平均值	67	67.94	456	1710	2552	88	69.07	537	2184	3243
	标准差	30	4.26	137	442	439	44	5.65	258	427	275
	变异系数	45	6	30	26	17	50	8	14	20	14

3. 音节类型与非词首音节 [i] 元音声学参数之间的关系

表 2.54 为出现在不同音节类型中非词首音节 [i] 元音的频率统计。可以看出，男发音人的 165 个和女发音的 172 个 [i] 都是在 CV 音节中出现的，占男女发音人所有 [i] 的 48%。男发音人的 176 个 [i]，女发音人的 187 个 [i] 都是在 CVC 音节中出现的，占男女发音人所有 [i] 的 52%。说明非词首音节 [i] 元音在维吾尔语中 CV 和 CVC 是较常见的音节类型。

表 2.54　[i] 元音在不同音节类型中的出现频率统计

发音人	音节类型	V	VC	CV	CVC	CVCC	共计
M	出现次数	0	0	165	176	0	341
F	出现次数	0	0	172	187	0	359
M	%	0	0	48	52	0	100
F	%	0	0	48	52	0	100

表 2.55 中可以看出，音节类型与非词首音节 [i] 元音声学参数之间具有一定的相关性。如，非词首音节 [i] 元音在闭音节中的音强比其在开音

表 2.55 -1　非词首音节 [i] 元音在不同音节类型中的声学参数统计（M）

		VD	VA	F1	F2	F3
CV	平均值	67	67.32	439	1709	2515
	标准差	39	4.4	140	456	479
	变异系数	58	7	32	27	19

续表

		VD	VA	F1	F2	F3
CVC	平均值	66	69.73	474	1705	2538
	标准差	20	3.44	122	415	453
	变异系数	30	5	26	24	18

节中的音强相对强。图 2.46 显示，男发音人的非词首音节［i］元音在闭音节中的第一共振峰及后过渡频率比其在开音节中的相对高。但女发音人数据未显示这一特点。

表 2.55－2　非词首音节［i］元音在不同音节类型中的声学参数统计（F）

		VD	VA	F1	F2	F3
CV	平均值	88	68.04	541	2222	3297
	标准差	55	6.4	306	476	290
	变异系数	62	9	61	21	69
CVC	平均值	86	70.35	539	2135	6533
	标准差	26	4.25	191	353	3228
	变异系数	30	6	35	17	492

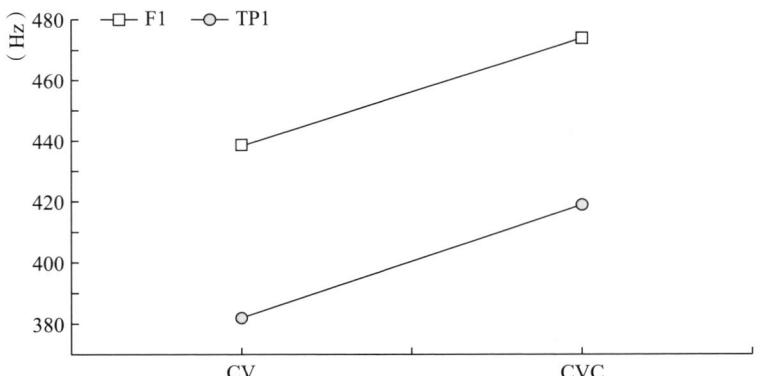

图 2.46　不同音节类型中非词首音节［i］元音第一共振峰（F1）及后过渡（TP1）（M）

4. 辅音音质与非词首音节［i］元音声学参数之间的关系

图 2.47 为男发音人［p，d，t，l，n，r，k，q，tʃ］等辅音之后的非词首

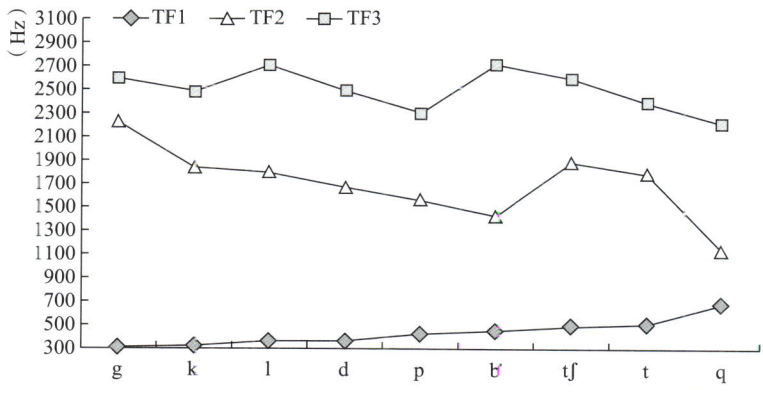

图 2.47-1 非词首不同辅音之后 [i] 元音三个共振峰前过渡段频率（TF1~TF3）变化示意图（M）

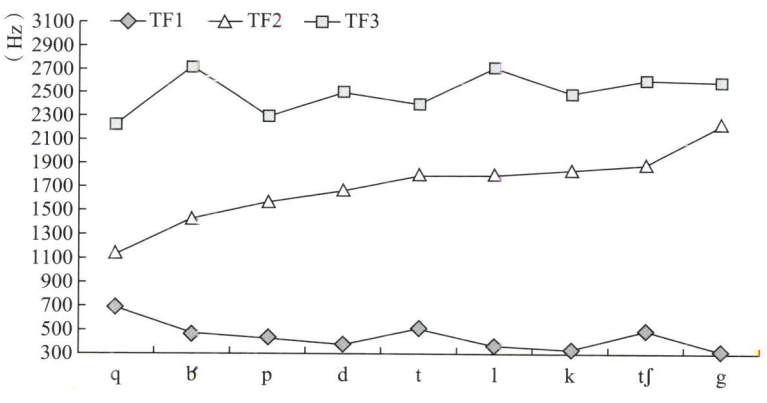

图 2.47-2 非词首不同辅音之后 [i] 元音三个共振峰前过渡段频率（TF1~TF3）变化示意图（M）

音节 [i] 元音及其第一至第三共振峰前过渡段频率（TF1，TF2，TF3）的变化示意图，其中，图 2.47-1 为以 TF1 的上升为准排列的，即以舌位自高至低排列示意图，图 2.47-2 为以 TF2 的上升为准排列的，即以舌位自后至前排列示意图。从中我们可以看出，辅音音质与非词首音节 [i] 元音声学参数之间几乎没有相关性。

（四）非词首音节 [e] 元音

1. 参数平均值及其音质定位

表 2.56 为非词首音节 [e] 元音声学参数统计。该统计表显示男女发音

人非词首音节［e］元音的平均时长、平均音强分别为 M = 72ms，F = 108ms；M = 65dB，F = 73 dB。该元音 F1 和 F2 的频率均值分别为 M：F1 = 443Hz，F2 = 1789Hz；F：F1 = 464Hz，F2 = 2327Hz。

表 2.56　非词首音节［e］元音声学参数统计

	VD		VA		F1		F2		F3	
	M	F	M	F	M	F	M	F	M	F
平均值	72	108	65	72.86	443	464	1789	2327	2702	3289
标准差	28	31	5	2	218	45	310	161	386	164
变异系数	39	29	8	3	49	10	15	7	34	5

图 2.48 为男性发音人［antena］"天线"一词的三维语图。其中，非词首音节［e］元音的目标位置的 F1～F4 共振峰分别为 581Hz、2149Hz、2813Hz、3810Hz。这是非词首音节［e］元音比较典型的声学语图。图 2.49 为男女发音人非词首音节［e］元音在声学元音图中的位置（均值）及其声学空间中的分布模式。我们可以看出，该元音在非词首音节中的出现频率较低。

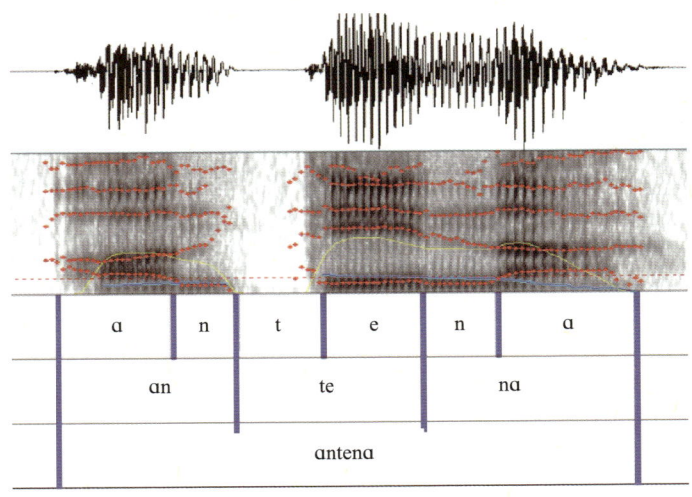

图 2.48　男发音人［antena］"天线"一词的三维语图

2. 音节数量与非词首音节［e］元音声学参数之间的关系

表 2.57 为非词首音节［e］元音在双音节和多音节单词中的出现频率统

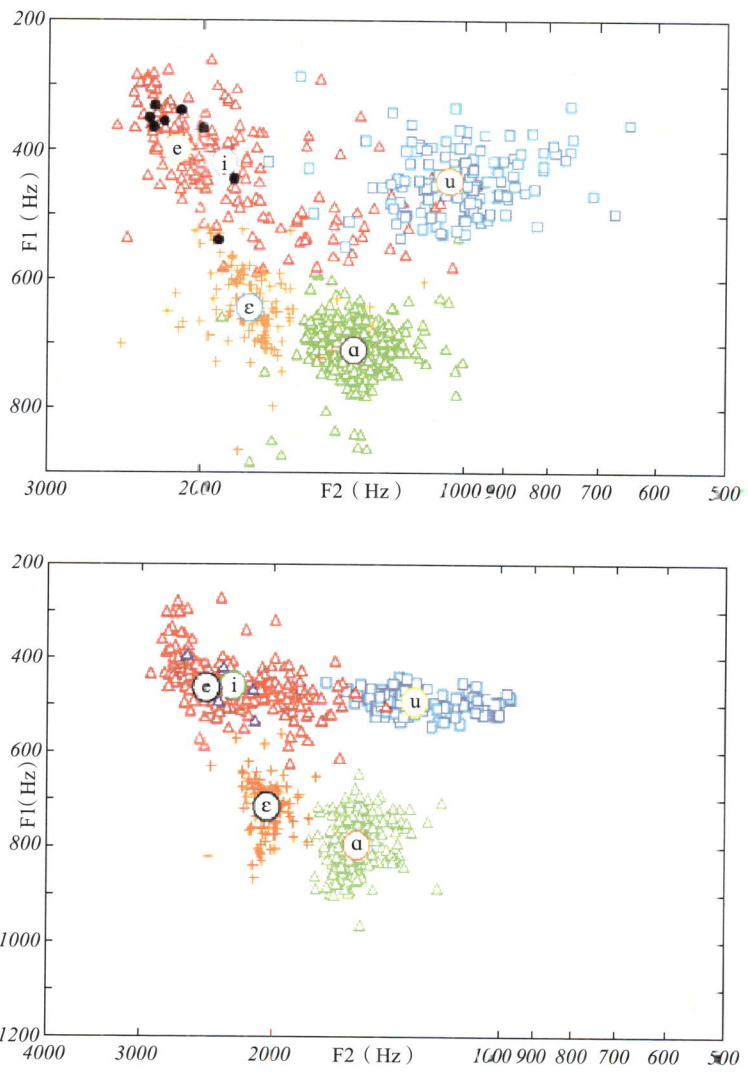

图 2.49 非词首音节［e］元音在声学元音图中的位置及其
声学空间中的分布模式（M、F）

计。表 2.58 为男女发音人的非词首音节［e］元音在三音节词（C）中的音长（VD）、音强（VA）、共振峰目标值（F）统计表。非词首音节［e］元音只出现在三音节词中，无法比较该元音音长、音强以及共振峰与音节个数之间的关系问题。

表 2.57　非词首音节 [e] 元音出现频率统计

单位：次

发音人	音节数目	单音节词	双音节词	三音节词	共计
M	出现次数	0	0	12	12
F	出现次数	0	0	5	5
M	%	0	0	100	100
F	%	0	0	100	100

表 2.58　不同类型词中 [e] 元音的声学参数统计

		M					F				
		VD	VA	F1	F2	F3	VD	VA	F1	F2	F3
三音节词（C）	平均值	77	67.25	462	1758	2677	123	73.8	486	2272	3272
	标准差	28	5.74	231	611	456	18	1.3	31	144	190
	变异系数	36	9	50	35	17	15	2	6	6	6

3. 音节类型与非词首音节 [e] 元音声学参数之间的关系

表 2.59 为非词首音节 [e] 元音在不同音节类型中的频率统计。

表 2.59　非词首音节 [e] 元音在不同音节类型中的频率统计

发音人	音节类型	V	VC	CV	CVC	CVCC	共计
M	出现次数			8	6	0	14
F	出现次数			4	3	0	7
M	%			57	43		100
F	%			57	43		100

表 2.60 为非词首音节 [e] 元音出现在不同音节类型中的声学参数统计。图 2.50 为男发音人不同音节类型中非词首音节 [e] 元音第一、第二共振峰频率（F1，F2）及其后过渡段频率（TP1，TP2）比较图。从表 2.60 和图 2.50 中可以看出，音节类型与非词首音节 [e] 元音声学参数之间具有一定的相关性。如，非词首音节 [e] 元音在闭音节中的音长比其在开音节中的音长相对长。图 2.50 显示，男发音人的非词首音节 [i] 元音在闭音节中的第一、第二共振峰及后过渡频率比其在开音节中的相对高。

表 2.60-1　不同音节类型中 [e] 元音的声学参数统计（M）

音节类型	统计项	VD	VA	F1	F2	F3
CV	平均值	59	69	365	1668	2612
	标准差	15	2.39	46	629	414
	变异系数	25	3	13	38	16
CVC	平均值	90	66	546	1857	2715
	标准差	33	7.87	314	562	487
	变异系数	37	12	58	30	18

表 2.60-2　不同音节类型中 [e] 元音的声学参数统计（F）

音节类型	统计项	VD	VA	F1	F2	F3
CV	平均值	91	72.25	437	2424	3324
	标准差	29	2.22	32	124	90
	变异系数	32	3	7	5	3
CVC	平均值	130	73.67	501	2197	3244
	标准差	18	1.53	34	141	251
	变异系数	14	2	7	6	8

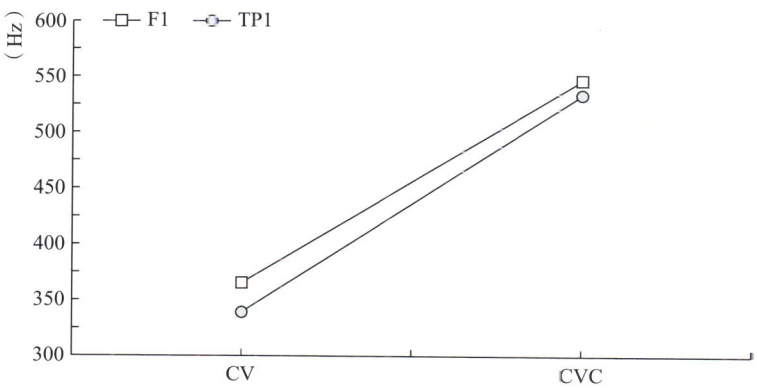

图 2.50-1　不同音节中非词首音节 [e] 元音的第一共振峰（F1）及后过渡段频率（TP1）比较图（M）

4. 辅音音质与非词首音节 [e] 元音声学参数之间的关系

图 2.51 为男发音人非词首音节 [e] 元音第一至第三共振峰前过渡段频

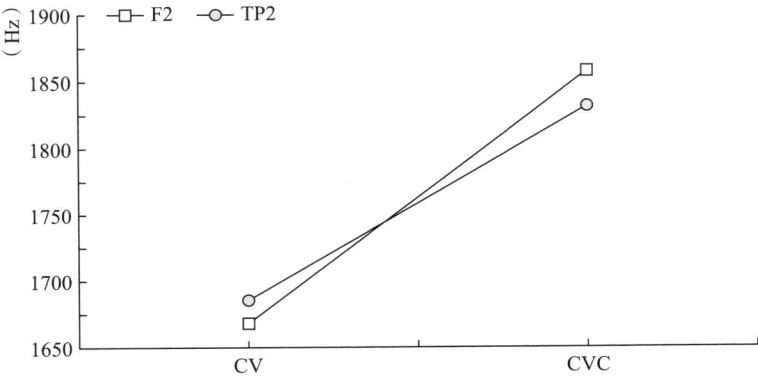

图 2.50-2　不同音节中非词首音节 [e] 元音的第二共振峰 (F2) 及后过渡段频率 (TP1) 比较图 (M)

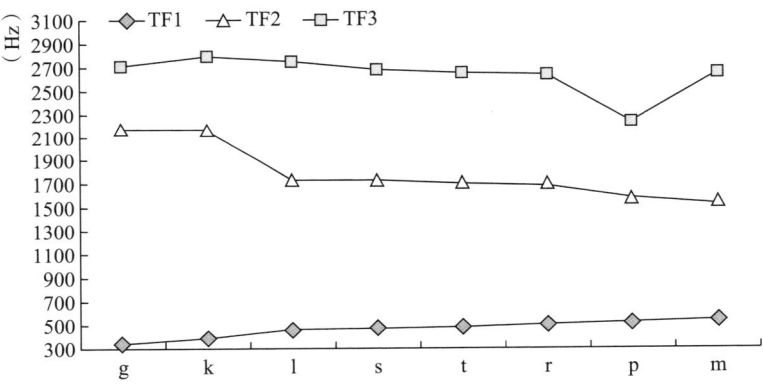

图 2.51-1　不同辅音之后非词首音节 [e] 元音三个共振峰前过渡段频率 (TF1~TF3) 变化示意图 (M)

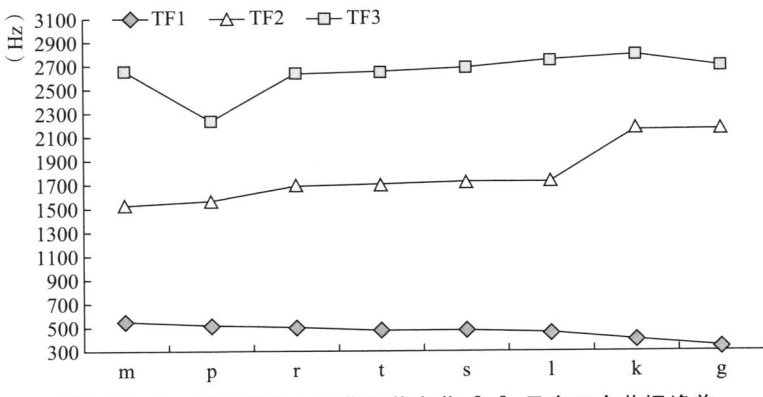

图 2.51-2　不同辅音之后非词首音节 [e] 元音三个共振峰前过渡段频率 (TF1~TF3) 变化示意图 (M)

率（TF1，TF2，TF3）变化示意图。其中，图 2.51 - 1 是以 TF1 的上升为准排列的，即以舌位自后至前排列示意图。图 2.51 - 2 是以 TF2 的上升为准排列的。可以看出，非词首音节 [e] 元音在 [p, m] 等辅音之后的 TF1 频率比其他辅音之后的相对高。难道双唇辅音能够降低其后置元音的舌位？这个问题有待进一步研究。

（五）[u] 元音

1. 参数平均值及其音质定位

表 2.61 为 [u] 元音声学参数统计。该统计表显示男女发音人 [u] 元音的平均时长，平均音强分别为 M = 78ms，F = 113ms；M = 70dB，F = 71 dB。该元音 F1 和 F2 的频率均值分别为 M：F1 = 461Hz，F2 = 1093Hz；F：F1 = 433Hz，F2 = 1359Hz。词首音节 [u] 元音与非词首音节相比 [u] 元音的舌位相对降低（词首音节 [u] 元音第一、第二共振峰均值为 M：F1 = 504Hz，F2 = 1091Hz；F：F1 = 554Hz，F2 = 1304Hz）。

表 2.61 [u] 元音声学参数统计

	VD		VA		F1		F2		F3	
	M	F	M	F	M	F	M	F	M	F
平均值	78	113	70.2	71	461	433	1093	1359	2613	3068
标准差	33	47	4.1	3.25	83	85	219	360	208	305
变异系数	42	42	6	5	18	20	20	26	12	10

图 2.52 为男性发音人 [uruʁ] "氏族" 一词的三维语图。其中，词首元音 [u] 的目标位置的 F1 ~ F4 共振峰分别为 534Hz、866Hz、2861Hz、3431Hz。这是 [u] 元音比较典型的声学语图。图 2.53 - 1 为男女发音人非词首音节 [u] 元音在声学元音图中的位置及其声学空间中的分布模式。

图 2.53 - 2 ~ 2.53 - 3 为 [u] 元音目标位置第一、第二共振峰 F1/F2（男为橙色空心三角形，女为绿色实心圆）及其前过渡 TF1/TF2（男为黑色实心圆，女为橙色实心圆）和后过渡 TP1/TP2 共振峰（男为黑色实心圆，女为橙色实心圆）比较图。从图中可以看出，与目标位置共振峰频率相比，后过渡段频率的变化相对显著，即 TP1 下降，TP2 上升（"后段变化大于前

段")。说明 [u] 元音在其后过渡段中舌位明显上升和前移。

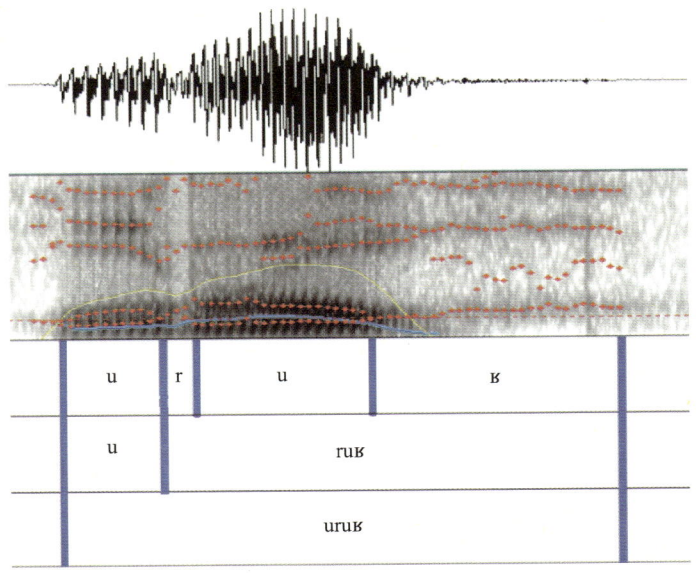

图 2.52 男发音人 [uruʁ] "氏族" 一词的三维语图

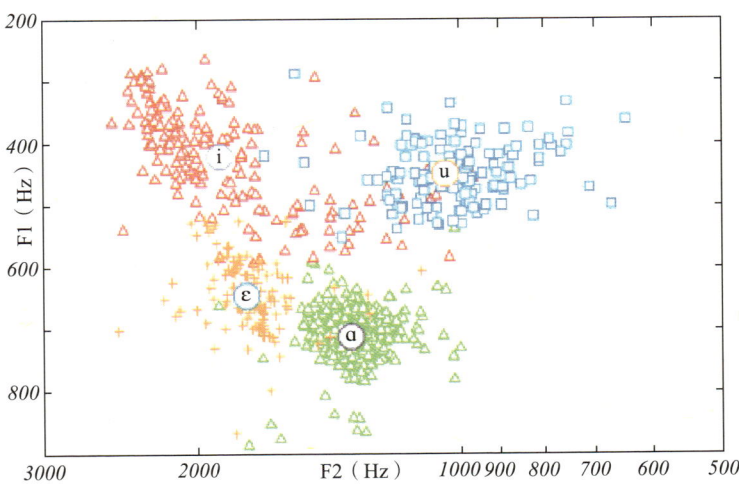

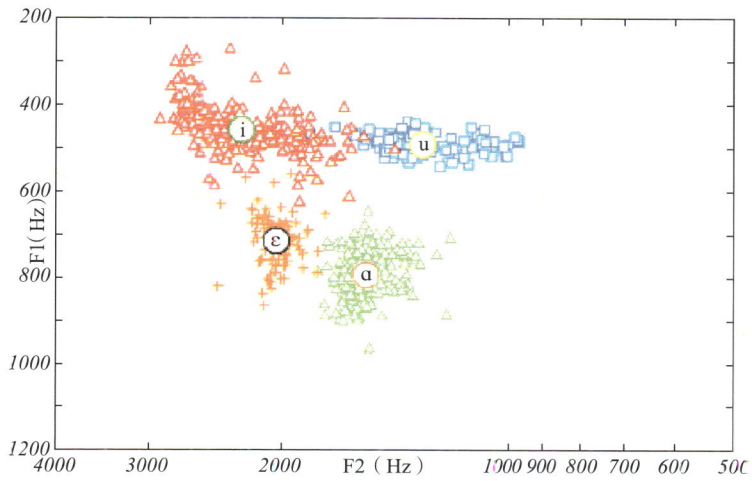

图 2.53-1 非词首音节 [u] 元音在声学元音图中的位置及其
声学空间中的分布模式 (M、F)

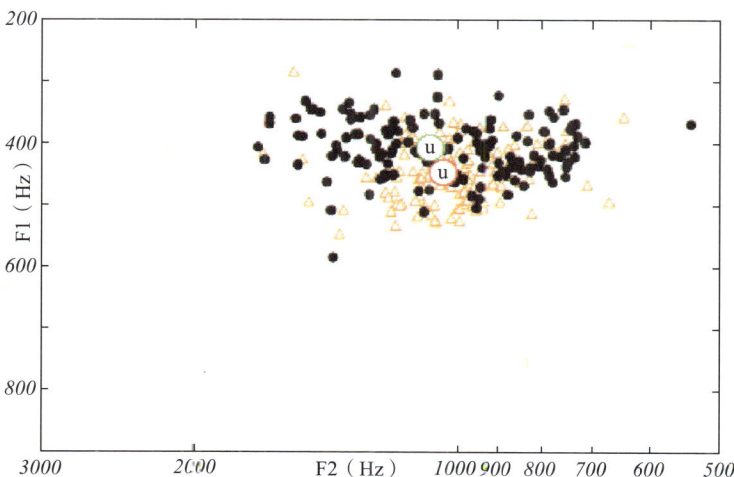

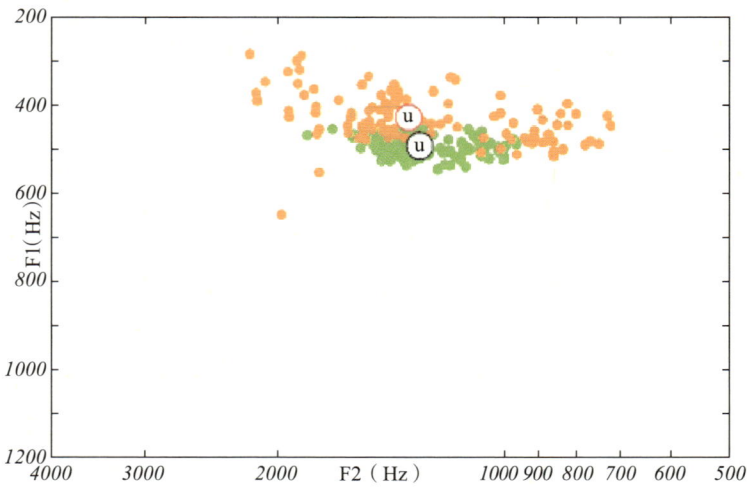

图 2.53 – 2 ［u］元音目标位置（F1/F2）及其前过渡段共振峰（TF1/TF2）比较图（M、F）

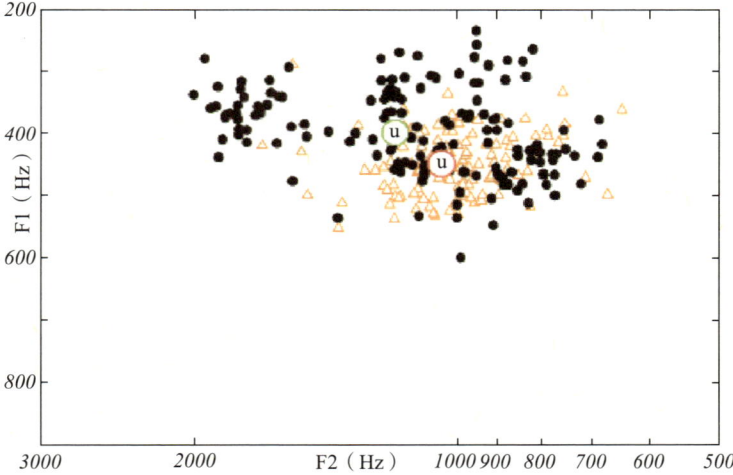

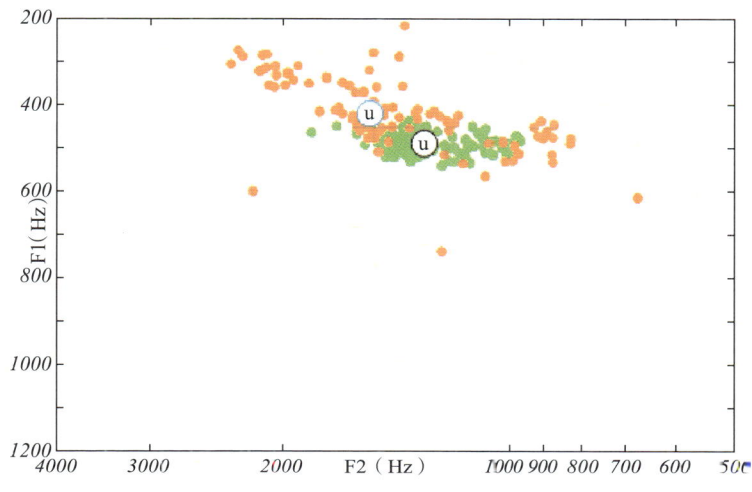

图 2.53－3 ［u］元音目标位置（F1/F2）及其后过渡段共振峰
（TP1/TP2）比较图（M、F）

2. 音节数量与［u］元音声学参数之间的关系

表 2.62 为［u］元音在不同音节词中的出现频率统计。该表显示，大约 64%（M）和 63%（F）的［u］元音是在双音节词中出现的。

表 2.63 为男女发音人［u］元音在双音节词（B）和三音节词（C）中的音长（VD）、音强（VA）、共振峰目标值（F）统计表。从表中可以看出，该元音的音长随着音节数量的增加而相对缩短，其音强随着音节数量的增多相对变弱。如，

M：85ms（B）→67ms（C）；M：72dB（B）→68dB（C）
F：123ms（B）→93ms（C）；F：73dB（B）→71dB（C）

表 2.63 还显示，随着音节数量的增加［u］元音目标位置第一、第二共振峰频率相对上升。其中，第二共振峰频率的上升比较显著。如 M：F1 = 453Hz（B），F1 = 475Hz（C）；F：F1 = 493Hz（B），F1 = 511Hz（C）；M：F2 = 1070Hz（B），F2 = 1109Hz（C）；F：F2 = 1294Hz（B），F2 = 1327Hz（C）。

表 2.62 ［u］元音在不同音节词中的出现频率统计

发音人	音节数目	单音节词	双音节词	三音节词	共计
M	出现次数	0	123	68	191

续表

发音人	音节数目	单音节词	双音节词	三音节词	共计
F	出现次数	0	124	70	194
M	%	0	64	35	100
F	%	0	63	36	100

表 2.63　[u] 元音在不同音节词中的声学参数统计

		M					F				
		VD	VA	F1	F2	F3	VD	VA	F1	F2	F3
双音节词（B）	平均值	86	71.46	453	1070	2746	128	72.74	493	1294	3068
	标准差	31	2.71	77	188	162	47	2.17	23	167	206
	变异系数	36	4	17	18	6	37	3	5	13	7
三音节词（C）	平均值	67	68.22	475	1109	2539	93	70.59	511	1327	3137
	标准差	33	5.26	96	269	403	41	4.3	135	252	179
	变异系数	49	8	20	24	16	44	6	26	19	831

3. 音节类型与 [u] 元音声学参数之间的关系

表 2.64 为出现在不同音节类型中 [u] 元音的频率统计。可以看出，该元音在 CVC 音节中的出现频率相对高。

表 2.64　[u] 元音在不同音节类型中的出现频率统计

发音人	音节类型	V	VC	CV	CVC	CVCC	共计
M	出现次数	1	0	49	151	1	202
F	出现次数	0	1	53	148	1	203
M	%			24	75		100
F	%			26	73		100

表 2.65 为男发音人 [u] 元音在不同音节类型中的声学参数统计。图 2.54 为不同音节类型中 [u] 元音第二共振峰频率（F2）及其后过渡段频率（TP2）比较图。从表 2.65 和图 2.54 中可以看出，音节类型与 [u] 元音声学参数之间具有一定的相关性。如，[u] 元音在开音节中的音长比其在闭音节中的音长相对要长。如，M：在 CV 音节中的音长均值为 100ms，

而在 CVC 音节中的音长均值为 70ms，相差 30ms；F：在 CV 音节中的音长均值为 141ms，而在 CVC 音节中的音长均值为 103ms，相差 38ms。图 2.54 显示，男发音人的 [u] 元音在闭音节中的第二共振峰及后过渡频率比其在开音节中的相对高。

表 2.65　　[u] 元音在不同音节类型中的声学参数统计（M）

音节类型	统计项	VD	VA	F1	F2	F3
CV	平均值	100	69	460	1057	2644
	标准差	49	5.22	101	241	309
	变异系数	49	8	22	23	12
CVC	平均值	70	70.64	461	1109	2665
	标准差	21	3.56	77	210	286
	变异系数	30	5	17	19	11

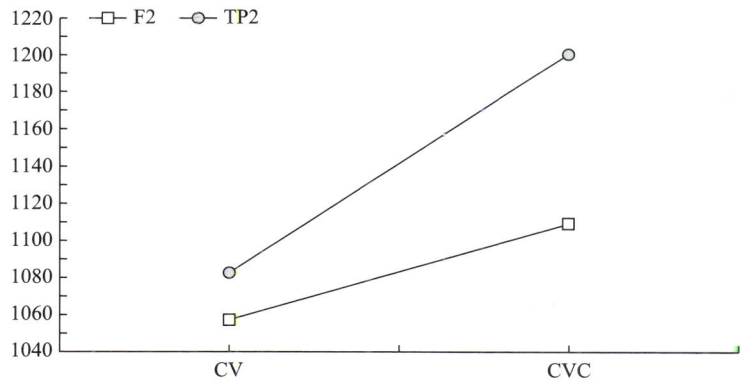

图 2.54　[u] 元音在不同音节中的第二共振峰（F2）及后过渡段频率（TP2）比较图（M）

4. 辅音音质与 [u] 元音声学参数之间的关系

图 2.55 为男发音人非词首音节 [j, r, p, w, d, t, s, k, q, l, tʃ] 等辅音之后的 [u] 元音第一至第三共振峰前过渡频率（TF1，TF2，TF3）变化示意图。其中，图 2.55-1 为以 TF1 的上升为准排列的，即以舌位自高至低排列示意图。图 2.55-2 为以 TF2 的上升为准排列的，即以舌位自后至前排列示意图。从图 2.55-2 中可以看到，辅音音质与 [u] 元音声学参数之间具有一定的相关性。如，[u] 元音在 [t, s, j, tʃ] 等辅音之后的第二共振

峰前过渡段频率（TF2）比其他辅音之后的相对高。

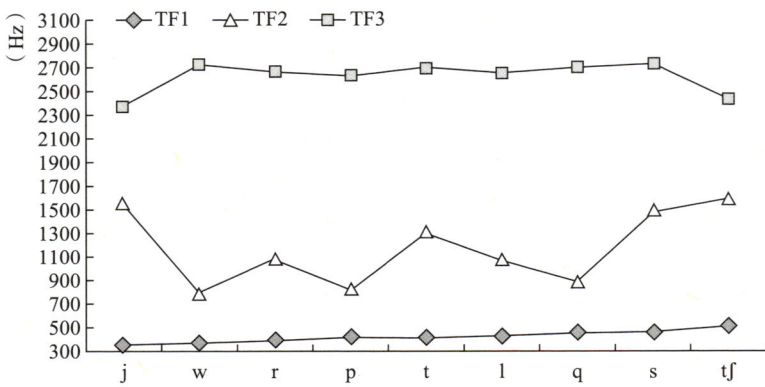

图 2.55 – 1　非词首不同辅音之后 [u] 元音三个共振峰前过渡段频率（TF1～TF3）变化示意图（M）

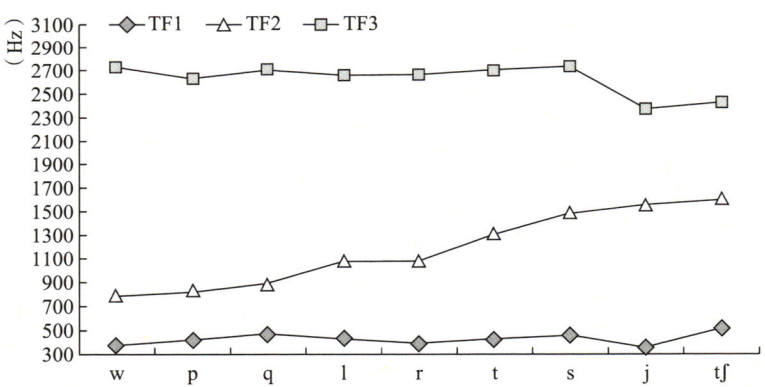

图 2.55 – 2　非词首不同辅音之后 [u] 元音三个共振峰前过渡段频率（TF1～TF3）变化示意图（M）

（六）[o] 元音

1. 参数平均值及其音质定位

表 2.66 为 [o] 元音声学参数统计。该表显示，男女发音人 [o] 元音的平均时长、平均音强分别为 M = 83ms，F = 74ms；M = 70dB，F = 70dB。该元音 F1 和 F2 的频率均值分别为 M：F1 = 480Hz，F2 = 1015Hz；F：F1 = 504Hz，F2 = 997Hz。

表 2.66　［o］元音参数统计

	VD		VA		F1		F2		F3	
	M	F	M	F	M	F	M	F	M	F
平均值	83	74	70	70	480	534	1015	997	2557	3174
标准差	26	23	3	4	47	34	110	103	235	174
变异系数	31	34	4	3	10	7	10	20	14	8

图 2.56 为男性发音人 [tømyrjol] "铁路" 一词的三维语图。其中，元音 [o] 的目标位置的第一共振峰到第四共振峰（F1～F4）分别为 401Hz、1166Hz、2333Hz、3981Hz。这是 [o] 元音比较典型的声学语图。图 2.57–1 为男女发音人非词首音节 [o] 元音在声学元音图中的位置及其声学空间中的分布模式。

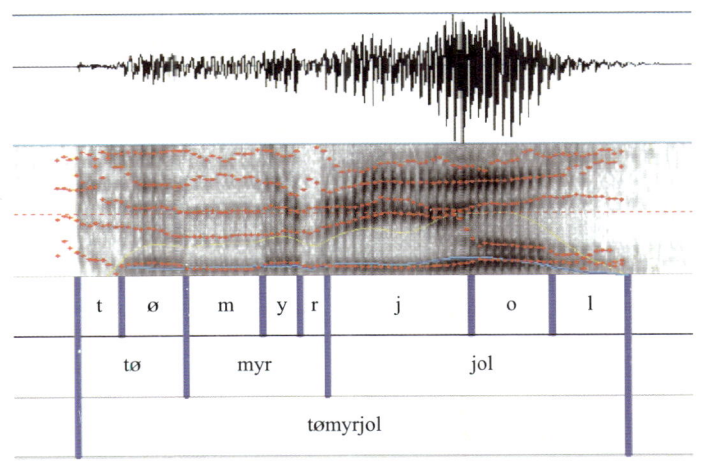

图 2.56　男发音人 [tømyrjol] "铁路" 一词的三维语图

图 2.57–2～2.57–3 为 [o] 元音目标位置第一、第二共振峰 F1/F2（男女为橙色实心圆）及其前过渡 TF1/TF2（男为绿色圆形，女为黑色圆形）和后过渡 TP1/TP2 共振峰（男为绿色实心圆，女为黑色实心圆）比较图。从图中可以看出，后过渡段频率的变化相对显著，即 TP1 下降，TP2 上升（"后段变化大于前段"）。说明 [o] 元音在其后过渡段中舌位明显上升和前移。

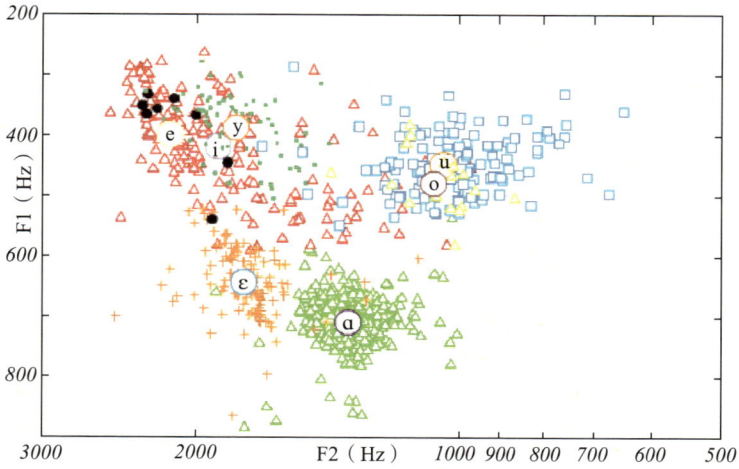

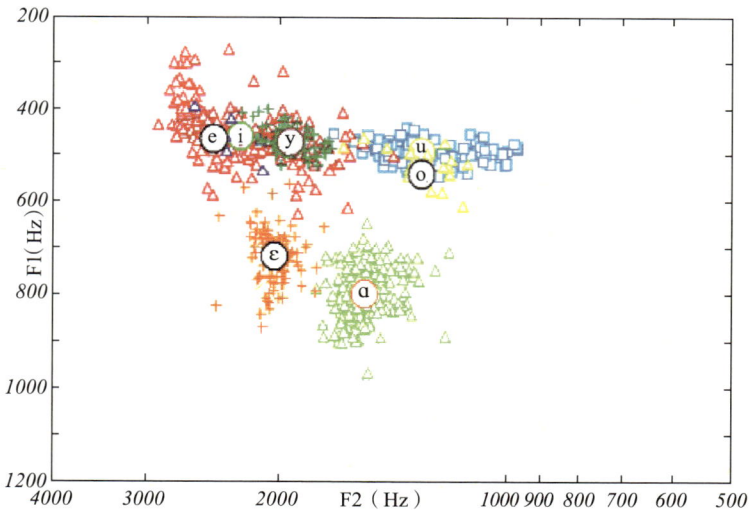

图 2.57-1　非词首音节 [o] 元音在声学元音图中的位置及其声学空间中的分布模式（M、F）

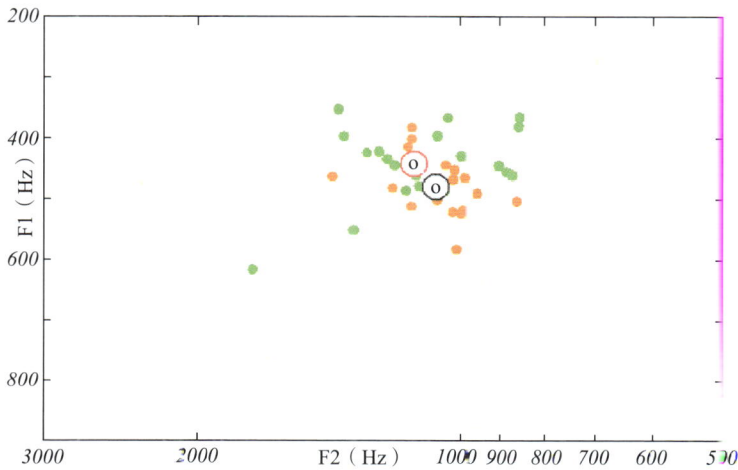

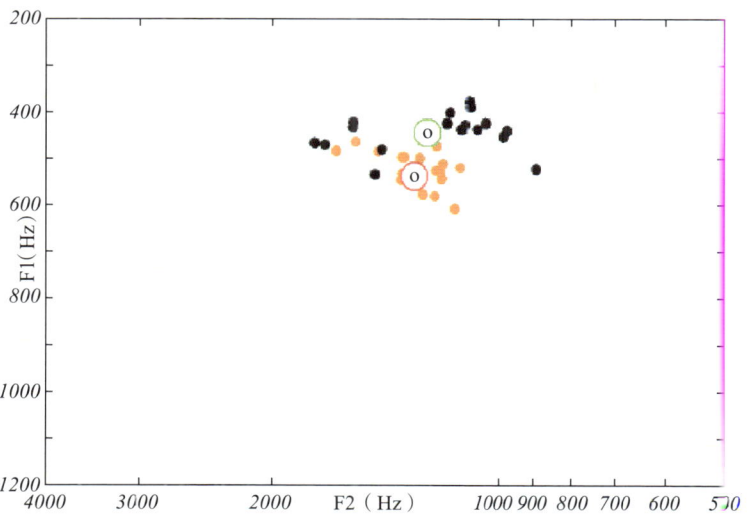

图 2.57-2 [o] 元音目标位置 (F1/F2) 及其前过渡段共振峰 (TF1/TF2) 比较图 (M、F)

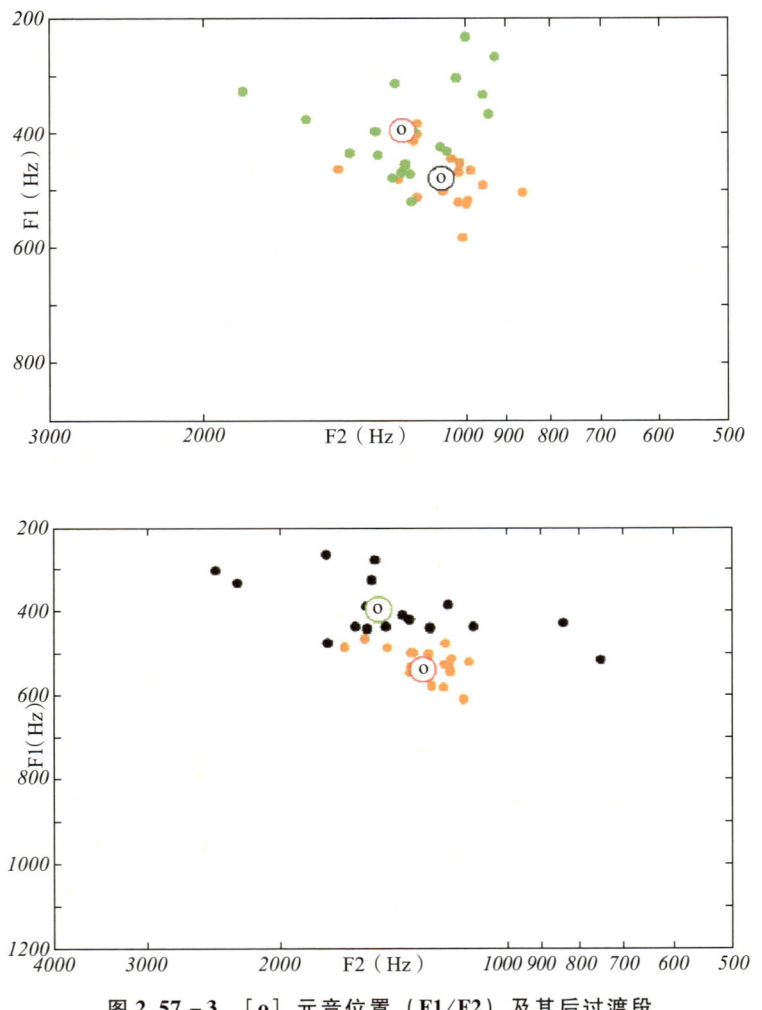

图 2.57-3 ［o］元音位置（F1/F2）及其后过渡段
共振峰（TP1/TP2）比较图（M、F）

2. 音节数量与［o］元音声学参数之间的关系

表 2.67 为［o］元音在不同音节词中的出现频率统计。该表显示,［o］元音主要出现在三音节词中。

表 2.68 为男女发音人的［o］元音在三音节词（C）中的音长（VD）、音强（VA）、共振峰目标值（F）统计。

表 2.67　[o] 元音在不同音节词中的出现频率统计

发音人	音节数目	单音节词	双音节词	三音节词	共计
M	出现次数	0	1	15	16
F	出现次数	0	1	13	14
M	%	0	0	94	100
F	%	0	0	94	100

表 2.68　[o] 元音在三音节词中的声学参数统计

		M					F				
		VD	VA	F1	F2	F3	VD	VA	F1	F2	F3
三音节词（C）	平均值	88	66	475	998	2563	98	72	480	1116	3065
	标准差	31	3	45	128	366	29	2	35	18	165
	变异系数	35	4	9	13	14	30	2	7	3	5

3. 音节类型与 [o] 元音声学参数之间的关系

表 2.69 为 [o] 元音在不同音节类型中的出现频率统计。可以看出，该元音主要在 CVC 音节中出现。

表 2.69　[o] 元音在不同音节类型中的出现频率统计

发音人	音节类型	V	VC	CV	CVC	CVCC	共计
M	出现次数	0	0	7	12	1	20
F	出现次数	1	0	1	15	1	18
M	%	0	0	35	60	0	100
F	%	0	0	0	83	0	100

表 2.70 为 [o] 元音在 CVC 音节中的声学参数统计。图 2.58 为不同音节类型中 [o] 元音第一共振峰频率（F1）及其后过渡段频率（TP1）比较图。

表 2.70-1　[o] 元音在 CVC 音节中的声学参数统计（M）

CVC	VD	VA	F1	F2	F3
平均值	90	71.25	500	1050	2626

续表

CVC	VD	VA	F1	F2	F3
标准差	21	2.73	35	65	252
变异系数	23	4	7	6	10

表 2.70 – 2　元音在 CVC 音节中的声学参数统计（F）

CVC	VD	VA	F1	F2	F3
平均值	124	70.13	522	1274	3116
标准差	24	2.39	46	179	249
变异系数	19	3	9	14	8

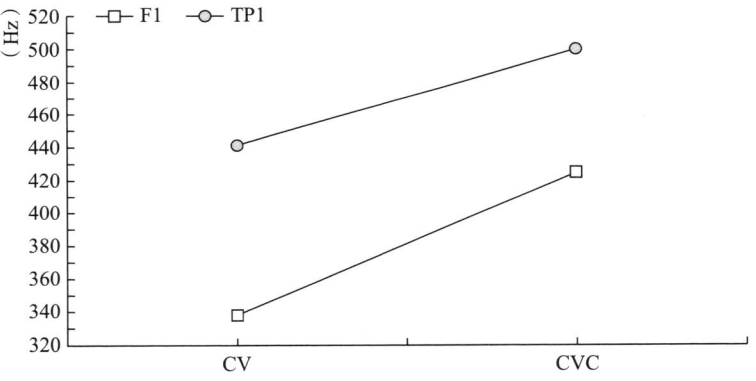

图 2.58　［o］元音在不同音节中的第一共振峰（F1）及后过渡段频率（TP1）比较图（M）

4. 辅音音质与［o］元音声学参数之间的关系

图 2.59 – 1 为男发音人非词首不同辅音之后［o］元音第一至第三共振峰前过渡段频率（TF1，TF2，TF3）变化示意图，以 TF1 的上升为准排列的，即以舌位自高至低排列示意图。图 2.59 – 2 为男发音人非词首不同辅音之后［o］元音第一至第三共振峰前过渡段频率（TF1，TF2，TF3）变化示意图，以 TF2 的上升为准排列的。从图 2.59 – 2 中可以看到，［o］元音在［r，j，t］等辅音之后的 TF2 频率比其他辅音之后相对高。说明该元音舌位受这些辅音的影响而前移了。

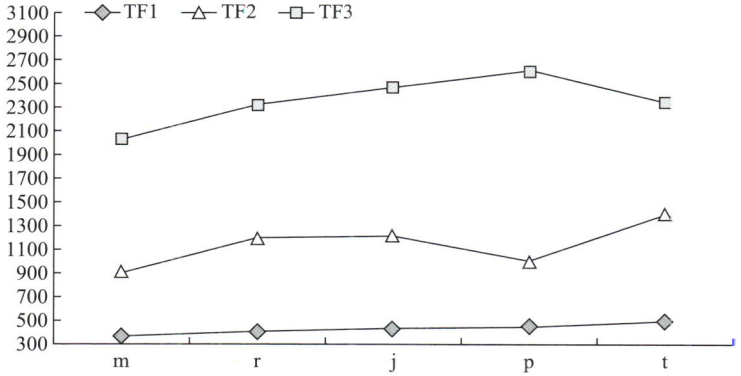

图 2.59 – 1　非词首不同辅音之后［o］元音三个共振峰前过渡段频率（TF1～TF3）变化示意图（M）

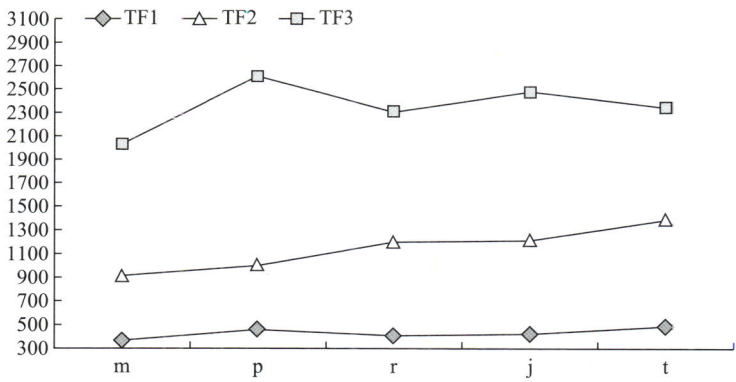

图 2.59 – 2　非词首不同辅音之后［o］元音三个共振峰前过渡段频率（TF1～TF3）变化示意图（M）

（七）［y］元音

1. 参数平均值及其音质定位

表 2.71 为元音［y］的声学参数统计。该表显示男女发音人［y］元音的平均时长、平均音强分别为 M = 72ms，F = 115ms；M = 69.68dB，F = 71.81dB。该元音 F1 和 F2 的频率均值分别为 M：F1 = 400Hz，F2 = 1799Hz；F：F1 = 484Hz，F2 = 1969Hz。与词首音节［y］元音相比非词首［y］元音的舌位相对后缩（词首音节［u］元音第一、第二共振峰均值为 M：F1 = 413Hz，F2 = 1855Hz；F：F1 = 505Hz，F2 = 2801Hz）。

表 2.71　为 [y] 元音参数统计

	VD		VA		F1		F2		F3	
	M	F	M	F	M	F	M	F	M	F
平均值	72	115	69.68	71.81	400	484	1799	1969	2358	2935
标准差	20	28	4	2.8	108	162	187	154	160	146
变异系数	28	24	6	4	27	33	10	8	6	5

图 2.60 为男发音人 [tynygyn] "昨天"一词的三维语图。其中，元音 [y] 的目标位置的第一共振峰到第四共振峰（F1～F4）分别为 366Hz、1237Hz、2262Hz、3652Hz。这是 [y] 元音比较典型的声学语图。图 2.61-1 为男女发音人 [y] 元音在声学元音图中的位置及其声学空间中的分布模式。

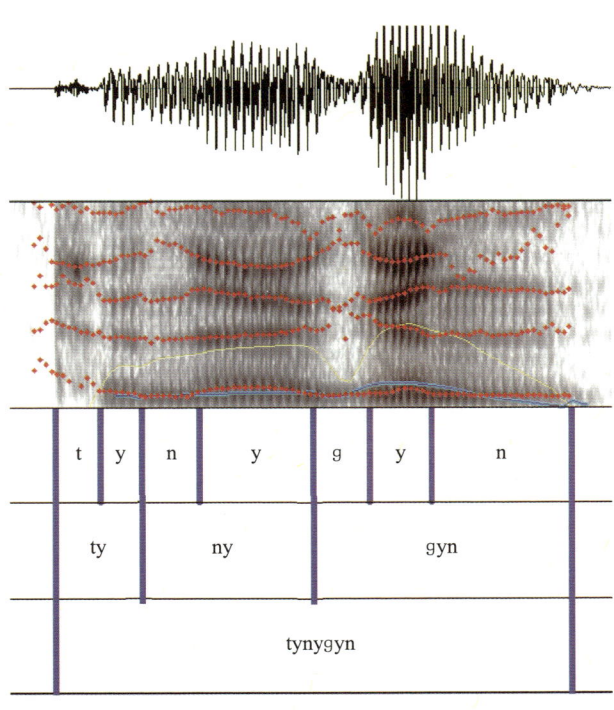

图 2.60　男发音人 [tynygyn] "昨天"一词的三维语图

图 2.61-2～2.61-3 为 [y] 元音目标位置第一、第二共振峰 F1/F2（男女为橙色实心圆）及其前过渡 TF1/TF2（男为绿色实心圆，女为黑色实心圆）和后过渡 TP1/TP2 共振峰（男为绿色实心圆，女为黑色实心圆）比较图。从

图中可以看出,与目标位置共振峰频率相比,前后过渡段频率虽然都有所上升,但变化不显著。说明[y]元音在其前后过渡段中的舌位相对稳定。

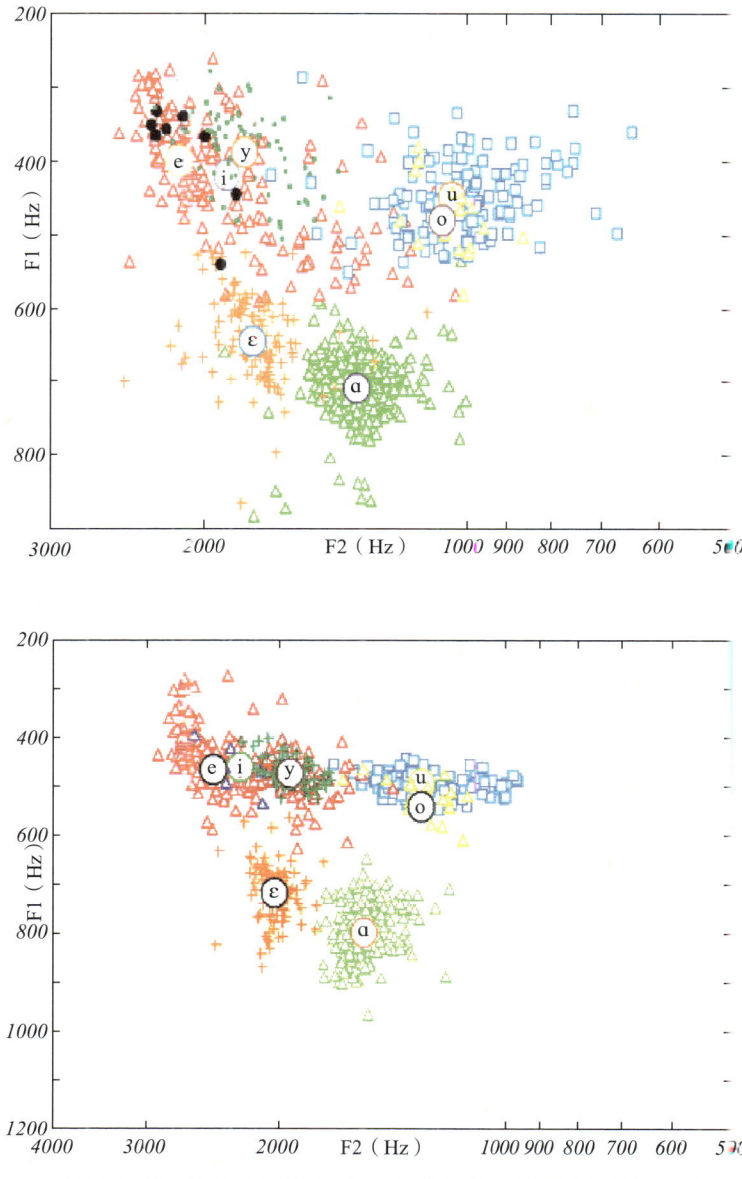

图 2.61-1　非词首音节[y]元音在声学元音图中的位置及其声学空间中的分布模式(M、F)

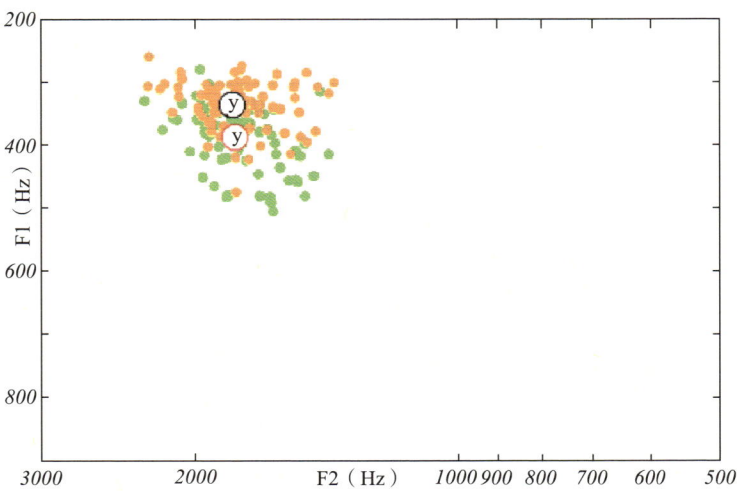

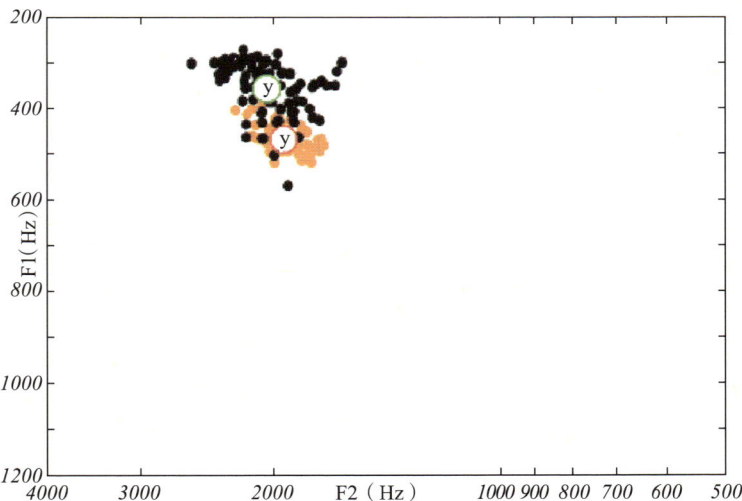

图 2.61－2 ［y］元音目标位置（F1/F2）及其前过渡段共振峰（TF1/TF2）比较图（M、F）

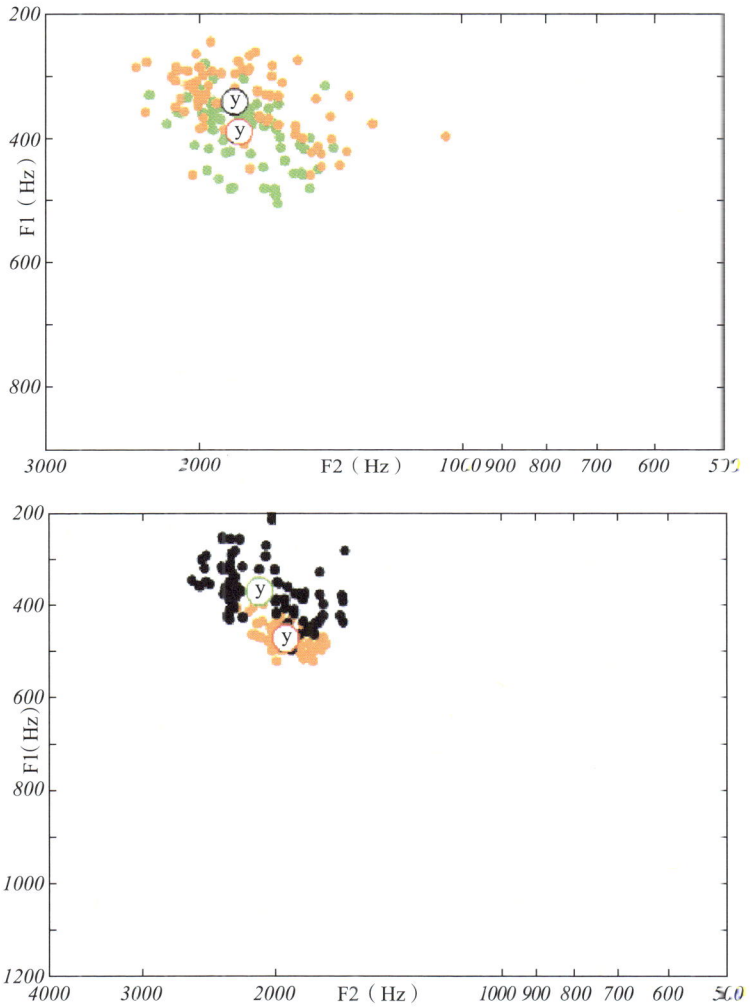

图 2.61-3 [y] 元音目标位置（F1/F2）及其后过渡段共振峰
（TP1/TP2）比较图（M、F）

2. 音节数量与 [y] 元音声学参数之间的关系

表 2.72 为 [y] 元音在不同音节词中的出现频率统计。该表显示，大约 71%（M）和 71%（F）的 [y] 元音是在双音节词中出现的。

表 2.73 为男女发音人的 [y] 元音在双音节词（B）和三音节词（C）中的音长（VD）、音强（VA）、共振峰目标值（F）统计。从表 2.73 中可以看出，该元音的音长随着音节数量的增加而相对缩短，而其音强随着音

节数量的增多相对变弱。如:

M:75ms(B)→66ms(C);M:70dB(B)→68dB(C)

F:122ms(B)→98ms(C);F:72dB(B)→71dB(C)

表 2.72 [y] 元音在不同音节词中的出现频率统计

发音人	音节数目	单音节词	双音节词	三音节词	共计
M	出现次数	0	58	23	81
F	出现次数	0	60	24	84
M	%	0	71	29	100
F	%	0	71	29	100

表 2.73 [y] 元音在不同音节词中的声学参数统计

		M					F				
		VD	VA	F1	F2	F3	VD	VA	F1	F2	F3
双音节词(B)	平均值	75	70.38	385	1817	2544	122	72.02	474	1956	2931
	标准差	17	2.95	51	176	142	25	1.83	27	140	156
	变异系数	23	4	13	10	6	20	3	6	7	5
三音节词(C)	平均值	66	67.91	437	1754	2522	98	71.29	509	2001	2946
	标准差	25	5.61	181	210	202	30	4.21	303	184	120
	变异系数	38	8	41	12	8	31	6	60	9	4

3. 音节类型与 [y] 元音声学参数之间的关系

表 2.74 为出现在不同音节类型中 [y] 元音的出现频率统计。可以看出,该元音主要在 CVC 音节中出现。

表 2.74 [y] 元音在不同音节类型中的出现频率统计

发音人	音节类型	V	VC	CV	CVC	CVCC	共计
M	出现次数	1	0	8	71	0	80
F	出现次数	0	0	11	71	0	82
M	%			10	89		100

续表

发音人	音节类型	V	VC	CV	CVC	CVCC	共计
F	%			13	87		100

表 2.75 – 1　[y] 元音在不同音节类型中的声学参数统计（M）

音节类型	统计项	VD	VA	F1	F2	F3
CV	平均值	65	65.88	471	1860	2530
	标准差	32	8.48	313	158	160
	变异系数	49	13	66	8	6
CVC	平均值	73	70.11	391	1791	2532
	标准差	17	3.06	51	184	157
	变异系数	23	4	13	10	6

表 2.75 – 2　[y] 元音在不同音节类型中的声学参数统计（F）

音节类型	统计项	VD	VA	F1	F2	F3
CV	平均值	90	69.3	561	2146	2938
	标准差	28	5.91	478	140	95
	变异系数	31	9	85	7	3
CVC	平均值	103	72.71	472	1897	2952
	标准差	31	1.38	22	136	138
	变异系数	30	2	5	7	5

表 2.75 为出现在不同音节类型中 [y] 元音的声学参数统计。图 2.52 为不同音节类型中 [y] 元音第一、第二共振峰频率（F1，F2）及其后过渡段频率（TP1，TP2）比较图。

从表 2.75 和图 2.62 中可以看出，音节类型与 [y] 元音声学参数之间具有一定的相关性。如，[y] 元音在闭音节中的音强比其在开音节中的音强相对强；男女发音人的 [y] 元音在闭音节中的第一、第二共振峰及后过渡段频率比其在开音节中的相对低。

4. 辅音音质与 [y] 元音声学参数之间的关系

图 2.63 – 1 为男发音人非词首不同辅音之后 [y] 元音三个共振峰前过

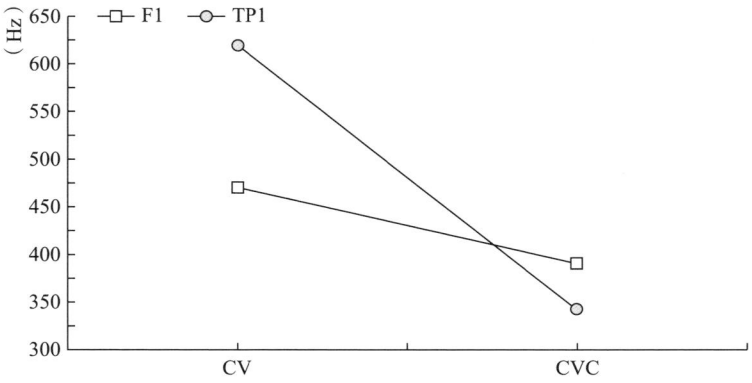

图 2.62 – 1 ［y］元音在不同音节中的第一共振峰（F1）及
后过渡段频率（TP1）比较图（M）

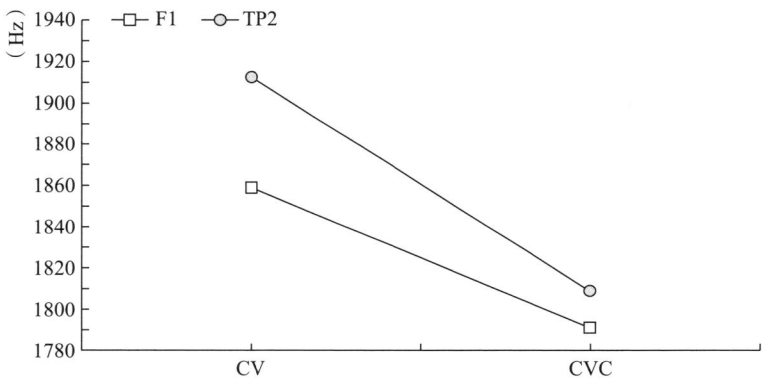

图 2.62 – 2 ［y］元音在不同音节中的第二共振峰（F2）及
后过渡段频率（TP2）比较图（M）

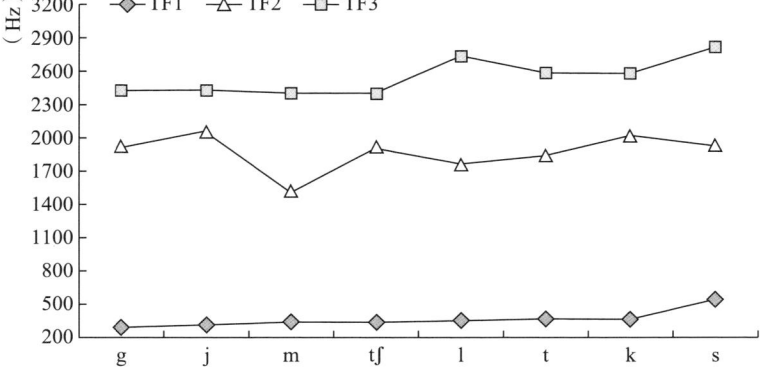

图 2.63 – 1 非词首不同辅音之后［y］元音三个共振峰前过渡段频率
（TF1 ~ TF3）变化示意图（M）

渡段频率（TF1～TF3）变化示意图，以 TF1 的上升为准排列，即以舌位自高至低排列示意图。图 2.63 - 2 为男发音人非词首不同辅音之后［y］元音三个共振峰前过渡段频率（TF1～TF3）变化示意图，以 TF2 的上升为准排列。从图 2.63 - 2 中可以看到，［y］元音 TF2 在［j］辅音之后相对高。说明［j］辅音对该元音舌位还是有一定的影响。

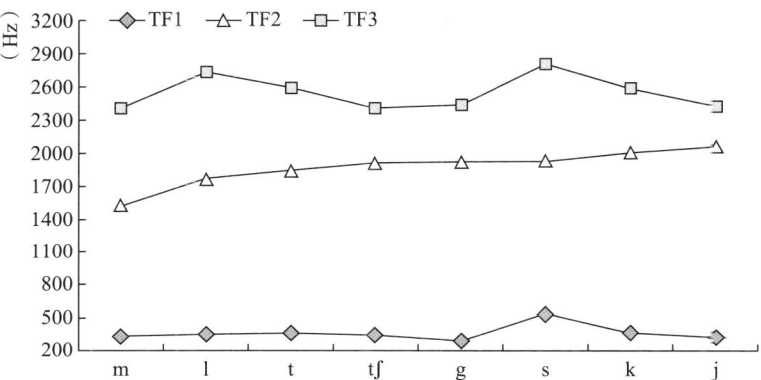

图 2.63 - 2　非词首不同辅音之后［y］元音三个共振峰前过渡段频率（TF1～TF3）变化示意图（M）

第三章
维吾尔语辅音声学特点

一 维吾尔语标准音辅音音位系统

表 3.1 为现代维吾尔语辅音。可以看出，现代维吾尔语共有/b/，/p/，/m/，/w/，/d/，/t/，/z/，/s/，/n/，/l/，/r/，/j/，/ʃ/，/tʃ/，/dʒ/，/g/，/k/，/q/，/ŋ/，/ʁ/，/χ/，/h/，/ʒ/，/f/等 24 个辅音。其中，/ʒ/和/f/两个辅音不承担音位功能。

表 3.1 维吾尔语辅音

方法 部位	塞音		鼻音	擦音		塞擦音		边音	颤音	通音
	清	浊	浊	清	浊	清	浊	浊	浊	浊
双唇	p	b	m							w
唇齿				f						
齿龈	t	d	n	s	z			l	r	
齿龈后				ʃ	ʒ	tʃ	dʒ			
硬腭										j
软腭	k	g	ŋ							
小舌	q			χ	ʁ					
喉音					h					

二 辅音声学特征参数及分析方法

鲍怀翘研究员在其实验语音学讲义中，从以下六个方面比较准确地总结了辅音的发音特点。(1) 声源：气流克服阻碍通过口腔时激发阻碍的各部位而形成声波。发浊辅音时在上述声源上加载声带振动波。(2) 感知：噪声（除半元音外）。(3) 时程：虽然相对短促，但不一定比元音短。(4) 气流类型：脉冲波（塞音）和湍流（擦音）。(5) 气流受阻方式：口腔中存在不同程度的阻塞（塞音）或阻碍（擦音）。(6) 肌肉活动范围：发音成阻部位肌肉紧张。根据声学语音学理论和鲍怀翘研究员的上述观点，我们归纳了如下几个辅音的基本声学特征。

（一）辅音的基本声学特征

1. 冲直条（spike）

塞音破裂产生的脉冲频谱，表现为一直条。时程较短，为 10ms~20ms，说明所有频率成分上都有能量分布。图 3.1 为蒙古语 [tot^h] "近便的" 一词中 [t] 和 [t^h] 的冲直条示例。请见该图中两个斜线箭头所指位置。

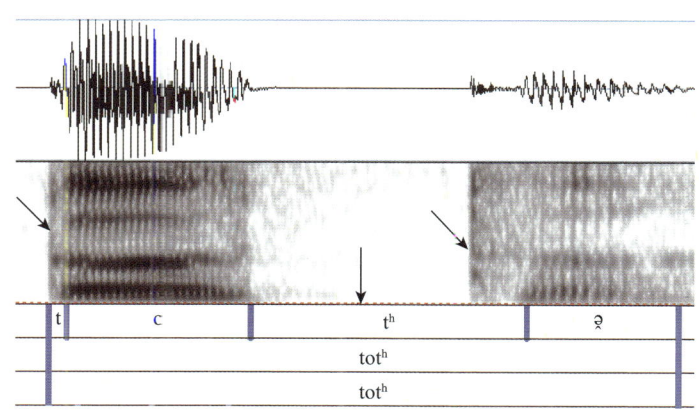

图 3.1　在蒙古语 [tot^h] "近便的" 一词中 [t] 和 [t^h] 的冲直条示例

2. 无声空间（gap）

在塞音和塞擦音破裂之前有一段空白，这是塞音和塞擦音成阻、持阻时段的表现。这一段虽是空白，但对塞音感知来说是不可缺少的。可以说"此处无声胜有声"。请见图 3.1 中直线箭头所指位置。

3. 嗓音横条（voice bar）

这是声带振动的浊音流经鼻腔辐射到空气中在语图上的表现。冲直条之前若有一条 500Hz 以下较宽的嗓音横条，说明这是浊塞音。

4. 乱纹（fills）

这是气流经口腔某部位狭窄通道造成的湍流，所有的擦音在语图上都表现为乱纹。图 3.2 为蒙古语［som］"箭"一词中［s］的乱纹示例，请见斜线箭头所指位置。

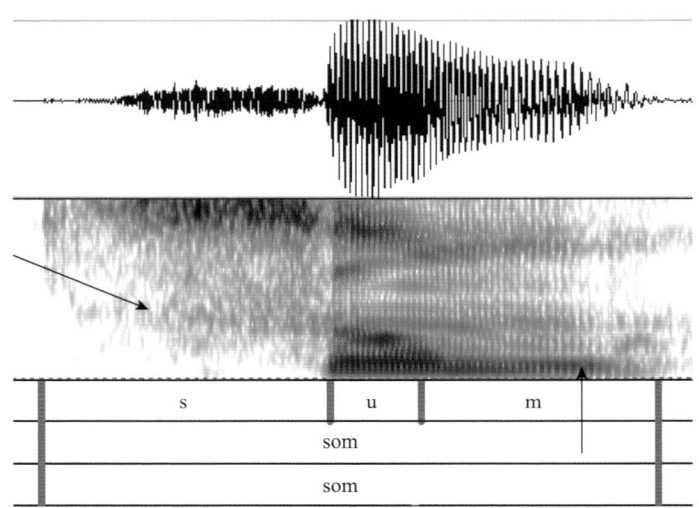

图 3.2　在蒙古语［som］"箭"一词中［s］的乱纹示例

5. 共振峰（formant）

共振峰是由声带振动作为激励源经声腔共鸣形成的，鼻音、边音等浊辅音都有共振峰。请见图 3.3 中直线箭头所指位置。

以下是引自鲍怀翘讲义的辅音声学特征基本模式图：

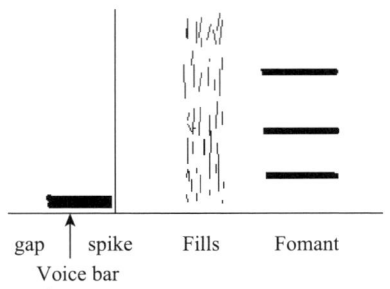

图 3.3　辅音声学特征基本模式

因辅音发音方法的不同，这些基本模式的组合方式也不同。如，浊塞音的声学表现为嗓音横条与冲直条、清塞音为无声间隙与冲直条、清塞擦音为冲直条与一段较短时程的乱纹、清送气塞擦音为冲直条与一段较长时程的乱纹、清擦音为较长的乱纹、浊擦音为乱纹与共振峰等。

6. 嗓音起始时间（Voice Onset Time，VOT）

嗓音起始时间是指声带振动产生的浊音流（嗓音）出现在冲直条前后的位置及其时间。出现在冲直条之前，就是浊音，VOT 为负值，出现在冲直条之后为正值，就是清辅音。它们都分布在时间轴上，因此都可以用时间来量化。根据 VOT 数据，比较容易区分清塞音，清塞擦音、清塞送气音、清塞擦送气音。图 3.4 为引自鲍怀翘讲义的嗓音起始时间（VOT）示意图。

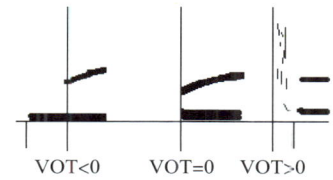

图 3.4　嗓音起始时间（VOT）示意图

7. 强频集中区（Concentrated Frequency Area，CFA）

强频集中区又称辅音共振峰是清擦音和一切摩擦噪声（塞擦音中的摩擦段和送气音）经声腔共鸣形成的共振峰（我们在参数库中标记为 CF1、CF2、…）。擦音是一种摩擦噪声，在语图上表现为乱纹。但由于发音部位的不同（气流受阻位置不同），形成特定的共鸣腔和反共鸣腔，于是某些频率位置的能量得到加强，这就是强频集中区。发音部位越靠前，共鸣腔越短，共鸣频率（特别是最强共鸣）就越高，反之则低。所以/s/音最高，/h/音最低。/f/是唇齿音，几乎没有共鸣腔体，因此它的乱纹也没有特别强的频率集中区。（鲍怀翘，2005）图 3.5 为蒙古语［s，ʃ，x］等清擦音的共振峰分布模式（引自呼和，2018）。

虽然清擦音、清塞音和清塞擦音的 CF 是有效参数，但与其他声学参数相比提取该参数需要经验。我们在"中国少数民族语言语音声学参数统一平台"中采用自动提取和手工修改相结合的方法提取了该参数。提取原则和方法是：每个人的共鸣腔是固定的，决定上下移动幅度的是舌位（高低前后）。这对准确采集擦音、清塞音和塞擦音等的共振峰具有重要意义。我们采用这种"顺藤摸瓜"的方法，会比较容易找到这些辅音的共振峰。请见图 3.5。该类图的纵坐标单位为 Hz。图 3.6 为用上述方法采集的蒙古语 [motʃʰ] "肢体"一词的元音和辅音共振峰分布图。

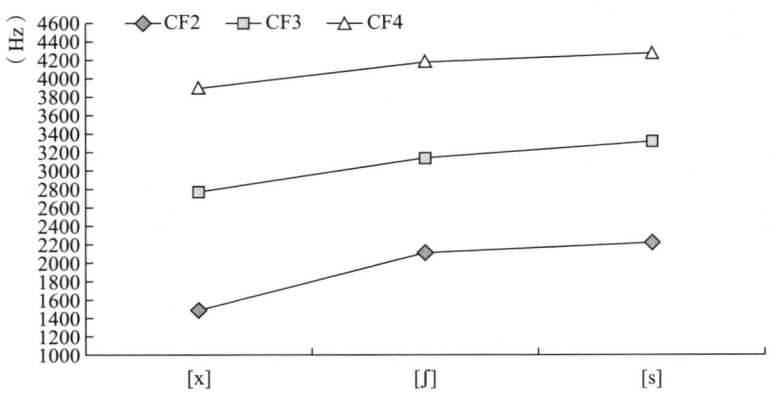

图 3.5　[s, ʃ, x] 等三个辅音共振峰（CF2 ~ CF4）分布模式（M）

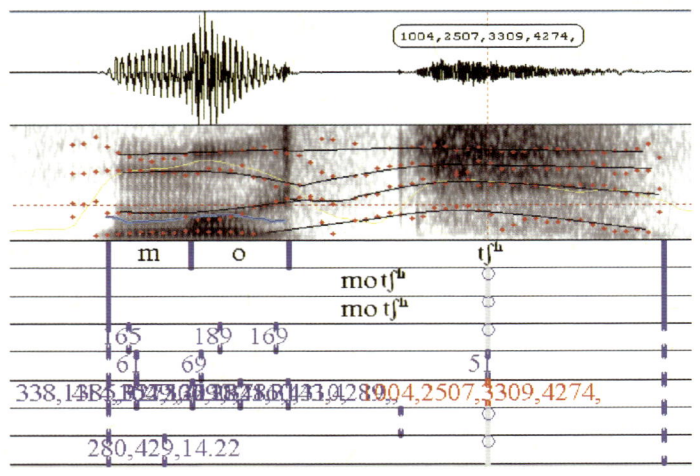

图 3.6　蒙古语 [motʃʰ] "肢体"一词中的音段共振峰分布模式

8. 辅音谱特征

在清擦音噪声谱分析中 Svantesson（1986）提出了"谱重心"（COG, Center of Gravity）和"离散"（Dispersion）程度方法。具体做法是在擦音频谱稳定段的某一时间点上作 FFT 分析，然后将其转换为临界带（critical band）。将 0 ~ 10000Hz 频率范围划分为 24 个子带，计算出每个子带的平均能量。谱重心即为能量最强的子带的频率，计算重心的公式为：

$$m = \sum n \times 10^{(xn/10)} / F \quad \text{其中 } m \text{ 为重心子带}, n \text{ 为 } 1 \sim 24 \text{ 个子带}$$

离散度表示语音频谱的离散程度，离散度越大表示谱越离散，离散度越大，则谱越集中。离散度的计算公式为：

$$s = \sqrt{(\sum (n-m)^2 \times 10^{(xn/10)} / F)} \quad s \text{ 为离散度}$$

$$F = \sum 10^{xn/10} \quad F \text{ 为语音谱能量}$$

以谱重心为 x 轴，分散度为 y 轴可以绘制图 3.7 擦音空间分布图。

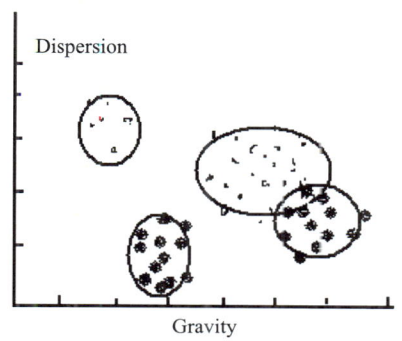

图 3.7 擦音谱重心—分散度分布图示例

对以上公式做一些修正，用 $S(f)$ 表示语音的复数谱，f 表示频率，将频率域改为连续域，则参数的积分式定义如下：

谱能量 (Energy) $= \int_0^\infty |S(f)|^2 df$；

谱重心 (COG) 为：$\int_0^\infty f|S(f)|^2 df$ 除以谱能量，单位赫兹，以下公式中 fc 等于谱重心 COG；

离散度 (Dispersion) 为：$\int_0^\infty (f-fc)^2 |S(f)|^2 df$ 除以谱能量，单位赫兹，然后取平方根；

令 A 为：$\int_0^\infty (f-fc)^3 |S(f)|^2 df$ 除以 $\int_0^\infty |S(f)|^2 df$；B 为：$\int_0^\infty (f-fc)^2 |S(f)|^2 df$ 除以 $\int_0^\infty |S(f)|^2 df$，则倾斜度 SKEW 为：$A/(B)^{1.5}$。

倾斜度 SKEW 表示低于谱重心的谱与平均频率以上的谱的差，无单位。

上述描述引自周学文《彝语辅音谱特征分析》（周学文，2013）一文。

冉启斌在他的博士学位论文（2005）中引入了这种方法并对普通话及几种方言的擦音进行了深入的研究并给出了具体的数据。结论是：普通话五个清擦音可分为两类，/s/、/ɕ/、/ʂ/谱重心高而分散度小，分布范围小；/f/、/x/谱重心低而分散度大，分布范围也大。该文表明，谱重心对应的频率比语图中实际显示的高得多，从统计上看，擦辅音两两比较时才有显著性意义。尽管如此，该方法在清擦音研究中是一种值得重视的方法。

我们在"中国少数民族语言语音声学参数统一平台"中采用了 COG、Dispersion 和 SKEW 等三个谱参数，请见"绪论"部分的图 7（声学参数标注实例）中第八层参数。为了避免辅音随便取点可能带来的野点问题和受其前、后置音段的影响因素，在经过多次实验的基础上，我们采用辅音中间 1/3 段进行计算的方法。

（二）塞音

塞音（stop），又称爆破音（plosive），是按发音方法区分的辅音的一个基本类别。塞音的发音特点是：（1）主动发音器官上举与被动发音器官构成完全性的接触，从而关闭了口腔或鼻腔的气流通路，这就是塞音的成阻阶段；（2）声门下的气流被阻塞在关闭点后部，随着气流的积聚，口腔内形成超压（即大于体外的大气压力），这就是持阻阶段；（3）关闭点被突然打开，释放出一股强气流，冲破空气的阻力，形成一个冲击波，这就是除阻阶段。由于发这类辅音时，口腔或鼻腔完全关闭，气流被阻塞，故而称之为塞音。塞音与塞擦音的主要区别是：发音时两个器官必须构成阻塞，气流不断在口腔内集聚，口腔内就会形成超压，突然释放，发出一个爆破音。因此塞音又叫破裂音；先是塞音破裂，口腔不马上打开，而是留有一窄缝，紧接着口腔内余气从缝隙中挤出，产生摩擦，发出塞擦音。（鲍怀翘，2005）

1. 辅音 [p]

1.1 声学语图特点

维吾尔语标准话 [p] 辅音是双唇清塞音。图 3.8 为男发音人的 [pakar]"矮子"一词的三维语图。

1.2 共振峰分布模式

表 3.2 为男女发音人 [p] 辅音声学参数统计。从该表中可以看到，[p] 辅音的 VOT 比 GAP 短。男女发音人 [p] 辅音三个共振峰频率的均值

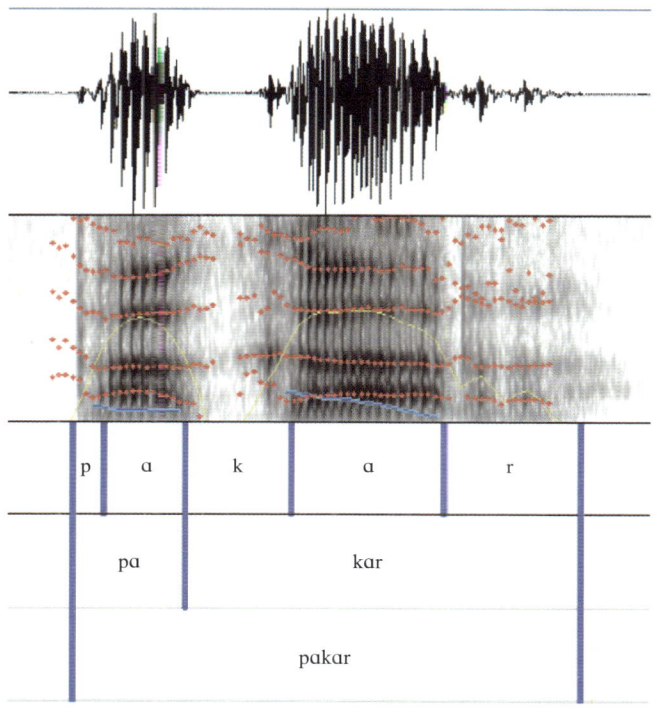

图 3.8　男发音人 [pɑkɑr] "矮子" 一词的三维语图

分别为 CF1 = 664 Hz（M），CF1 = 790 Hz（F）；CF2 = 1525 Hz（M），CF2 = 1876 Hz（F）；CF3 = 2380（M），CF3 = 3005 Hz（F）。显然，女发音人 [p] 辅音三个共振峰频率都比男发音人相对高。

表 3.2　[p] 辅音声学参数统计

	GAP		VOT		CA		CF1		CF2		CF3	
	M	F	M	F	M	F	M	F	M	F	M	F
平均值	119	123	26	24	47	47	664	790	1525	1876	2380	3005
标准差	66	73	25	41	9.8	9.51	161	254	231	292	335	349
变异系数	55	59	96	171	21	20	24	32	15	16	14	12

图 3.9 为男女发音人 [p] 辅音的第一至第三共振峰（CF1～CF3）分布模式图（以下简称"共振峰分布图"）。该类图的纵坐标单位为 Hz，下同。该图显示，虽然与均值相似女发音人 CF1～CF3 的频率均比男发音人的

相对高，但两位发音人［p］辅音三个共振峰（CF1~CF3）的分布模式基本相同，具有语言学意义。如，男女发音人三个共振峰的频率浮动范围分别为 M：CF1 = 500Hz ~ 1000Hz，CF2 = 1000Hz ~ 2000Hz，CF3 = 1700Hz ~ 3000 Hz；F：CF1 = 300Hz ~ 1500Hz，CF2 = 1500Hz ~ 2500Hz，CF3 = 2500Hz ~ 3500 Hz。显然，［p］辅音三个共振峰分别围绕其均值（见表3.2）上下浮动。

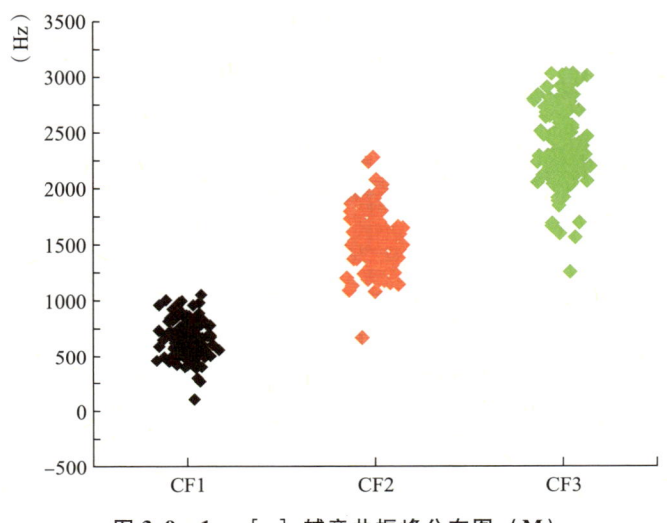

图 3.9 – 1　［p］辅音共振峰分布图（M）

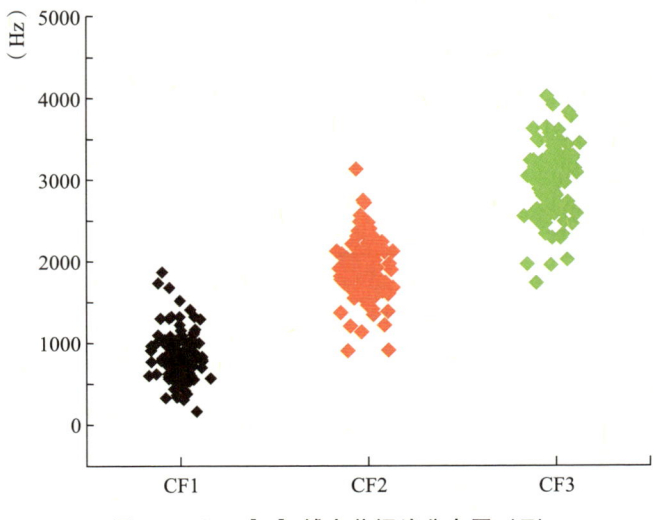

图 3.9 – 2　［p］辅音共振峰分布图（F）

1.3 词中位置与声学参数之间的关系

表 3.3 为男女发音人词中不同位置上 [p] 辅音的声学参数统计。图 3.10 为词中不同位置上 [p] 辅音的音长（CD = GAP + VOT）均值分布图，图 3.11 为词中不同位置上 [p] 辅音的音强分布图。从表 3.3 和图 3.10、图 3.11 中可以看出，词中位置与 [p] 辅音声学参数之间具有一定的相关性。如，词首 [p] 辅音的 VOT 比非词首 [p] 的 VOT 相对长。[p] 辅音词中音节末 GAP 比其词中音节首 GAP 相对长。词中音节首 [p] 辅音的音强比其他位置上的相对强（女发音人词中音节末 [p] 辅音音强例外）。

表 3.3 – 1 词中不同位置上 [p] 辅音的声学参数统计（M）

		GAP	VOT	CD	CA	CF1	CF2	CF3
词首	平均值		33	33	44.77	661	1512	2381
	标准差		27	69	8.17	155	238	343
	变异系数 %		82	46	18	23	16	14
词中音节首	平均值	78	18	96	55.42	646	1498	2285
	标准差	18	6	18	4.83	118	178	257
	变异系数 %	23	33	19	9	18	12	11
词中音节末	平均值	162	5	167	40.68	791	1708	2432
	标准差	72	19	69	14.07	208	246	307
	变异系数 %	44	380	42	35	26	14	12

表 3.3 – 2 词中不同位置上 [p] 辅音的声学参数统计（F）

		GAP	VOT	CD	CA	CF1	CF2	CF3
词首	平均值		34	34	43.7	841	1925	3002
	标准差		37	85	7.76	280	313	384
	变异系数 %		109	53	18	33	16	13
词中音节首	平均值	67	12	79	53.62	694	1872	3014
	标准差	15	3	17	6	131	198	326
	变异系数 %	22	25	22	11	19	11	11

续表

		GAP	VOT	CD	CA	CF1	CF2	CF3
词中音节末	平均值	77	13	90	48.2	699	1991	3182
	标准差	17	7	10	14.13	232	101	534
	变异系数 %	22	54	11	29	33	5	17

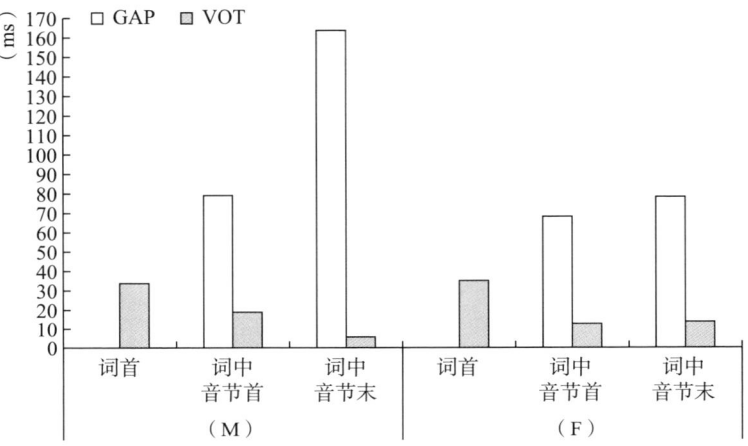

图 3.10 词中不同位置上 [p] 辅音的音长均值分布图

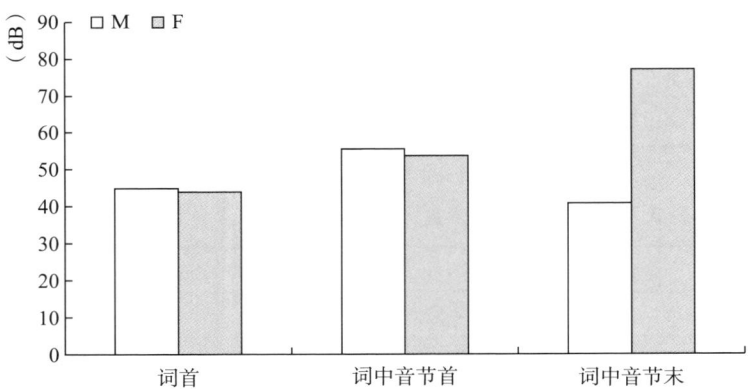

图 3.11 词中不同位置上 [p] 辅音的音强均值分布图

1.4 后置元音音质与声学参数之间的关系

表 3.4 为男女发音人不同元音之前 [p] 辅音的声学参数统计。图 3.12 ~ 3.13 为男女发音人不同元音前的 [p] 辅音音长（VOT）和音强的分布图。

从表 3.4 和图 3.12、图 3.13 中可以看出，[p] 辅音后置元音与其声学参数之间具有一定的相关性。如，前元音 [i, ɛ] 之前 [p] 辅音的第二共振峰频率（CF2）比其他元音之前的 CF2 相对高。说明该辅音共振峰一定程度上受后续元音舌位前后的影响；开（低）元音 [ɑ] 之前 [p] 辅音的 VOT 和音强都比其他元音之前的相对长而强；闭（高）元音 [u] 之前 [p] 辅音的 VOT 和音强都比其他元音之前的相对短而弱。

表 3.4 - 1　不同元音之前 [p] 辅音的声学参数统计（M）

		VOT	CA	CF1	CF2	CF3
pɑ	平均值	68	47	753	1496	2268
	标准差	20	2.1	148	93	207
	变异系数 %	29	4	20	6	9
pɛ	平均值	49	49.4	619	1515	2123
	标准差	10	2.76	246	232	489
	变异系数 %	20	6	40	15	23
pi	平均值	40	50.3	559	1631	2326
	标准差	22	4.07	168	314	286
	变异系数 %	55	8	30	19	12
po	平均值	54	49.5	596	1425	2518
	标准差	19	3.11	87	91	261
	变异系数 %	35	6	15	6	10
pu	平均值	25	42.7	687	1715	2351
	标准差	16	4.04	65	322	679
	变异系数 %	64	9	9	19	29

表 3.4 - 2　不同元音之前 [p] 辅音的声学参数统计（F）

		VOT	CA	CF1	CF2	CF3
pɑ	平均值	64	47	910	1570	2741
	标准差	16	3.54	176	203	299
	变异系数 %	25	8	19	13	11

续表

		VOT	CA	CF1	CF2	CF3
pɛ	平均值	68	45.1	812	2032	3014
pɛ	标准差	13	5.11	112	177	320
pɛ	变异系数 %	19	11	14	9	11
pi	平均值	46	44.1	809	2071	3053
pi	标准差	21	4.74	222	111	92
pi	变异系数 %	46	11	27	5	3
po	平均值	40	39.8	900	1802	2676
po	标准差	8	4.76	506	408	654
po	变异系数 %	20	12	56	23	24
pu	平均值	37	42.3	803	1807	3006
pu	标准差	21	4.51	163	128	222
pu	变异系数 %	57	11	20	7	7

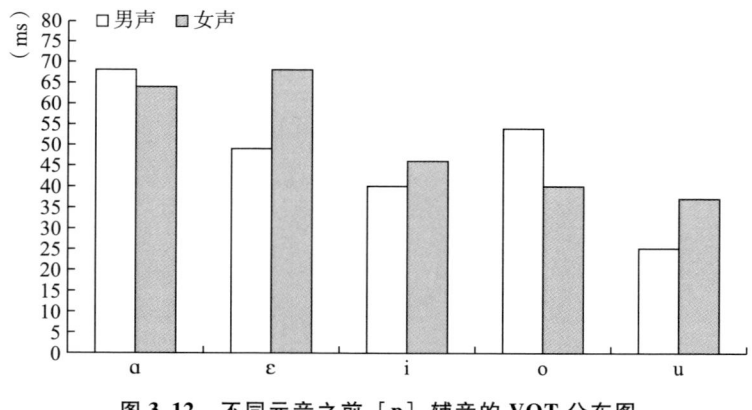

图 3.12　不同元音之前 [p] 辅音的 VOT 分布图

2. 辅音 [t]

2.1　声学语图特点

维吾尔语标准话 [t] 辅音是舌尖齿区清塞音。按照我们丛书的记音方法用 [tʰ] 标记维吾尔语该辅音可能更适合。图 3.14 为男发音人的 [piltɛ] "导火线" 一词的三维语图。

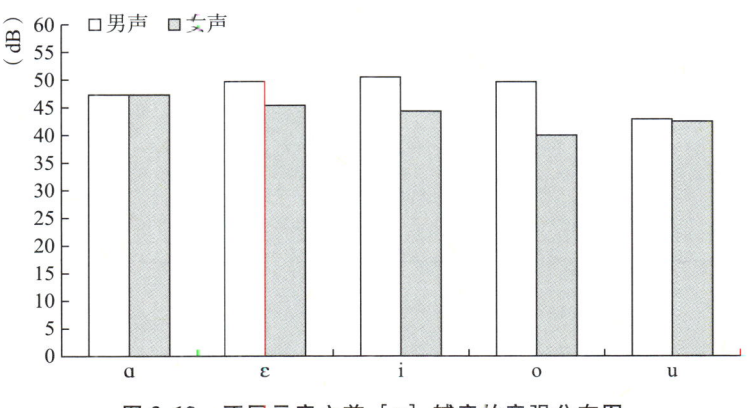

图 3.13　不同元音之前 [p] 辅音的音强分布图

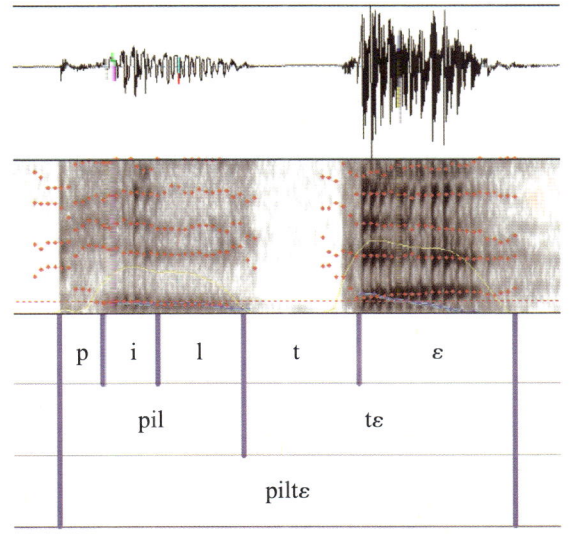

图 3.14　男发音人 [piltɛ] "导火线" 一词的三维语图

2.2　共振峰分布模式

表 3.5 为男女发音人 [t] 辅音声学参数统计。从该表中可以看到，[t] 辅音的 VOT 比 GAP 短。男女发音人 [p] 辅音三个共振峰频率的均值分别为 CF1 = 758Hz（M），CF1 = 799Hz（F）；CF2 = 1553Hz（M），CF2 = 1870Hz（F）；CF3 = 2407（M），CF3 = 3013 Hz（F）。显然，女发音人 [p] 辅音三个共振峰频率都比男发音人相对高。

图 3.15 为男女发音人 [t] 辅音的第一至第三共振峰（CF1 ~ CF3）分布

表 3.5　[t] 辅音声学参数统计

	GAP		VOT		CA		CF1		CF2		CF3	
	M	F	M	F	M	F	M	F	M	F	M	F
平均值	119	127	28	27	44.4	47.6	758	799	1553	1870	2407	3013
标准差	72	73	29	52	9.6	7.7	173	212	255	268	293	389
变异系数	61	57	104	193	22	16	23	27	16	14	12	13

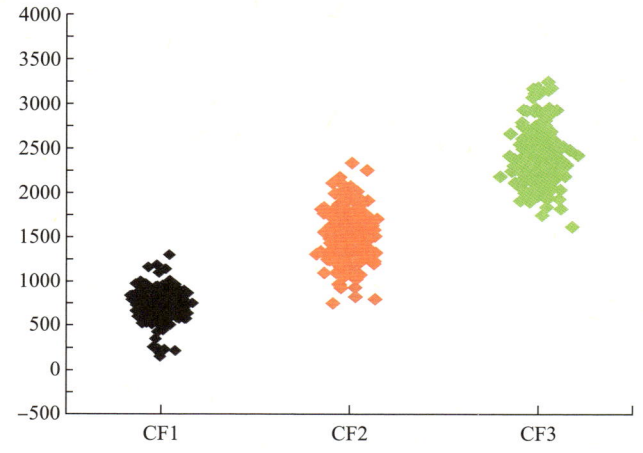

图 3.15-1　[t] 辅音共振峰分布图（M）

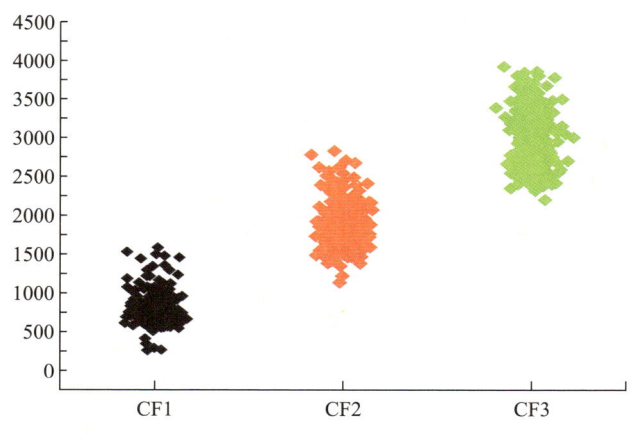

图 3.15-2　[t] 辅音共振峰分布图（F）

图。该图显示，虽然与均值相似女发音人 CF1～CF3 的频率均比男发音人的相对高，但男女发音人 [p] 辅音三个共振峰（CF1～CF3）的分布模式基本相同，具有语言学意义。如，男女发音人三个共振峰的频率浮动范围分别为：M：CF1 = 400Hz ~ 1000Hz，CF2 = 1000Hz ~ 2200Hz，CF3 = 1700Hz ~ 2500 Hz；F：CF1 = 500Hz ~ 1200Hz，CF2 = 1200Hz ~ 2200Hz，CF3 = 2000Hz ~ 3000 Hz。显然，[t] 辅音三个共振峰分别围绕其均值（见表3.5）上下浮动。

2.3 词中位置与声学参数之间的关系

表3.6 为男女发音人词中不同位置上的 [t] 辅音参数统计。图3.16 为词中不同位置上 [t] 辅音音长均值分布图，图3.17 为词中不同位置上 [t] 辅音的音强均值分布图。从图表中可以看出，词中位置与 [t] 辅音声学参数之间具有一定的相关性。如，词首 [t] 辅音的 VOT 比非词首 [t] 的 VOT 相对长。[t] 辅音词中音节末 GAP 比其词中音节首 GAP 相对长。词中音节首 [t] 辅音的音强比其他位置上的相对强。

表 3.6 - 1　词中不同位置上 [t] 辅音的声学参数统计（M）

		GAP	VOT	CD	CA	CF1	CF2	CF3
词首	平均值		40	40	42.3	741	1514	2344
	标准差		32	77	7.21	156	241	262
	变异系数		80	46	17	21	16	11
词中音节首	平均值	72	22	94	51.83	796	1574	2552
	标准差	24	9	23	8.41	149	255	322
	变异系数	33	41	24	16	19	16	13
词中音节末	平均值	129	11	139	46.71	746	1587	2379
	标准差	73	10	70	13.43	211	348	307
	变异系数	57	91	50	29	28	22	13

表 3.6 - 2　词中不同位置上 [t] 辅音的声学参数统计（F）

		GAP	VOT	CD	CA	CF1	CF2	CF3
词首	平均值		36	36	45.89	817	1365	3008
	标准差		50	83	6.32	193	272	387
	变异系数		139	44	14	24	15	13

续表

		GAP	VOT	CD	CA	CF1	CF2	CF3
词中音节首	平均值	82	13	95	52.83	778	1853	2980
	标准差	21	5	21	5.39	218	238	406
	变异系数	26	38	22	10	28	13	14
词中音节末	平均值	126	32	169	45.81	797	1866	3058
	标准差	70	75	97	6.81	166	259	411
	变异系数	56	234	57	15	21	14	13

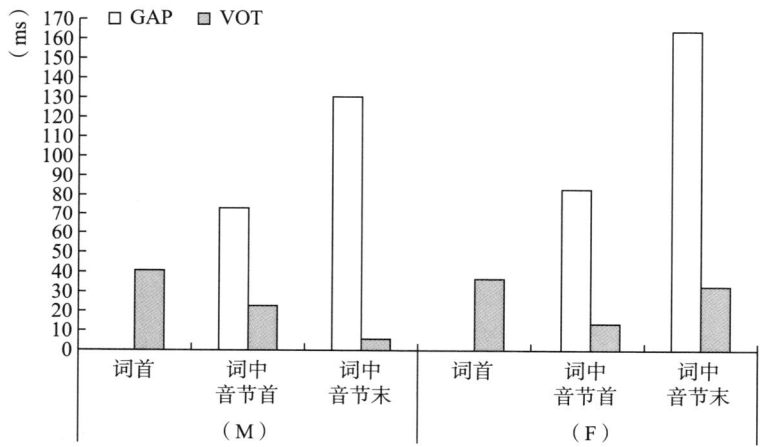

图3.16 词中不同位置上 [t] 辅音的音长均值分布图

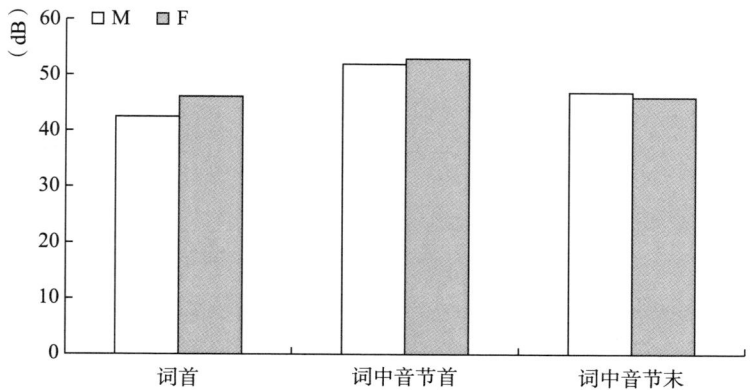

图3.17 词中不同位置上 [t] 辅音的音强均值分布图

2.4 后置元音音质与声学参数之间的关系

表 3.7 为男女发音人不同元音之前 [t] 辅音的声学参数统计。图 3.18、图 3.19 为两位发音人不同元音前的 [t] 辅音音长(VOT)和音强的分布图。

表 3.7-1　不同元音前的 [t] 辅音统计（M）

		VOT	CA	CF1	CF2	CF3
tɑ	平均值	54	44.5	703	1449	2199
	标准差	17	5.19	101	180	164
	变异系数	31	12	14	12	7
tɛ	平均值	48	44.43	773	1490	2188
	标准差	23	4.43	97	242	190
	变异系数	48	10	13	16	9
ti	平均值	76	40.5	790	1644	2440
	标准差	29	3.87	134	176	151
	变异系数	38	10	17	11	6
to	平均值	55	49.25	719	1514	2185
	标准差	7	4.17	90	222	204
	变异系数	13	8	13	15	9
tu	平均值	80	44.6	731	1547	2453
	标准差	14	2.41	74	207	102
	变异系数	18	5	10	13	4

表 3.7-2　不同元音前的 [t] 辅音统计（F）

		VOT	CA	CF1	CF2	CF3
tɑ	平均值	48	48.87	811	1776	2865
	标准差	32	2.5	126	148	386
	变异系数	67	5	16	8	13
tɛ	平均值	30	43	942	2217	3342
	标准差	59	47.88	771	1692	2781
	变异系数	197	3.95	127	372	424

续表

		VOT	CA	CF1	CF2	CF3
ti	平均值	68	46.25	718	1649	2812
	标准差	12	3.2	103	170	434
	变异系数	18	7	14	10	15
to	平均值	54	51.12	926	1974	3138
	标准差	6	2.9	104	193	64
	变异系数	11	6	11	10	2
tu	平均值	41	46.45	896	1825	3218
	标准差	13	1.81	249	146	122
	变异系数	32	4	28	8	4

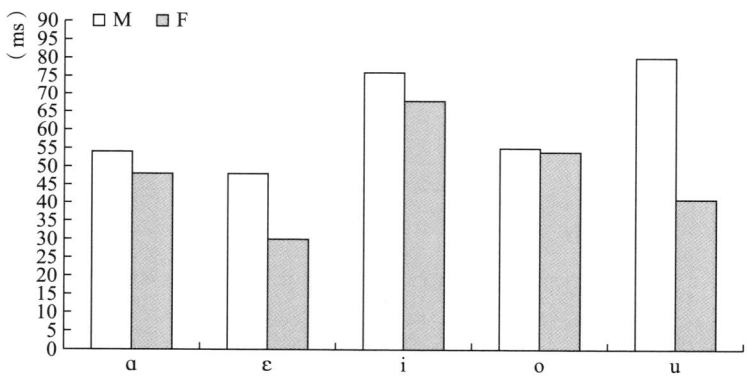

图 3.18 不同元音之前 [t] 辅音的 VOT 分布图

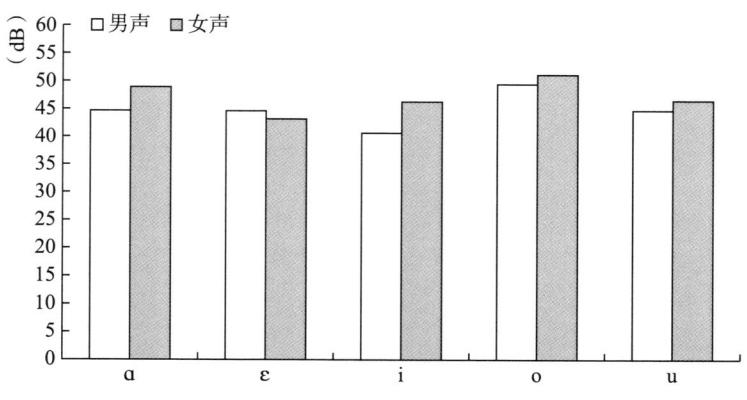

图 3.19 不同元音之前 [t] 辅音的音强分布图

从表 3.7 和图 3.18、图 3.19 中可以看出，闭（高）元音 [i, u] 之前 [t] 辅音的 VOT 比开（低）元音之前的相对长。

3. 辅音 [k]

3.1 声学语图特点

维吾尔语标准话 [k] 辅音是舌面后－软腭清塞音。图 3.20 为男性发音人 [kylkɛ]"笑声"一词的三维语图。该图显示，词首 [k] 辅音的 VOT 比非词首 [k] 的 VOT 相对长。

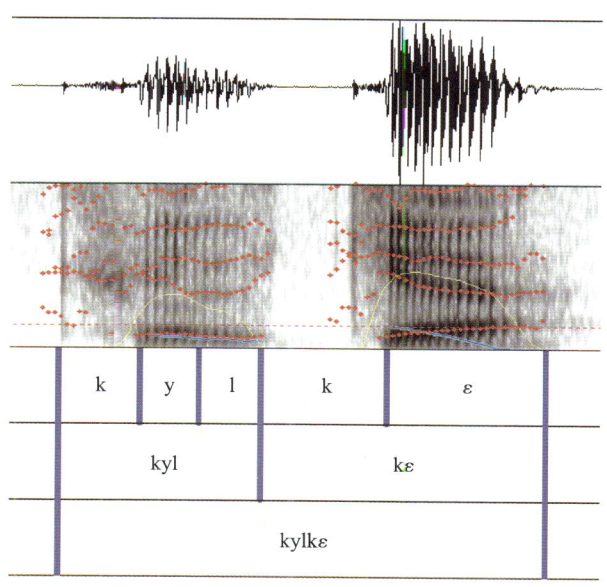

图 3.20　男发音人 [kylkɛ]"笑声"一词的三维语图

3.2 共振峰分布模式

图 3.21 为男女两位发音人 [k] 辅音三个共振峰分布图。该图显示，与均值相似女发音人 CF1～CF3 的频率均比男发音人的相对高，但男女发音人 [k] 辅音三个共振峰的分布模式基本相同，具有语言学意义。如，男女发音人三个共振峰的频率浮动范围分别为，M：CF1 = 500Hz～1000Hz，CF2 = 1200Hz～2200Hz，CF3 = 2000Hz～3000Hz；F：CF1 = 500Hz～1500Hz，CF2 = 1500Hz～2500Hz，CF3 = 2500Hz～3500Hz。显然，[k] 辅音三个共振峰分别围绕其均值（见表 3.8）上下浮动。

表 3.8 为 [k] 辅音声学参数统计。从该表中可以看到，[k] 辅音的

表 3.8　[k] 辅音声学参数统计

	GAP		VOT		CA		CF1		CF2		CF3	
	M	F	M	F	M	F	M	F	M	F	M	F
平均值	139	138	35	28	39.8	46.19	771	1055	1664	2018	2620	3108
标准差	75	78	48	81	7.8	8.01	192	254	352	370	1395	388
变异系数	54	57	137	289	20	17	25	24	21	18	53	12

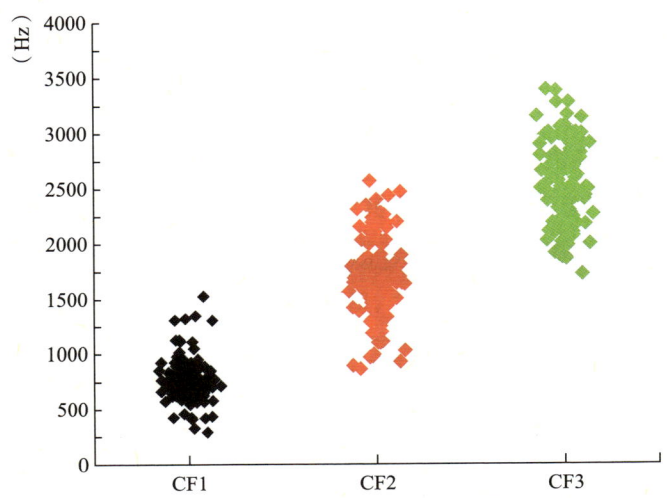

图 3.21-1　[k] 辅音共振峰分布图（M）

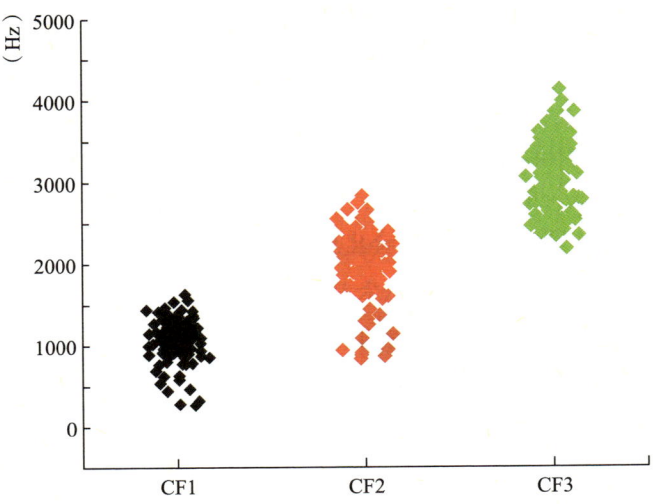

图 3.21-2　[k] 辅音共振峰分布图（F）

VOT 时长比 GAP 短。男女发音人 [k] 辅音三个共振峰频率均值分别为 CF1 = 771Hz（男），CF1 = 1055Hz（女）；CF2 = 1664Hz（男），CF2 = 2018 Hz（女）；CF3 = 2620（男），CF3 = 3108 Hz（女）。显然，女发音人 [p] 辅音三个共振峰频率都比男发音人相对高。

3.3 词中位置与声学参数之间的关系

表 3.9 为男女发音人词中不同位置上 [k] 辅音的声学参数统计。图 3.22 为词中不同位置上 [k] 辅音 GAP 和 VOT（GAP + VOT = CD）的音长均值分布图，图 3.23 为词中不同位置上 [k] 辅音的音强均值分布图。从表 3.9 和图 3.22 ~ 3.23 中可以看出，词中位置与 [k] 辅音声学参数之间具有一定的相关性。如，词首 [k] 辅音的 VOT 时长比非词首 [k] 的 VOT 相对长。[k] 辅音词中音节末 GAP 时长比其词中音节首 GAP 相对长。词中音节首 [k] 辅音的音强比其他位置上的相对强。

表 3.9 – 1 词中不同位置上 [k] 辅音声学参数统计（M）

		GAP	VOT	CD	CA	CF1	CF2	CF3
词首	平均值		58	173	39.39	775	1680	2697
	标准差		50	89	5.98	191	353	2014
	变异系数		86	51	15	25	21	75
词中音节首	平均值	66	32	98	47.35	797	1688	2650
	标准差	16	11	16	6.15	195	415	456
	变异系数	24	34	16	13	24	25	17
词中音节末	平均值	156	12	185	39.24	763	1698	2510
	标准差	52	42	60	10.9	220	386	350
	变异系数	37	350	32	28	29	23	14

表 3.9 – 2 词中不同位置上 [k] 辅音声学参数统计（F）

		GAP	VOT	CD	CA	CF1	CF2	CF3
词首	平均值		57	164	43.98	1058	1991	3060
	标准差		45	80	9.1	248	387	430
	变异系数		79	49	21	23	19	14

续表

		GAP	VOT	CD	CA	CF1	CF2	CF3
词中音节首	平均值	83	22	105	50.7	1027	1852	3084
	标准差	25	9	23	6.6	226	281	443
	变异系数	30	41	22	13	22	15	14
词中音节末	平均值	164	7	206	48.63	1069	2024	3169
	标准差	90	118	85	5.93	266	372	363
	变异系数	55	16	41	12	25	18	11

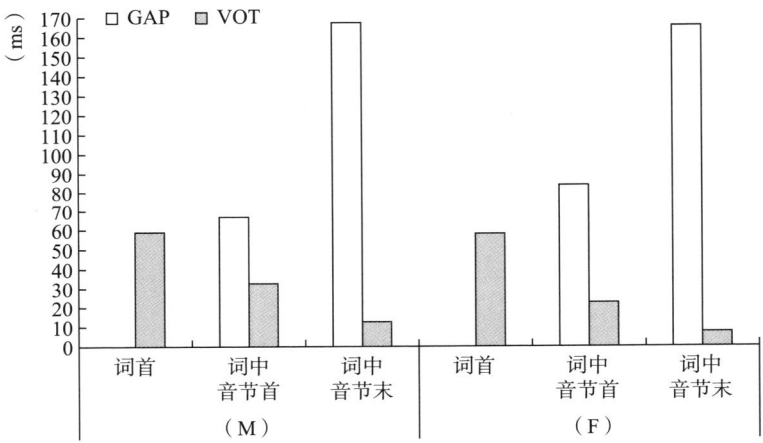

图 3.22 词中不同位置上 [k] 辅音的音长均值分布图

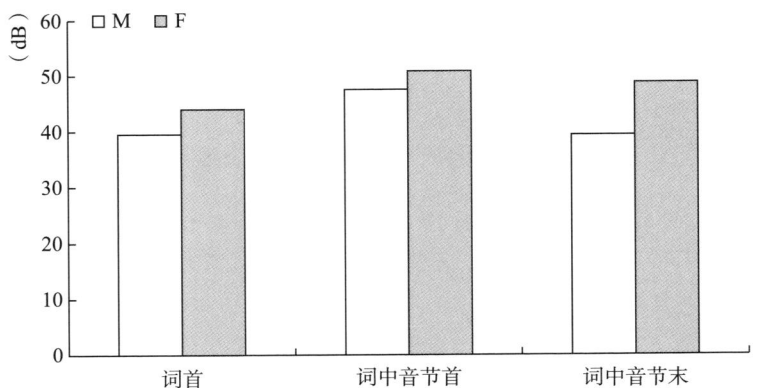

图 3.23 词中不同位置上 [k] 辅音的音强均值分布图

3.4 后置元音音质与声学参数之间的关系

表 3.10 为男女发音人不同元音之前 [k] 辅音的参数统计。图 3.24 ~ 3.25 为两位发音人不同元音前的 [k] 辅音音长和音强的分布图。从表 3.10 和图 3.24 ~ 3.25 中可以看出，[k] 辅音后置元音与其声学参数之间具有一定的相关性。如，前元音 [i, ɛ] 之前 [k] 辅音的第二共振峰频率 (CF2) 比其他元音之前的 CF2 相对高（元音 [ɑ] 之前女发音人 [k] 辅音

表 3.10 – 1　不同元音之前 [k] 辅音的声学参数统计 (M)

		VOT	CA	CF1	CF2	CF3
kɑ	平均值	122	39.67	911	1480	2041
	标准差	20	1.53	29	77	141
	变异数	16	4	3	5	7
kɛ	平均值	91	39.1	927	1844	2725
	标准差	20	3.87	301	240	215
	变异数	22	10	32	13	8
ki	平均值	80	43.33	704	1632	2675
	标准差	28	3.08	76	49	203
	变异系数	35	7	11	3	8
ko	平均值	69	40	764	1517	2703
	标准差	20	2.83	171	600	540
	变异数	29	7	22	40	20
ku	平均值	53	43.33	799	1772	2256
	标准差	26	4.16	113	702	509
	变异数	49	10	14	40	23

表 3.10 – 2　不同元音之前 [k] 辅音的声学参数统计 (F)

		VOT	CA	CF1	CF2	CF3
kɑ	平均值	88	28.67	1195	2210	3347
	标准差	6	3.51	250	277	265
	变异数	7	12	21	13	8

续表

		VOT	CA	CF1	CF2	CF3
kɛ	平均值	72	43	1046	2061	3191
	标准差	13	9.31	196	309	307
	变异数	18	22	19	15	10
ki	平均值	71	40	1062	2078	3204
	标准差	26	5.51	246	182	110
	变异数	37	14	23	9	3
ko	平均值	60	43.17	1082	1406	3254
	标准差	11	3.66	217	531	500
	变异数	18	8	20	38	15
ku	平均值	59	40.33	1268	1347	2815
	标准差	8	6.35		652	429
	变异数	14	16	0	48	15

CF2 例外）。说明该辅音共振峰一定程度上受后续元音舌位前后的影响；开（低）元音 [ɑ] 之前 [k] 辅音的 VOT 比其他元音之前的相对长。

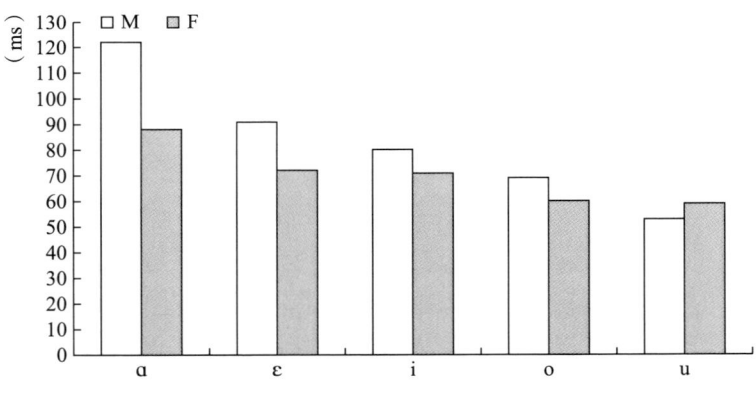

图 3.24　不同元音之前 [k] 辅音的 VOT 分布图

4. 辅音 [q]

4.1　声学语图特点

维吾尔语标准话 [q] 辅音是小舌清塞音。图 3.26 为男发音人 [ɑʃqɑzɑn] "胃"一词的三维语图。

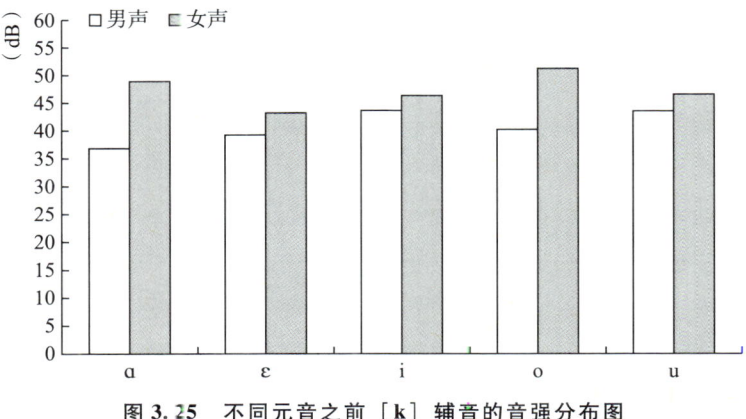

图 3.25　不同元音之前 [k] 辅音的音强分布图

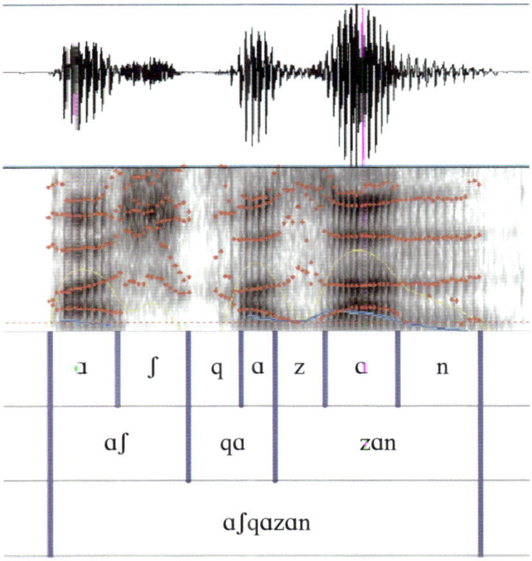

图 3.26　男发音人 [aʃqazan] "胃" 一词的三维语图

4.2　共振峰分布模式

表 3.11 为男女发音人 [q] 辅音的声学参数统计。该表显示，[q] 辅音的 VOT 比 GAP 短。男女发音人 [q] 辅音三个共振峰频率的均值分别为 CF1 = 781 Hz（M），CF1 = 958 Hz（F）；CF2 = 1378 Hz（M），CF2 = 1460 Hz（F）；CF3 = 2453（M），CF3 = 3155 Hz（F）。显然，女发音人 [q] 辅音三个共振峰频率都比男发音人相对高。

图 3.27 为男女发音人 [q] 辅音第一至第三共振峰分布图。该图显示，

表 3.11　[q] 辅音声学参数统计

	GAP		VOT		CA		CF1		CF2		CF3	
	M	F	M	F	M	F	M	F	M	F	M	F
平均值	136	156	26	24	43.2	49.5	781	958	1378	1460	2453	3155
标准差	66	75	35	62	11.0	6.72	246	281	371	325	423	461
变异系数	49	48	135	258	25	14	31	29	27	22	17	15

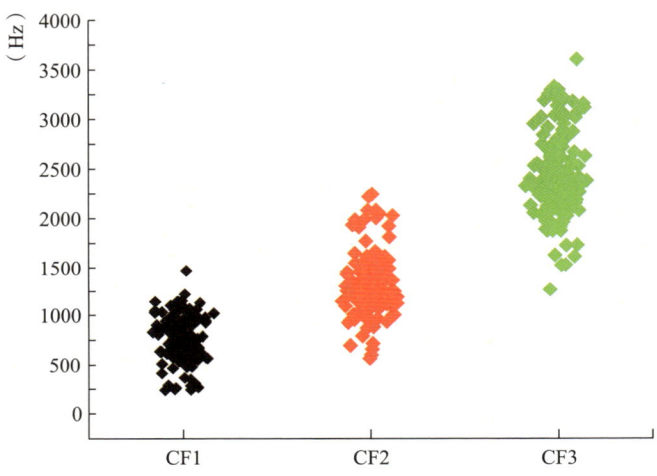

图 3.27-1　[q] 辅音共振峰分布图（M）

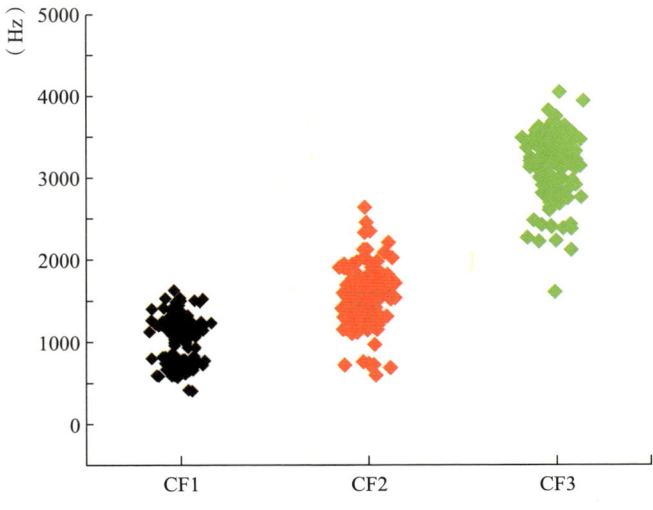

图 3.27-2　[q] 辅音共振峰分布图（F）

虽然与均值相似女发音人 CF1～CF3 的频率均比男发音人的相对高。但两位发音人［q］辅音三个共振峰（CF1～CF3）的分布模式基本相同，具有语言学意义。如，三个共振峰的频率浮动范围分别为，M：CF1 = 500Hz～1200Hz，CF2 = 700Hz～1700Hz，CF3 = 1700Hz～3200Hz；F：CF1 = 500Hz～1500Hz，CF2 = 1200Hz～2000Hz，CF3 = 2500Hz～3700Hz。显然，该辅音三个共振峰分别围绕其均值（见表 3.11）上下浮动。

4.3 词中位置与声学参数之间的关系

表 3.12 为男女发音人词中不同位置上［q］辅音的声学参数统计。图 3.28 为词中不同位置［q］辅音音长均值分布图，图 3.29 为词中不同位置［q］辅音音强均值分布图。从图表中可以看出，词中位置与［q］辅音声学参数之间具有一定的相关性。如，词首［q］辅音的 VOT 比非词首［q］的 VOT 相对长。［q］辅音词中音节末 GAP 比其词中音节首 GAP 相对长。词中音节首［q］辅音的音强比其他位置上的相对强。

表 3.12－1　词中不同位置上［q］辅音的声学参数统计（M）

		GAP	VOT	CD	CA	CF1	CF2	CF3
词首	平均值		49	168	44.34	776	1343	2403
	标准差		32	59	9.49	227	297	399
	变异系数		65	35	21	29	22	17
词中音节首	平均值	81	29	109	48.81	804	1127	2459
	标准差	22	15	15	9.16	201	262	527
	变异系数	27	52	14	19	25	23	21
词中音节末	平均值	150	10	169	40.43	766	1441	2458
	标准差	75	30	71	13.09	262	420	355
	变异系数	47	3000	42	32	34	29	14

表 3.12－2　词中不同位置上［q］辅音的声学参数统计（F）

		GAP	VOT	CD	CA	CF1	CF2	CF3
词首	平均值		46	198	48.58	997	1535	3207
	标准差		42	80	6.89	282	319	359
	变异系数		91	40	14	28	21	11

续表

		GAP	VOT	CD	CA	CF1	CF2	CF3
词中音节首	平均值	94	17	111	51.39	783	1321	3045
	标准差	20	10	18	7.37	236	343	519
	变异系数	21	59	16	14	30	26	17
词中音节末	平均值	185	3	212	50.56	926	1400	3087
	标准差	65	81	72	6.21	274	292	509
	变异系数	35	2700	34	12	30	21	16

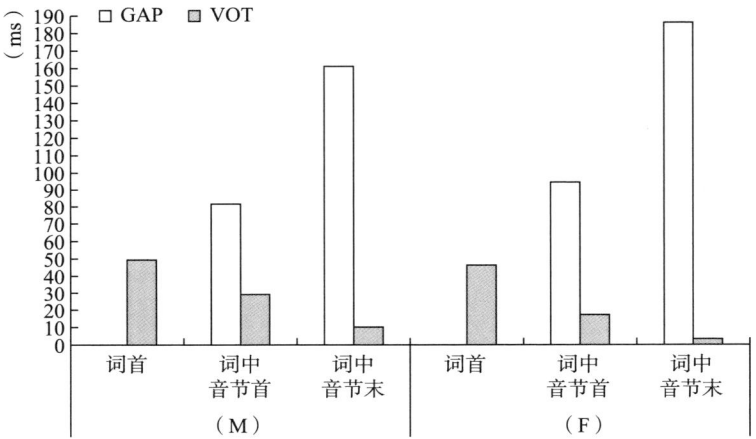

图 3.28　词中不同位置上 [q] 辅音的音长均值分布图

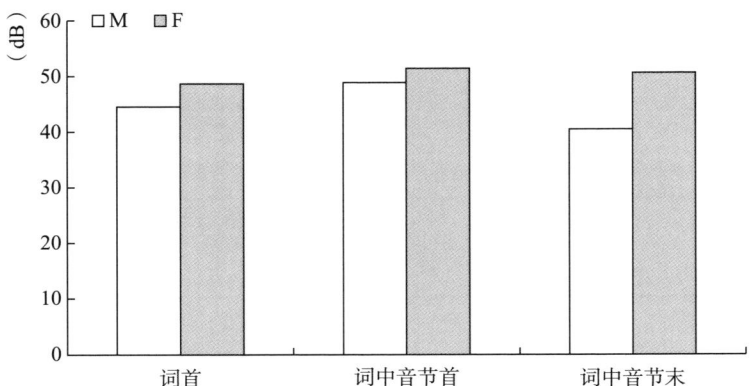

图 3.29　词中不同位置上 [q] 辅音的音强均值分布图

4.4 后置元音音质与声学参数之间的关系

表 3.13 为男女发音人不同元音之前的 [q] 辅音的声学参数统计。图 3.30~3.31 为男女发音人不同元音前的 [q] 辅音音长和音强的分布图。从这些图和数据看,[q] 辅音的共振峰 CF2 在一定程度上受到后续元音的影响,在 [i] 和 [ɛ] 元音之前较高,在其他元音之前相对低。[q] 辅音的 VOT 和音强也在一定程度上受到后续元音的影响。

表 3.13 – 1 不同元音之前 [q] 辅音的声学参数统计 (M)

		VOT	CA	CF1	CF2	CF3
qɑ	平均值	67	44.08	905	1324	2292
	标准差	30	6.71	155	142	291
	变异系数	45	15	17	11	13
qɛ	平均值	60	50	955	1403	2148
	标准差	2	6.98	222	47	354
	变异系数	3	14	23	3	16
qi	平均值	68	49.83	831	1424	2046
	标准差	13	5.91	187	199	142
	变异系数	19	12	23	14	7
qo	平均值	62	40.62	613	1258	2275
	标准差	37	6.19	64	281	336
	变异系数	60	15	10	22	15
qu	平均值	96	41	589	1294	2066
	标准差	31	3.46	40	177	349
	变异系数	32	8	7	14	17

表 3.13 – 2 不同元音前的 [q] 辅音的声学参数统计 (F)

		VOT	CA	CF1	CF2	CF3
qɑ	平均值	68	51.15	1136	1522	3309
	标准差	16	3.74	64	291	236
	变异系数	24	7	6	19	7

续表

		VOT	CA	CF1	CF2	CF3
qɛ	平均值	56	51.75	1449	1796	2907
	标准差	9	4.11	195	94	451
	变异系数	16	8	13	5	16
qi	平均值	64	52.4	1340	1768	2958
	标准差	19	2.3	181	205	542
	变异系数	30	4	14	12	18
qo	平均值	72	46.12	718	1561	3474
	标准差	15	3.04	58	136	156
	变异系数	21	7	8	9	4
qu	平均值	70	45.6	674	1558	3347
	标准差	8	3.91	55	202	122
	变异系数	11	9	8	13	4

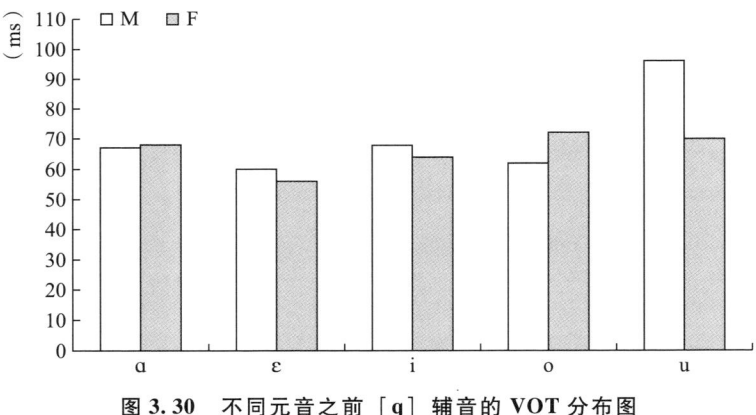

图 3.30 不同元音之前 [q] 辅音的 VOT 分布图

5. 辅音 [b]

5.1 声学语图特点

维吾尔语标准话 [b] 辅音是双唇浊塞音。图 3.32 为男发音人 [baldɑq] "扁担" 一词的三维语图。从图中 [b] 辅音的负 VOT 可以看出，维吾尔语 [b] 是较典型的浊辅音。

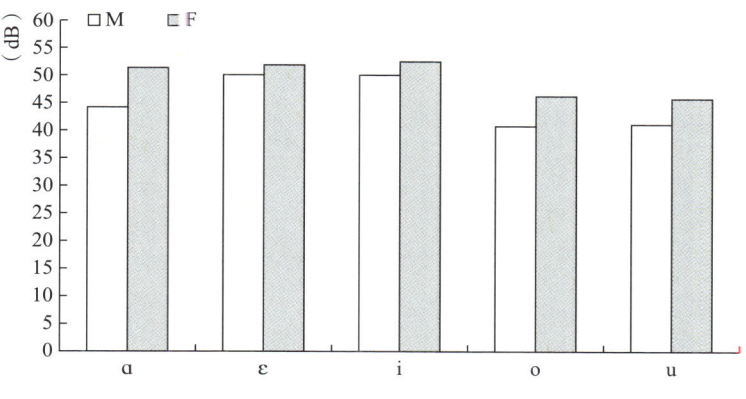

图 3.31 不同元音之前 [q] 辅音的音强分布图

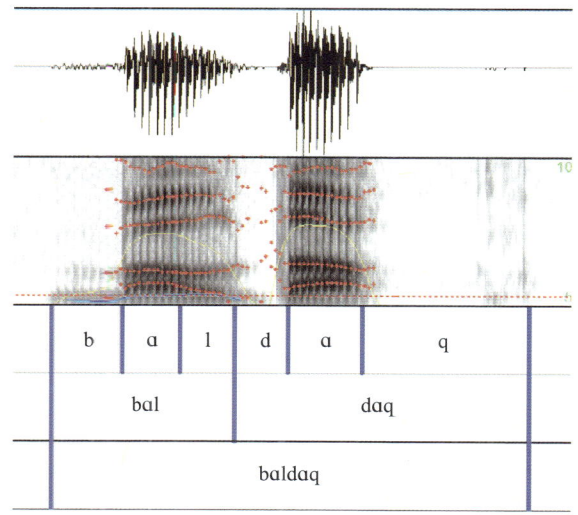

图 3.32 男发音人 [baldɑq] "扁担" 一词的三维语图

5.2 共振峰分布模式

表 3.14 为男女发音人 [b] 辅音的声学参数统计。该表中可以看到，男女发音人的 [b] 辅音都有负 VOT。其中，男发音人 VOT 时长比女发音人相对长。男女发音人 [b] 辅音三个共振峰频率的均值分别为 VF1 = 523 Hz（男），VF1 = 485 Hz（女）；VF2 = 1463 Hz（男），VF2 = 1711 Hz（女）；VF3 = 2469（男），VF3 = 2952 Hz（女）。显然，女发音人 [b] 辅音第一、第二共振峰频率比男发音人相对高。

表 3.14 [b] 辅音声学参数统计

	GAP		VOT		CA		VF1		VF2		VF3	
	M	F	M	F	M	F	M	F	M	F	M	F
平均值	61	60	-68	-38	57.05	58.62	523	485	1463	1711	2469	2952
标准差	44	49	51	38	9.83	7.18	247	263	323	322	378	274
变异系数	72	82	75	100	17	12	47	54	22	19	15	9

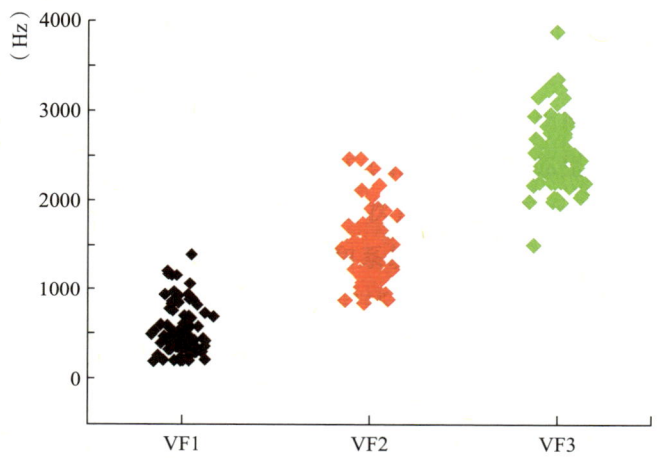

图 3.33-1 [b] 辅音第一至第三共振峰分布图（M）

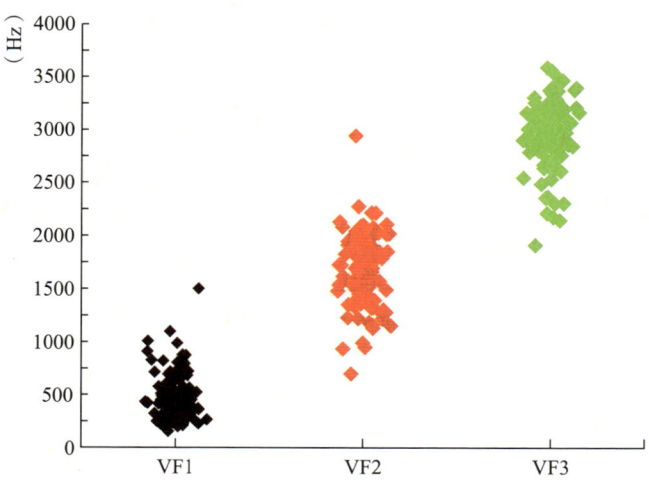

图 3.33-2 [b] 辅音第一至第三共振峰分布图（F）

图 3.33 为男女发音人 [b] 辅音第一至第三共振峰分布图。可以看出，男女发音人 [b] 辅音三个共振峰的频率浮动范围分别为，M：VF1 = 200Hz ~ 1000Hz，VF2 = 800Hz ~ 1800Hz，VF3 = 2000Hz ~ 3000Hz；F：VF1 = 250Hz ~ 800Hz，VF2 = 1200Hz ~ 2200Hz，VF3 = 2500Hz ~ 3500Hz。

5.3 词中位置与声学参数之间的关系

表 3.15 为男女发音人词中不同位置上 [b] 辅音的声学参数统计表。图 3.34 为词中不同位置上 [b] 辅音的 VOT 分布图，图 3.35 为词中不同位置 [b] 辅音的音强分布图。

表 3.15 – 1   词中不同位置上 [b] 辅音的声学参数统计 （M）

		VOT	CA	VF1	VF2	VF3
词首	平均值	-77	55.96	556	1453	2537
	标准差	57	9.81	278	365	372
	变异系数	74	18	50	25	15
词中音节首	平均值	-50	60.17	507	1499	2373
	标准差	12	5.27	204	91	202
	变异系数	24	9	40	6	9
词中音节末	平均值	-74	58.22	491	1422	2199
	标准差	54	12.14	192	251	420
	变异系数	73	21	39	18	19

表 3.15 – 2   词中不同位置上 [b] 辅音的声学参数统计 （F）

		VOT	CA	VF1	VF2	VF3
词首	平均值	-29	58.3	476	1700	2956
	标准差	32	5.99	223	328	302
	变异系数	110	10	47	19	10
词中音节首	平均值	-42	60.38	594	1779	2896
	标准差	17	3.02	508	496	218
	变异系数	40	5	86	28	8

续表

		VOT	CA	VF1	VF2	VF3
词中音节末	平均值	−76	54.5	585	1744	2884
	标准差	56	12.08	286	253	282
	变异系数	74	22	49	15	10

从表 3.15 和图 3.34 中可以看出，词中位置与［b］辅音声学参数之间具有一定的相关性。如，［b］辅音词中音节末 VOT 时长比其在词首和词中音节首 VOT 相对长（男发音人词首 VOT 时长例外）；词中音节首［b］辅音的音强比其他位置上的相对强。

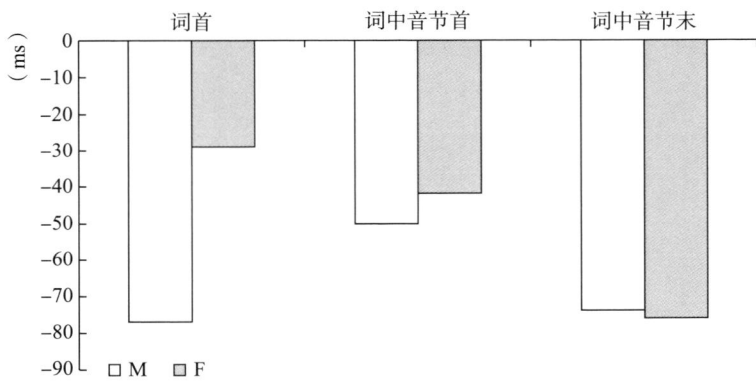

图 3.34　词中不同位置上［b］辅音的 VOT 均值分布图

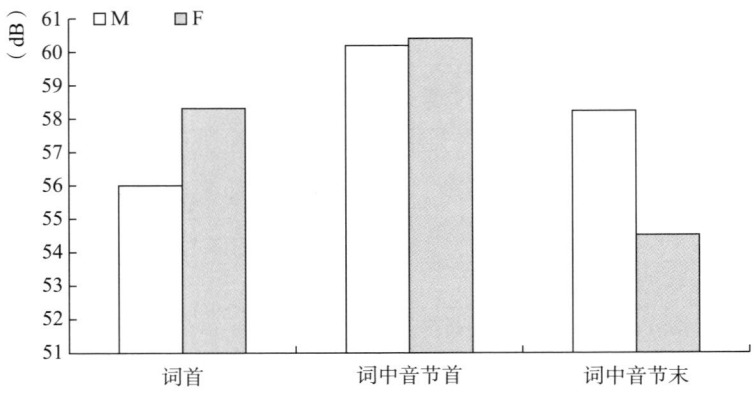

图 3.35　词中不同位置上［b］辅音的音强均值分布图

5.4 后置元音音质与声学参数之间的关系

表 3.16 为男女发音人不同元音之前 [b] 辅音的声学参数统计。图 3.36~3.37 为男女发音人不同元音之前 [b] 辅音的音长和音强均值分布图。从表 3.16 和图 3.36、图 3.37 中可以看出，[b] 辅音后置元音与其声学参数之间具有一定的相关性。如，前元音 [i, ɛ] 之前 [b] 辅音的第二共振峰频率（VF2）比其他元音之前的 VF2 相对高（女发音人的数据比较典型）。说明该辅音共振峰一定程度上受后续元音舌位前后的影响。

表 3.16 - 1　不同元音之前 [b] 辅音的声学参数统计（M）

		VOT	CA	VF1	VF2	VF3
bɑ	平均值	-67	55.31	773	1662	2860
	标准差	30	17.09	326	514	383
	变异系数	-45	31	42	31	13
bɛ	平均值	-32	61.8	431	1550	2467
	标准差	28	4.15	95	118	179
	变异系数	-88	7	22	8	7
bi	平均值	-105	57	451	1560	2354
	标准差	82	4.34	58	139	238
	变异系数	-78	8	13	9	10
bo	平均值	-66	58	550	1206	2407
	标准差	49	1.73	277	443	420
	变异系数	-74	3	50	37	17
bu	平均值	-51	53.17	498	1295	2411
	标准差	48	3.1	150	259	313
	变异系数	-94	6	30	20	13

表 3.16 - 2　不同元音之前 [b] 辅音的声学参数统计（F）

		VOT	CA	VF1	VF2	VF3
bɑ	平均值	-33	62.22	441	1591	2308
	标准差	21	4.06	154	151	68
	变异系数	-64	7	35	9	6

续表

		VOT	CA	VF1	VF2	VF3
bɛ	平均值	-41	60.5	500	1979	3023
bɛ	标准差	29	4.33	196	347	267
bɛ	变异系数	-71	7	39	18	9
bi	平均值	-46	60.8	450	2064	2976
bi	标准差	25	1.1	366	90	142
bi	变异系数	-54	2	81	4	5
bo	平均值	-37	53.71	541	1541	2996
bo	标准差	28	8.12	294	339	361
bo	变异系数	-76	15	54	22	12
bu	平均值	-48	54.6	658	1752	3258
bu	标准差	39	7.77	512	503	201
bu	变异系数	-81	14	78	29	6

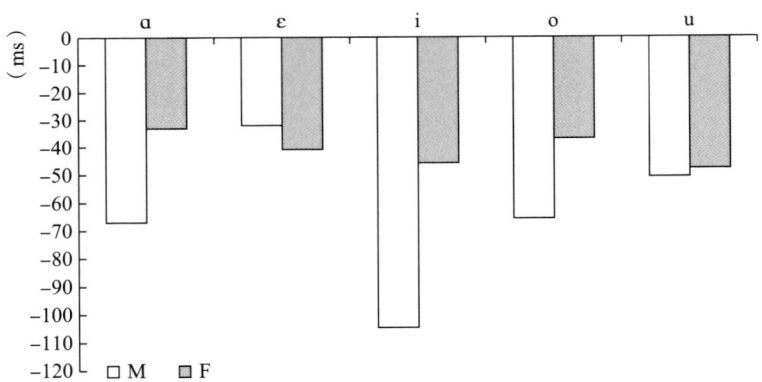

图 3.36 不同元音之前 [b] 的辅音 VOT 分布图

6. 辅音 [d]

6.1 声学语图特点

维吾尔语标准话 [d] 辅音是舌尖浊塞音。图 3.38 为男发音人 [dolqun] "浪潮"一词的三维语图。从图中 [d] 辅音的负 VOT 可以看出，维吾尔语 [d] 是较典型的浊辅音。

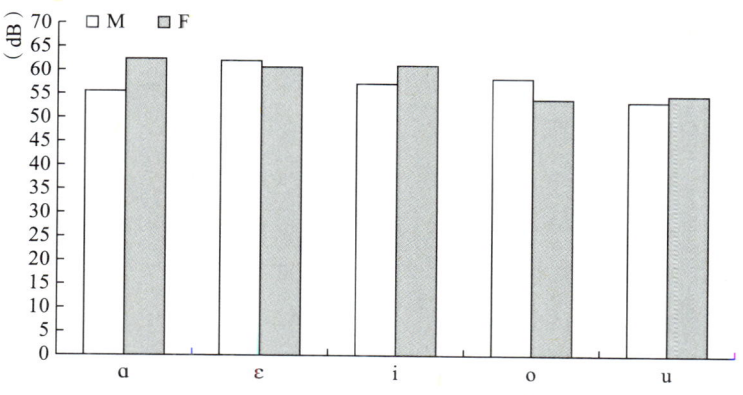

图 3.37　不同元音之前 [b] 辅音的音强分布图

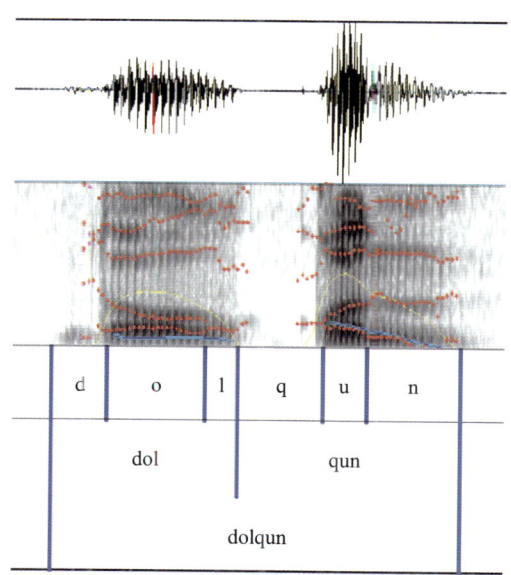

图 3.38　男发音人 [dolqun] "浪潮" 一词的三维语图

6.2　共振峰分布模式

表 3.17 为男女发音人 [d] 辅音的声学参数统计。我们从该表可以看到，男女发音人的 [d] 辅音都有负 VOT。男女发音人 [d] 辅音三个共振峰频率的均值分别为 VF1 = 488 Hz（M），VF1 = 524 Hz（F）；VF2 = 1566 Hz（M），VF2 = 1845 Hz（F）；VF3 = 2539（M），VF3 = 3122 Hz（F）。显然，女发音人 [d] 辅音前三个共振峰频率比男发音人相对高。

表 3.17　[d] 辅音声学参数统计

	GAP		VOT		CA		VF1		VF2		VF3	
	M	F	M	F	M	F	M	F	M	F	M	F
平均值	46	55	−51	−49	56.05	59.32	488	524	1566	1845	2539	3122
标准差	30	30	37	31	6.15	5.64	242	239	289	321	391	414
变异系数	65	55	−73	−63	11	10	12	46	18	1281	15	13

图 3.39 为男女两位发音人 [d] 辅音的第一至第三共振峰（VF1～VF3）分布图。该图显示，男女发音人 [d] 辅音三个共振峰的频率浮动范围分别为，M：VF1＝200Hz～1000Hz，VF2＝1200Hz～2200Hz，VF3＝2000Hz～3200Hz；F：VF1＝250Hz～1400Hz，VF2＝1500Hz～2500Hz，VF3＝2500Hz～3500Hz。

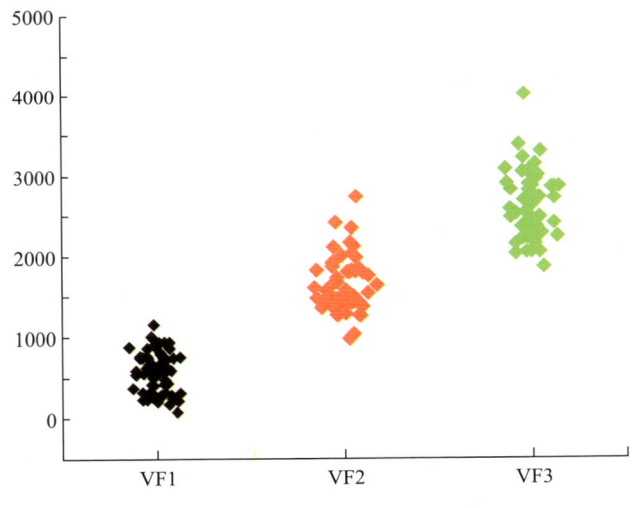

图 3.39−1　[d] 辅音共振峰分布图（M）

6.3　词中位置与声学参数之间的关系

表 3.18 为男女发音人词中不同位置上 [d] 辅音的声学参数统计。图 3.40 为词中不同位置上 [d] 辅音的 VOT 均值分布图，图 3.41 为词中不同位置上 [d] 辅音的音强均值分布图。从表 3.18 和图 3.41 中可以看出，词中位置与 [d] 辅音音强之间具有一定的相关性。如，[d] 辅音的音强随着词首→词中音节首→词中音节末相对变强。

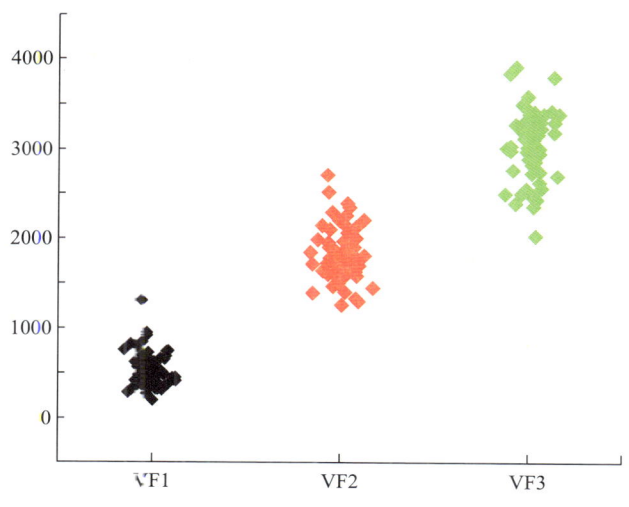

图 3.39-2　[d] 辅音共振峰分布图（F）

表 3.18-1　词中不同位置上 [d] 辅音的声学参数统计（M）

		VOT	CA	VF1	VF2	VF3
词首	平均值	-66	52.42	579	1629	2600
	标准差	51	6.34	215	323	394
	变异系数	77	12	789	20	15
词中音节首	平均值	-42	58.54	610	1557	2615
	标准差	11	3.62	355	313	441
	变异系数	26	6	58	20	17
词中音末	平均值	-34	59.08	314	1430	2376
	标准差	16	3.2	118	265	290
	变异系数	47	5	38	19	12

表 3.18-2　词中不同位置上 [d] 辅音的声学参数统计（F）

		VOT	CA	VF1	VF2	VF3
词首	平均值	-45	58.03	532	1815	2045
	标准差	38	5.17	192	292	392
	变异系数	84	9	36	16	13

续表

		VOT	CA	VF1	VF2	VF3
词中音节首	平均值	−51	59.58	580	1962	3199
	标准差	15	3.81	305	381	435
	变异系数	29	6	53	598	14
词中音节末	平均值	−42	61.67	444	1837	3224
	标准差	15	5.3	118	306	462
	变异系数	36	9	27	17	14

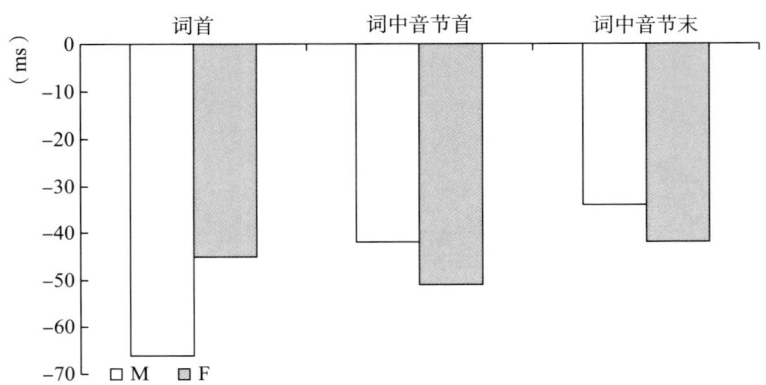

图 3.40　词中不同位置上 [d] 辅音的 VOT 均值分布图

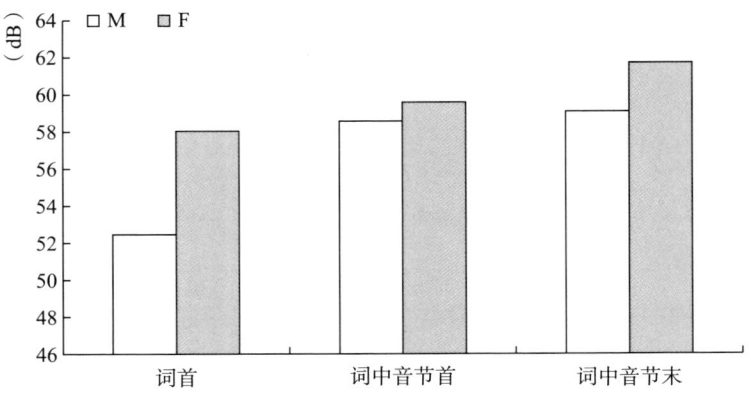

图 3.41　词中不同位置上 [d] 辅音的音强均值分布图

6.4 后置元音音质与声学参数之间的关系

表 3.19 为男发音人不同元音之前 [d] 辅音的声学参数统计。图 3.42 ~ 3.43 为两位发音人不同元音之前 [d] 辅音的 VOT 和音强分布图。从表 3.19 和图 3.42 ~ 3.43 中可以看出，[d] 辅音后置元音与声学参数之间具有一定的相关性。如，前元音 [i, ε] 之前 [d] 辅音的第二共振峰频率（VF2）比其他元音之前的 VF2 相对高。说明该辅音共振峰一定程度上受后续元音舌位前后的影响。

表 3.19 - 1　不同元音之前 [d] 辅音的声学参数统计（M）

		VOT	CA	VF1	VF2	VF3
dɑ	平均值	-102	57.1	489	1468	2292
	标准差	56	3.31	238	127	274
	变异系数	55	6	49	9	12
dε	平均值	-118	55.17	619	1788	2721
	标准差	17	4.96	211	247	391
	变异系数	14	9	34	14	14
di	平均值	-133	54.5	286	1568	2491
	标准差	38	9.19	35	392	478
	变异系数	29	17	12	25	19
do	平均值	-50	50.82	584	1587	2660
	标准差	51	4.71	233	236	295
	变异系数	102	9	40	15	11
du	平均值	-70	51.67	445	1419	2513
	标准差	28	8.39	323	10	227
	变异系数	40	16	73	1	9

表 3.19 - 2　不同元音之前 [d] 辅音的声学参数统计（F）

		VOT	CA	VF1	VF2	VF3
dɑ	平均值	-55	60.4	579	1809	3050
	标准差	41	5.02	200	234	414
	变异系数	75	8	35	13	14

续表

		VOT	CA	VF1	VF2	VF3
dɛ	平均值	-41	58.83	585	1665	2845
	标准差	33	4.71	184	299	405
	变异系数	80	8	31	18	14
di	平均值	-54	58	342	2274	3014
	标准差	38	5.66	24	99	33
	变异系数	70	10	7	4	1
do	平均值	-30	60.67	547	1769	3279
	标准差	28	2.65	301	372	252
	变异系数	93	4	55	21	8
du	平均值	-66	60	373	1798	3101
	标准差	59	2.83	25	567	387
	变异系数	89	5	7	32	12

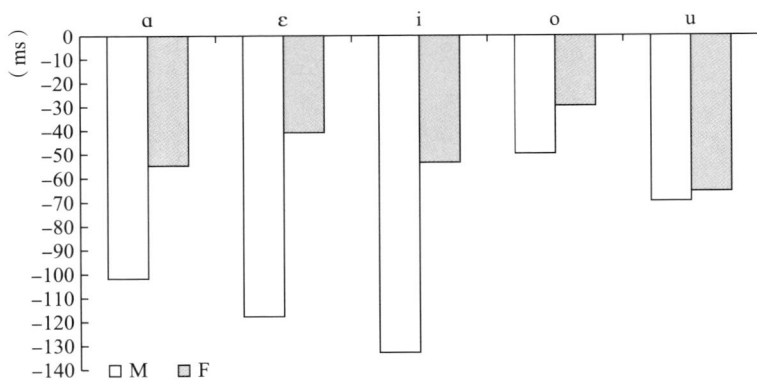

图 3.42　不同元音之前 [d] 辅音的 VOT 分布图

7. 辅音 [g]

7.1　声学语图特点

维吾尔语标准话 [g] 辅音是舌根浊塞音。图 4.44 为男发音人 [gɑz] "气体" 一词的三维语图。传统语言学文献中把该辅音描写为浊塞音。从图中 [g] 辅音的负 VOT 可以看出，维吾尔语 [g] 是较典型的浊辅音。

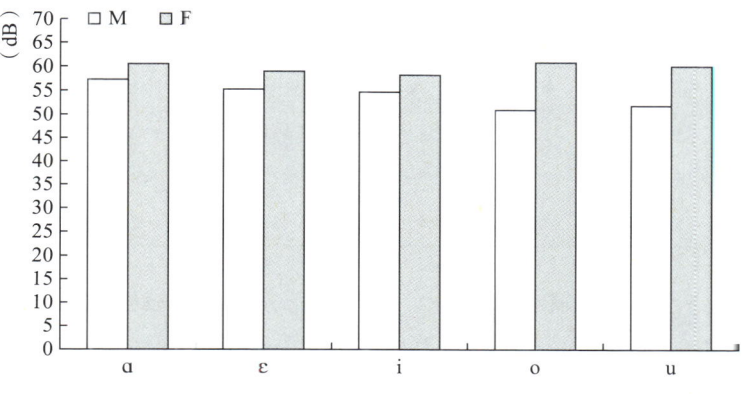

图 3.43　不同元音之前 [d] 辅音的音强分布图

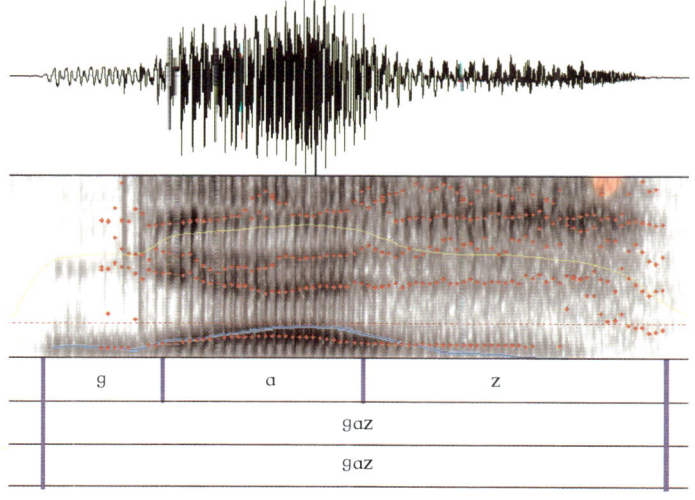

图 3.44　男发音人 [gɑz] "气体" 一词的三维语图

7.2　共振峰分布模式

表 3.20 为男女发音人 [g] 辅音声学参数统计。从该表中可以看到，男女发音人的 [g] 辅音都有负 VOT。男女发音人 [g] 辅音三个共振峰频率的均值分别为 VF1 = 431 Hz（M），VF1 = 544 Hz（F）；VF2 = 1774 Hz（M），VF2 = 2181 Hz（F）；VF3 = 2547（M），VF3 = 3089 Hz（F）。显然，女发音人 [g] 辅音前三个共振峰频率比男发音人相对高。

表 3.20　[g] 辅音声学参数统计

统计参数 统计项	GAP		VOT		CA		VF1		VF2		VF3	
	M	F	M	F	M	F	M	F	M	F	M	F
平均值	33	60	−35	−46	58.68	58.7	431	544	1774	2181	2547	3089
标准差	15	28	23	22	7.94	7.78	227	371	440	505	315	471
变异系数	45	47	−66	−48	14	13	53	68	25	23	12	15

图 3.45 为 [g] 辅音第一至第三共振峰分布图。该图显示，虽然女发音人的共振峰频率总体上略高于男性发音人，但男女发音人 [g] 辅音的共振峰分布模式基本相同。如，男女发音人 [g] 辅音三个共振峰的频率浮动范围分别为，M：VF1 = 250Hz ~ 750Hz，VF2 = 1200Hz ~ 2000Hz，VF3 = 2000Hz ~ 3000Hz；F：VF1 = 200Hz ~ 1000Hz，VF2 = 1500Hz ~ 2500Hz，VF3 = 2500Hz ~ 3500Hz。

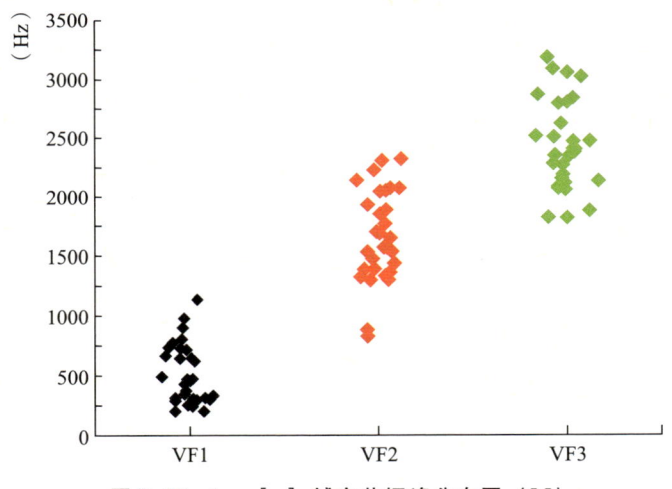

图 3.45 − 1　[g] 辅音共振峰分布图（M）

7.3　词中位置与声学参数之间的关系

表 3.21 为男女发音人词中不同位置上 [g] 辅音的声学参数统计。图 3.46 为词中不同位置上 [g] 辅音 VOT 音长分布图，图 3.47 为词中不同位置上 [g] 辅音音强分布图。从表 3.21 和图 3.46 ~ 3.47 中可以看出，词中位置与 [g] 辅音声学参数之间几乎没有相关性。

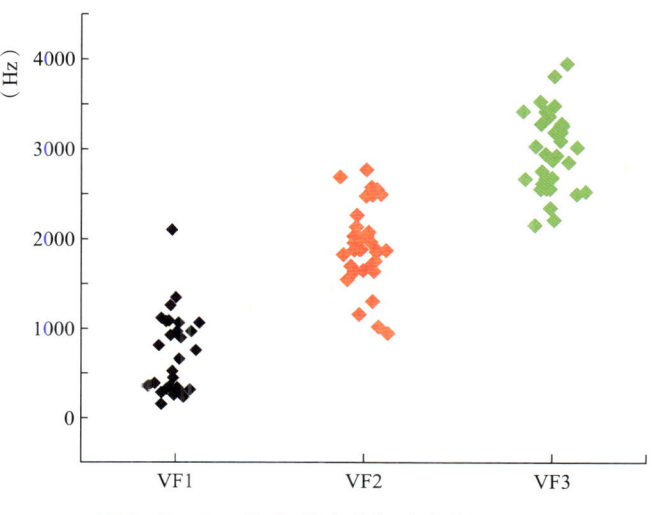

图 3.45－2　[g]辅音共振峰分布图（F）

表 3.21－1　词中不同位置上[g]辅音的声学参数统计（M）

		VOT	CA	VF1	VF2	VF3
词首	平均值	－42	59.15	517	1668	2433
	标准差	34	10.82	245	382	362
	变异系数	81	18	47	23	15
词中音节首	平均值	－33	58.44	409	1751	2543
	标准差	10	4.98	231	459	231
	变异系数	30	9	56	26	9
词中音节末	平均值	－28	55.8	271	1971	2533
	标准差	10	4.76	20	625	206
	变异系数	36	9	7	32	8

表 3.21－2　词中不同位置上[g]辅音的声学参数统计（F）

		VOT	CA	VF1	VF2	VF3
词首	平均值	－34	56.38	702	1919	2379
	标准差	25	9.44	456	453	139
	变异系数	74	17	65	24	15

续表

		VOT	CA	VF1	VF2	VF3
词中音节首	平均值	-59	60.22	440	2198	3003
	标准差	13	4.91	237	438	458
	变异系数	22	8	54	20	15
词中音节末	平均值	-50	57.57	470	2271	3173
	标准差	11	8.22	212	470	342
	变异系数	22	14	45	21	11

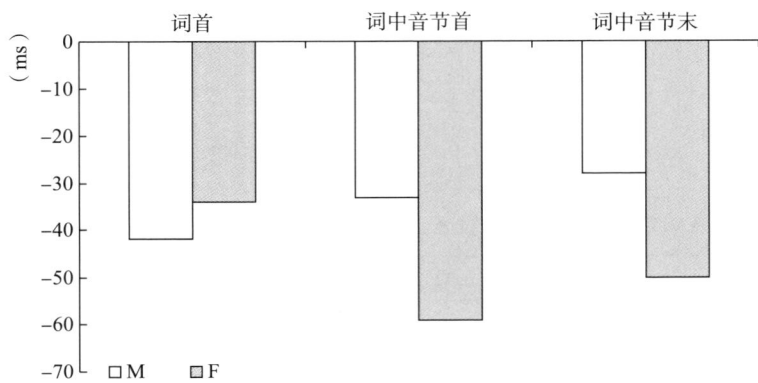

图 3.46 词中不同位置上 [ɡ] 辅音的 VOT 均值分布图

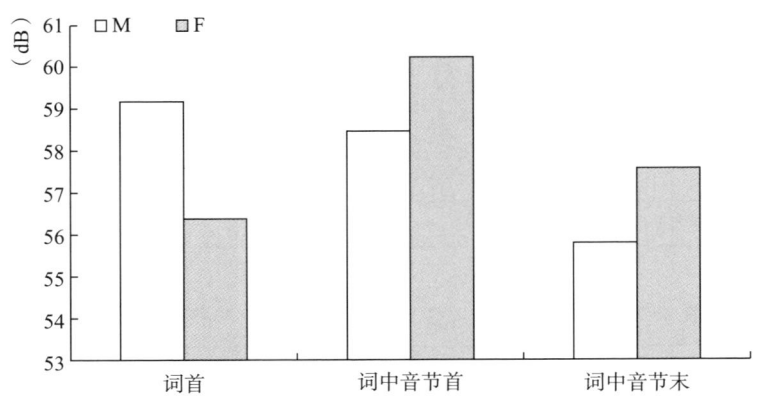

图 3.47 词中不同位置上 [ɡ] 辅音的音强均值分布图

7.4 后置元音音质与声学参数之间的关系

表 3.22 为男女发音人不同元音之前 [ɡ] 辅音的声学参数统计。图 3.48 ~

3.49 为男女发音人不同元音之前 [g] 辅音音长和音强的分布图。从该表中可以看出，后置元音与 [g] 辅音声学参数之间具有一定相关性。如，[g] 辅音在 [i, ε, y] 等前元音之前的第二共振峰频率（VF2）比后元音之前的共振峰频率相对高。说明 [g] 辅音在一定程度上受到其后置元音舌位的影响。

表 3.22 - 1 不同元音之前 [g] 辅音声学参数统计（M）

		VOT	CA	VF1	VF2	VF3
gɑ	平均值	-24	53	635	1355	2384
	标准差	12	7	177	38	505
	变异系数	50	13	28	3	21
gε	平均值	-46	59.67	294	1923	2362
	标准差	24	4.04	74	380	419
	变异系数	52	7	25	20	18
gi	平均值	-28	57.75	400	1786	2728
	标准差	17	7.93	165	567	111
	变异系数	61	14	41	32	4
go	平均值	-29	60.5	250	1222	2090
	标准差		13.44		459	374
	变异系数	0	22	0	38	18
gy	平均值	-52	56.88	321	1778	2469
	标准差	43	4.36	171	271	183
	变异系数	83	8	53	15	7

表 3.22 - 2 不同元音之前 [g] 辅音声学参数统计（F）

		VOT	CA	VF1	VF2	VF3
gɑ	平均值	-22	50.75	1166	1973	3070
	标准差	3	3.3	122	402	376
	变异系数	-14	7	10	20	12
gε	平均值	-40	57	443	2196	3318
	标准差	15	4	414	803	334
	变异系数	38	7	93	37	10

续表

		VOT	CA	VF1	VF2	VF3
gi	平均值	-48	63.6	272	2304	3228
	标准差	25	9.66	29	650	278
	变异系数	52	15	11	28	9
gɔ	平均值	-22	52.5	1220	1776	3251
	标准差	16	3.54	1240	1085	800
	变异系数	73	7	102	61	25
gy	平均值	-40	55.25	447	1966	2719
	标准差	19	7.69	440	120	335
	变异系数	48	14	98	6	12

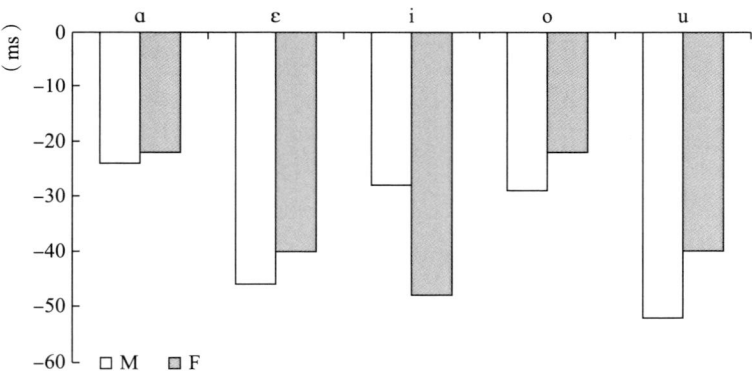

图 3.48　不同元音之前 [g] 辅音 VOT 分布图

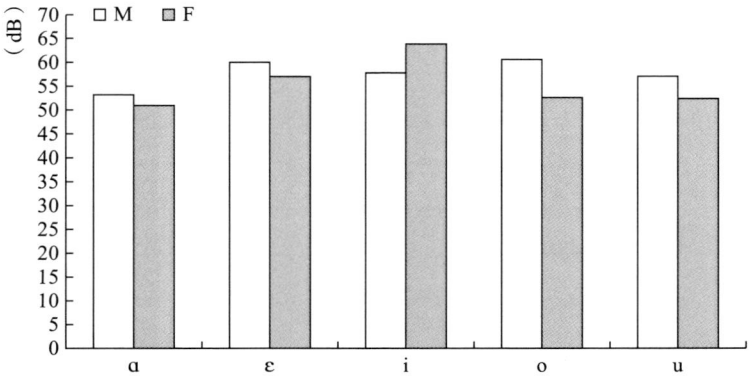

图 3.49　不同元音之前 [g] 辅音音强分布图

(三) 擦音

8. 辅音 [f]

8.1 声学语图特点

维吾尔语标准话 [f] 辅音是唇齿清擦音。这是借词辅音,维吾尔固有词里没有该辅音,出现频率相对低,为此不宜详细地统计分析。图 3.50 为男发音人 [fond] "基金" 一词的三维语图。

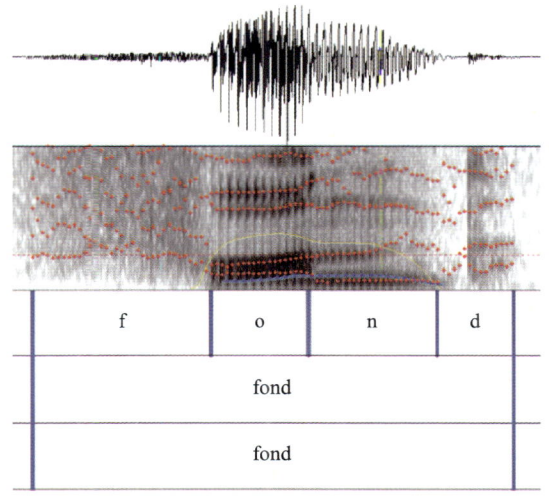

图 3.50 男发音人 [fond] "基金" 一词的三维语图

8.2 共振峰分布模式

表 3.23 为男女发音人 [f] 辅音声学参数统计。从该表中可以看到,男女发音人 [f] 辅音三个共振峰频率的均值分别为 CF1 = 894Hz(M),CF1 = 1230Hz(F);CF2 = 1502Hz(M),CF2 = 2079Hz(F);CF3 = 2213Hz(M),CF3 = 3064Hz(F)。显然,女发音人 [f] 辅音三个共振峰频率都比男发音人相对高。图 3.51 为男女发音人 [f] 辅音第一至第三共振峰(CF1,CF2,CF3)分布图。可以看出,男发音人 CF1 的变化范围在 700~1200Hz 之间,而女发音人的却在 1000~1500Hz 之间;男发音人 CF2 的变化范围在 1500~2000Hz 之间,而女发音人的却在 1700~2000Hz 之间;男发音人 CF3 的变化范围在 2000~2500Hz 之间,而女发音人的却在 2700~3200Hz 之间。

表 3.23　[f] 辅音声学参数统计

统计项	CF1		CF2		CF3	
	M	F	M	F	M	F
平均值	894	1230	1502	2079	2213	3064
标准差	154	199	320	245	350	250
变异系数	17	16	21	12	16	8

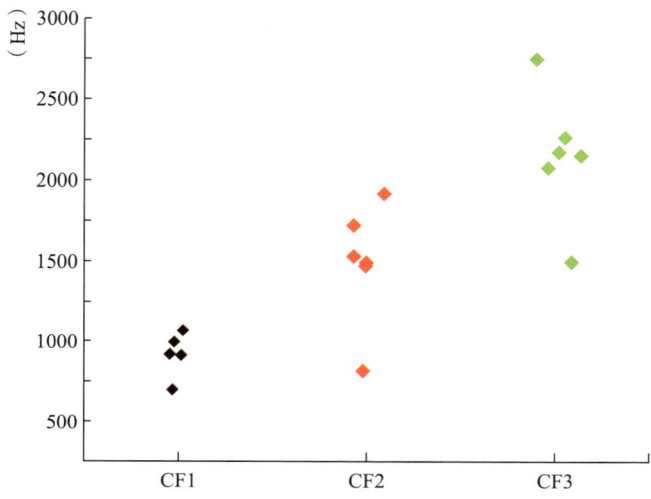

图 3.51－1　[f] 辅音共振峰分布图 (M)

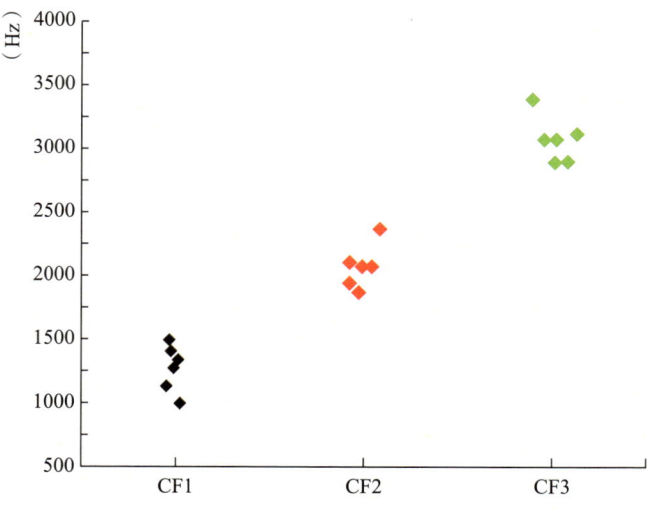

图 3.51－2　[f] 辅音共振峰分布图 (F)

9. 辅音 [s]

9.1 声学语图特点

维吾尔语标准话 [s] 辅音是舌尖清擦音。图 3.52 为男发音人 [sɑn] "数目"一词的三维语图。

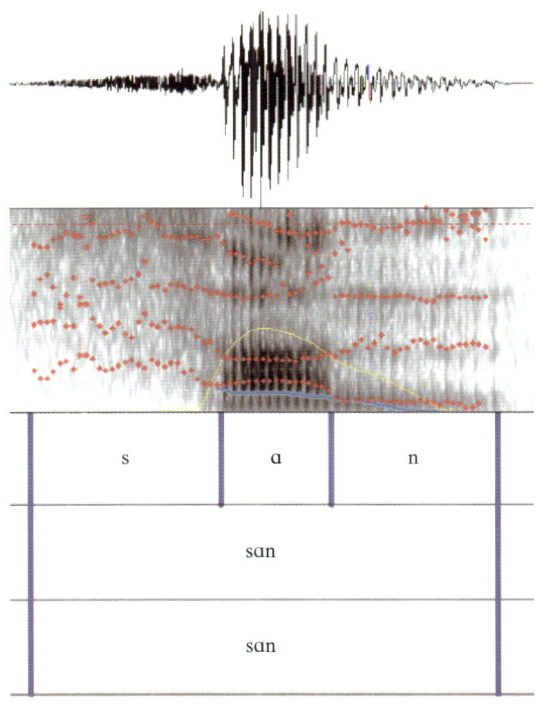

图 3.52 男发音人 [sɑn] "数目"一词的三维语图

9.2 共振峰分布模式

表 3.24 为男女发音人 [s] 辅音的声学参数统计，图 3.53 为男女发音人 [s] 辅音第一至第三共振峰分布图。从表中可以看出，男女发音人 [s] 辅音三个共振峰频率的均值分别为 CF1 = 871Hz（M），CF1 = 1080Hz（F）；CF2 = 1729Hz（M），CF2 = 2071Hz（F）；CF3 = 2685Hz（M），CF3 = 3189Hz（F）。显然，女发音人 [s] 辅音三个共振峰频率均值都比男发音人相对高。图 3.53 显示，男发音人的 CF1 变化范围为 600Hz~1200Hz 之间，而女发音人的却在 700Hz~1500Hz 之间；男发音人 CF2 的变化范围在 1300Hz~2000Hz 之间，而女发音人的却在 1500Hz~2700Hz 之间；男发音人 CF3 的变化范围

表 3.24　[s] 辅音声学参数统计

	COG		Dispersion		SKEW		CF1		CF2		CF3	
	M	F	M	F	M	F	M	F	M	F	M	F
平均值	6455	6532	1634	2288	-0.3	-0.9	871	1080	1729	2071	2685	3189
标准差	623	1311	446	512	0.6	0.9	107	222	188	285	333	314
变异系数	10	20	27	22	-215	-106	12	21	11	14	12	10

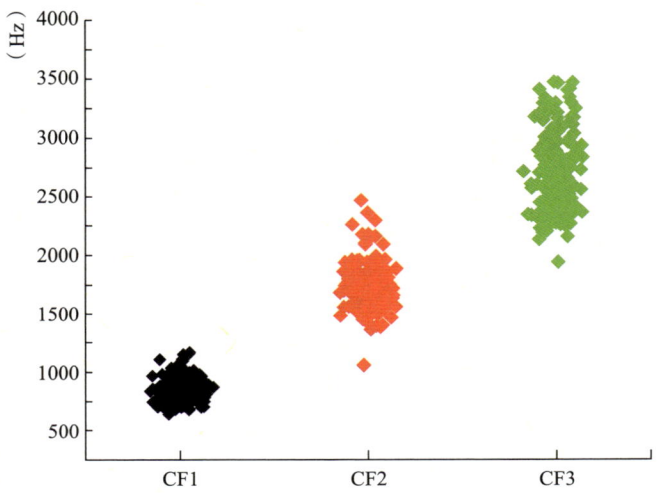

图 3.53-1　[s] 辅音共振峰分布图（M）

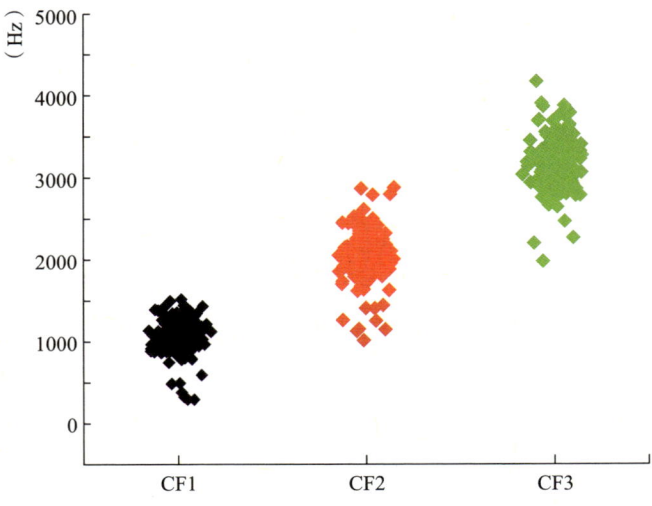

图 3.53-2　[s] 辅音共振峰分布图（F）

在 2200Hz~3500Hz 之间，而女发音人的却在 2500Hz~3800Hz 之间。

表 3.24 中我们还可以看到，男女发音人 [s] 辅音的 COG、Dispersion 和 SKEW 等三个谱参数的均值分别为 6455（M），6532（F）；1634（M），2288（F）；-0.3（M），-0.9（F）。请见图 3.54（[s] 辅音谱特征示意图）。

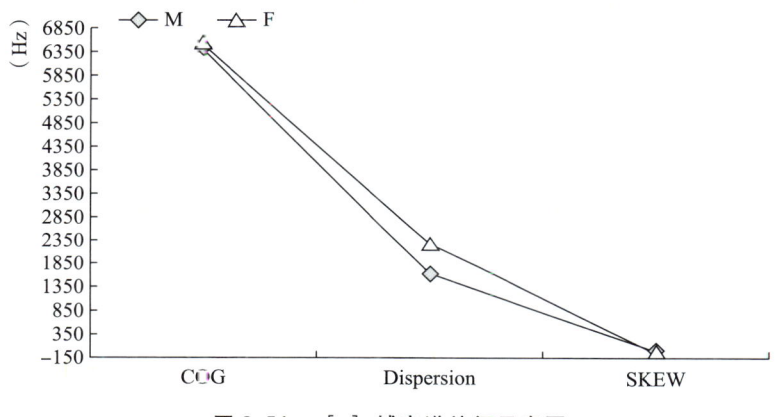

图 3.54　[s] 辅音谱特征示意图

9.3　词中位置与声学参数之间的关系

表 3.25 为男女发音人词中不同位置上 [s] 辅音的声学参数统计。图 3.55 为词中不同位置上 [s] 辅音的音强分布图。从图、表可知，词中位置与 [s] 辅音声学参数之间具有一定的相关性。如，[s] 辅音音强随着词首、词中音节首、词中音节末等词中位置的改变而相对变弱；词中音节末 [s] 辅音最长，词首为居中，词末最长。

表 3.25-1　词中不同位置上 [s] 辅音的声学参数统计（M）

		CD	CA	CF1	CF2	CF3
词首	平均值	159	50.66	869	1742	2698
	标准差	62	6.37	99	181	328
	变异系数	39	13	11	10	12
词中音节首	平均值	114	56.45	854	1692	2634
	标准差	16	3.03	113	130	333
	变异系数	14	5	13	8	13

续表

		CD	CA	CF1	CF2	CF3
词中音节末	平均值	185	57.71	890	1742	2567
	标准差	61	3.75	110	184	354
	变异系数	33	6	12	11	14

表 3.25－2　词中不同位置上 [s] 辅音的声学参数统计（F）

		CD	CA	CF1	CF2	CF3
词首	平均值	153	44.99	1077	2073	3194
	标准差	59	5.59	205	289	302
	变异系数	39	12	19	14	9
词中音节首	平均值	112	47.7	1109	2036	3142
	标准差	20	3.6	179	207	303
	变异系数	18	8	16	10	10
词中音节末	平均值	219	49.88	1115	2207	3207
	标准差	88	4.16	360	305	452
	变异系数	40	8	32	14	14

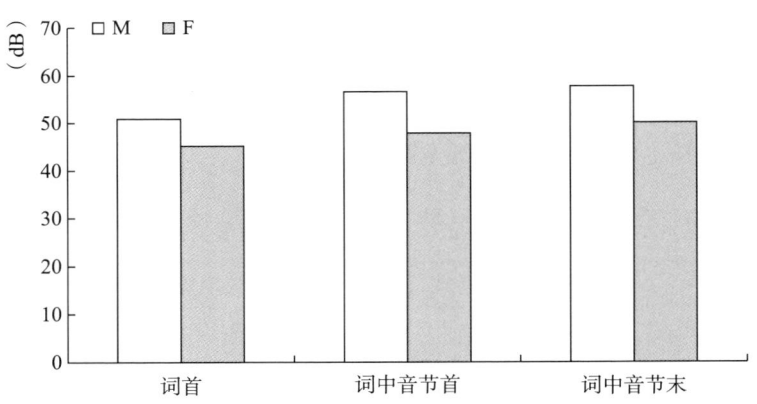

图 3.55　词中不同位置上 [s] 辅音的音强均值分布图

9.4　后置元音音质与声学参数之间的关系

表 3.26 为男女发音人不同元音之前 [s] 辅音声学参数统计。图 3.56 为男女发音人不同元音之前 [s] 辅音音强分布图。从图、表中可以看出，

后置元音音质与［s］辅音声学参数之间具有一定的相关性。与其他几个辅音一样［s］辅音在闭、圆唇元音［u］之前的音强明显比其他元音之前的弱。

表 3.26－1　不同元音之前［s］辅音的声学参数统计（M）

		CD	CA	CF1	CF2	CF3
sɑ	平均值	191	47.78	862	1785	2691
	标准差	26	3.15	71	165	344
	变异系数	14	7	8	9	13
sɛ	平均值	192	49.57	835	1684	2528
	标准差	29	3.41	99	134	171
	变异系数	15	7	12	8	7
si	平均值	223	49.56	796	1661	2469
	标准差	26	3.13	48	153	163
	变异系数	12	6	6	9	7
so	平均值	226	46.5	838	1778	2826
	标准差	31	2.59	107	43	305
	变异系数	14	6	13	2	11
su	平均值	161	40.6	907	1750	2856
	标准差	51	2.51	81	65	137
	变异系数	32	6	9	4	5

表 3.26－2　不同元音之前［s］辅音的声学参数统计（F）

		CD	CA	CF1	CF2	CF3
sɑ	平均值	120	46	1132	2122	3118
	标准差	48	2.35	174	225	194
	变异系数	40	5	15	11	6
sɛ	平均值	101	44.29	1071	2070	3014
	标准差	52	1.5	259	214	148
	变异系数	51	3	24	10	5

续表

		CD	CA	CF1	CF2	CF3
si	平均值	182	44.89	1178	2211	3293
	标准差	14	2.98	163	352	314
	变异系数	8	7	14	16	10
so	平均值	190	40.67	946	2024	3301
	标准差	11	0.82	365	109	179
	变异系数	6	2	39	5	5
su	平均值	173	40	998	1996	3392
	标准差	35	1.58	37	253	192
	变异系数	20	4	4	13	6

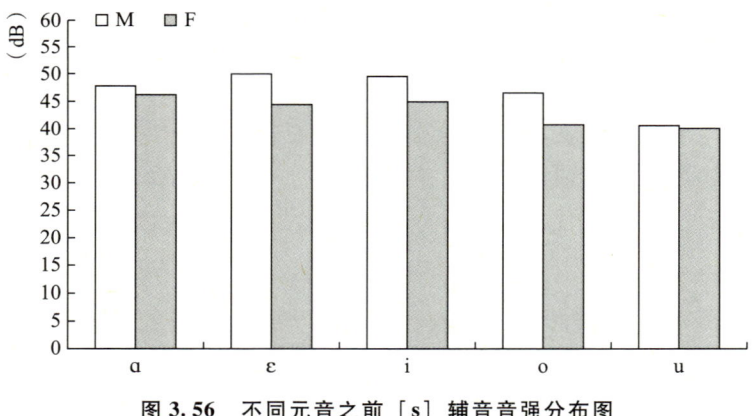

图 3.56 不同元音之前 [s] 辅音音强分布图

10. 辅音 [ʃ]

10.1 声学语图特点

维吾尔语标准话 [ʃ] 辅音是舌面清擦音。图 3.57 为男发音人 [ʃɛrq] "东方" 一词的三维语图。这是该辅音比较典型的语图。

10.2 共振峰分布模式

表 3.27 为男女发音人 [ʃ] 辅音声学参数统计,图 3.58 为男女发音人 [ʃ] 辅音第一至第三共振峰分布图。从表中可以看出,男女发音人 [ʃ] 辅音三个共振峰频率的均值分别为 CF1 = 1050Hz(M),CF1 = 1243Hz(F);

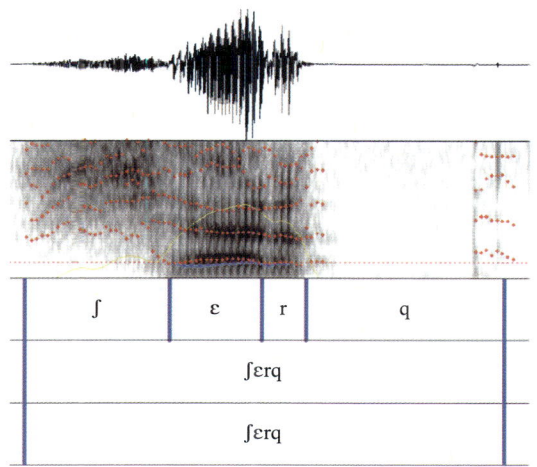

图 3.57　男发音人 [ʃɛrq] "东方" 一词的三维语图

CF2 = 2470 Hz（M），CF2 = 2435 Hz（F）；CF3 = 2768 Hz（M），CF3 = 3305 Hz（F）。显然，女发音人 [ʃ] 辅音第一、第三共振峰频率均值比男发音人相对高。图 3.58 显示，男发音人的 CF1 变化范围为 500 Hz～1500 Hz 之间，而女发音人的却在 700 Hz～2000 Hz 之间；男发音人 CF2 的变化范围在 1200 Hz～2200 Hz 之间，而女发音人的却在 1700 Hz～2700 Hz 之间；男发音人 CF3 的变化范围在 2500 Hz～3000 Hz 之间，而女发音人的却在 2700 Hz～3700 Hz 之间。表 3.27 中我们还可以看到，男女发音人 [ʃ] 辅音的 COG、Dispersion 和 SKEW 等三个谱参数的均值分别为 3963（M）、4542（F），1323（M）、1330（F），-1.3（M）、-0.8（F）。女发音人 [ʃ] 辅音的 COG 值比男发音人相对高。

表 3.27　[ʃ] 辅音声学参数统计

	COG		Dispersion		SKEW		CF1		CF2		CF3	
	M	F	M	F	M	F	M	F	M	F	M	F
平均值	3963	4542	1323	1330	-1.3	-0.8	1050	1243	2470	2435	2768	3305
标准差	278	639	248	238	0.7	0.6	251	266	552	315	206	291
变异系数	7	14	19	18	55	84	24	21	346	13	7	9

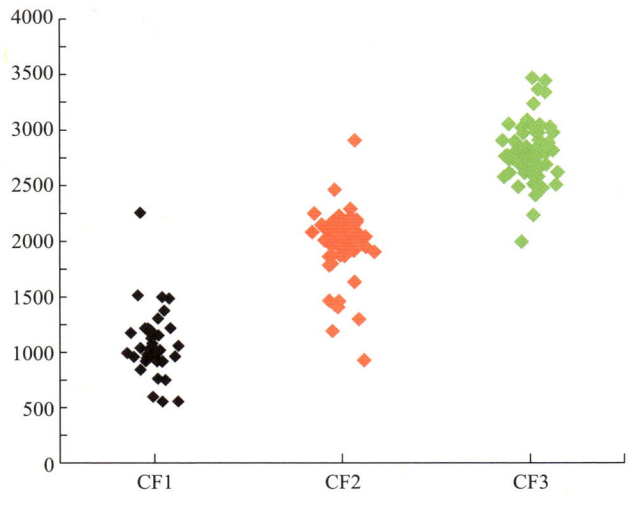

图 3.58 – 1　［ʃ］辅音共振峰分布模式图（M）

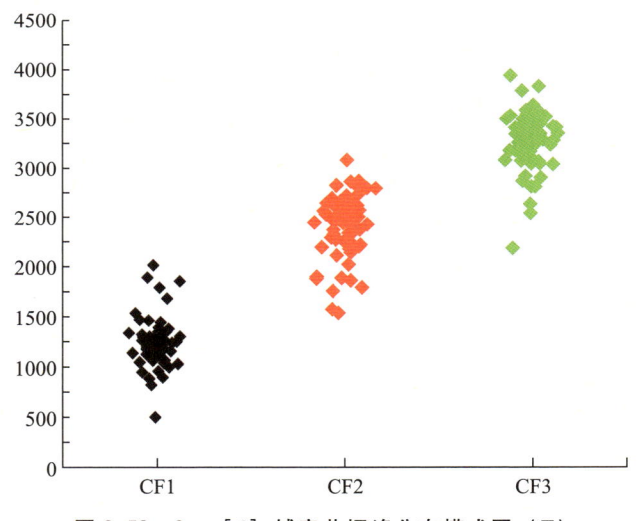

图 3.58 – 2　［ʃ］辅音共振峰分布模式图（F）

10.3　词中位置与声学参数之间的关系

表 3.28 为男女发音人词中不同位置上［ʃ］辅音的声学参数统计。图 3.60 为词中不同位置上［ʃ］辅音音强均值分布图。从图、表中可知，词中位置与［ʃ］辅音声学参数之间具有一定的相关性。如，［ʃ］音长受到词中位置的影响。词中音节末［ʃ］的音长最长，词中音节首最短；词首［ʃ］辅音音强比其他位置上的音强相对弱。

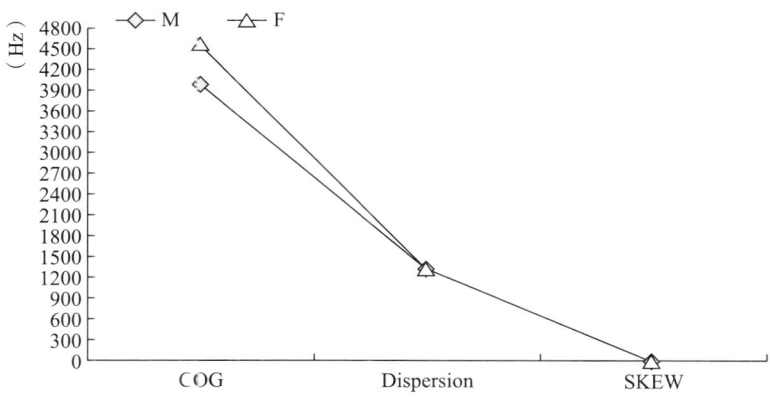

图 3.59 [ʃ] 辅音谱特征示意图

表 3.28 - 1　词中不同位置上 [ʃ] 辅音的声学参数统计 （M）

		CD	CA	CF1	CF2	CF3
词首	平均值	188	53.57	1074	1972	2786
	标准差	70	4.92	301	286	250
	变异系数	37	9	28	15	9
词中音节首	平均值	100	57.48	884	1950	2798
	标准差	20	3.14	215	213	156
	变异系数	20	5	24	11	6
词中音节末	平均值	214	56.38	1083	1735	2742
	标准差	43	2.8	140	150	191
	变异系数	20	5	13	4	7

表 3.28 - 2　词中不同位置上 [ʃ] 辅音的声学参数统计 （F）

		CD	CA	CF1	CF2	CF3
词首	平均值	187	54.59	1243	2435	3305
	标准差	66	4.16	266	315	291
	变异系数	35	8	21	13	9
词中音节首	平均值	112	57.29	1162	2368	3224
	标准差	28	3.04	368	314	298
	变异系数	25	5	32	13	9

续表

		CD	CA	CF1	CF2	CF3
词中音节末	平均值	241	58.27	1253	2366	3233
	标准差	55	2.89	184	251	224
	变异系数	23	5	15	11	7

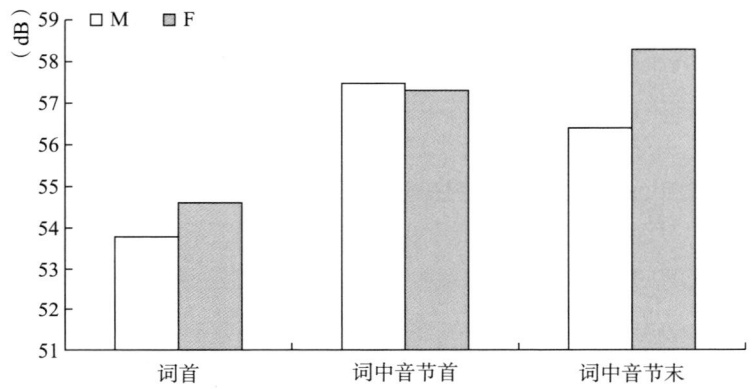

图 3.60　词中不同位置上 [ʃ] 辅音的音强均值分布图

10.4　后置元音音质与声学参数之间的关系

表 3.29 为男女发音人不同元音之前 [ʃ] 辅音的声学参数统计。图 3.61 为两位发音人不同元音之前 [ʃ] 辅音音强均值分布图。图 3.61 显示，[u] 元音之前 [ʃ] 辅音的音强比其他元音之前的音强相对强。

表 3.29 - 1　不同元音之前 [ʃ] 辅音声学参数统计（M）

		CD	CA	CF1	CF2	CF3
ʃɑ	平均值	183	49	1425	2113	2770
	标准差	22	2.16	738	651	593
	变异系数	12	4	52	31	21
ʃɛ	平均值	185	49.67	906	1966	3020
	标准差	17	7.37	438	96	301
	变异系数	9	15	48	5	10

续表

		CD	CA	CF1	CF2	CF3
ʃi	平均值	157	52.43	1060	2048	2916
	标准差	22	2.76	231	62	276
	变异系数	14	5	22	3	9

表3.29 -2 不同元音之前 [ʃ] 辅音声学参数统计 （F）

		CD	CA	CF1	CF2	CF3
ʃɑ	平均值	167	51	1468	2603	3476
	标准差	16	3.16	287	375	307
	变异系数	10	6	20	14	9
ʃɛ	平均值	184	51.33	1535	2596	3576
	标准差	6	4.04	453	215	310
	变异系数	3	8	30	8	9
ʃi	平均值	202	51.33	1146	2797	3460
	标准差	14	2.52	123	95	174
	变异系数	7	5	11	3	5

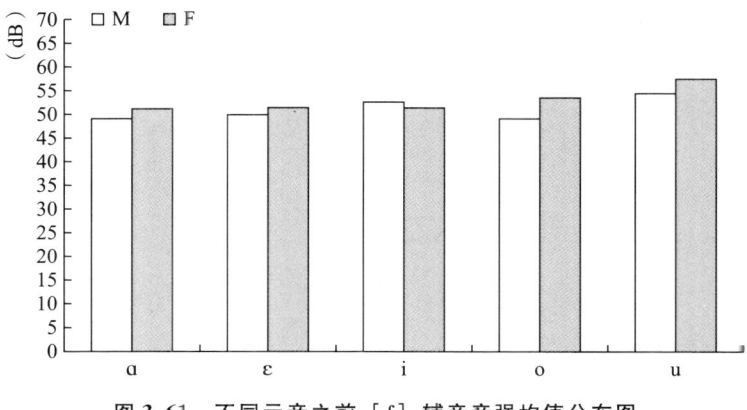

图3.61 不同元音之前 [ʃ] 辅音音强均值分布图

11. 辅音 [χ]

11.1 声学语图特点

维吾尔语标准话 [χ] 辅音是小舌清擦音。图3.62为男发音人 [χɛt]

"书信"一词的三维语图。这是 [χ] 辅音比较典型的语图。

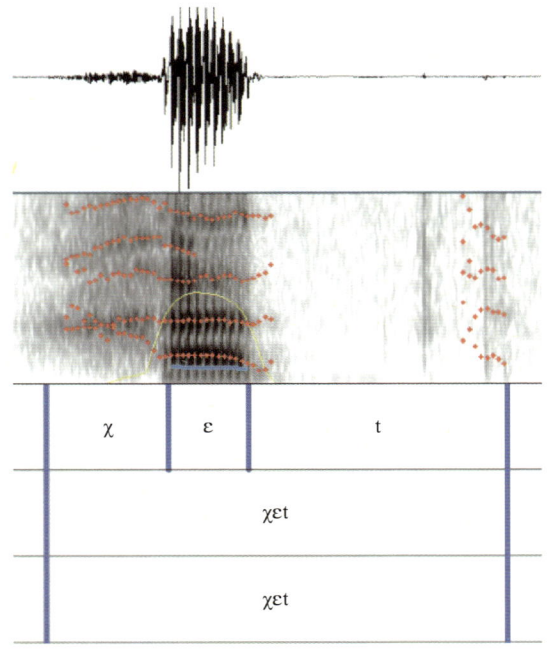

图 3.62 男发音人 [χɛt] "书信"一词的三维语图

11.2 共振峰分布模式

表 3.30 为男女发音人 [χ] 辅音声学参数统计，图 3.63 为两位发音人 [χ] 辅音第一至第三共振峰分布图。从表中可以看出，两位发音人 [χ] 辅音三个共振峰频率的均值分别为 CF1 = 899 Hz（男），CF1 = 1123 Hz（女）；CF2 = 1350 Hz（男），CF2 = 1611 Hz（女）；CF3 = 2536 Hz（男），CF3 = 3327 Hz（女）。显然，女发音人 [χ] 辅音三个共振峰频率均值比男发音人相对高。图 3.63 显示，男发音人的 CF1 变化范围为 700 Hz ~ 1700 Hz

表 3.30 [χ] 辅音声学参数统计

	COG		Dispersion		SKEW		CF1		CF2		CF3	
	M	F	M	F	M	F	M	F	M	F	M	F
平均值	1897	1901	1588	1557	2.19	2.08	899	1123	1350	1611	2536	3327
标准差	542	558	508	469	1.12	1.06	165	251	255	266	471	445
变异系数	29	29	32	30	51	51	18	22	19	17	19	13

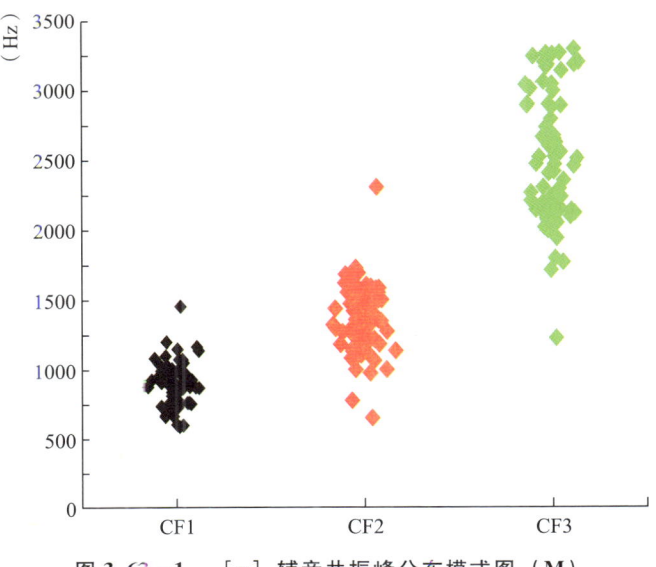

图 3.63-1　[χ] 辅音共振峰分布模式图（M）

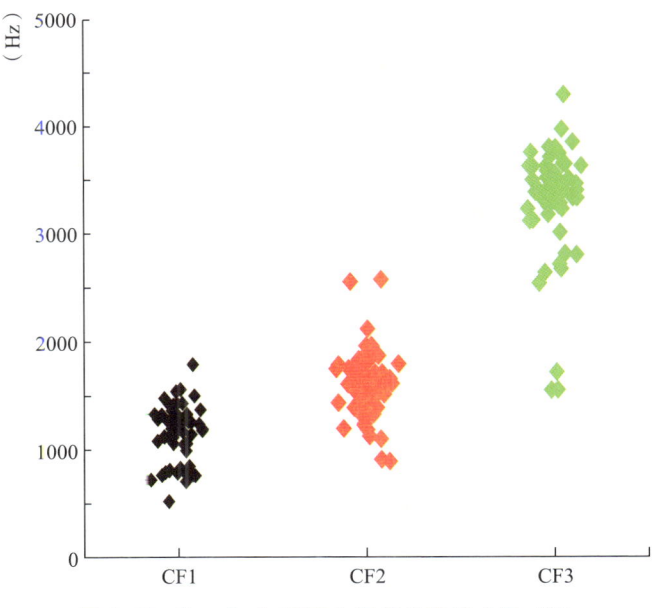

图 3.63-2　[χ] 辅音共振峰分布模式图（F）

之间，而女发音人的却在 700~1900Hz 之间；男发音人 CF2 的变化范围在 1000~2000Hz 之间，而女发音人的却在 1100~2500Hz 之间；男发音人 CF3 的变化范围在 2000~3500Hz 之间，而女发音人的却在 3000~4500Hz 之间。

男女发音人 [χ] 辅音的谱特征基本相同。图 3.64 中我们还可以看到，男女发音人 [χ] 辅音的 COG、Dispersion 和 SKEW 等三个谱参数的均值分别为 1897Hz（M）、1901Hz（F），1588Hz（M）、1557Hz（F），2.19（M）、2.08（F）。

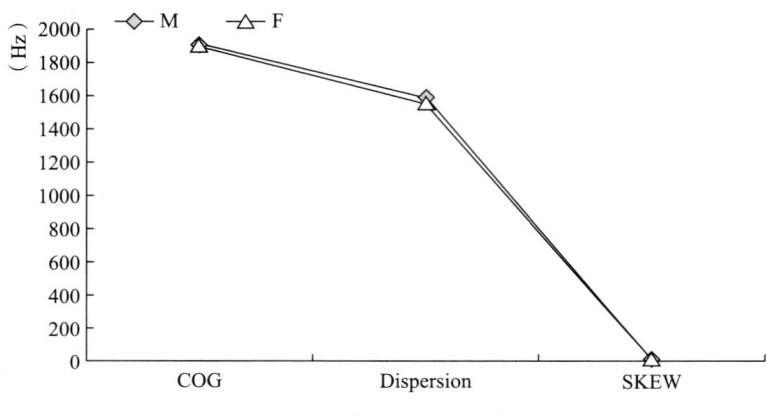

图 3.64　辅音谱特征示意图

11.3　词中位置与声学参数之间的关系

表 3.31 为男女发音人词中不同位置上 [χ] 辅音的声学参数统计。图 3.65 为词中不同位置上 [χ] 辅音音强分布图。从表可知，词首 [χ] 辅音最弱，词中音节首 [χ] 辅音最强。

表 3.31-1　词中不同位置上 [χ] 辅音声学参数统计（M）

		CD	CA	CF1	CF2	CF3
词首	平均值	113	46.27	910	1352	2503
	标准差	58	6.41	165	242	465
	变异系数	51	14	18	18	19
词中音节首	平均值	87	53	804	1445	2871
	标准差	19	6.22	169	452	340
	变异系数	22	12	21	31	12
词中音节末	平均值	96	50.25	886	1326	2638
	标准差	16	3.59	145	112	595
	变异系数	17	7	16	8	23

表 3.31-2　词中不同位置上 [χ] 辅音声学参数统计 (F)

		CD	CA	CF1	CF2	CF3
词首	平均值	129	45.42	1125	1608	3339
	标准差	39	4.96	256	277	456
	变异系数	30	11	23	17	14
词中音节首	平均值	96	51.12	1107	1639	3370
	标准差	21	6.29	286	268	367
	变异系数	22	12	26	16	11
词中音节末	平均值	120	45	1082	1586	3160
	标准差	16	2	183	49	494
	变异系数	13	4	17	3	16

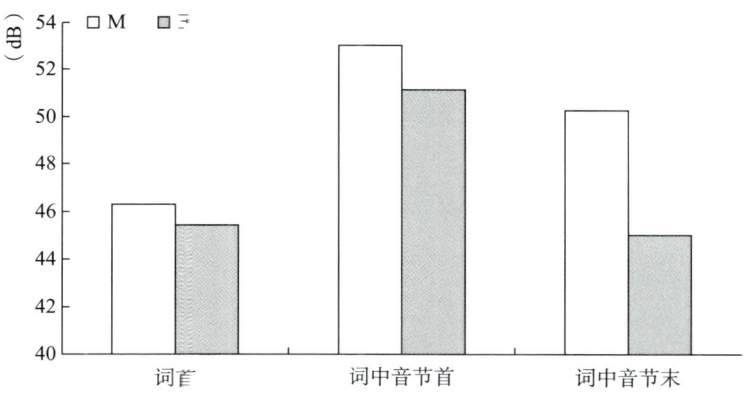

图 3.65　词中不同位置上 [χ] 辅音音强均值分布图

11.4　后置元音音质与声学参数之间的关系

表 3.32 为两位发音人不同元音之前 [χ] 辅音声学参数统计。图 3.66 为男女发音人不同元音之前 [χ] 辅音音强均值分布图。从这些图和数据看，

表 3.32-1　不同元音之前 [χ] 辅音声学参数统计 (M)

		CD	CA	CF1	CF2	CF3
χɑ	平均值	104	45.93	949	1274	2666
	标准差	45	4.91	63	117	407
	变异系数	43	11	7	9	15

续表

		CD	CA	CF1	CF2	CF3
χε	平均值	158	43.5	969	1506	2194
	标准差	24	2.52	74	71	55
	变异系数	15	6	8	5	3
χi	平均值	112	44.8	1060	1541	2236
	标准差	55	3.42	99	71	336
	变异系数	49	8	9	5	15
χo	平均值	56	45	693	1152	2366
	标准差	31	3.56	83	82	205
	变异系数	55	8	12	7	9
χu	平均值	155	42.6	656	1382	2516
	标准差	52	5.94	54	384	371
	变异系数	34	14	8	28	15

表 3.32 – 2　不同元音之前 [χ] 辅音声学参数统计 (F)

		CD	CA	CF1	CF2	CF3
χɑ	平均值	139	42	1212	1498	3475
	标准差	18	1.81	46	267	129
	变异系数	13	4	4	18	4
χε	平均值	150	42.5	1345	1762	3545
	标准差	8	1.29	173	25	386
	变异系数	5	3	13	1	11
χi	平均值	93	44.5	1177	1699	3172
	标准差	19	4.81	125	117	291
	变异系数	20	11	11	7	9
χo	平均值	140	40	790	1280	3024
	标准差	22	2.55	28	347	827
	变异系数	16	6	4	27	27

续表

		CD	CA	CF1	CF2	CF3
χu	平均值	115	40.86	795	1511	3373
	标准差	42	3.08	22	112	107
	变异系数	37	8	3	7	3

[χ]辅音的共振峰 CF2 在一定程度上受到后续元音的影响，在 [i] 元音之前较高，在其他元音之前相对低。

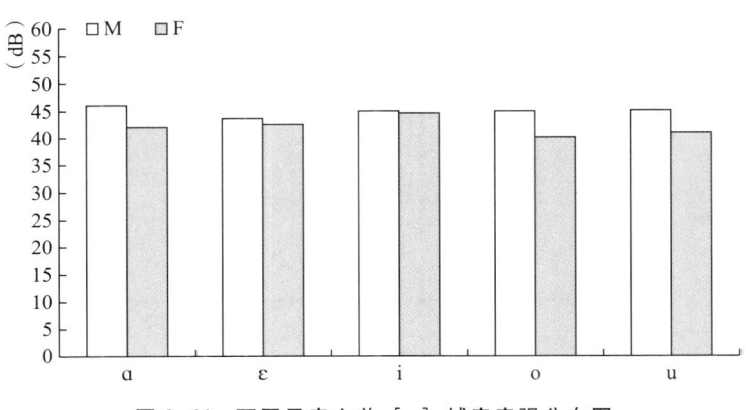

图 3.66　不同元音之前 [χ] 辅音音强分布图

12. 辅音 [h]

12.1　声学语图特点

维吾尔语学界认为，/ɦ/辅音有 [ɦ] 和 [h] 等两种变体。其中，浊擦音 [ɦ] 为典型变体。在我们数据库中没有出现浊辅音 [ɦ]。请见图 3.67 为男发音人 [hariwa] "车子" 一词的三维语图。

12.2　共振峰分布模式

表 3.33 为男女发音人 [h] 辅音声学参数统计，图 3.68 为两位发音人 [h] 辅音第一至第三共振峰分布模型图。从表中可以看出，两位发音人 [h] 辅音三个共振峰频率的均值分别为 CF1 = 629Hz（男），CF1 = 871Hz（女）；CF2 = 1472Hz（男），CF2 = 1905Hz（女）；CF3 = 2567Hz（男），CF3 = 3214Hz（女）。显然，女发音人 [h] 辅音三个共振峰频率均值比男发音人相对高。图 3.68 显示，男发音人的 CF1 变化范围为 200Hz ~ 800Hz 之间，而女发音人的却在 500Hz ~ 1200Hz 之间；男发音人 CF2 的变化范围

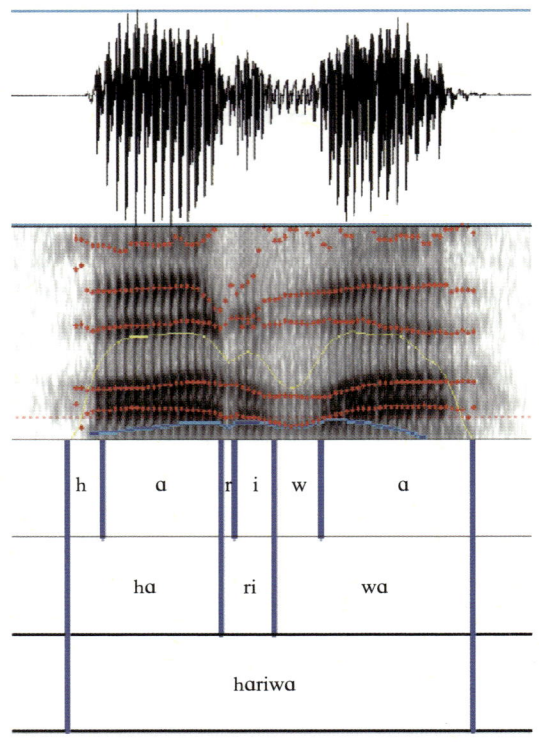

图 3.67 男发音人 [hariwa] "车子" 一词的三维语图

在 700Hz～1700Hz 之间，而女发音人的却在 1200Hz～2500Hz 之间；男发音人 CF3 的变化范围在 2200Hz～3000Hz 之间，而女发音人的却在 2700Hz～3700Hz 之间。两位发音人 [h] 辅音的谱特征基本相同。在表 3.33 中我们还可以看到，男女发音人 [h] 辅音的 COG、Dispersion 和 SKEW 等三个谱参数的均值分别为 747Hz（M），962Hz（F）；832Hz（M），1046Hz（F）；4.3（M），4.4（F）。显然，女发音人的 COG 和 Dispersion 值比男发音人相对高。请见图 3.69。

表 3.33　[h] 辅音声学参数统计

	COG		Dispersion		SKEW		CF1		CF2		CF3	
	M	F	M	F	M	F	M	F	M	F	M	F
平均值	747	962	832	1046	4.3	4.4	629	871	1472	1905	2567	3214
标准差	580	535	476	458	2.3	3	189	246	410	433	360	267

续表

	COG		Dispersion		SKEW		CF1		CF2		CF3	
	M	F	M	F	M	F	M	F	M	F	M	F
变异系数	78	56	57	44	53	67	30	28	28	23	14	8

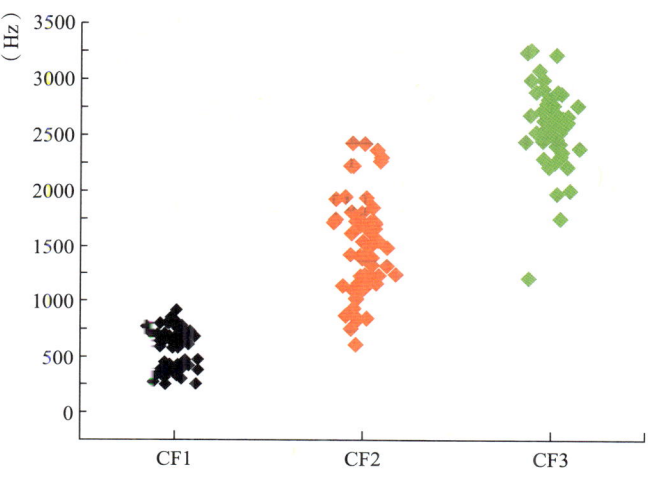

图 3.68-1　[ɦ] 辅音共振峰分布模式图（M）

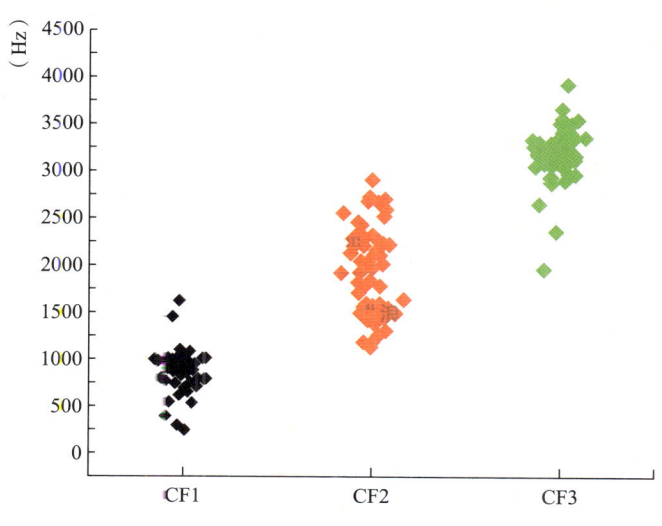

图 3.68-2　[h] 辅音共振峰分布模式图（F）

12.3　词中位置与声学参数之间的关系

表 3.34 为男女发音人词中不同位置上 [h] 辅音声学参数统计。图

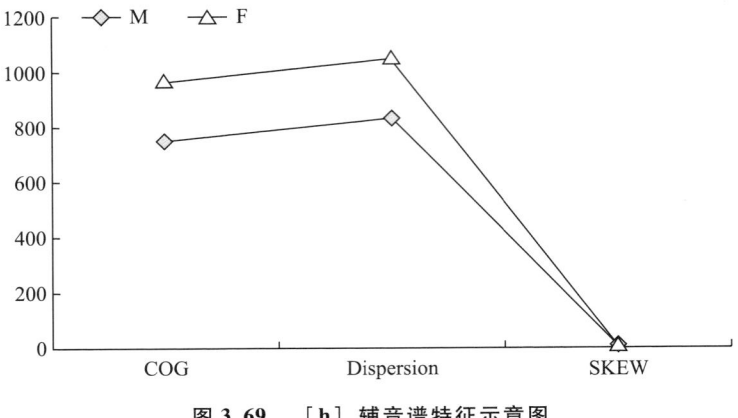

图 3.69　[h] 辅音谱特征示意图

3.69 为词中不同位置 [h] 辅音音强分布图。从图表可知，词首 [h] 辅音最弱。

表 3.34－1　词中不同位置上 [h] 辅音声学参数统计（M）

		CD	CA	CF1	CF2	CF3
词首	平均值	77	52.8	582	1503	2572
	标准差	42	6.82	186	447	352
	变异系数	55	13	32	30	14
词中音节首	平均值	62	59.4	744	1366	2618
	标准差	28	2.8	134	305	356
	变异系数	45	5	18	22	14
词中音节末	平均值	46	64.75	771	1566	2710
	标准差	10	3.3	81	223	225
	变异系数	22	5	11	14	8

表 3.34－2　词中不同位置上 [h] 辅音声学参数统计（F）

		CD	CA	CF1	CF2	CF3
词首	平均值	66	42.84	881	1924	3193
	标准差	52	6.38	231	461	300
	变异系数	79	15	26	24	9

续表

		CD	CA	CF1	CF2	CF3
词中音节首	平均值	78	60.7	736	1960	3244
	标准差	16	5.85	289	397	84
	变异系数	21	10	39	20	3
词中音节末	平均值	72	59.67	899	2006	3249
	标准差	23	8.96	277	313	209
	变异系数	32	15	31	16	6

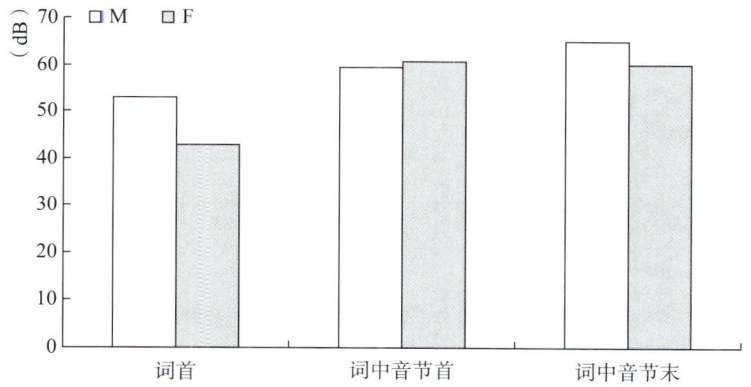

图 3.70　词中不同位置上 [h] 辅音音强均值分布图

12.4　后置元音音质与声学参数之间的关系

表 3.35 为男女发音人不同元音之前 [h] 辅音声学参数统计。图 3.71 为男女发音人不同元音之前 [h] 辅音音强均值的分布图。从这些图和数据可知，后置元音音质与 [h] 辅音第二共振峰（CF2）之间具有一定的相关性。在前元音之前 CF2 的频率比后元音或央元音之前的相对高。说明 [h] 辅音舌位受前元音舌位的影响。

表 3.35 - 1　不同元音之前 [h] 辅音声学参数统计（M）

		CD	CA	CF1	CF2	CF3
hɑ	平均值	125	49.8	730	1148	2318
	标准差	38	10.21	74	165	623
	变异系数	30	21	10	14	27

续表

		CD	CA	CF1	CF2	CF3
hɛ	平均值	103	57.14	521	1440	2332
	标准差	29	4.3	148	361	333
	变异系数	28	8	28	25	14
hi	平均值	126	54	331	1485	2569
	标准差	46	4.58	123	818	349
	变异系数	37	8	37	55	14
ho	平均值	97	61.33	419	804	2704
	标准差	43	1.53	40	50	87
	变异系数	44	2	10	6	3
hø	平均值	87	54.5	385	1661	2416
	标准差	39	5.45	38	107	98
	变异系数	45	10	10	6	4

表 3.35-2　不同元音之前 [h] 辅音声学参数统计（F）

		CD	CA	CF1	CF2	CF3
hɑ	平均值	38	44.4	984	1449	3308
	标准差	8	4.16	80	113	100
	变异系数	21	9	8	8	3
hɛ	平均值	33	42.4	907	1978	3176
	标准差	3	2.97	69	244	132
	变异系数	9	7	8	12	4
hi	平均值	74	47	798	2294	3418
	标准差	34	11.92	344	557	123
	变异系数	46	25	43	24	4
ho	平均值	47	39	593	1578	3060
	标准差	8	8.54	167	414	223
	变异系数	17	22	28	26	7

		CD	CA	CF1	CF2	CF3
hø	平均值	39	40.7	800	2014	2980
	标准差	9	3.79	30	205	114
	变异系数	23	9	4	10	4

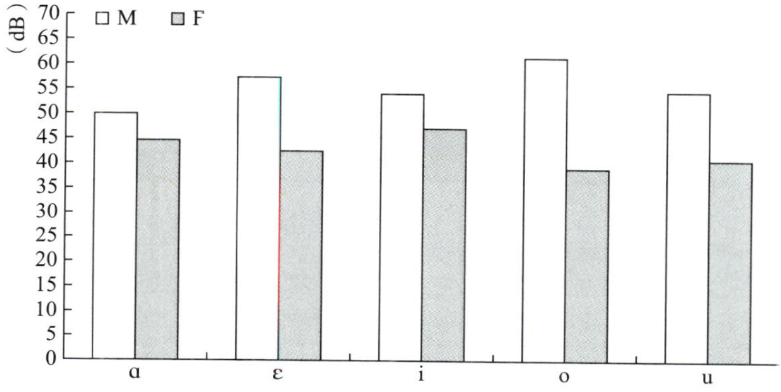

图 3.71　不同元音之前 [h] 辅音音强分布图

13. 辅音 [z]

13.1　声学语图特点

维吾尔语标准话 [z] 辅音是舌尖浊擦音。图 3.72 为男发音人 [zɑpɑs] "备用的"一词的三维语图。这是该元音比较典型的语图。

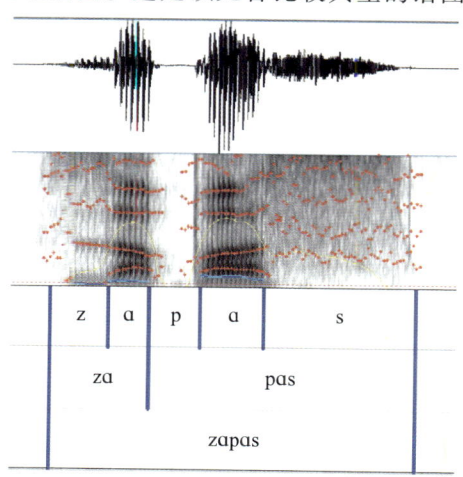

图 3.72　男发音人 [zɑpɑs] "备用的"一词的三维语图

13.2 共振峰分布模式

表 3.36 为男女发音人 [z] 辅音声学参数统计,图 3.73 为两位发音人 [z] 辅音 VF1、VF2、VF3 等三个共振峰频率分布模式示意图。从表中可以看出,两位发音人 [z] 辅音三个共振峰频率的均值分别为 VF1 = 325 Hz (M),VF1 = 506 Hz (F);VF2 = 1552 Hz (M),VF2 = 1949 Hz (F);VF3 = 2837 (M),VF3 = 3201 Hz (F)。显然,女发音人 [z] 辅音三个共振峰频率均值比男发音人相对高(两人的频率几乎差 500 Hz)。图 3.76 显示,男发音人的 VF1 变化范围为 200 Hz ~ 500 Hz 之间,而女发音人的却在 300 Hz ~ 1300 Hz 之间;男发音人 VF2 的变化范围在 1000 Hz ~ 1800 Hz 之间,而女发音人的却在 1200 Hz ~ 2500 Hz 之间;男发音人 VF3 的变化范围在 2200 Hz ~ 3000 Hz 之间,而女发音人的却在 2700 Hz ~ 3700 Hz 之间。男女发音人 [z]

表 3.36　[z] 辅音声学参数统计

	COG		Dispersion		SKEW		VF1		VF2		VF3	
	M	F	M	F	M	F	M	F	M	F	M	F
平均值	2919	2889	2688	2179	0.82	2.36	325	506	1552	1949	2837	3201
标准差	1677	2739	604	858	1.39	3.35	117	411	211	316	1423	348
变异系数	57	95	22	39	170	142	36	81	14	16	50	11

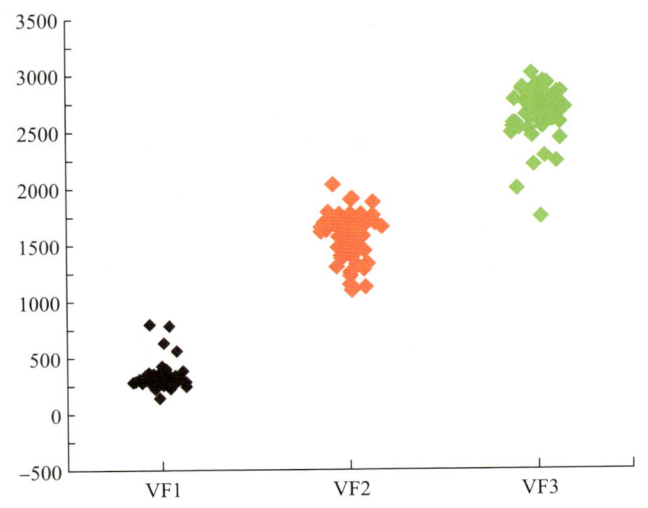

图 3.73 - 1　[z] 辅音共振峰分布模式图(M)

辅音的谱特征分布模式基本相同。

图 3.74 中我们可知，男女发音人 [z] 辅音的 COG、Dispersion 和 SKEW 等三个谱参数的均值分别为 2919Hz（M），2889Hz（F）；2688Hz（M），2179Hz（F）；0.82Hz（M），2.36Hz（F）。从整个参数看，[z] 的参数 COG 的变异系数较大，该现象有待进一步研究。

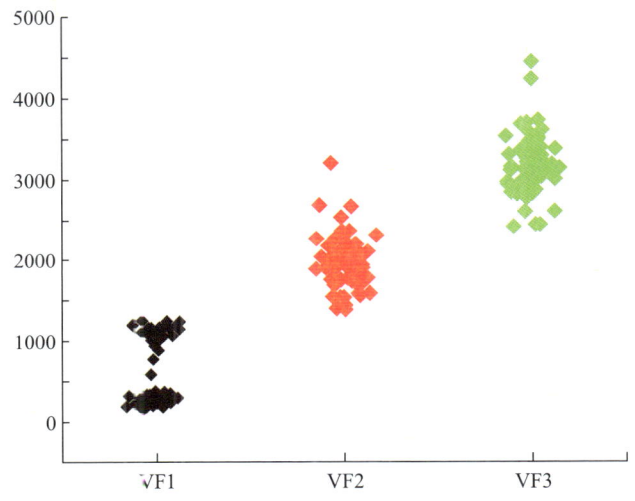

图 3.73 - 2　[z] 辅音共振峰分布模式图（F）

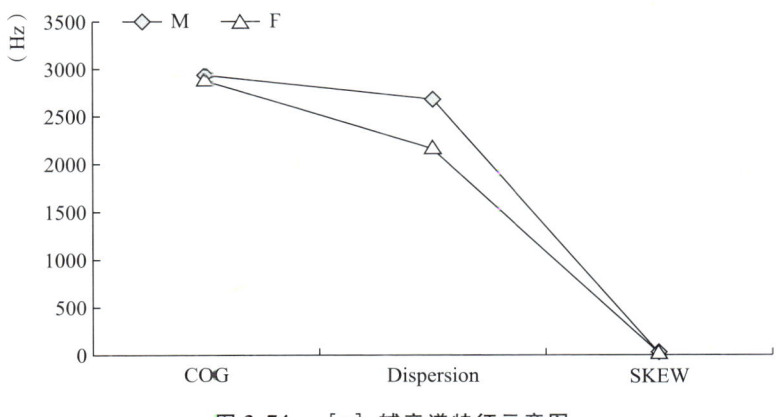

图 3.74　[z] 辅音谱特征示意图

13.3　词中位置与声学参数之间的关系

表 3.37 为两位发音人词中不同位置上 [z] 辅音声学参数统计。图 3.75 为词中不同位置上 [z] 辅音音强均值分布图。从图和数据可知，词中

音节末 [z] 辅音的音强最弱。

表 3.37–1　词中不同位置上 [z] 辅音声学参数统计（M）

		CD	CA	VF1	VF2	VF3
词首	平均值	191	54.84	325	1587	2690
	标准差	76	3.05	104	192	208
	变异系数	40	6	32	12	8
词中音节首	平均值	85	56.34	318	1511	2769
	标准差	14	2.06	130	219	266
	变异系数	16	4	41	14	10
词中音节末	平均值	162	56.64	378	1487	2765
	标准差	78	1.86	185	199	163
	变异系数	48	3	49	13	6

表 3.37–2　词中不同位置上 [z] 辅音声学参数统计（F）

		CD	CA	VF1	VF2	VF3
词首	平均值	156	52.33	579	1943	3190
	标准差	73	7.16	411	294	331
	变异系数	47	14	71	15	10
词中音节首	平均值	89	56.63	359	1947	3268
	标准差	17	2.6	301	348	384
	变异系数	19	5	84	18	12
词中音节末	平均值	171	52.91	531	2005	3201
	标准差	82	4.46	525	441	323
	变异系数	48	8	99	22	10

13.4　后置元音音质与声学参数之间的关系

表 3.38 为男女发音人不同元音之前的 [z] 辅音声学参数统计。图 3.76 为男女发音人不同元音之前 [z] 辅音音强的分布图。从图表可知，后置元音音质与 [z] 辅音第二共振峰（VF2）之间具有一定的相关性。在前元音之前 VF2 的频率比后元音或央元音之前的相对高。说明 [z] 辅音舌位

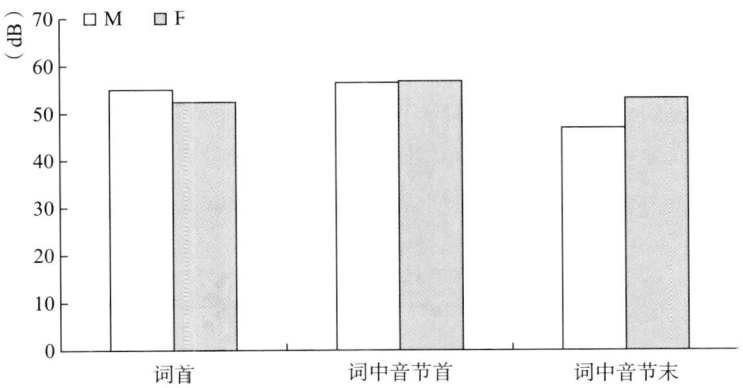

图 3.75 词中不同位置上 [z] 辅音音强均值分布图

受前元音舌位的影响。该特点在男发音人的数据中比较突出。

表 3.38 – 1 不同元音之前 [z] 辅音声学参数统计（M）

		CD	CA	VF1	VF2	VF3
zɑ	平均值	140	52.8	294	1521	2662
	标准差	33	2.17	21	35	67
	变异系数	24	4	7	2	3
zɛ	平均值	91	53	335	1722	2672
	标准差	71	3.58	234	180	244
	变异系数	78	7	70	10	9
zi	平均值	144	57.17	300	1672	2579
	标准差	75	1.94	19	278	418
	变异系数	52	3	6	17	16
zo	平均值	144	52.67	284	1453	2749
	标准差	52	0.58	7	34	200
	变异系数	36	1	2	2	7
zu	平均值	97	56	271	1266	2709
	标准差	8	2.65	35	53	151
	变异系数	8	5	13	4	6

表 3.38 – 2　不同元音之前 [z] 辅音声学参数统计 （F）

		CD	CA	VF1	VF2	VF3
zɑ	平均值	84	53.73	518	2036	3451
	标准差	26	5.61	516	371	530
	变异系数	31	10	100	18	15
zɛ	平均值	95	56.43	236	2069	3158
	标准差	12	2.99	36	109	235
	变异系数	13	5	15	5	7
zi	平均值	93	55.38	226	2063	3326
	标准差	36	1.85	47	274	276
	变异系数	39	3	21	13	8
zo	平均值	117	43.67	548	1797	3260
	标准差	10	9.07	467	227	453
	变异系数	9	21	85	13	14
zu	平均值	102	56.6	301	1872	3329
	标准差	41	2.07	294	410	204
	变异系数	40	4	98	22	6

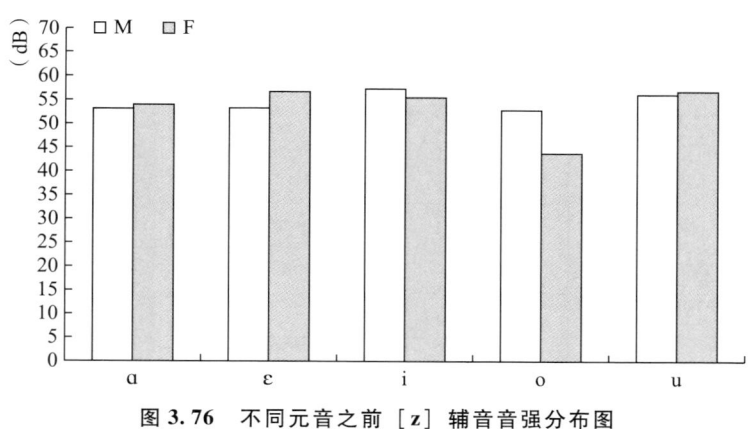

图 3.76　不同元音之前 [z] 辅音音强分布图

14. 辅音 [ʒ]

维吾尔语标准话 [ʒ] 辅音是舌尖浊擦音。图 3.77 为女发音人 [enʒiner] "工程师"一词的三维语图。该辅音在我们参数库中的出现频率较低，没有统计意义。本书只提供其声学语图。

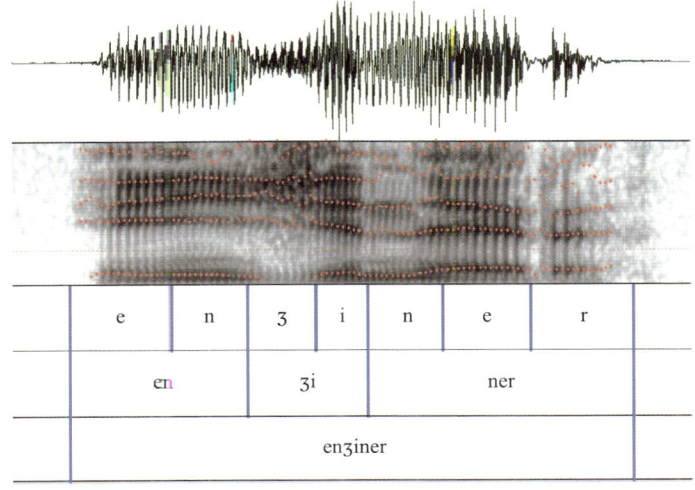

图 3.77 女发音人 [enʒiner] "工程师" 一词的三维语图

15. 辅音 [ʁ]

15.1 声学语图特点

维吾尔语标准话 [ʁ] 辅音是小舌浊擦音。图 3.78 为男发音人 [oʁut] "化肥" 一词的三维语图。这是 [ʁ] 辅音比较典型的语图。

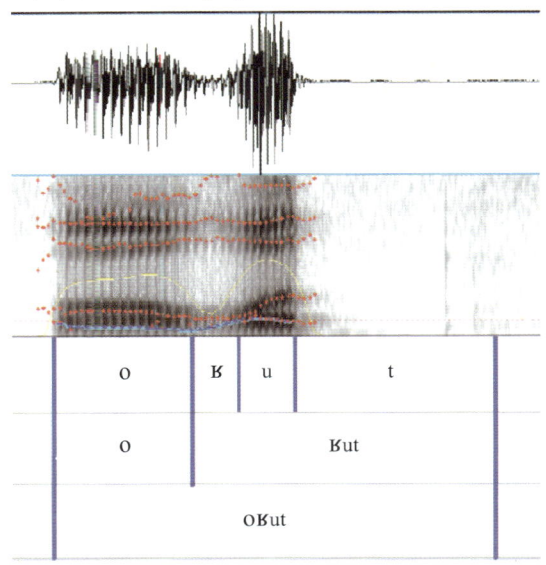

图 3.78 男发音人 [oʁut] "化肥" 一词的三维语图

15.2 共振峰分布模式

表 3.39 为男女发音人 [ʁ] 辅音声学参数统计，图 3.79 为男女发音人 [ʁ] 辅音第一至第三共振峰（VF1、VF2、VF3）分布图。从表 3.39 中可知，男女发音人 [ʁ] 辅音三个共振峰频率均值分别为 VF1 = 461 Hz（M），VF1 = 565 Hz（F）；VF2 = 1058 Hz（M），VF2 = 1316 Hz（F）；VF3 = 2520 Hz（M），VF3 = 3322 Hz（F）。显然，女发音人 [ʁ] 辅音三个共振峰频率都比男发音人相对高。男女发音人三个共振峰频率变化为，男发音人 VF1 的变化范围在 300 Hz ~ 500 Hz 之间，而女发音人的却在 300 Hz ~ 1500 Hz 之间；男发音人 VF2 的变化范围在 500 Hz ~ 1700 Hz 之间，而女发音人的却在 700 Hz ~ 1700 Hz 之间；男发音人 VF3 的变化范围在 2000 Hz ~ 2700 Hz 之间，而女发音人的却在 3000 Hz ~ 4000 Hz 之间。

表 3.39　[ʁ] 辅音声学参数统计

	COG		Dispersion		SKEW		VF1		VF2		VF3	
	M	F	M	F	M	F	M	F	M	F	M	F
平均值	518	788	697	784	6.82	6.45	461	565	1058	1316	2520	3322
标准差	347	677	357	529	3.59	3.89	153	221	335	463	321	300
变异系数	67	86	51	67	53	60	33	39	32	35	13	9

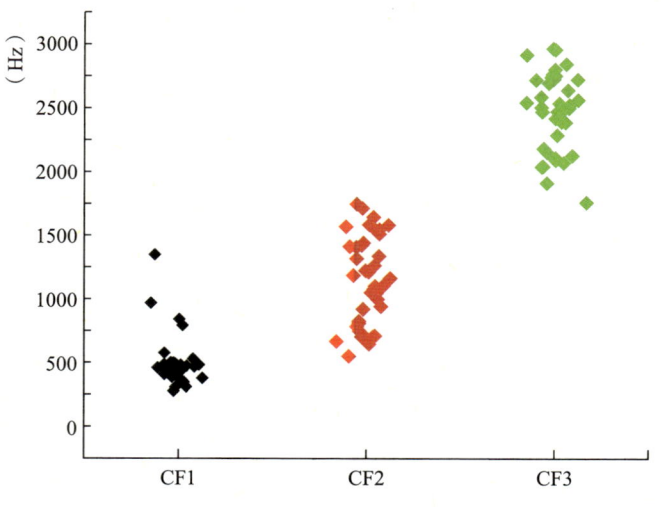

图 3.79 - 1　[ʁ] 辅音共振峰分布模式图（M）

表 3.39 中还可知，男女发音人 [ʁ] 辅音的 COG、Dispersion 和 SKEW 等三个参数的均值分别为 518（M）、788（F）；697（M）、784（F）；6.82（M）、6.45（F）。男发音人的 SKEW 值与女发音人相近，其他参数比女发音人相对低。请见图 3.80。

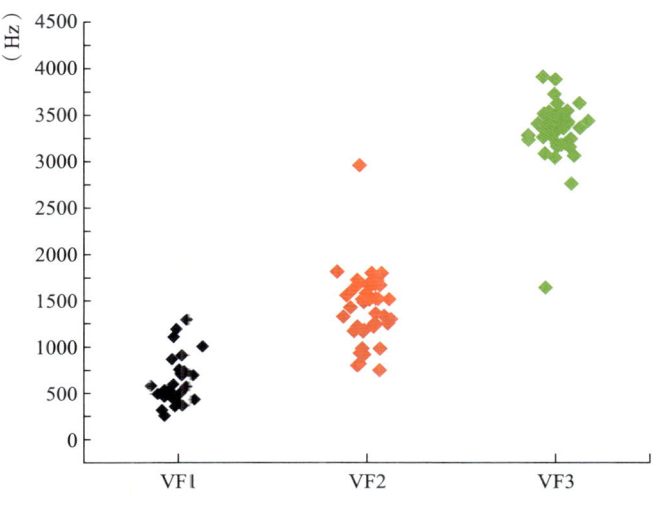

图 3.79-2　[ʁ] 辅音共振峰分布模式图（F）

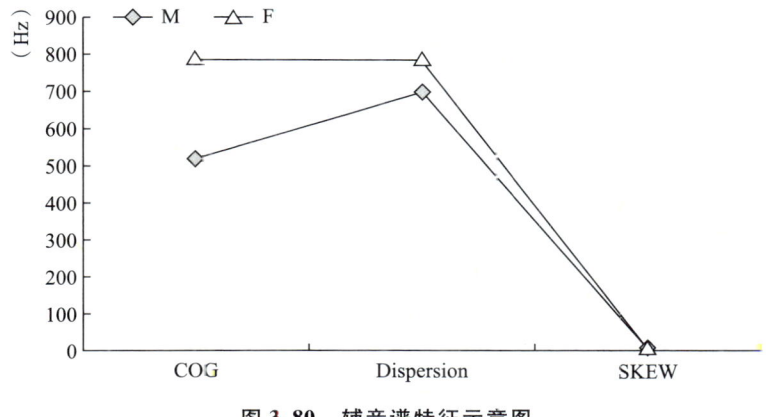

图 3.80　辅音谱特征示意图

15.3　词中位置与声学参数之间的关系

表 3.40 为男女发音人词中不同位置上 [ʁ] 辅音声学参数统计。图 3.81 为词中不同位置上 [ʁ] 辅音音强均值分布图。从图和数据可知，词中位置与 [ʁ] 辅音声学参数之间具有一定的相关性。如，词首 [ʁ] 的音长

比其他位置上的相对长，而在该位置上 [ʁ] 的音强比其他位置上的相对弱。

表 3.40-1　词中不同位置上 [ʁ] 辅音声学参数统计（M）

		CD	CA	VF1	VF2	VF3
词首	平均值	133	50.9	513	1158	2464
	标准差	69	7.03	212	345	304
	变异系数	52	14	41	30	12
词中音节首	平均值	66	57.29	446	923	2624
	标准差	13	4.66	67	243	278
	变异系数	20	8	15	26	11
词中音节末	平均值	61	58.5	437	777	2654
	标准差	5	5.07	109	279	259
	变异系数	8	9	25	36	10

表 3.40-2　词中不同位置上 [ʁ] 辅音声学参数统计（F）

		CD	CA	VF1	VF2	VF3
词首	平均值	103	49.9	637	1413	3334
	标准差	54	8.57	266	385	348
	变异系数	52	17	42	27	10
词中音节首	平均值	83	59.25	570	1130	3300
	标准差	30	3.34	210	553	215
	变异系数	36	6	37	49	7
词中音节末	平均值	88	53.6	580	1418	3370
	标准差	52	6.23	44	740	174
	变异系数	59	12	8	52	5

15.4　后置元音音质与声学参数之间的关系

表 3.41 为男女发音人不同元音之前 [ʁ] 辅音声学参数统计。图 3.82 为男女发音人不同元音之前 [ʁ] 辅音音强均值分布图。从图表中可知，后置元音音质与 [ʁ] 辅音声学参数之间具有一定的相关性。如，在 [i, ɛ] 等前元音之前 [ʁ] 辅音第二共振峰频率（VF2）比其在其他元音之前的相

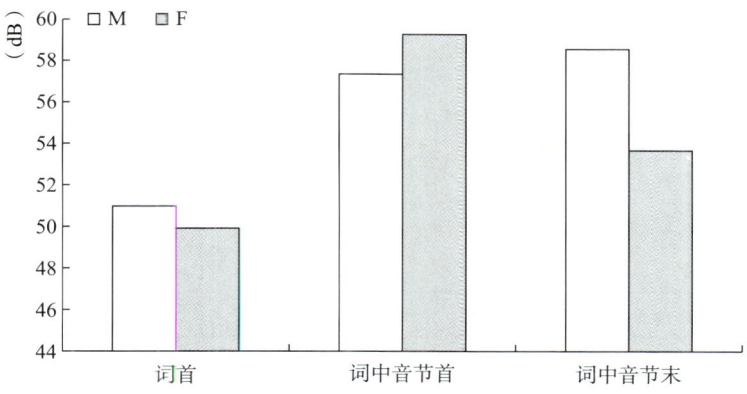

图 3.81 词中不同位置上 [ʁ] 辅音音强均值分布图

对高。说明该元音舌位受后置元音舌位的影响。

表 3.41-1 不同元音之前 [ʁ] 辅音声学参数统计（M）

		CD	CA	VF1	VF2	VF3
ʁɑ	平均值	113	54.8	477	955	2289
	标准差	57	3.27	29	130	441
	变异系数	50	6	6	14	19
ʁe	平均值	69	49	701	1585	2552
	标准差	26	9.3	400	99	244
	变异系数	38	19	57	6	10
ʁi	平均值	47	56.67	466	1211	2349
	标准差	13	10.88	258	266	310
	变异系数	28	19	55	22	13
ʁo	平均值	40	41.33	581	737	2553
	标准差	7	4.04		73	254
	变异系数	18	10	0	10	10
ʁu	平均值	56	53.88	408	699	2714
	标准差	11	8.72	41	95	322
	变异系数	20	16	10	14	12

表 3.41-2　不同元音之前 [ʁ] 辅音声学参数统计（F）

		CD	CA	VF1	VF2	VF3
ʁɑ	平均值	89	54	686	1222	3293
	标准差	29	9.24	293	235	96
	变异系数	33	17	43	19	3
ʁɛ	平均值	38	53.5	670	1732	3488
	标准差	13	5.51	217	128	230
	变异系数	34	10	32	7	7
ʁi	平均值	52	51.43	1634	3266	3993
	标准差	11	6.68	183	245	162
	变异系数	21	13	11	8	4
ʁo	平均值	78	47.25	536	1269	3354
	标准差	40	10.14	177	445	205
	变异系数	51	21	33	35	6
ʁu	平均值	70	56.69	486	1005	3254
	标准差	37	6.73	87	493	319
	变异系数	53	12	18	49	10

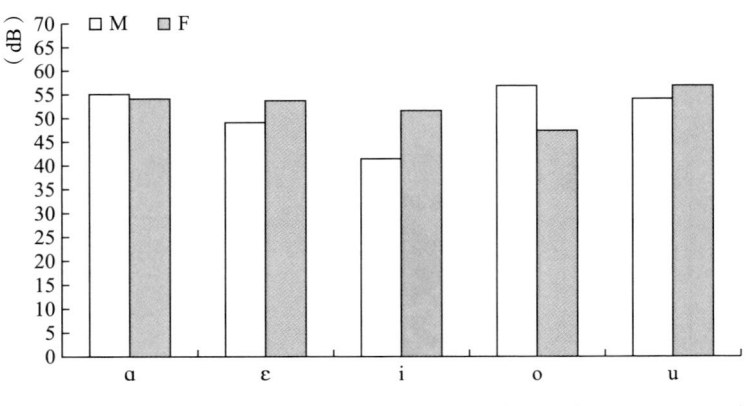

图 3.82　不同元音之前 [ʁ] 辅音音强分布图

（四） 塞擦音

16. 辅音 [tʃ]

16.1 声学语图特点

维吾尔语标准话 [tʃ] 辅音是舌叶、送气、清塞擦音。图 3.83 为男发音人 [tʃøkmɛ] "沉淀"一词的三维语图。这是该辅音较典型的语图。

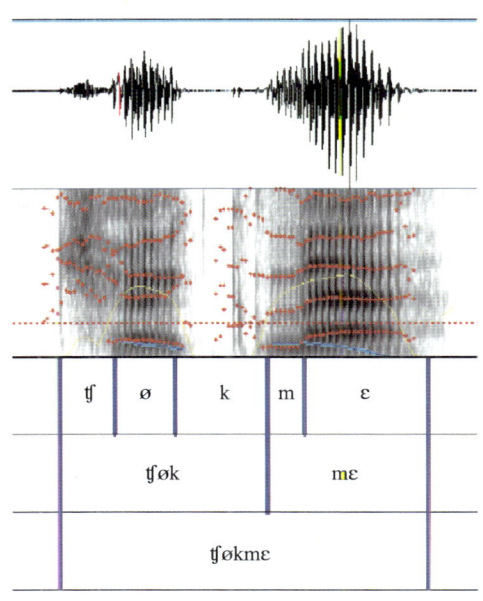

图 3.83 男发音人 [tʃøkmɛ] "沉淀"一词的三维语图

16.2 共振峰分布模式

表 3.42 为男女发音人 [tʃ] 辅音声学参数统计。图 3.84 为男女发音人 [tʃ] 辅音第一至第三共振峰分布图。从图表中可以看出，男女发音人 [tʃ] 辅音三个共振峰频率均值分别为 CF1 = 945Hz（M），CF1 = 1040Hz（F）；CF2 = 1969Hz（M），CF2 = 2298Hz（F）；CF3 = 2737Hz（M），CF3 = 3255Hz（F）。显然，女发音人 [tʃ] 辅音三个共振峰频率都比男发音人高。男女发音人 [tʃ] 辅音三个共振峰频率范围为 M：CF1 在 500Hz～1500Hz 之间，CF2 为 1500Hz～2200 Hz 之间，CF3 为 2200Hz～3000Hz 之间；F：CF1 在 500Hz～1700Hz 之间，CF2 为 1500Hz～3000Hz 之间，CF3 为 2500Hz～3500Hz 之间。

表 3.42　　[tʃ] 辅音声学参数统计

	VOT		CA		CF1		CF2		CF3	
	M	F	M	F	M	F	M	F	M	F
平均值	73	64	52.78	52.49	945	1040	1969	2298	2737	3255
标准差	58	67	4.78	4.2	215	272	214	331	218	285
变异系数	79	105	9	8	23	26	11	14	8	9

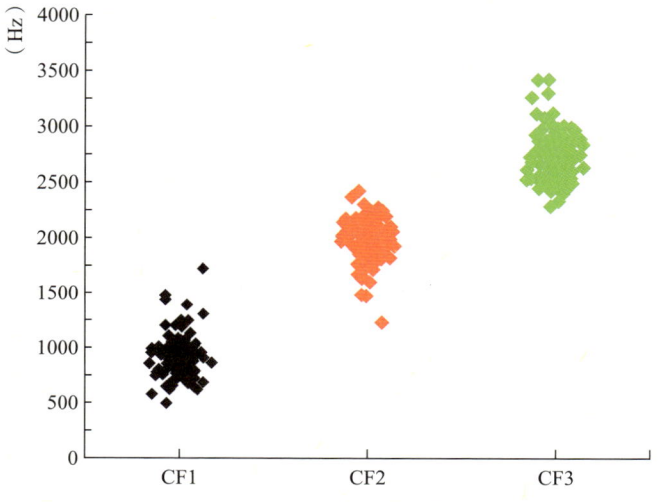

图 3.84-1　　[tʃ] 辅音共振峰分布模式图（M）

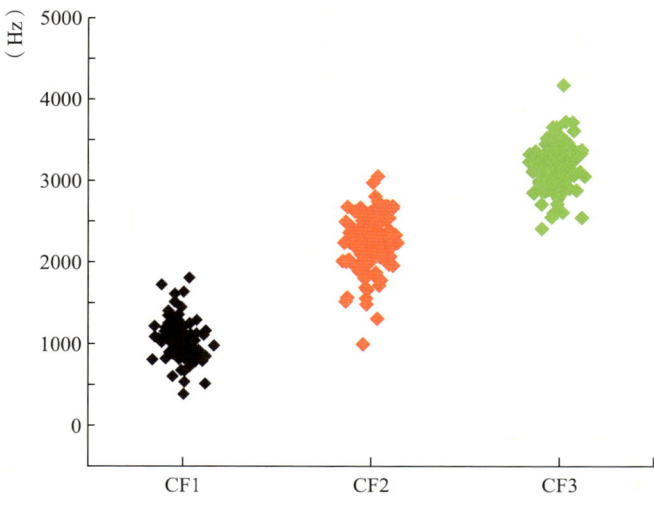

图 3.84-2　　[tʃ] 辅音共振峰分布模式图（F）

16.3 词中位置与声学参数之间的关系

表 3.43 为男女发音人词中不同位置上 [ʧ] 辅音声学参数统计。图 3.85 为词中不同位置上 [ʧ] 辅音音长均值分布图，图 3.86 为词中不同位置上 [ʧ] 辅音音强均值分布图。这里需要说明的是：图表中词首 [ʧ] 辅音 GAP 的数据可以忽略。这有违我们的标注规则。从表 3.43 和图 3.85 中可以看出，词中位置与 [ʧ] 辅音声学参数之间具有一定的相关性。如，[ʧ] 辅音在词首位置上 VOT 时长比其他位置上的相对长；在词中音节首位置上 [ʧ] 辅音音强比其他位置上的相对强。

表 3.43-1 词中不同位置上 [ʧ] 辅音声学参数统计 （M）

		GAP	VOT	CD	CA	CF1	CF2	CF3
词首	平均值	167	84	215	52.6	923	2001	2749
	标准差	35	60	91	4.55	188	170	194
	变异系数	51	71	42	9	20	8	7
词中音节首	平均值	42	51	93	54.62	881	1915	2724
	标准差	15	18	31	3.4	210	217	222
	变异系数	36	35	33	6	24	11	8
词中音节末	平均值	96	54	165	49.75	1055	1896	2688
	标准差	59	70	43	6.51	299	332	280
	变异系数	61	130	26	13	28	18	10

表 3.43-2 词中不同位置上 [ʧ] 辅音声学参数统计 （F）

		GAP	VOT	CD	CA	CF1	CF2	CF3
词首	平均值	204	75	233	52	1044	2268	3200
	标准差	73	62	65	3.85	251	329	267
	变异系数	36	83	28	7	24	15	8
词中音节首	平均值	55	40	93	55.15	966	2370	3435
	标准差	17	14	26	5.57	413	320	376
	变异系数	31	35	28	10	43	14	11

续表

		GAP	VOT	CD	CA	CF1	CF2	CF3
词中音节末	平均值	118	36	192	52.62	1200	2443	3349
	标准差	90	121	78	3.2	255	297	251
	变异系数	76	336	41	6	21	12	7

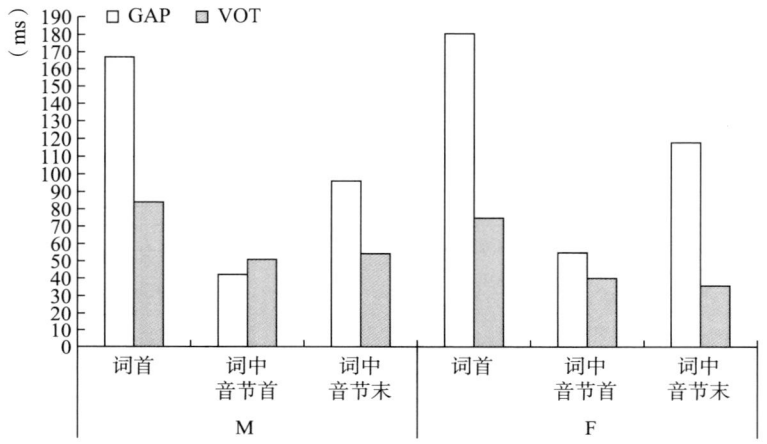

图3.85　词中不同位置上［tʃ］辅音音长均值分布图

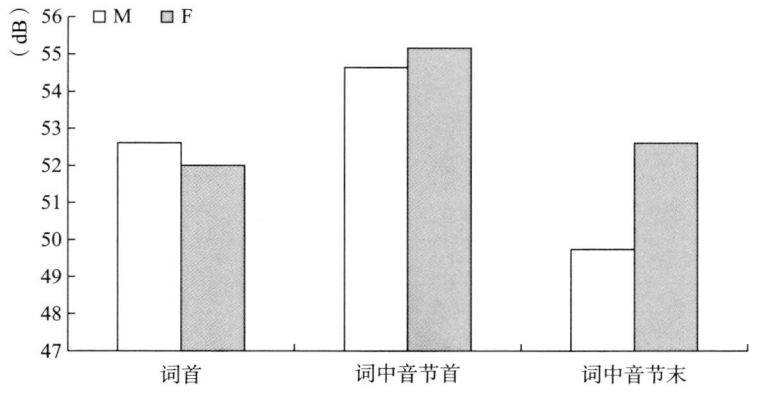

图3.86　词中不同位置上［tʃ］辅音音强均值分布图

16.4　后置元音音质与声学参数之间的关系

表3.44为男女发音人不同元音之前［tʃ］辅音声学参数统计。图3.87～3.88为两位发音人不同元音之前［tʃ］辅音音长和音强分布图。从图表可

知，后置元音音质与 [ʧ] 辅音声学参数之间几乎没有相关性。

表 3.44-1　不同元音之前 [ʧ] 辅音声学参数统计（M）

		VOT	CA	CF1	CF2	CF3
ʧɑ	平均值	79	55.82	1063	2094	2937
	标准差	89	5.08	257	162	265
	变异数	113	9	24	8	9
ʧɛ	平均值	124	55	1028	1818	2614
	标准差	24	3.92	72	390	218
	变异数	19	7	7	21	8
ʧi	平均值	122	56.67	910	1944	2768
	标准差	23	3.33	143	126	123
	变异数	19	6	16	6	4
ʧo	平均值	95	53	843	2052	2660
	标准差	20	3.63	139	80	178
	变异数	21	7	16	4	7
ʧu	平均值	59	49	976	1967	2640
	标准差	10	5.83	77	149	185
	变异数	17	12	8	8	7

表 3.44-2　不同元音之前 [ʧ] 辅音声学参数统计（F）

		VOT	CA	CF1	CF2	CF3
ʧɑ	平均值	73	51.44	1119	2413	3382
	标准差	79	2.55	228	198	170
	变异系数	108	5	20	8	5
ʧɛ	平均值	102	49.75	951	2191	3383
	标准差	13	4.03	124	272	116
	变异系数	13	8	13	12	3
ʧi	平均值	132	49.33	1235	2563	3563
	标准差	20	3.83	270	309	346
	变异系数	15	8	22	12	10

续表

		VOT	CA	CF1	CF2	CF3
tʃo	平均值	87	52.25		2142	2985
	标准差	20	2.75		299	269
	变异系数	23	5		14	9
tʃu	平均值	58	51.43	1506	2236	2917
	标准差	28	2.82		301	305
	变异系数	48	5	0	13	10

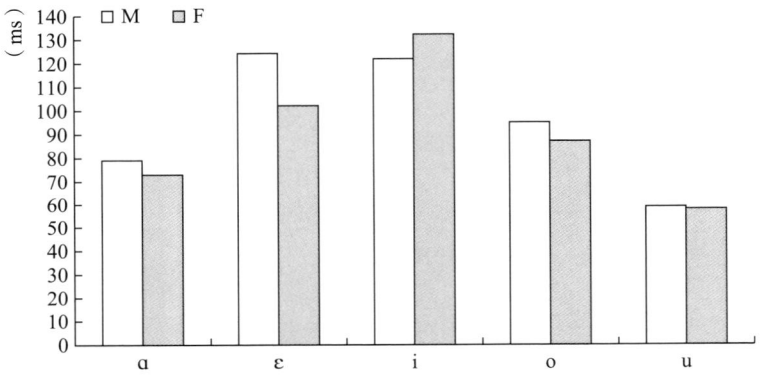

图 3.87　不同元音之前 [tʃ] 辅音 VOT 均值分布图

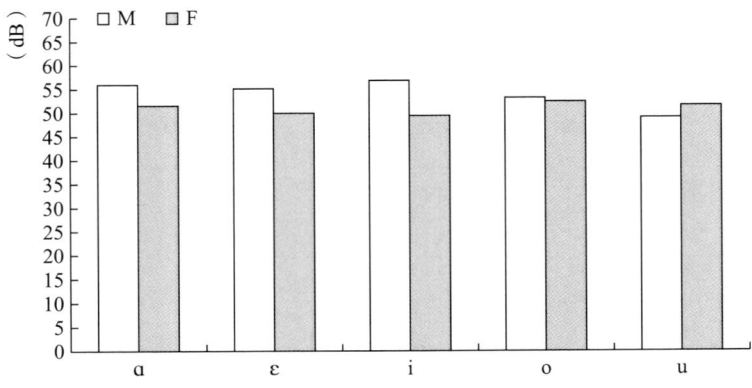

图 3.88　不同元音之前 [tʃ] 辅音音强均值分布图

17. 辅音 [ʤ]

17.1 声学语图特点

维吾尔语标准话 [ʤ] 辅音是舌叶、不送气、浊塞擦音。图 3.89 为男发音人 [ʤoʁɑ] "嘴子" 一词的三维语图。从图中可以看出，该辅音有负 VOT。显然，这是浊塞擦音。

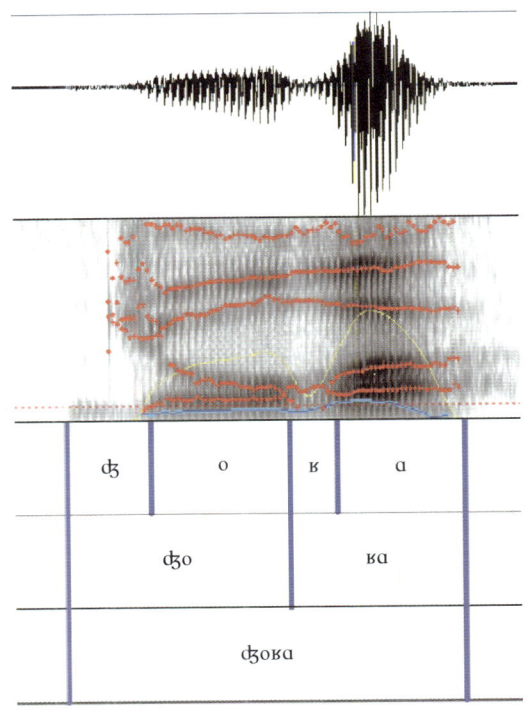

图 3.89 男发音人 [ʤoʁɑ] "嘴子" 一词的三维语图

17.2 共振峰分布模式

表 3.45 为男女发音人 [ʤ] 辅音声学参数统计。图 3.90 为两位发音人 [ʤ] 辅音第一至第三共振峰分布图。表 3.56 显示，两位发音人 [ʤ] 辅音三个共振峰频率的均值分别为 VF1 = 608Hz（男），VF1 = 715Hz（女）；VF2 = 1852Hz（男），VF2 = 2239Hz（女）；VF3 = 2742（男），VF3 = 3288Hz（女）。显然，女发音人 [ʤ] 辅音三个共振峰频率都比男发音人高。从图 3.90 中可以看出，男女发音人三个共振峰的频率浮动范围分别为，男：VF1 = 300Hz～1000Hz，VF2 = 1500Hz～2200Hz，VF3 = 2200Hz～2700Hz；女：VF1 = 500Hz～1500Hz，VF2 = 1500Hz～2500Hz，VF3 = 2500Hz～3500Hz。

表 3.45　[ʤ] 辅音声学参数统计

	GAP		VOT		CA		VF1		VF2		VF3	
	M	F	M	F	M	F	M	F	M	F	M	F
平均值			-40	-40	53.94	55.6	608	715	1852	2239	2742	3288
标准差			55	26	6.82	9.17	304	418	307	331	294	300
变异系数			-138	-65	13	16	50	58	17	15	11	9

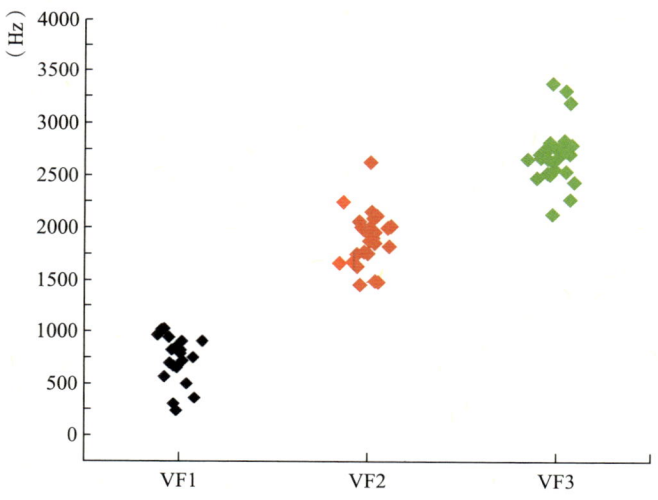

图 3.90-1　[ʤ] 辅音共振峰分布模式图（M）

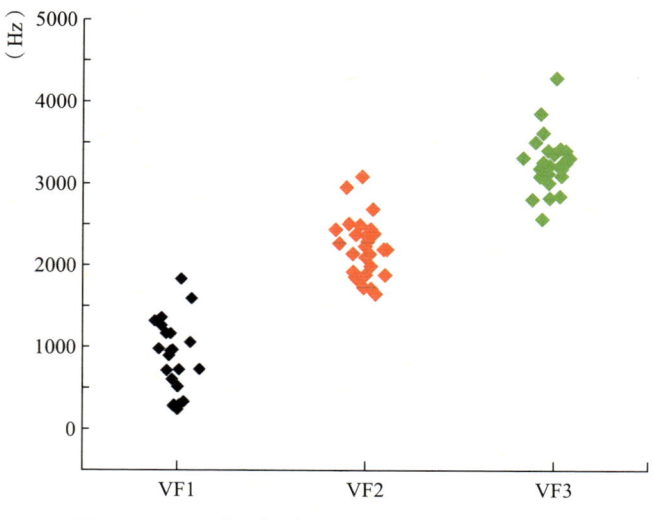

图 3.90-2　[ʤ] 辅音共振峰分布模式图（F）

17.3 词中位置与声学参数之间的关系

表 3.46 为男女发音人词中不同位置上 [ʤ] 辅音声学参数统计。图 3.91 为词中不同位置上 [ʤ] 辅音 VOT 分布图，图 3.92 为词中不同位置上 [ʤ] 辅音音强分布图。从图表可知，词中位置与 [ʤ] 辅音声学参数之间具有一定的相关性。词中音节末 [ʤ] 辅音 VOT 时长比其他位置上的相对短，而其音强比其他位置上的相对强。

表 3.46－1 词中不同位置上 [ʤ] 辅音声学参数统计（M）

		VOT	CA	VF1	VF2	VF3
词首	平均值	－66	52.42	579	1629	2600
	标准差	51	6.34	215	323	394
	变异系数	－77	12	789	20	15
词中音节首	平均值	－42	58.54	610	1557	2615
	标准差	11	3.62	355	313	441
	变异系数	－26	6	58	20	17
词中音节末	平均值	－34	59.08	314	1430	2376
	标准差	16	3.2	118	265	290
	变异系数	－47	5	38	19	12

表 3.46－2 词中不同位置上 [ʤ] 辅音声学参数统计（F）

		VOT	CA	VF1	VF2	VF3
词首	平均值	－45	58.03	532	1815	3045
	标准差	38	5.17	192	292	392
	变异系数	－84	9	36	16	13
词中音节首	平均值	－51	59.58	580	1962	3199
	标准差	15	3.81	305	381	435
	变异系数	－29	6	53	598	14
词中音节末	平均值	－42	61.67	444	1837	3224
	标准差	15	5.3	118	306	462
	变异系数	－36	9	27	17	14

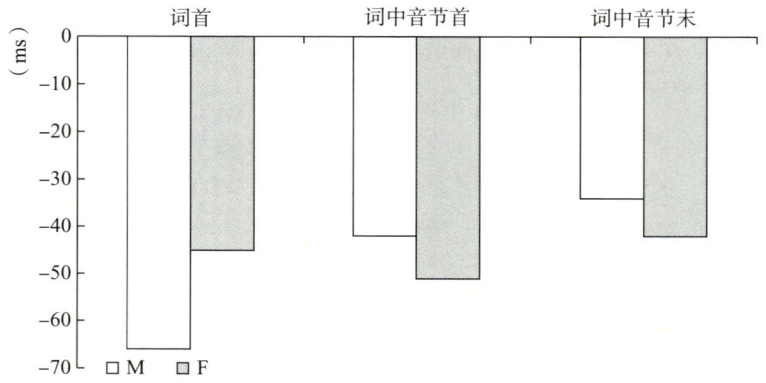

图 3.91 词中不同位置上 [ʤ] 辅音 VOT 均值分布图

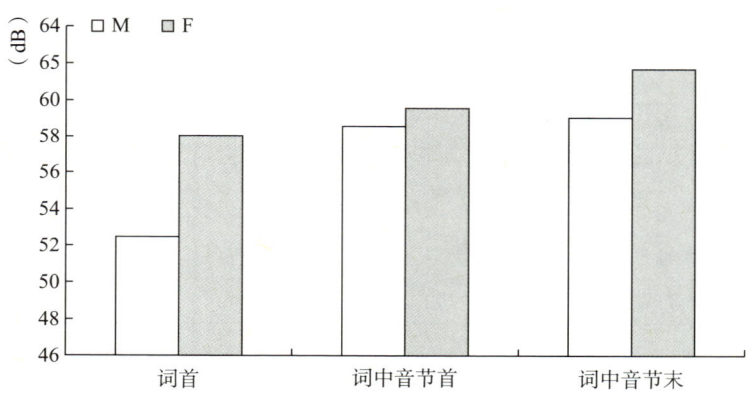

图 3.92 词中不同位置上 [ʤ] 辅音音强均值分布图

17.4 后置元音音质与声学参数之间的关系

表 3.47 为男女发音人不同元音之前 [ʤ] 辅音声学参数统计。图 3.93 ~ 3.94 为男女发音人不同元音之前 [ʤ] 辅音 VOT 时长和音强分布图。从图表可知,后置元音音质与 [ʤ] 辅音声学参数之间具有一定相关性。如,[ʤ]

表 3.47 – 1 不同元音之前 [ʤ] 辅音声学参数统计 (M)

		VOT	CA	VF1	VF2	VF3
ʤɑ	平均值	-6	51.75	729	1867	2652
	标准差	0	3.5	85	133	121
	变异系数	0	7	12	7	5

续表

		VOT	CA	VF1	VF2	VF3
ʤɛ	平均值	-16	49.8	840	1992	2951
	标准差	10	3.7	151	403	273
	变异系数	-62	7	18	20	9
ʤi	平均值	-44	56.2	719	1550	2687
	标准差	59	10.43	313	373	538
	变异系数	-134	19	44	24	20
ʤo	平均值	-8	44.5	785	1980	2585
	标准差	2	0.71		166	105
	变异系数	-25	2	0	8	4

表 3.47-2　不同元音之前 [ʤ] 辅音声学参数统计（F）

		VOT	CA	VF1	VF2	VF3
ʤɑ	平均值	-18	57.5	782	2220	3301
	标准差	1	13.1	485	312	132
	变异系数	-6	23	62	14	4
ʤɛ	平均值	-48	59	518	2366	3348
	标准差	15	8.29	406	172	182
	变异系数	-31	14	78	7	5
ʤi	平均值	-22	57.57	936	2420	3387
	标准差	10	11.59	553	422	359
	变异系数	-45	20	59	17	11
ʤo	平均值	-6	51.5	710	2233	2856
	标准差	2	0.71		106	16
	变异系数	-33	1	0	5	1

辅音在前元音 [i, ɛ] 之前 VOT 时长比其他元音之前的长；在 [ɔ] 之前 [ʤ] 辅音音强比其他元音之前的弱。

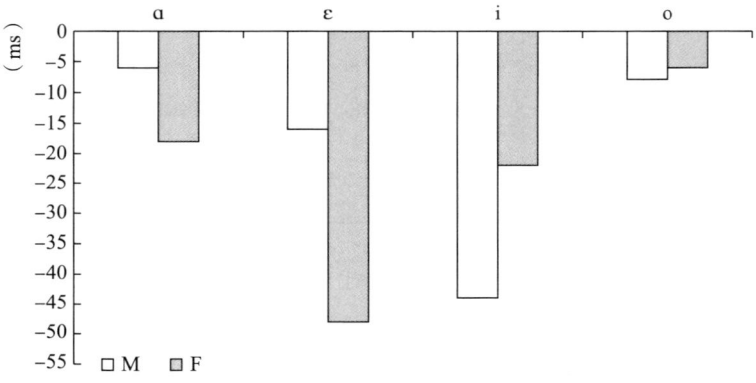

图 3.93　不同元音之前 [ʤ] 辅音 VOT 分布图

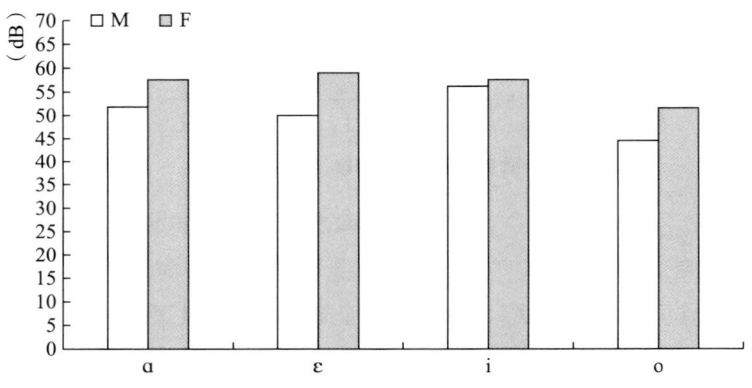

图 3.94　不同元音之前 [ʤ] 辅音音强均值分布图

（五）鼻音

18. 辅音 [m]

18.1　声学语图特点

维吾尔语标准话 [m] 辅音是双唇鼻音。图 3.95 为男发音人 [ømɛk] "团"一词的三维语图。

18.2　共振峰分布模式

表 3.48 为男女发音人 [m] 辅音声学参数统计，图 3.96 为男女发音人 [m] 辅音第一至第三共振峰分布模式图。表 3.48 显示，两位发音人 [m] 辅音三个共振峰频率的均值分别为 VF1 = 269Hz（M），VF1 = 284Hz（F）；VF2 = 1172Hz（M），VF2 = 1472Hz（F）；VF3 = 2304Hz（M），VF3 =

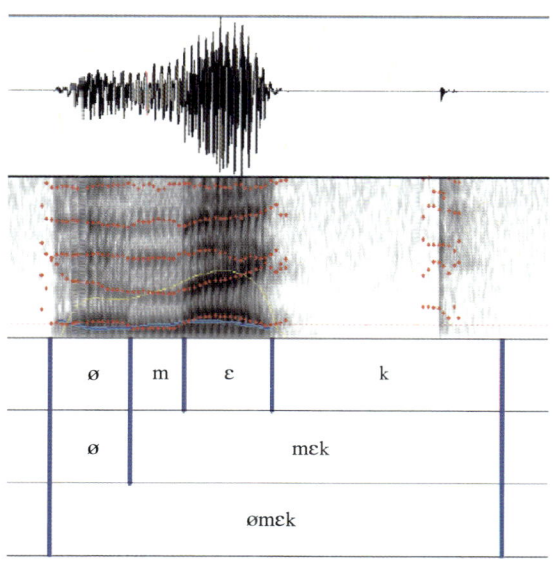

图 3.95 男发音人 [ømɛk] "团" 一词的三维语图

2732Hz（F）。显然，女发音人 [m] 辅音三个共振峰频率都比男发音人高。从图 3.96 中可以看出，男女发音人三个共振峰的频率浮动范围分别为 M：VF1 = 200Hz ~ 500Hz、VF2 = 700Hz ~ 1500Hz、VF3 = 1700Hz ~ 2700Hz；F：VF1 = 200Hz ~ 500Hz、VF2 = 1000Hz ~ 2500Hz、VF3 = 2200Hz ~ 3200Hz。

表 3.48　[m] 辅音声学参数统计

	CA		VF1		VF2		VF3	
	M	F	M	F	M	F	M	F
平均值	61.3	66.8	269	284	1172	1472	2304	2732
标准差	4.5	3.7	92	46	252	389	227	298
变异系数	7	5	34	16	22	26	10	11

18.3　词中位置与声学参数之间的关系

表 3.49 为男女发音人词中不同位置上 [m] 辅音声学参数统计，图 3.97 为词中不同位置上 [m] 辅音音强分布图。从图表可知，词中位置与 [m] 辅音声学参数之间具有一定的相关性。如，在词首位置上 [m] 辅音音强比其他位置上的相对弱。

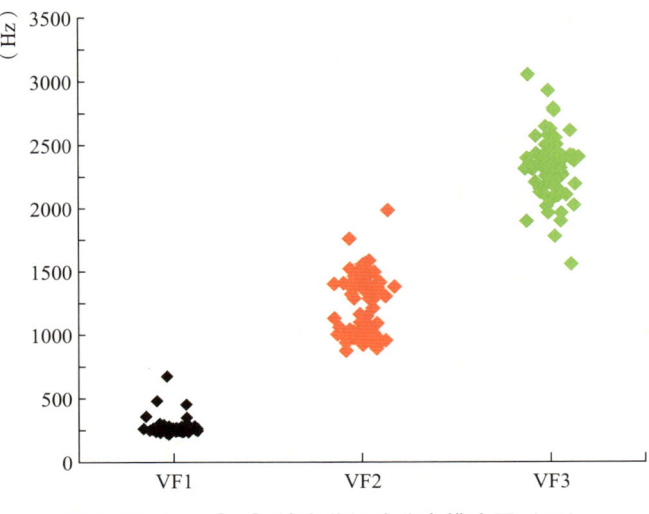

图 3.96 – 1 　 [m] 辅音共振峰分布模式图（M）

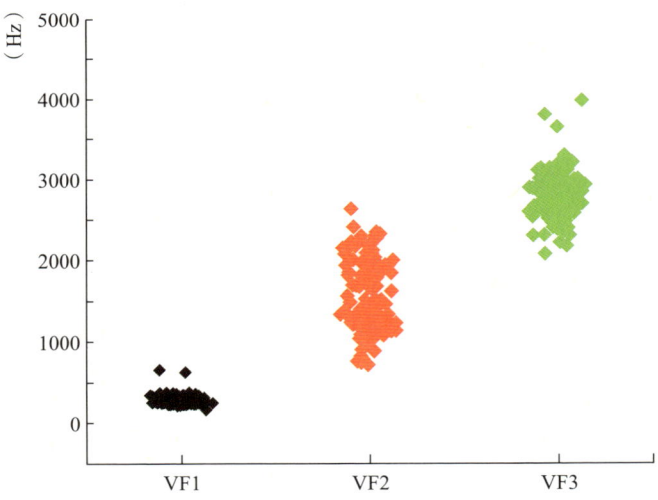

图 3.96 – 2 　 [m] 辅音共振峰分布模式图（F）

表 3.49 – 1 　词中不同位置上 [m] 辅音声学参数统计（M）

		CD	CA	VF1	VF2	VF3
词首	平均值	110	58.87	268	1194	2297
	标准差	54	3.62	69	236	239
	变异系数	49	6	26	20	10

续表

		CD	CA	VF1	VF2	VF3
词中音节首	平均值	64	62.24	253	1133	2246
	标准差	11	2.05	22	167	263
	变异系数	17	3	9	15	12
词中音节末	平均值	86	64.32	256	1158	2262
	标准差	26	3.24	30	175	201
	变异系数	30	5	12	15	9

表 3.49–2 词中不同位置上 [m] 辅音声学参数统计（F）

		CD	CA	VF1	VF2	VF3
词首	平均值	39	65.01	282	1519	2780
	标准差	34	3.53	59	430	281
	变异系数	38	5	21	28	10
词中音节首	平均值	69	69.66	287	1386	2722
	标准差	17	1.66	28	332	340
	变异系数	25	2	10	24	12
词中音节末	平均值	95	67.49	306	1540	2681
	标准差	33	2.98	40	429	406
	变异系数	35	4	13	28	15

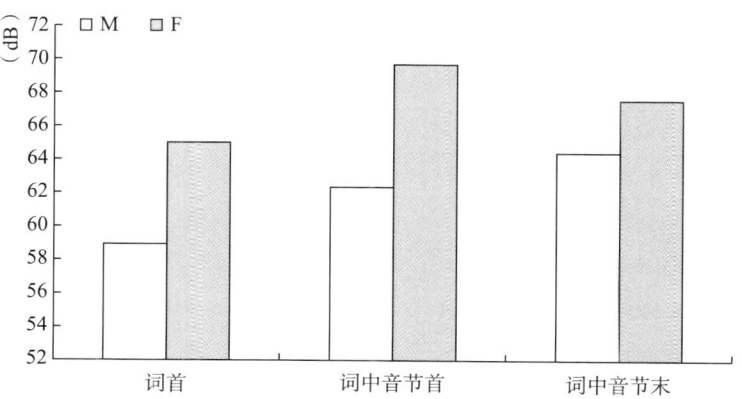

图 3.97 词中不同位置上 [m] 辅音音强均值分布图

18.4　后置元音音质与声学参数之间的关系

表 3.50 为男女发音人不同元音之前［m］辅音声学参数统计，图 3.98 为两位发音人不同元音之前［m］辅音音强分布图。

表 3.50 – 1　不同元音之前［m］辅音声学参数统计（M）

		CD	CA	VF1	VF2	VF3
mɑ	平均值	120	55.83	252	1011	2399
	标准差	23	2.71	10	49	204
	变异系数	19	5	4	5	9
mɛ	平均值	129	57	255	1387	2384
	标准差	41	1.1	11	94	16
	变异系数	32	2	4	7	1
mi	平均值	136	54.75	288	1308	2340
	标准差	19	2.06	48	181	138
	变异系数	14	4	17	14	6
mo	平均值	67	60	246	970	2231
	标准差	12	5.66	19	49	237
	变异系数	18	9	8	5	11
mu	平均值	100	63	261	914	2231
	标准差	44	4.28	17	55	141
	变异系数	44	7	7	6	6

表 3.50 – 2　不同元音之前［m］辅音声学参数统计（F）

		CD	CA	VF1	VF2	VF3
mɑ	平均值	76	62.67	232	1415	2887
	标准差	19	2.58	15	391	293
	变异系数	25	4	6	28	10
mɛ	平均值	75	64.17	281	1883	2803
	标准差	9	2.23	50	338	197
	变异系数	12	3	18	18	7

续表

		CD	CA	VF1	VF2	VF3
mi	平均值	80	64.57	267	1422	2590
	标准差	11	1.72	34	496	133
	变异系数	14	3	13	35	5
mo	平均值	62	64.25	236	1232	2894
	标准差	11	3.2	11	131	280
	变异系数	18	5	5	11	10
mu	平均值	80	69.33	266	1148	2818
	标准差	25	1.86	15	64	252
	变异系数	31	3	6	6	9

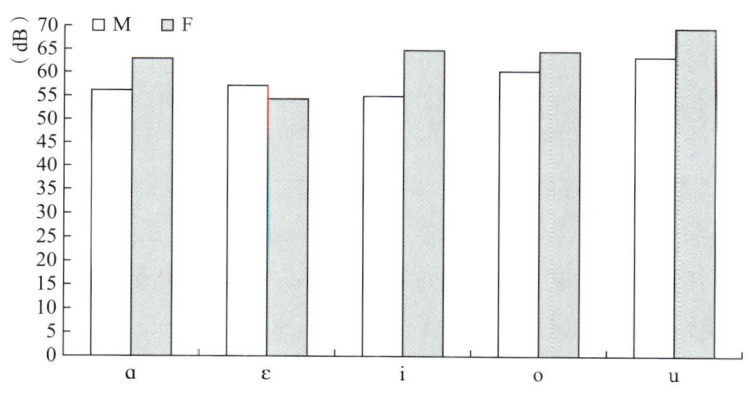

图 3.98 不同元音之前 [m] 辅音音强分布图

从表 3.50 和图 3.98 中可知，后置元音音质与 [m] 辅音声学参数之间具有一定的相关性。如，[m] 辅音在前元音 [i, ε] 之前的第二共振峰频率比其他位置上的高。[m] 辅音在 [u] 元音之前的音强比其他元音之前的强。

19. 辅音 [n]

19.1 声学语图特点

维吾尔语标准话 [n] 辅音是舌尖鼻音。图 3.99 为男发音人 [nɑwɑt] "冰糖"一词的三维语图。这是该辅音比较典型的声学语图。

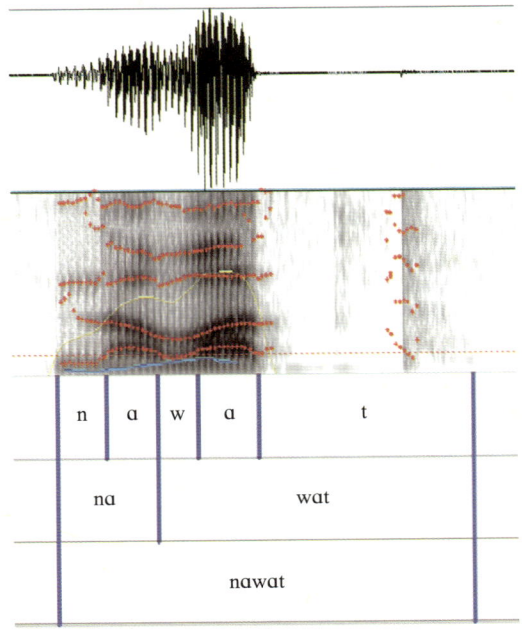

图 3.99　男发音人［nawat］"冰糖"一词的三维语图

19.2　共振峰分布模式

表 3.51 为男女发音人［n］辅音的声学参数统计，图 3.100 为男女发音人［n］辅音第一至第三共振峰分布图。表 3.51 显示，男女发音人［n］辅音三个共振峰频率的均值分别为 VF1 = 289Hz（M），VF1 = 327Hz（F）；VF2 = 1383Hz（M），VF2 = 1642Hz（F）；VF3 = 2357Hz（M），VF3 = 2813Hz（F）。显然，女发音人［n］辅音三个共振峰频率都比男发音人高。从图 3.100 中可以看出，男女发音人三个共振峰的频率浮动范围分别为 M：VF1 = 200Hz ~ 400Hz，VF2 = 700Hz ~ 1700Hz，VF3 = 1700Hz ~ 2700Hz；F：VF1 = 300Hz ~ 500Hz，VF2 = 500Hz ~ 2700Hz，VF3 = 2000Hz ~ 3500Hz。

表 3.51　［n］辅音声学参数统计

	CA		VF1		VF2		VF3	
	M	F	M	F	M	F	M	F
平均值	61.82	65.52	289	327	1383	1642	2357	2813
标准差	4.12	4.3	42	69	283	496	284	514
变异系数	7	7	15	21	20	30	12	18

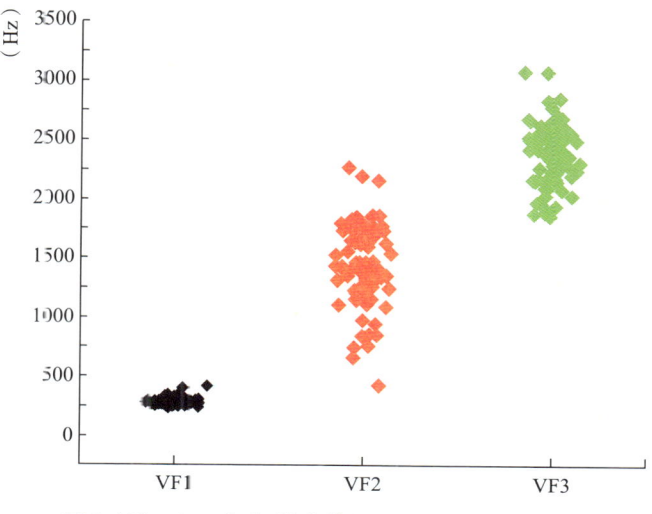

图 3.100 − 1　[n] 辅音共振峰分布模式图（M）

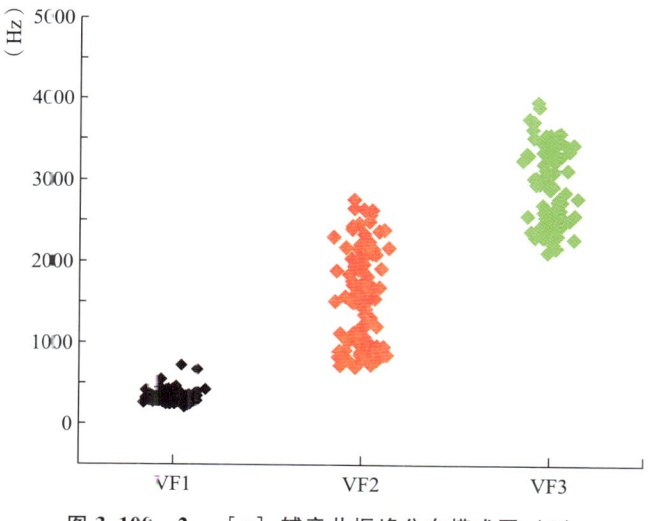

图 3.100 − 2　[n] 辅音共振峰分布模式图（F）

19.3　词中位置与声学参数之间的关系

表 3.52 为男女发音人词中不同位置上 [n] 辅音声学参数统计，图 3.101 为词中不同位置上 [n] 辅音音强分布图。从中可知，词中位置与 [n] 辅音声学参数之间具有一定的相关性。如，在词中音节首位置上 [n] 辅音音强比其他位置上的强。

表 3.52 – 1　词中不同位置上 [n] 辅音声学参数统计（M）

		CD	CA	VF1	VF2	VF3
词首	平均值	122	60.38	286	1428	2403
	标准差	55	4.59	30	337	250
	变异系数	45	8	10	24	10
词中音节首	平均值	55	63.59	269	1285	2357
	标准差	13	2.79	14	264	212
	变异系数	24	4	5	21	9
词中音节末	平均值	88	62.56	294	1394	2377
	标准差	24	3.06	37	197	248
	变异系数	27	5	13	14	10

表 3.52 – 2　词中不同位置上 [n] 辅音声学参数统计（F）

		CD	CA	VF1	VF2	VF3
词首	平均值	95	66.02	325	1590	2936
	标准差	36	3.5	80	574	480
	变异系数	38	5	25	36	16
词中音节首	平均值	56	69.76	327	1568	2901
	标准差	8	1.83	38	563	471
	变异系数	14	3	12	36	16
词中音节末	平均值	107	64.52	331	1698	2725
	标准差	38	3.95	67	319	511
	变异系数	36	6	20	19	19

19.4　后置元音音质与声学参数之间的关系

表 3.53 为男女发音人不同元音之前 [n] 辅音声学参数统计，图 3.101 和图 3.102 为男女发音人不同位置上及元音之前 [n] 辅音音长和音强分布图。从这些图表可知，后置元音音质与 [n] 辅音声学参数之间具有一定的相关性。[n] 辅音在前元音 [ɛ] 之前的第二共振峰频率比其他位置上的高；在 [i] 元音之前的音强比其他元音之前的强。

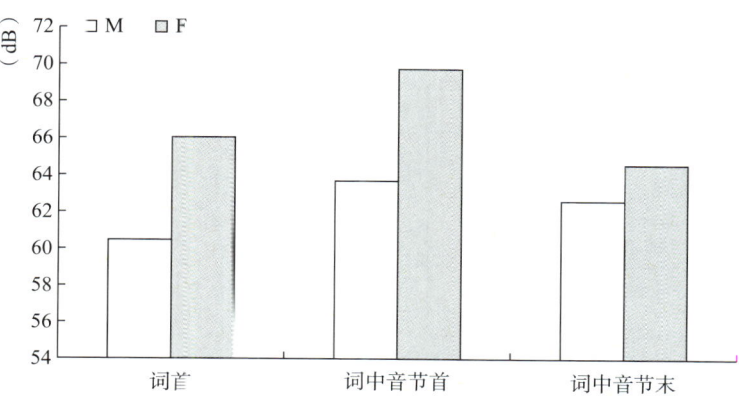

图 3.101　词中不同位置上［n］辅音音强均值分布图

表 3.53－1　不同元音之前［n］辅音声学参数统计（M）

		CD	CA	VF1	VF2	VF3
nɑ	平均值	50	63	269	1259	2356
	标准差	14	2.24	13	75	189
	变异数	28	4	5	6	8
nɛ	平均值	54	59.57	271	1665	2459
	标准差	18	6.58	15	114	309
	变异数	33	11	6	7	13
ni	平均值	55	67.33	303	1402	2429
	标准差	24	1.21	78	456	338
	变异数	44	2	26	33	14
no	平均值	88	54.67	272	1360	2484
	标准差	46	1.53	20	71	268
	变异数	52	3	7	5	11
nu	平均值	76	60.83	270	1217	2295
	标准差	38	5.08	18	159	66
	变异数	50	8	7	13	3

表 3.53-2　不同元音之前 [n] 辅音声学参数统计 (F)

		CD	CA	VF1	VF2	VF3
nɑ	平均值	101	64	402	2053	3203
	标准差	39	1	227	506	266
	变异系数	39	2	56	25	8
nɛ	平均值	81	62.75	443	2196	3318
	标准差	14	2.25	414	803	334
	变异系数	17	4	93	37	10
ni	平均值	55	68.5	332	1758	3117
	标准差	13	1.64	64	964	669
	变异系数	24	2	19	55	21
no	平均值	59	63.25	278	1252	2778
	标准差	22	0.5	64	881	364
	变异系数	37	1	23	70	13
nu	平均值	66	68.2	311	1344	2839
	标准差	17	2.95	33	104	198
	变异系数	26	4	11	8	7

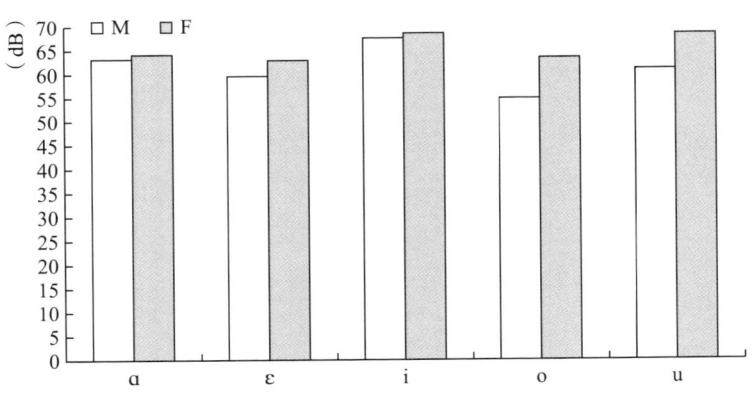

图 3.102　不同元音之前 [n] 辅音音强分布图

20. 辅音 [ŋ]

20.1　声学语图特点

维吾尔语标准话 [ŋ] 辅音是舌根鼻音。图 3.103 为男发音人 [oŋɑj]

"容易"一词的三维语图。这是[ŋ]辅音比较典型的声学语图。

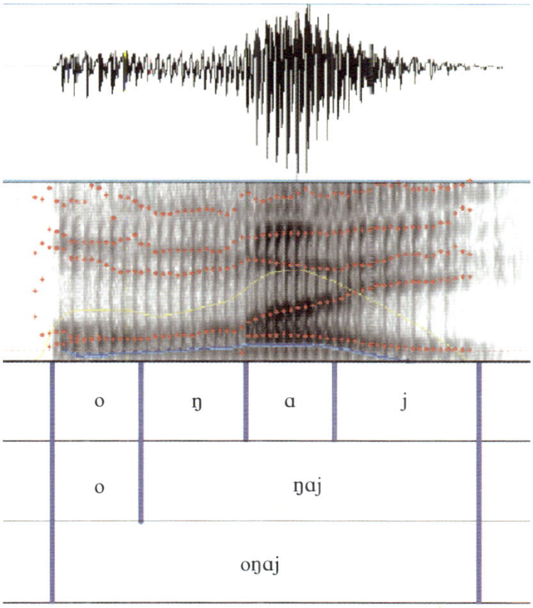

图 3.103　男发音人[oŋɑj]"容易"一词的三维语图

20.2　共振峰分布模式

表 3.54 为男女发音人[ŋ]辅音声学参数统计，图 3.104 为男女发音人[ŋ]辅音第一至第三共振峰分布模式图。

表 3.54　[ŋ]辅音声学参数统计

	CA		VF1		VF2		VF3	
	M	F	M	F	M	F	M	F
平均值	60.34	64.26	502	410	1057	1193	2421	2507
标准差	2.97	3.58	196	161	379	335	312	463
变异系数	5	6	39	39	36	28	13	18

表 3.54 显示，两位发音人[ŋ]辅音三个共振峰频率的均值分别为 VF1 = 502 Hz（M），VF1 = 410 Hz（F）；VF2 = 1057 Hz（M），VF2 = 1193 Hz（F）；VF3 = 2421 Hz（M），VF3 = 2507 Hz（F）。男女发音人[ŋ]辅音共振峰分布模式的主要差异在 VF2 和 VF3 的分布模式和浮动范围上，即"女高

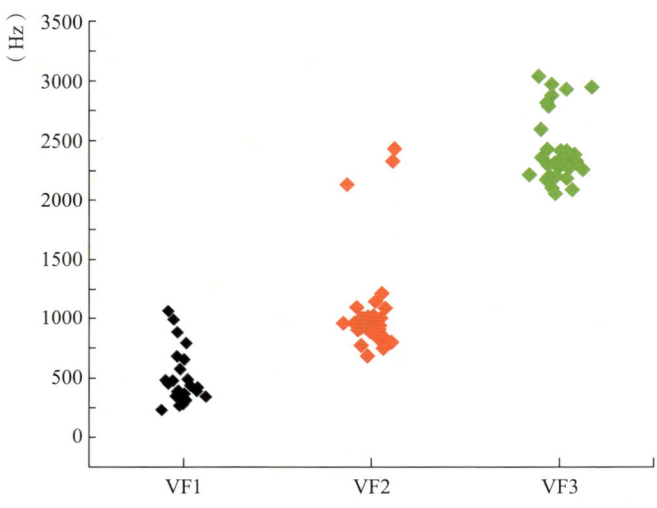

图 3.104-1　[ŋ] 辅音共振峰分布模式图（M）

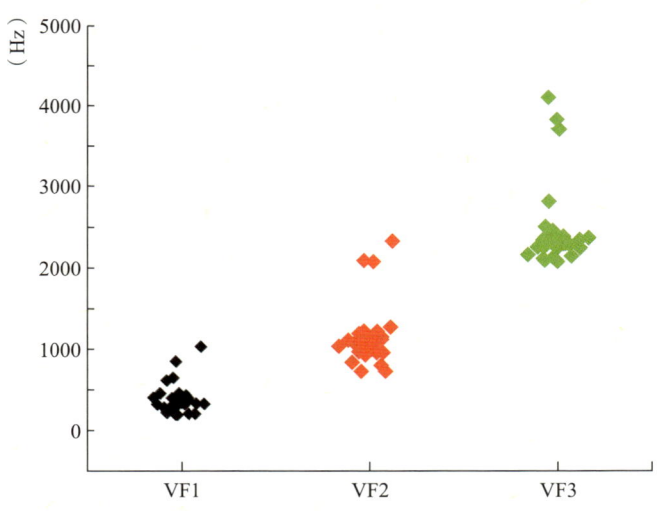

图 3.104-2　[ŋ] 辅音共振峰分布模式图（F）

于男"。从图 3.104 中可以看出，男女发音人三个共振峰的频率浮动范围分别为 M：VF1 = 200Hz ~ 700Hz，VF2 = 600Hz ~ 1000Hz，VF3 = 2000Hz ~ 3000 Hz；F：VF1 = 200Hz ~ 700Hz，VF2 = 700Hz ~ 1200Hz，VF3 = 2000Hz ~ 2500 Hz。

20.3 词中位置与声学参数之间的关系

表 3.55 为两位发音人词中不同位置上 [ŋ] 辅音声学参数统计，图 3.105 为词中不同位置上 [ŋ] 辅音音强均值分布图。从这些图表可知，词中位置与 [ŋ] 辅音声学参数之间具有一定的相关性。如，在词中音节首位置上 [ŋ] 辅音音强比其他位置上的相对强。

表 3.55 – 1 词中不同位置上 [ŋ] 辅音声学参数统计（M）

		CD	CA	VF1	VF2	VF3
词首	平均值	150	59.28	490	1071	2425
	标准差	35	2.25	226	424	282
	变异系数	23	4	46	40	12
词中音节首	平均值	66	63.67	544	1149	2701
	标准差	13	0.58	126	529	362
	变异系数	20	1	23	46	13
词中音节末	平均值	88	61.55	500	955	2428
	标准差	22	3.49	174	153	266
	变异系数	25	6	35	16	11

表 3.55 – 2 词中不同位置上 [ŋ] 辅音声学参数统计（F）

		CD	CA	VF1	VF2	VF3
词首	平均值	139	65.21	394	1164	2486
	标准差	29	2.7	180	352	473
	变异系数	21	4	46	30	19
词中音节首	平均值	86	67.17	393	1078	2509
	标准差	26	1.33	50	309	101
	变异系数	30	2	13	29	4
词中音节末	平均值	122	62.68	430	1289	2569
	标准差	34	3.58	143	380	484
	变异系数	28	6	33	29	19

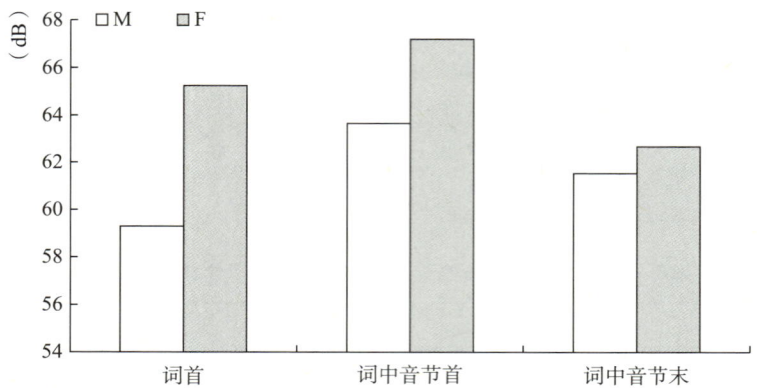

图 3.105　词中不同位置上 [ŋ] 辅音音强均值分布图

（六）边音

21. 边音 [l]

21.1　声学语图特点

维吾尔语标准话 [l] 辅音是舌尖边音。图 3.106 为男发音人 [lɑtɑ] "布子" 一词的三维语图。这是 [l] 辅音比较典型的声学语图。

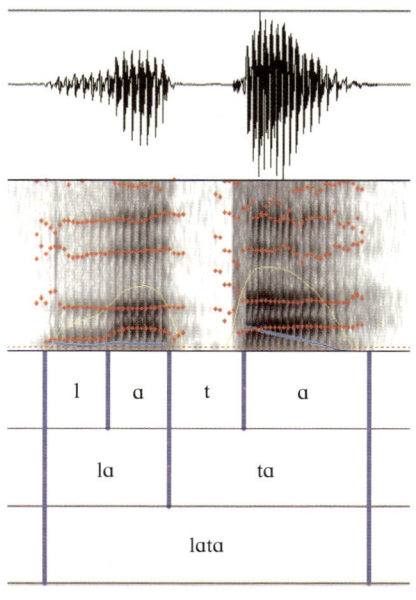

图 3.106　男发音人 [lɑtɑ] "布子" 一词的三维语图

21.2 共振峰分布模式

表 3.56 为男女发音人 [1] 辅音声学参数统计, 图 3.107 为男女发音人 [1] 辅音第一至第三共振峰分布模式图。表 3.56 显示, 两位发音人 [1] 辅音三个共振峰频率的均值分别为 VF1 = 336Hz（M）, VF1 = 392Hz（F）; VF2 = 1355Hz（M）, VF2 = 1637Hz（F）; VF3 = 2535Hz（M）, VF3 = 3341Hz（F）。从图 3.107 中可以看出, 男女发音人三个共振峰的频率浮动范围分别为 M: VF1 = 200Hz ~ 500Hz, VF2 = 700Hz ~ 1800Hz, VF3 = 1700Hz ~ 3500 Hz; 女: VF1 = 200Hz ~ 500Hz, VF2 = 1000Hz ~ 2200Hz, VF3 = 2000Hz ~ 3500 Hz。男女发音人 [1] 辅音共振峰分布模式的主要差异在 VF2 和 VF3 的分布模式和浮动范围上, 即"女高于男"。

表 3.56　　[1] 辅音声学参数统计

	CA		VF1		VF2		VF3	
	M	F	M	F	M	F	M	F
平均值	62.82	65.8	336	392	1355	1637	2535	3341
标准差	4.21	4.19	69	88	321	314	380	280
变异系数	7	6	21	22	24	19	15	8

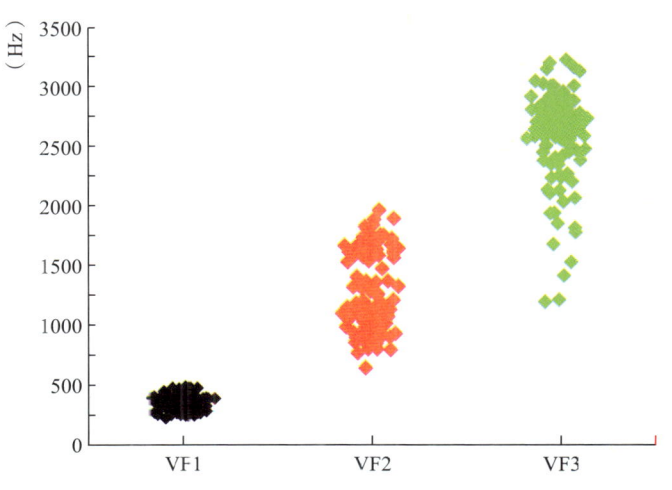

图 3.107 - 1　[1] 辅音共振峰分布模式图（M）

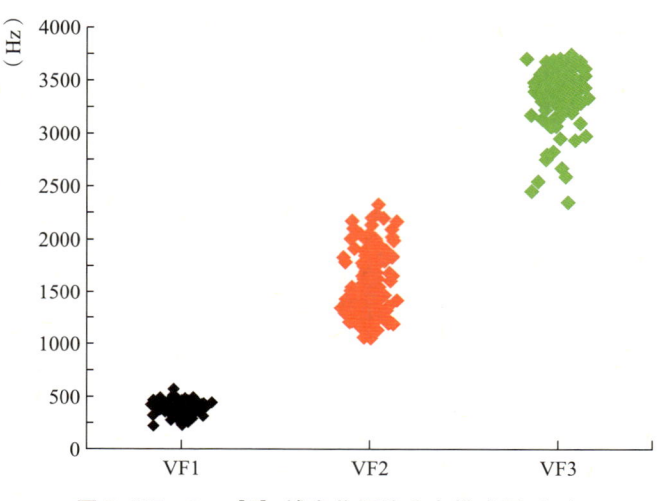

图 3.107－2　［l］辅音共振峰分布模式图（F）

21.3　词中位置与声学参数之间的关系

表 3.57 为男女发音人词中不同位置上［l］辅音声学参数统计，图 3.108 为词中不同位置上［l］辅音音强均值分布图。从中可知，词中位置与［l］辅音声学参数之间具有一定的相关性。如，在词中音节首位置上［l］辅音第二共振峰频率比其他位置上的低。

表 3.57－1　词中不同位置上［l］辅音声学参数统计（M）

		CD	CA	VF1	VF2	VF3
词首	平均值	104	62.06	354	1291	2619
	标准差	51	3.82	55	324	345
	变异系数	49	6	16	25	13
词中音节首	平均值	49	63.64	324	1345	2572
	标准差	12	3.07	54	327	377
	变异系数	24	5	17	24	15
词中音节末	平均值	65	63.65	345	1346	2482
	标准差	20	4.56	81	331	384
	变异系数	31	7	23	25	15

表 3.57-2　词中不同位置上 [l] 辅音声学参数统计 (F)

		CD	CA	VF1	VF2	VF3
词首	平均值	95	67.41	407	1566	3367
	标准差	33	3.58	56	300	240
	变异系数	35	5	14	19	7
词中音节首	平均值	54	66.58	379	1636	3322
	标准差	13	3.6	78	306	244
	变异系数	24	5	21	19	7
词中音节末	平均值	79	65.2	403	1639	3330
	标准差	38	4.73	85	325	377
	变异系数	48	7	21	20	11

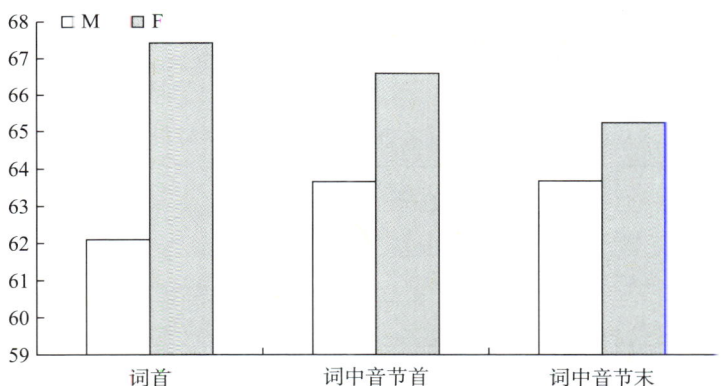

图 3.108　词中不同位置上 [l] 辅音音强均值分布图

21.4　后置元音音质与声学参数之间的关系

表 3.58 为男女发音人不同元音之前 [l] 辅音声学参数统计，图 3.109 为

表 3.58-1　不同元音之前 [l] 辅音声学参数统计 (M)

		CD	CA	VF1	VF2	VF3
lɑ	平均值	50	61.78	317	1344	2538
	标准差	15	3.93	63	281	336
	变异系数	30	6	20	21	13

续表

		CD	CA	VF1	VF2	VF3
lɛ	平均值	57	62.33	289	1716	2549
	标准差	21	1.63	20	90	96
	变异系数	37	3	7	5	4
li	平均值	52	64	247	1638	2524
	标准差	20	3	31	358	181
	变异系数	38	5	13	22	7
lo	平均值	140	54.75	268	1258	2375
	标准差	36	3.4	26	68	193
	变异系数	26	6	10	5	8
lu	平均值	56	61.88	333	1092	2488
	标准差	13	7.55	121	233	341
	变异系数	23	12	36	21	14

表 3.58 – 2　不同元音之前 [l] 辅音声学参数统计 (F)

		CD	CA	VF1	VF2	VF3
lɑ	平均值	60	64.57	370	1384	3203
	标准差	4	3.6	32	93	472
	变异系数	7	6	9	7	15
lɛ	平均值	58	65.11	378	1934	3205
	标准差	23	3.59	121	255	319
	变异系数	40	6	32	13	10
li	平均值	58	65.14	352	2051	3415
	标准差	10	1.46	41	417	253
	变异系数	17	2	12	20	7
lo	平均值	89	61.5	278	1404	3446
	标准差	36	3.32	75	119	60
	变异系数	40	5	27	8	2

续表

		CD	CA	VF1	VF2	VF3
lu	平均值	61	63.22	400	1458	3293
	标准差	14	6.72	198	251	83
	变异系数	23	11	50	17	3

男女发音人不同元音之前［l］辅音音强均值分布图。从中可知，后置元音音质与［l］辅音声学参数之间具有一定的相关性。［l］辅音在前元音［ɛ，i］之前的第二共振峰频率比其他位置上的高。

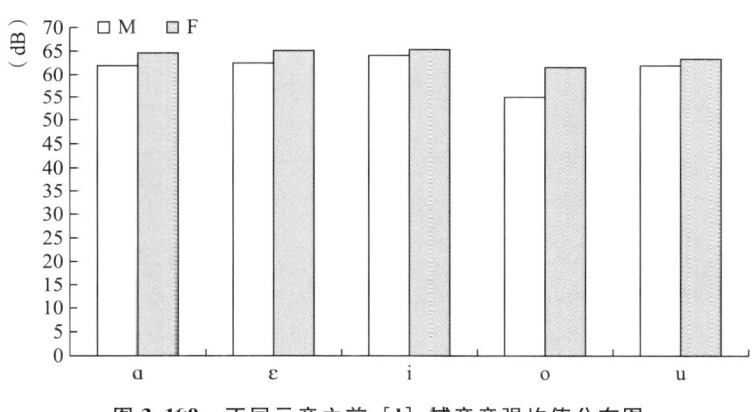

图 3.109 不同元音之前［l］辅音音强均值分布图

（七）颤音

22. 颤音［r］

22.1 声学语图特点

图 3.110 为男发音人［nɛzɛr］"眼光"一词的三维语图。传统语言学论著上把维吾尔语标准后［r］辅音描写为舌尖颤音。但从图 3.110 中可以看到，该辅音不是颤音，而是闪音［ɾ］。为了便于论述本书暂时采用传统标记法。

22.2 共振峰分布模式

表 3.59 为男女发音人［r］辅音声学参数统计，图 3.111 为两位发音人［r］辅音第一至第三共振峰分布模式图。从中可以看出，两位发音人［r］辅音三个共振峰频率的均值分别为 VF1 = 449Hz（M），VF1 = 482Hz（F）；

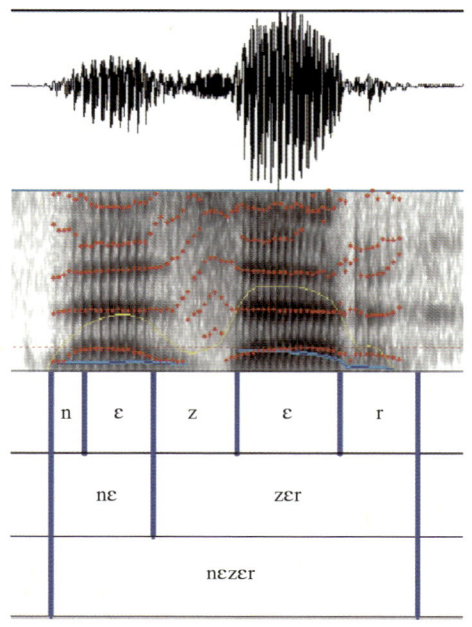

图 3.110　男发音人 [nɛzɛr] "眼光" 一词的三维语图

VF2 = 1365 Hz（M），VF2 = 1728 Hz（F）；VF3 = 2206 Hz（M），VF3 = 2837 Hz（F）。从图 3.111 中可以看出，男女发音人三个共振峰的频率浮动范围分别为 M：VF1 = 200 Hz ~ 700 Hz，VF2 = 1000 Hz ~ 1700 Hz，VF3 = 1200 Hz ~ 3000 Hz；F：VF1 = 200 Hz ~ 700 Hz，VF2 = 1200 Hz ~ 2200 Hz，VF3 = 2000 Hz ~ 3000 Hz。显然，男女发音人 [r] 辅音共振峰分布模式的主要差异在 VF2 和 VF3 的分布模式和浮动范围上，即"女高于男"。

表 3.59　[r] 辅音声学参数统计

	CA		VF1		VF2		VF3	
	M	F	M	F	M	F	M	F
平均值	62.53	62.42	449	482	1365	1728	2206	2837
标准差	4.74	5.5	81	130	237	205	463	313
变异系数	8	9	18	27	17	12	21	11

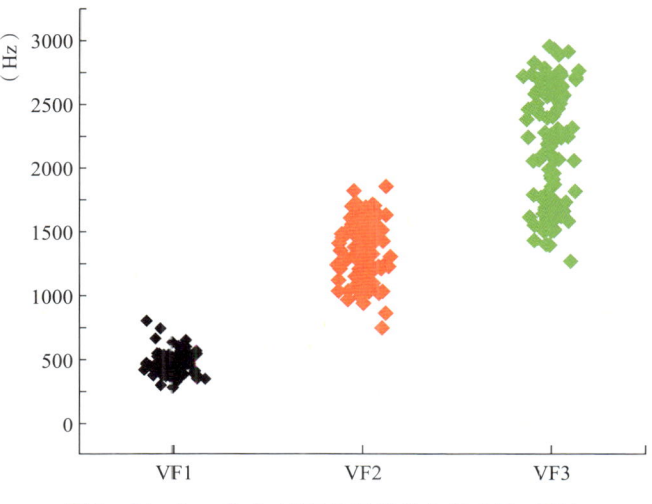

图 3.111 - 1　[r] 辅音共振峰分布模式图（M）

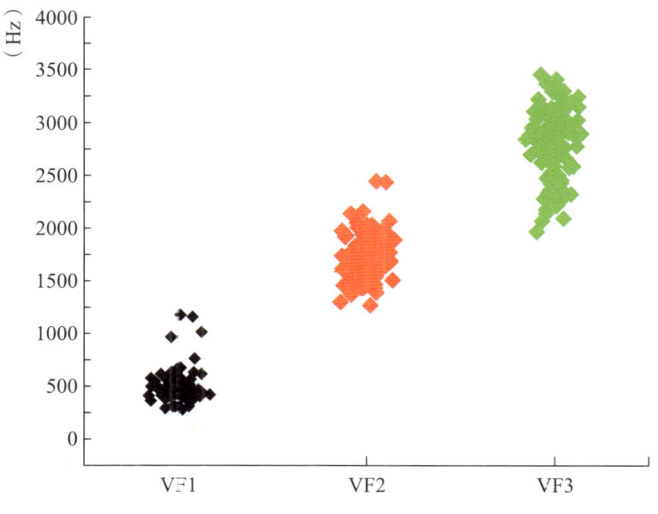

图 3.111 - 2　[r] 辅音共振峰分布模式图（F）

22.3　词中位置与声学参数之间的关系

表 3.60 为男女发音人词中不同位置上 [r] 辅音声学参数统计，图 3.112 为词中不同位置上 [r] 辅音音强均值分布图。从中可知，词中位置与 [r] 辅音声学参数之间具有一定的相关性。如，在词中音节首位置上 [r] 辅音

音强比其他位置上的强。

表 3.60 – 1　词中不同位置上 [r] 辅音声学参数统计 （M）

		CD	CA	VF1	VF2	VF3
词首	平均值	95	61.42	463	1360	2192
	标准差	55	5.29	87	230	461
	变异系数	58	9	19	17	21
词中音节首	平均值	28	64.5	435	1419	2225
	标准差	16	3.31	84	283	492
	变异系数	57	5	19	20	22
词中音节末	平均值	62	63.72	439	1331	2290
	标准差	39	3.74	69	216	456
	变异系数	63	6	16	16	20

表 3.60 – 2　词中不同位置上 [r] 辅音声学参数统计 （F）

		CD	CA	VF1	VF2	VF3
词首	平均值	75	62.23	493	1745	2830
	标准差	23	6.1	143	221	339
	变异系数	31	10	29	13	12
词中音节首	平均值	36	66.86	449	1697	2806
	标准差	19	2.57	88	221	284
	变异系数	53	4	20	13	10
词中音节末	平均值	91	61.6	481	1683	2803
	标准差	24	4.15	130	156	305
	变异系数	26	7	27	9	11

22.4　后置元音音质与声学参数之间的关系

表 3.61 为男女发音人不同元音之前 [r] 辅音声学参数统计表，图 3.113 为男女发音人不同元音之前 [r] 辅音音强均值分布图。从图表可知，后置元音音质与 [r] 辅音声学参数之间具有一定的相关性。[r] 辅音在前元音 [ɛ, i] 之前的第二共振峰频率比其他位置上的相对高。

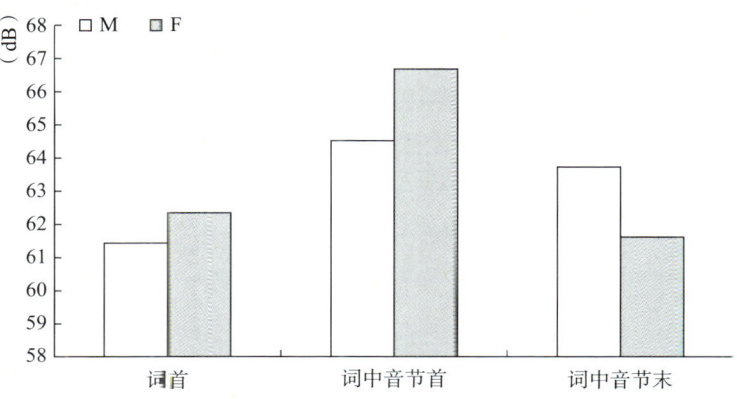

图 3.112　词中不同位置的 [r] 辅音音强均值分布图

表 3.61-1　不同元音之前 [r] 辅音声学参数统计（M）

		CD	CA	VF1	VF2	VF3
rɑ	平均值	97	52.75	500	1384	2028
	标准差	31	5.56	108	157	446
	变异系数	32	11	22	11	22
rɛ	平均值	84	54	585	1432	2057
	标准差	32	6.38	105	175	245
	变异系数	38	12	18	12	12
ri	平均值	42	64.4	376	1690	2440
	标准差	27	2.7	75	223	431
	变异系数	64	4	20	13	18
ro	平均值	110	51.5	526	942	1788
	标准差	4	4.95	97	121	554
	变异系数	4	10	18	13	31
ru	平均值	30	62	382	1144	1956
	标准差	16	3.94	42	138	427
	变异系数	53	6	11	12	22

表 3.61 – 2　不同元音之前 [r] 辅音声学参数统计（F）

		CD	CA	VF1	VF2	VF3
rɑ	平均值	57	57.75	441	1737	2876
	标准差	15	2.87	105	169	309
	变异系数	26	5	24	10	11
rɛ	平均值	52	48.5	590	1738	2667
	标准差	24	12.48	284	286	489
	变异系数	46	26	48	16	18
ri	平均值	32	56.2	658	1937	2749
	标准差	7	13.03	354	320	414
	变异系数	22	23	54	17	15
ro	平均值	56	61	358	1400	3122
	标准差	1	2.83	110	164	395
	变异系数	2	5	31	12	13
ru	平均值	40	64.5	414	1558	2902
	标准差	23	2.38	22	199	263
	变异系数	58	4	5	13	9

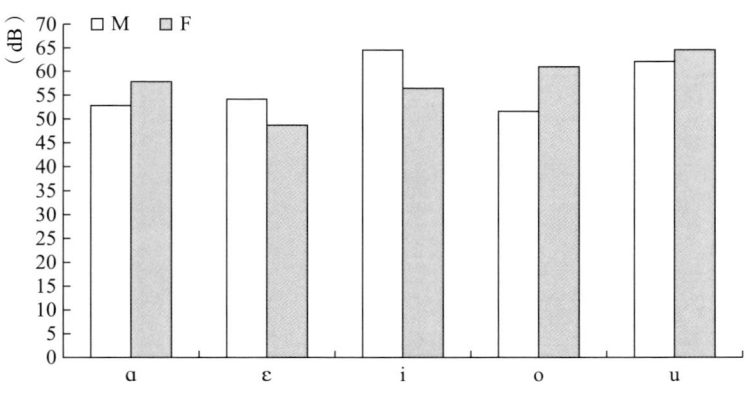

图 3.113　不同元音之前 [r] 辅音音强分布图

(八) 半元音

23. 辅音 [w]

23.1 声学语图特点

图 3.114 为男发音人 [owlaʃ] "捕猎"一词的三维语图。维吾尔语标准话 [w] 辅音是双唇浊擦音（有些传统语言学论著中称之为半元音。在 2007 年中国语言学会语音学分会翻译的"国际音标"中叫作"近音"）。这是 [w] 辅音比较典型的声学语图。

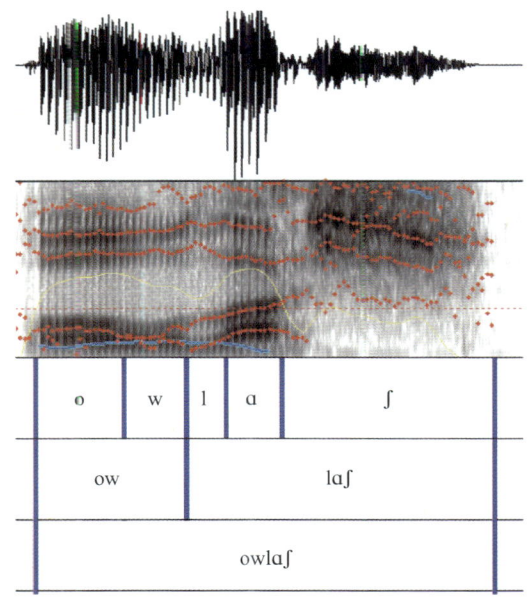

图 3.114 男发音人 [owlaʃ] "捕猎"一词的三维语图

23.2 共振峰分布模式

表 3.62 为男女发音人 [w] 辅音声学参数统计，图 3.115 为男女发音人 [w] 辅音第一至第三共振峰分布图。从表 3.62 中可以看出，两位发音人 [w] 辅音三个共振峰频率的均值分别为 VF1 = 399Hz（M），VF1 = 429Hz（F）；VF2 = 1034Hz（M），VF2 = 1308Hz（F）；VF3 = 2581Hz（M），VF3 = 3092Hz（F）。从图 3.115 中可以看出，男女发音人三个共振峰的频率浮动范围分别为 M：VF1 = 200Hz ~ 500Hz，VF2 = 500Hz ~ 1500Hz，VF3 = 2200Hz ~ 2700 Hz；F：VF1 = 200Hz ~ 500Hz，VF2 = 700Hz ~ 2200Hz，VF3 = 2700Hz ~

表 3.62　[w] 辅音声学参数统计

	CA		VF1		VF2		VF3	
	M	F	M	F	M	F	M	F
平均值	63.71	65.73	399	429	1034	1308	2581	3092
标准差	4.65	3.91	109	72	290	340	289	170
变异系数	7	6	27	17	28	26	11	5

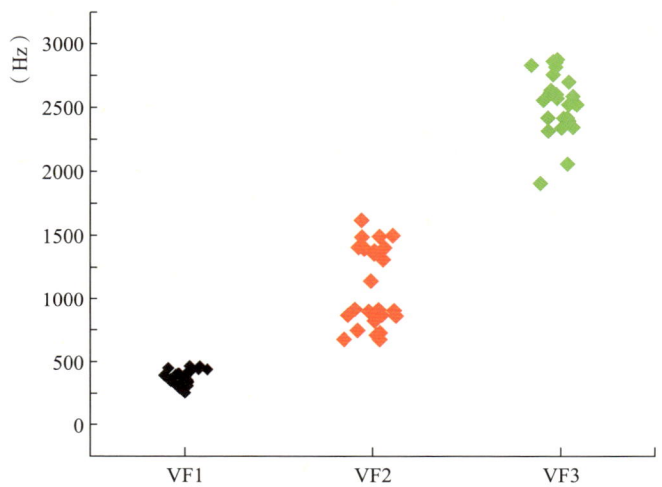

图 3.115 - 1　[w] 辅音共振峰分布模式图（M）

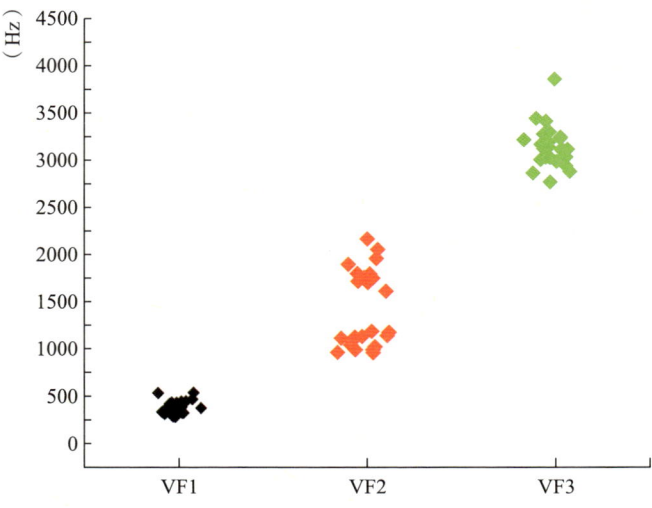

图 3.115 - 2　[w] 辅音共振峰分布模式图（F）

3000 Hz。显然，男女发音人［r］辅音共振峰分布模式的主要差异在 VF2 和 VF3 的分布模式和浮动范围上，即"女高于男"。

23.3 词中位置与声学参数之间的关系

表 3.63 为两位发音人词中不同位置上的［w］辅音声学参数统计。图 3.116 为词中不同位置［w］辅音音强分布图。从中可知，词中位置与［w］辅音声学参数之间具有一定的相关性。如，在词中音节首位置上［w］辅音音强比其他位置上的强。

表 3.63－1 词中不同位置上［w］辅音声学参数统计（M）

		CD	CA	VF1	VF2	VF3
词首	平均值	84	59.64	370	1098	2542
	标准差	35	5.2	61	314	247
	变异系数	42	9	16	29	10
词中音节首	平均值	62	65.88	405	962	2572
	标准差	15	3.34	46	268	275
	变异系数	24	5	11	28	11
词中音节末	平均值	54	62.75	357	1074	2369
	标准差	2	3.4	48	191	130
	变异系数	4	5	13	18	5

表 3.63－2 词中不同位置上［w］辅音声学参数统计（F）

		CD	CA	VF1	VF2	VF3
词首	平均值	79	62.56	379	1424	3139
	标准差	31	5.12	73	403	225
	变异系数	39	8	19	28	7
词中音节首	平均值	68	67.27	455	1215	3073
	标准差	27	2.64	53	267	150
	变异系数	40	4	12	22	5
词中音节末	平均值	72	66.17	416	1553	3040
	标准差	31	2.48	92	445	131
	变异系数	43	4	22	29	4

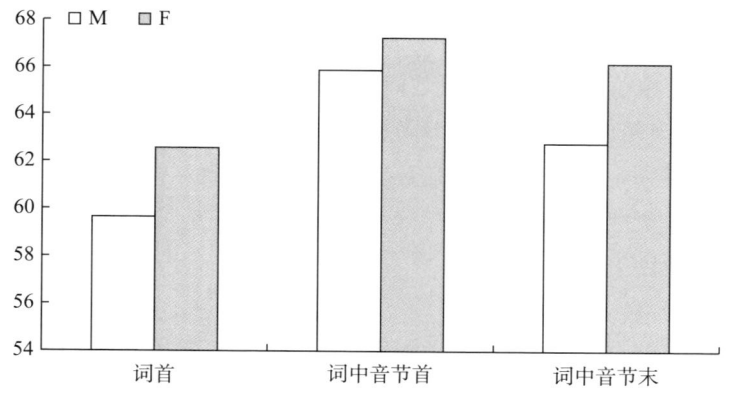

图 3.116 词中不同位置上 [w] 辅音音强均值分布图

23.4 后置元音音质与声学参数之间的关系

表 3.64 为两位发音人不同元音之前的 [w] 辅音声学参数统计。图 3.117 为两位发音人不同元音前的 [w] 辅音音强的分布图。从图表可知，后置元音音质与 [w] 辅音声学参数之间具有一定的相关性。[w] 辅音在前元音 [ɛ, i] 之前的第二共振峰频率比其他位置上的相对高。

表 3.64-1 不同元音前的 [w] 辅音声学参数统计 （M）

		CD	CA	VF1	VF2	VF3
wɑ	平均值	56	65.75	426	934	2596
	标准差	13	2.99	39	81	238
	变异系数	23	5	9	9	9
wɛ	平均值	85	57	318	1442	2278
	标准差	15	3.56	50	108	155
	变异系数	18	6	16	7	7
wi	平均值	42	60.5	524	1546	2420
	标准差	13	4.18	412	211	188
	变异系数	31	7	79	14	8
wu	平均值	71	66.88	368	804	2696
	标准差	20	3.6	22	82	104
	变异系数	28	5	6	10	4

表 3.64 – 2　不同元音前的 [w] 辅音统计 (F)

		CD	CA	VF1	VF2	VF3
wɑ	平均值	70	66.45	458	1122	3100
	标准差	14	4.2	59	100	135
	变异系数	20	6	13	9	4
wɛ	平均值	81	66	410	1810	2954
	标准差	29	3.9	49	86	151
	变异系数	36	6	12	5	5
wi	平均值	56	62.8	341	1975	2931
	标准差	15	4.82	73	237	75
	变异系数	27	8	21	12	3
wu	平均值	78	66	421	1076	3121
	标准差	42	2	56	159	112
	变异系数	54	3	13	15	4

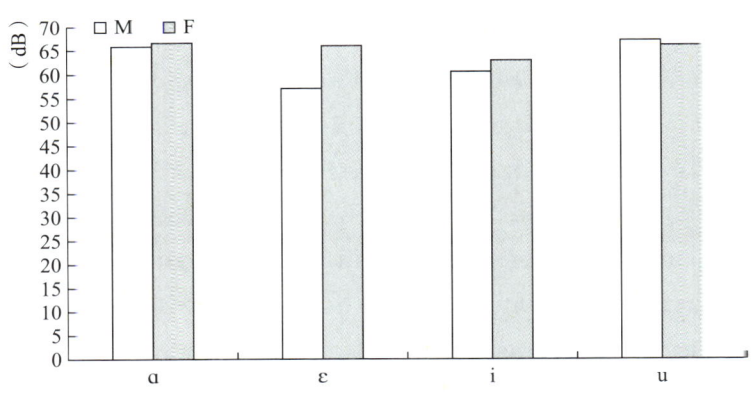

图 3.117　不同元音之前 [w] 辅音音强分布图

24. 辅音 [j]

24.1　声学语图特点

图 3.118 为男发音人 [jɛlkɛn] "船帆" 一词的三维语图。维吾尔语标准话 [j] 辅音是舌面浊擦音（有些传统语言学论著中称之为半元音。在 2007 年中国语言学会语音学分会翻译的"国际音标"中叫作"近音"）。这是 [j] 辅音比较典型的声学语图。

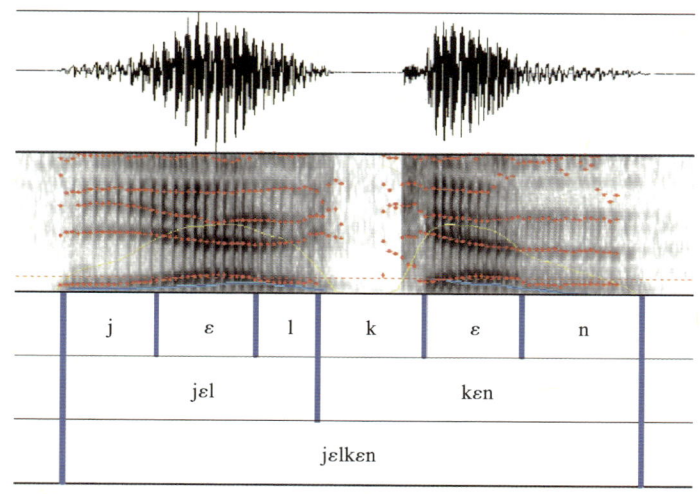

图 3.118　男发音人 [jɛlkɛn] "船帆" 一词的三维语图

24.2　共振峰分布模式

表 3.65 为男女发音人 [j] 辅音声学参数统计，图 3.119 为男女发音人 [j] 辅音第一至第三共振峰均值分布图。从表 3.65 中可以看出，男女发音人 [j] 辅音三个共振峰频率的均值分别为 VF1 = 339Hz（M），VF1 = 375Hz（F）；VF2 = 2039Hz（M），VF2 = 2465Hz（F）；VF3 = 2725Hz（M），VF3 = 3213Hz（F）。从图 3.122 中可以看出，男女发音人三个共振峰的频率浮动范围分别为 M：VF1 = 200Hz～500Hz，VF2 = 1000Hz～2200Hz，VF3 = 1700Hz～3200Hz；F：VF1 = 300Hz～500Hz，VF2 = 2200Hz～3000Hz，VF3 = 2700Hz～4000 Hz。显然，男女发音人 [j] 辅音共振峰分布模式的主要差异在 VF2 和 VF3 的分布模式和浮动范围上，即"女高于男"。

表 3.65　[j] 辅音声学参数统计

	CA		VF1		VF2		VF3	
	M	F	M	F	M	F	M	F
平均值	63.07	66.79	339	375	2039	2465	2725	3213
标准差	5.58	4.99	92	98	325	242	293	334
变异系数	9	7	27	26	16	10	11	10

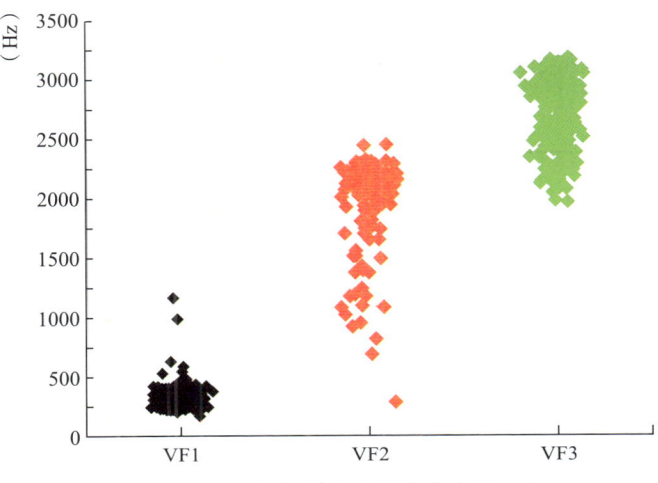

图 3.119 – 1　[j] 辅音共振峰分布图（M）

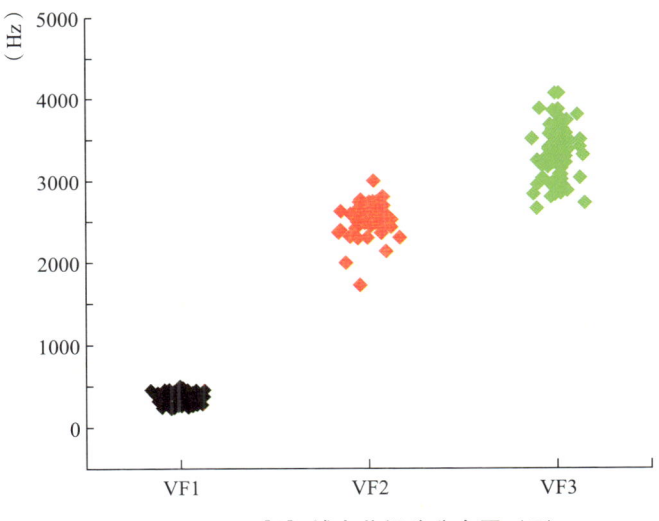

图 3.119 – 2　[j] 辅音共振峰分布图（F）

24.3　词中位置与声学参数之间的关系

表 3.66 为两位发音人词中不同位置上的 [j] 辅音声学参数统计。图 3.120 为词中不同位置 [j] 辅音音强分布图。从中可知，[j] 辅音的音长受到词中位置的影响——词首 [j] 的音长最长、词中最短、词末为居中；[j] 辅音的音强也在一定程度上受到词中位置的影响——[j] 的音强在词

中位置（包括词中音节首和末）相对强，在词首相对弱。[j] 辅音的共振峰受词中位置影响的程度较低。

表 3.66 – 1　词中不同位置上 [j] 辅音声学参数统计（M）

		CD	CA	VF1	VF2	VF3
词首	平均值	107	61.03	329	2041	2737
	标准差	51	5.32	102	331	301
	变异系数	48	9	31	16	11
词中音首	平均值	70	67.09	356	2028	2683
	标准差	17	2.51	55	294	285
	变异系数	24	4	15	14	11
词中音节末	平均值	71	67.38	371	2109	2783
	标准差	18	3.66	47	150	251
	变异系数	25	5	13	7	9

表 3.66 – 2　词中不同位置上 [j] 辅音声学参数统计（F）

		CD	CA	VF1	VF2	VF3
词首	平均值	88	65.34	351	2471	3230
	标准差	40	5.12	103	253	352
	变异系数	45	8	29	10	11
词中音节首	平均值	80	70.05	425	2380	3114
	标准差	27	3.22	73	237	242
	变异系数	34	5	17	10	8
词中音节末	平均值	95	69.37	421	2527	3304
	标准差	35	3.31	52	204	260
	变异系数	37	5	12	8	8

24.4　后置元音音质与声学参数之间的关系

表 3.67 为两位发音人不同元音之前 [j] 辅音声学参数统计，图 3.121 为男女发音人不同元音之前 [j] 辅音音强均值分布图。从图表可知，后置元音音质与 [j] 辅音声学参数之间具有一定的相关性。[j] 辅音在前元音 [i] 之前的第二共振峰频率比其他位置上的相对低。有关这一问题有待进一

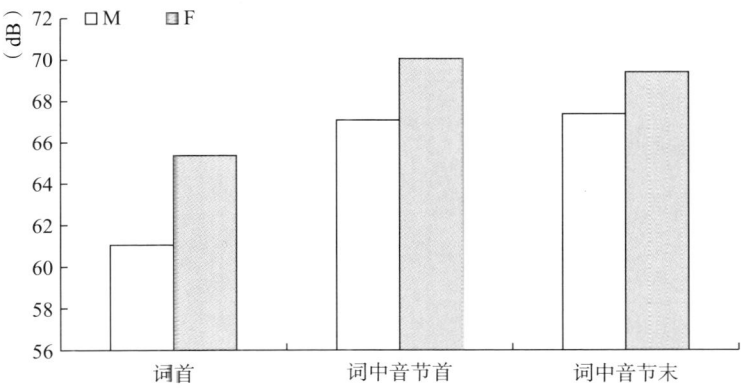

图 3.120　词中不同位置上 [j] 辅音的音强均值分布图

步探讨。

表 3.67-1　不同元音之前 [j] 辅音声学参数统计（M）

		CD	CA	VF1	VF2	VF3
jɑ	平均值	164	56.33	263	1971	2874
	标准差	21	2.64	35	463	369
	变异系数	13	5	13	23	13
jɛ	平均值	147	54.86	253	1846	2689
	标准差	14	4.02	25	430	387
	变异系数	10	7	10	23	14
ji	平均值	150	52	244	1409	2473
	标准差	24	2.45	20	568	377
	变异系数	16	5	8	40	15
jo	平均值	104	56	266	2132	2699
	标准差	29	3.22	10	25	65
	变异系数	28	6	4	1	2
ju	平均值	89	60.4	269	1972	2430
	标准差	33	3.21	36	216	316
	变异系数	37	5	13	11	13

表 3.67－2　不同元音之前 [j] 辅音声学参数统计（F）

		CD	CA	VF1	VF2	VF3
jɑ	平均值	102	61.67	286	2612	3579
	标准差	21	4.1	52	230	210
	变异系数	21	7	18	9	6
jɛ	平均值	103	62.29	266	2661	3732
	标准差	14	2.06	25	238	268
	变异系数	14	3	9	9	7
ji	平均值	89	60.25	232	2356	3385
	标准差	14	2.22	8	491	441
	变异系数	16	4	3	21	13
jo	平均值	76	62.5	244	2436	2676
	标准差	11	0.71	2	57	122
	变异系数	14	1	1	2	5
ju	平均值	95	60.75	238	2576	3118
	标准差	13	2.49	10	138	415
	变异系数	14	4	4	5	13

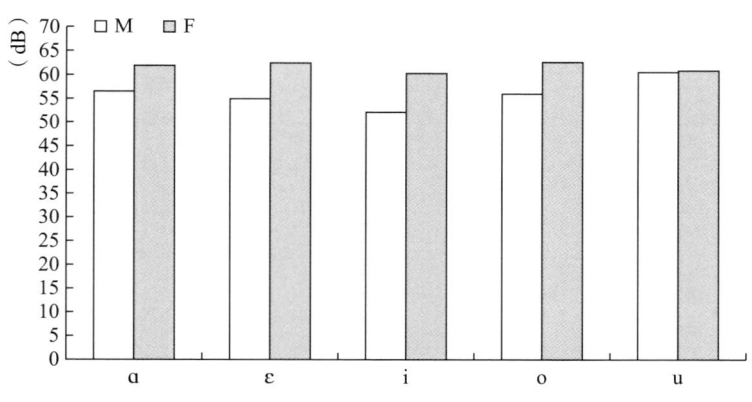

图 3.121　不同元音之前 [j] 辅音音强分布图

第四章
维吾尔语单词韵律特征

一 维吾尔语单词韵律模式

(一) 元音音长分布模式

图 4.1 为男女发音人维吾尔语多音节词中的元音音长分布图,即双音节词、三音节词和四音节词中的元音音长(平均值)分布模式示意图。从该图中可知,维吾尔语多音节词中的元音音长分布模式可分为两种,第一种是"词尾长模式"(S-L,S-S-L),另一种是"首尾同长模式"(L-S-S-L)。多音节词中的元音音长分布百分比①为:双音节词 43∶57 (M)、35∶65

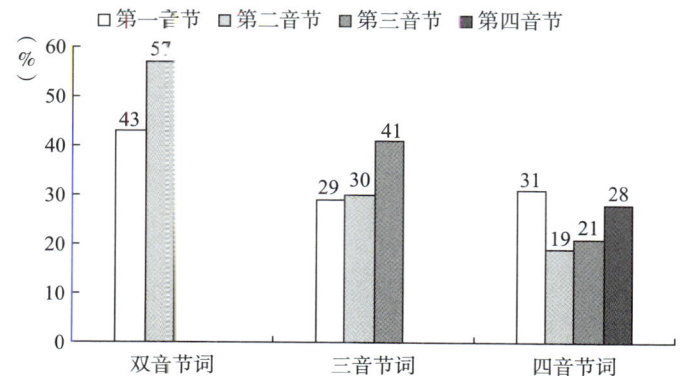

图 4.1-1 多音节词中的元音音长分布图 (M)

---

① 本文采用了百分比 (Ferceptional ratio in percentages) 和数值比 (Numerical ratio) 表示法。

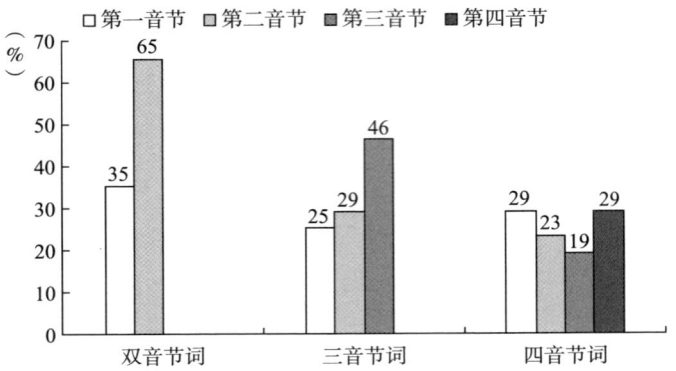

图 4.1-1　多音节词中的元音音长分布图（F）

(F)；三音节词 29∶30∶41（M）、25∶29∶46（F），这属"词尾长模式"；四音节词 31∶19∶21∶28（M）、29∶23∶19∶29（F），这属"首尾同长模式"。数值比为：双音节词 1∶1.5（M）、1∶2（F）；三音节词 1.4∶1.5∶2（M）、1.25∶1.45∶2.3（F）；四音节词 1.5∶0.85∶1∶1.4（M）、1.4∶1.1∶0.95∶1.4（F）。只从音长分布模式看，二、三音节词的音长模式支持维吾尔语词重音在最后一个音节上的观点，而四音节词的音长分布模式另当别论。请见表 4.1。

（二）音节音强分布模式

图 4.2 为双音节词音强分布模式。可以看出，男女发音人双音节词音强分布模式为"弱-强"（W-S），即第二音节音强比第一音节相对强。百分比分别为 48.2∶51.8（M）、49.29∶50.71（F）。

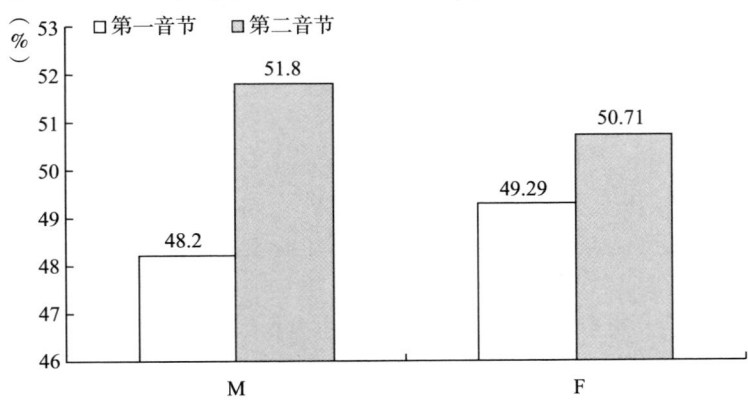

图 4.2　双音节词音强分布模式示意图

图 4.3 为三音节词音强分布模式。可以看出，男女发音人三音节词音强分布模式为"弱－中－强"（W－M－S）或"弱－弱－强"（W－W－S），即第三音节音强比其他音节（第一、第二音节）相对强。百分比分别为 32.30:33.49:34.46（M）和 33.17:33.17:33.64（F）。

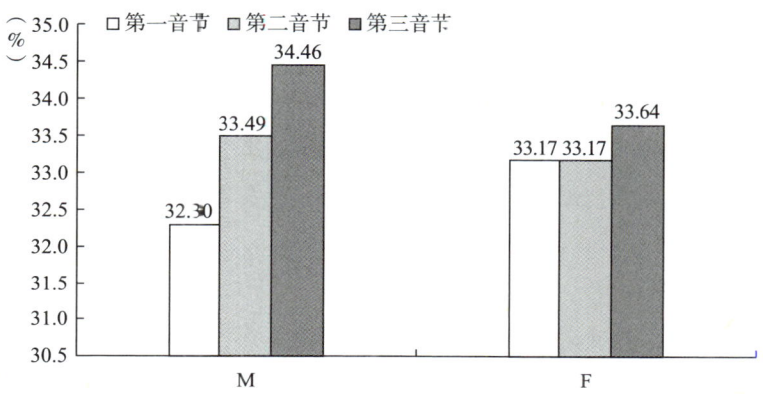

图 4.3　三音节词音强分布模式示意图

图 4.4 为四音节词音强分布模式。可以看出，男发音人四音节词音强分布呈现了"强－弱－强－弱"模式（S－W－S－W）；女发音人四音节词音强分布呈现了"强－强－弱－弱"模式（S－S－W－W），百分比分别为 25.26:24.91:25.61:24.55（M），25.73:25.36:24.63:24.26（F）。四音节词音强模式与二、三音节词中的"弱－强"和"弱－弱－强"模式正好相反。

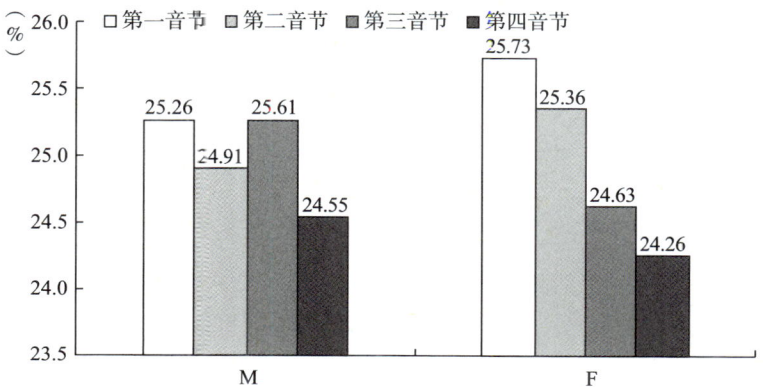

图 4.4　四音节词音强分布模式示意图

从上述分析中可以看出，维吾尔语多音节词中的音强模式随着音节数量的增加会出现"反弹"。为什么随着音节数量的增多会出现这种完全相反的现象？我们初步认为，这与维吾尔语多音节词音节之间的音强差异相对小（最多2%左右，甚至不到1%）有关。说明音强与词重音之间的相关性相对小。请见表4.1。

（三）音节音高分布模式

图4.5为男女发音人双音节词音高分布模式示意图。从图中可以看出，音高曲线呈现出了"低-高"模式（L-H）。其中，男发音人后音节音高最高值为122Hz，前音节音高最高值为100Hz；女发音人后音节音高的最高值为236Hz，前音节音高最高值为224Hz。显然，女发音人基频高于男发音人，男发音人双音节词中基频落差（22Hz）大于女发音人（12Hz）。

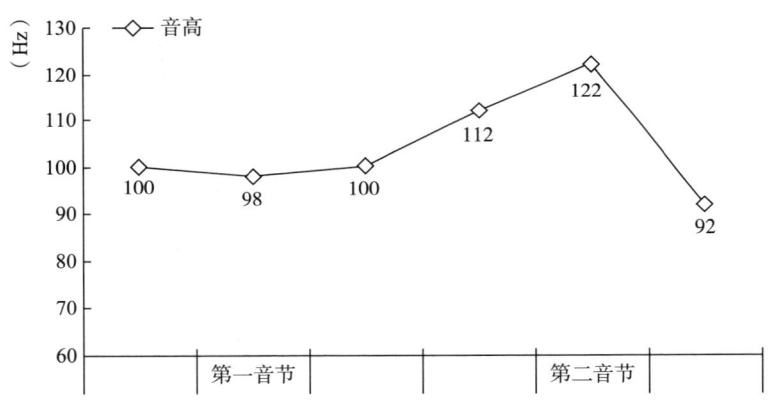

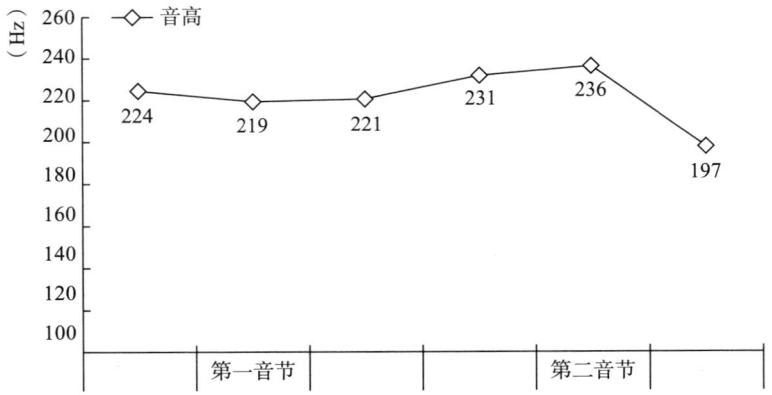

图4.5 双音节词音高分布模式示意图（上男，下女，下同）

图 4.6 为男女发音人三音节词音高分布模式示意图。从图中可以看出，男女发音人音高曲线呈现了不同的变化模式。其中，男发音人音高曲线模式为"低－低－高"模式（L－L－H）；而女发音人为"高－高－高"模式（H－H－H），即"相等模式"。如，男发音人第一音节音高最高值为98Hz，第二音节音高最高值为111Hz，第三音节音高最高值为121Hz；女发音人第一音节音高最高值为235Hz，第二音节音高最高值为233Hz，第三音节音高最高值为231Hz。显然，女发音人三音节词音高分布模式几乎为平行。

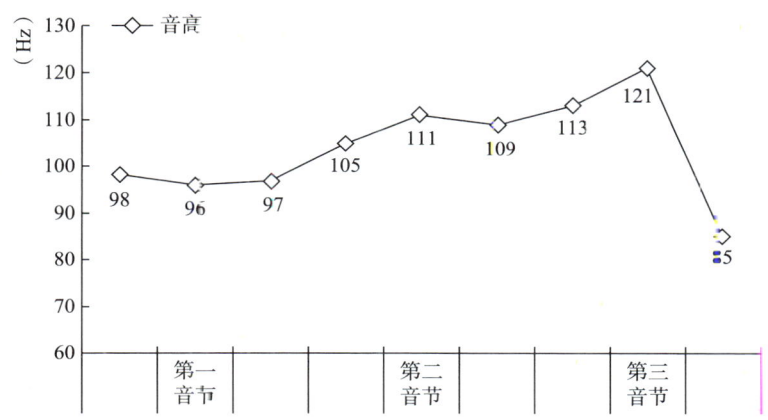

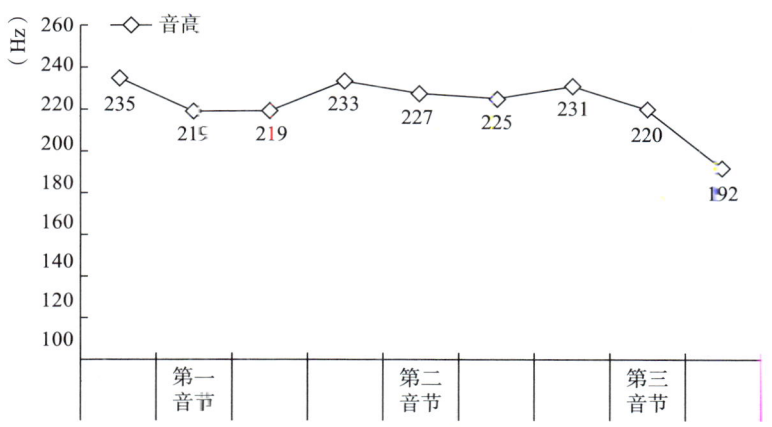

图 4.6　三音节词音高分布模式示意图（M、F）

图 4.7 为男女发音人四音节词音高分布模式示意图。从图中可以看出，男女发音人音高曲线呈现了"L－L－H－L"（低－低－高－低）模式。如，男发音人第一音节音高最高值为97Hz，第二音节音高最高值为109Hz，第

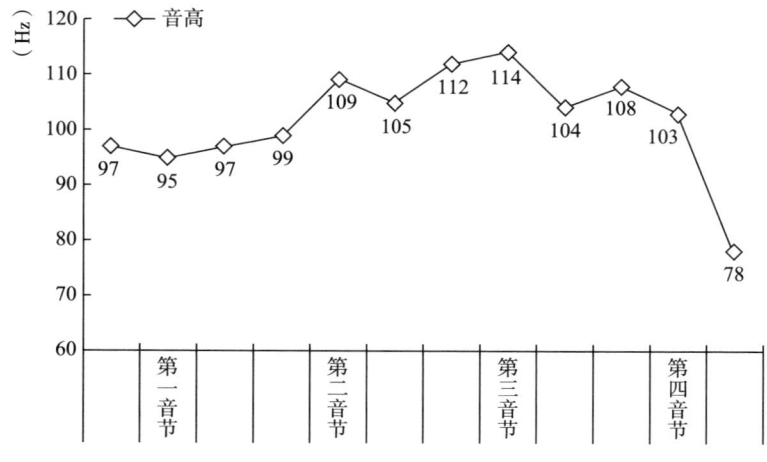

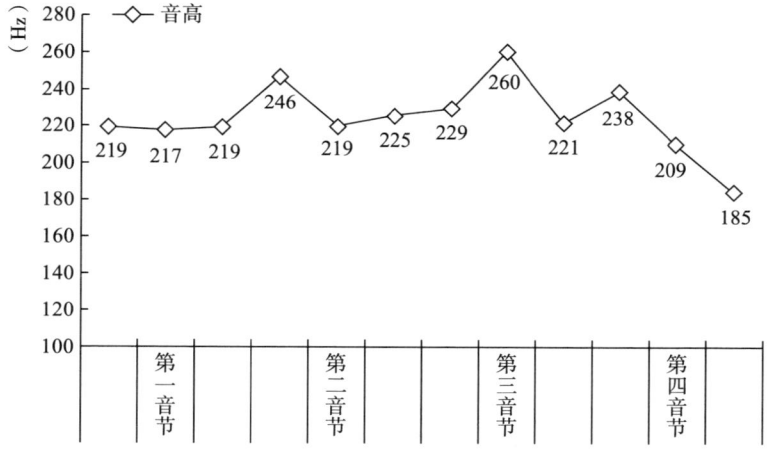

图 4.7　四音节词中音高分布模式示意图（M、F）

三音节音高最高值为 114Hz，第四音节音高最高值为 108Hz；女发音人第一音节音高最高值为 219Hz，第二音节音高最高值为 246Hz，第三音节音高最高值为 260Hz，第四音节音高最高值为 238Hz。显然，男发音人基频最高落差只有 17Hz，而女发音人基频最高落差为 41Hz。

　　从上述分析中可以看出，维吾尔语多音节词中的音高模式随着音节数量的增加会出现低－高（双音节词）、低－低－高（三音节词）和低－低－高－低（四音节词）模式。说明，维吾尔语音高最高值不在第一音节上，而是随着音节数量的增多逐渐后移，但到了四音节不再向后移动了。这种特点值得我们深思。维吾尔语与蒙古语相似，不是抬高第一音节音高，即

"左扬"语言,而是"右扬"语言。这是整个阿尔泰语系语言的共同特点(呼和,2014)。维吾尔语多音节词音节之间的音高差异相对小,说明音高与词重音之间的相关性相对小。请见表4.1。

表 4.1 多音节词中的声学参数统计

单位:MS、dB、Hz

		双音节词		三音节词			四音节词			
		第一音节	第二音节	第一音节	第二音节	第三音节	第一音节	第二音节	第三音节	第四音节
音长	M	81	92	72	74	106	101	67	69	88
	F	89	163	85	94	150	108	87	71	108
音强	M	67	72	66	69	71	71	70	71	69
	F	70	72	70	70	71	70	69	67	66
音高	M	100	112	98	105	113	97	99	112	103
		98	122	96	111	121	95	109	114	103
		100	92	97	109	85	97	105	104	78
	F	224	231	235	233	231	219	246	229	238
		219	236	219	227	220	217	219	260	209
		221	197	219	225	192	219	225	221	185

二 维吾尔语词重音问题

(一) 词重音相关研究

在语音层面上,声学参数能够给我们提供词中某些音节比其他音节更为突出(prominent)的信息。突出音节是一个相对术语。突出音节是通过音高、时长、音强以及元音音色等超音段特征表现出来。Beckman(1986)等根据主要音节的特点,把语言分为强重音(stress-accent)语言、音调重音(tone-accent or pitch accent)语言。强重音和音调重音语言在音系层面上共享相同的韵律特征。但是,这两种语言在语音方面有所不同,其中强重音型语言使用多个维度(例如,音高、音长、音强),而音调重音型语言仅使用音高作为区分音节的信息。根据 Ladd(1996)的研究,英语和日语使用音高作为声学提示，然而，在这两种语言中，音高的作用是不同的。在英语中，音高是词汇（post-lexical）或非词汇特征，这意味着音高不是词汇指定的；另一方面，在日语中，音高是从词汇上指定的。因此，英语和日语的音高起源并不相同。他认为，强重音和非强重音是一种语音类型维度。音高的词汇和非词汇特征是一种音系现象，甚至是形态学的类型维度。如果两种类型的维度真的是彼此独立的，那么应该有可能找到四种类型的语言。

半个多世纪以来，关于重音模式的研究集中在重音相关的声学参数上。其基本模式是人们认为某些音节比其他音节更强、更高或更长。对音节的感知是一个心理过程。但是，这些心理参数将在物理上被实现为音高、音长和音强。也就是说，人们通过声学参数来判断他们所感知的音节是否凸显。因此，以往的研究通常检验声学参数在重读音节的感知和产生中的有效性。

Fry（1955）首次使用声学参数分析了英语重音模式。研究结果表明，音长、音强以及音高是判断英语重读音节位置强有力的声学线索。Beckman（1986）的研究结果进一步证实了 Fry 的结论。不是所有声学参数对区分重音音节具有相同的贡献。不同声学参数在不同语言之间的贡献程度不同，一些声学参数仅适用于特定语言。因此，大多数研究集中在重读音节声学参数的层级关系上。Sluijter 和 Van Heuven（1996a，1996b）研究了荷兰语和英语的相关声学参数。结果表明，音长在两种语言重音中是最稳定的声学线索。其次，荷兰语的频谱倾斜、英语的声门参数在第二层。元音音质在英语的第三层，但不适用于荷兰语。然而，在这两种语言中，音强和音高与重音没有太大关系。在这项研究中，与音强和音高相比，音长在判断重读音节上起重要的作用。元音音质的层次关系是基于语言特定的线索。

（二）词重音研究综述

阿尔泰语系语言的词重音问题是比较复杂的。维吾尔语往往词末音节被重读，后来重音状况发生了一些新的变化，即出现了比较活跃的、好动的重音。其原因是维吾尔语在其自身的历史发展过程中，曾经有过与其他语言相互影响相互混杂的经历。近代以来，维吾尔语还接受了一些通用的国际语词和俄语词，并且通过俄语词采纳了一些西方语言的词汇。虽然这

些维吾尔语借词按照维吾尔语本身的内部规律使用，但对维吾尔语语音结构带来了一定的影响。（帕尔哈提·季兰，1985）

YakupM（2013）利用声学实验的方法研究了维吾尔语母语者和非母语者的重音模式，旨在找出其声学相关物。她对最小对立（minimal pair）（例如 A-cha/aCHA，大写的为重读音节）在不同语音环境中的音高、音强以及音长等声学表现进行了统计分析。结果表明，重读音节和非重读音节的音长和音强等参数存在显著差异，而音高对重音没有显著贡献。值得一提的是，她对音高在词重音和句子语调（陈述句和疑问句）中的相互作用问题进行了实验分析，发现句子语调和词重音的音高和音强等参数之间不存在相互作用，而词重音的音长效应始终是重要的声学参数。她发现母语发音人不会使用音高线索来表达维吾尔语的词重音。该项研究还考察了维吾尔语学习者对词重音的习得情况。被试的对象是五名维吾尔语水平很高的（highly advanced learner）英语母语者。结果与之前的实验结果一致，即维吾尔语学习者同样利用音长作为维吾尔语词重音的声学线索，而不是音高和音强。Yakup 认为维吾尔语词重音的类型是强重音（stress accent），而不是音调重音（pitch-accent）。

到目前为止，国内有关维吾尔语词重音研究内容包括：（1）在位置方面，重音在第一音节，第二音节，还是词末音节？（2）在性质方面，是音强重音，音高重音，还是音长重音？（3）在类型学方面，有固定重音，有自由重音，是否还有次重音？（4）是否区别词义？等等。表 4.2 中归纳了目前作者搜集到的有关维吾尔语词重音研究方面比较有代表性的观点。表 4.2 分两个部分，赵相如、朱志宁、帕尔哈提、徐思益、高莉琴、陈世明、廖泽宇持传统语音学界的观点，其他是实验语音学界的观点。从表 4.2 中可以看出以下几点。

表 4.2 关于维吾尔语词重音的各家意见

观点 学者	位置	性质	类型学 分类	是否有 次重音	是否区 别词义	备注
赵相如　朱志宁 （1985）	最后音节		固定		否	没记性质， 次重音

续表

学者\观点	位置	性质	类型学分类	是否有次重音	是否区别词义	备注
帕尔哈提（1985）	不一定在最后音节		自由	有		没说性质和功能
徐思益 高莉琴（1992）	最后音节	乐重音（音高）	固定		否	没有说次重音
陈世明 廖泽宇（1987）		强重音（音长）				只说性质问题
蒋海燕 刘岩 2006		强重音（音长、音强）				只说性质问题
梁洁 张卿 2008		强重音和乐重音（音长、音高）				只说性质问题
祖丽皮亚 呼和等（2008）	最后音节		固定		是	没说类型和次重音问题

1. 在位置方面

无论是传统语音学界还是实验语言学界，大部分学者认为，维吾尔语词重音落在词的最后一个音节上。只有帕尔哈提（1985）认为，重音不一定在词的最后一个音节。在三种情况下维吾尔语重音落在前面的音节上。（1）当开头音节的辅音脱落时，为了补充其缩减了的音位，会将该脱落辅音前面音节所属的元音重读。如，"alsun"读成"asun"，"bararmu"读成"baramu"等。（2）元音［a］出现在开音节以及在其之后音节中的元音为窄元音时，该元音接受重音也就更加积极。如，"ailɛ"（家庭）、"kainat"（宇宙）等。（3）词在变格时重音会移向后缀，使其末尾音节中带有重音。这说明在维吾尔语里，词的重音移向末尾音节，或者移往前面音节，并不是绝对的。

2. 在性质方面

传统语音学界认为维吾尔语词重音是乐重音。如高丽琴（1992）认为维吾尔语重音是乐重音。实验语音学界不认同这种看法。刘岩等（2006）

认为维吾尔语重音的声学相关物是音长和音强的双重优势为特征的强重音，而不是乐重音。梁洁（2008）认为维吾尔语重音是音长和音高的共同效应，而音强是个不稳定的因素（有的增强、有的减弱、有的一致）。

3. 在类型方面

无论是传统语音学界还是实验语音学界，对于这一问题都有不同的认识。帕尔哈提认为，在维吾尔语里，词的重音移向末尾音节或者移往前面音节，并不是绝对的。以下是在维吾尔语中出现两个重音的情况。第一，有借词前缀的"na"，往往将词的重音引向前面，例如，"nainsap"（没有良心的），"nairsidɛ"（年幼的）。如果前缀［a］之后的音节是由［a］组成的，这样的词便带有两个重音。第二，形容词的高低形式也将重音引向前面。例如"kip_kizil"（红红的），"kap_kara"（乌黑的）。这些词中均带有两个重音，其中，表示高级形容词部分所带的重音是强重音，原级形容词所带的重音是弱重音。大部分学者认为维吾尔语重音是固定重音，落在词的最后音节。祖丽皮亚等的研究表明，维吾尔语的重音落在词的最后音节，不受其音节类型（开音节或闭音节）的影响。

大部分学者认为元音是维吾尔语重音的承载单元。本书基于"中国少数民族语言语音声学参数统一平台"，利用声学语音学和统计学的理论和方法，对维吾尔语多音节词（双音节、三音节以及四音节）每个音节的音长（元音音长）、音强和音高等声学参数进行了统计分析，探讨了这些声学参数对重音的凸显（prominence）作用和效应程度，并在此基础上，讨论了维吾尔语词重音的位置、性质及类型分类等问题。

（三）关于维吾尔语词重音问题的讨论

国内外学者有关词重音问题的研究主要集中在凸显音节上。对突显音节的感知是一个心理过程。但这些心理参数将在物理上被实现为音高、音长和音强。也就是说，人们通过声学参数来判断他们所感知的音节是否凸显。各种声学参数对词重音的贡献是因语言而异的，有的语言中音高的作用相对大于其他参数，而有的语言中音长或音强的贡献相对大于音高。这些声学参数在重音节区分上形成一种层级结构。

上述实验结果显示，除元音音长模式显示具有较显著的差异性之外，音强和音高模式未显示显著的差异。如上所述，音长、音高和音强虽然是词重音的主要声学关联物，但它们的分布模式因语言而异。为了客观、准确地判定重读音节的位置和性质，避免主观因素对听觉判断的影响，我们根据表4.3中所列数据，对维吾尔语重读音节位置进行了"参数判定"。表4.3中显示了维吾尔语多音节词中的音高最大差值、音强最大差值和音长分布模式。其中，负值表示为后一音节参数值比前音节参数值大。表4.4～表4.6是我们用"参数判定法"得到的维吾尔语多音节词重音位置的示意图。"+"号表示所指参数值处于相对优势，"-"号表示所指参数值处于相对弱势。判定原则：两个或两个以上参数值相对优势的音节，即有两个或两个以上"+"号的音节断定为重读音节。

表4.3 多音节词中音高、音强最大差值和音长分布模式

单位：Hz，dB，MS

声学参数 \ 词型		音高最大差值	音强最大差值	音长分布模式
双音节词	男	-4.54	-0.06	1∶1.5
	女	-2.74	-0.03	1∶2
三音节词	男（音节）	-0.6（1～2） -5.75（2～3）	-0.04（1～2） -0.03（2～3）	1.45∶1.5∶2
	女（音节）	0.62（1～2） -1.98（2～3）	0（1～2） -0.10（2～3）	1∶1.5∶2
四音节词	男（音节）	-1.2（1～2） 0.08（2～3） -404（3～4）	0.02（1～2） -0.02（2～3） 0.04（3～4）	1.5∶0.85∶1∶1.4
	女（音节）	-1.85（1～2） -2.65（2～3） -4.2（3～4）	0.03（1～2） 0.03（2～3） 0.02（3～4）	1.5∶1.1∶1∶1.5

从表4.3还是表4.4至表4.6中都可以看出，维吾尔语单词重读分布模式不是固定的。例如，无论是男发音人还是女发音人，双音节词和三音节词的重读音节为最后音节，即后重前轻的变化模式。值得注意的是，双音节词和三音节词的重读音节声学相关物由音高、音强和音长组成，也就是说在这些词中，以上的三种声学参数共同作用于"凸显"(prominence)。但

音节数目增加到四音节词时，重音的分布模式呈现出与双音节和三音节词不同的变化模式。如表 4.6 所示，第一音节和第四音节为重读音节。在被判定为重读的音节中，第一音节的音强和音长占优势，第四音节的音高和音长占优势。根据以上结果，我们初步判断在双音节词和三音节词中，最后音节为重读音节，音高、音强以及音长为主要声学相关物；在四音节词中，第一音节和第四音节为重读音节，其中，第一音节中音强和音长是主要声学相关物，而第四音节的声学相关物是音高和音长。显然，词重音音长的作用是不可忽视的因素，其作用相对凸显。音强和音高的贡献可能弱一些或不凸显。仲晓波等认为，从知觉的角度来看，不同的声学参数对重音的贡献是不一样的，时长的贡献最大。研究者们认为，之所以强度对词重音的作用很小，是因为它很容易受到环境噪声的影响，而其他声学参数对环境噪音却有较强的抵御力。[①] 我们的实验结果进一步实证了上述说法。维吾尔语的词重音是音强、音高和音长的综合效应，其中，音长的贡献最大，其次是音高和音强。

表 4.4　双音节词重读音节（M）

音高	音强	音长	音高	音强	音长
-	-	-	+	+	+
第一音节			第二音节		

表 4.5　三音节词重读音节（M）

音高	音强	音长	音高	音强	音长	音高	音强	音长
-	-	-	-	-	-	+	+	+
第一音节			第二音节			第三音节		

表 4.6　四音节词重读音节（M）

音高	音强	音长	音高	音强	音长	音高	音强	音长	音高	音强	音长
-	+	+	-	-	-	-	-	-	+	-	+
第一音节			第二音节			第三音节			第四音节		

---

① 仲晓波、杨玉芳：《国外关于韵律特征和重音的一些研究》，《心理学报》1999 年第 4 期。

Beckman（1986）根据声学参数对重音的贡献程度的不同，把语言分为强重音语言和音调重音语言两种。强重音（stress-accent）型语言使用多个维度（例如，音高、音长、音强），而音调重音（pitch-accent）型语言仅使用音高作为区分突出音节和非突出音节的信息。元音的长短是否影响现代维吾尔语中音系功能，学者们的观点不一致。但我们认为，元音长短对维吾尔语词重音的贡献是不可否认的。为此，我们主张，维吾尔语归类为音调音长语言（Duration-Accentual Language）是合适的。

（四）词重音问题总结

（1）在位置方面，维吾尔语固有词重音是落在最后一个音节的固定重音。虽然四音节词的重音落在第一和第四音节上，出现双重音模式，但第四音节为主重音，第一音节为次重音。

（2）在性质方面，维吾尔语重音是由音高、音强和音长共同作用的结果。其中，音长的贡献比音高和音强要大。

（3）在类型上，维吾尔语固有词重音可以归为某种意义上的固定重音。最后音节为重读音节。与蒙古语词重音一样把维吾尔语归类为音调音长语言是合适的。

（4）在功能上，维吾尔语没有词汇或形态学意义上的词重音，但有因音色、音长、音高和音强等诸多要素引起的"凸显"（prominence）现象，因此，在这里词重音具有标定音节和词界的作用。

第五章
维吾尔语语音模式

一 元音模式

　　维吾尔语属阿尔泰语系，在形态结构上属黏着语类型。在语音方面，维吾尔语除有元音和谐律、语音同化、脱落等其他阿尔泰语系语言所拥有的特点外，还有弱化（元音和辅音）和清化（元音）等自身特点。自1988年鲍怀翘、阿西木的《维吾尔语元音声学初步分析》算起，维吾尔语元音声学研究已走过了30多年的历程。但到目前为止，在基本元音的音质和音位归属问题方面，仍存在不少分歧。例如，易斌归纳了有关对/i/元音变体数目及变体音值方面的以下观点。第一种观点认为，/i/是一个独立的音位，[ɣ]（或[ə]）是/i/的一种变体。但对音位变体数量的认识不一致。持该观点的学者们认为/i/有2～10种变体①（李经纬，1980；张鸿义、孟大庚，1982；程试，1984；赵相如、朱志宁，1985；鲍怀翘、阿西木，1988）；第二种观点认为[ɪ]和[ɣ]（或[ə]）分别是两个独立的音位（张亮、张玉萍，1987）；第三种观点认为现代维吾尔语固有词中的元音[i]有两个独立的音位/i/和/ə/，它们在词的形态终端部分发生音位的对立中和，形成超音位/ɪ/。（赵明鸣，1998）易斌通过对CV（ci）、VC（ic）、CVC（cic）三种音节模式中的元音i以及与小舌辅音结合的元音i的声学分析得出如下的基本结论：维吾尔语元音/i/（非清化时）在声学元音图上共有五个分布

---

① 学者们在描述和归纳音位及其变体时，容易忽略作为典型变体的音（"代表音"）纳入变体数量。如，/i/有[i]和[ə]两种变体，并不是/i/只有一种变体[ə]。

位置，分别相当于元音［ɪ］［ɨ］［ɘ］［ɣ］［ɯ］。在 CVC 结构中元音/i/在声学元音图中有五个分布位置，分别相当于元音［ɪ］［ɨ］［ɘ］［ɣ］［ɯ］。在 VC（ic）结构中有两个分布位置，分别相当于元音［ɪ］和［ɘ］，在 CV（ci）结构中有两个分布位置，分别相当于元音［ɪ］和［ɣ］。与小舌辅音结合的元音/i/在声学元音图中有四个分布位置，其音值分别相当于［ɪ］［ɨ］［ɘ］［ɣ］。（易斌，2004）

可以看出，对维吾尔语元音/i/的讨论是十分热烈的，然而到目前为止，还没有得到一致的看法。元音/e/和/i/在维吾尔语元音和谐中属于中性元音，不受其音系规则的影响，自由活动。另外，维吾尔语辅音的发音部位在口腔内的分布非常广，即从双唇、舌尖、舌面到小舌和喉。因此，以上的两个元音虽不受元音和谐规则的限制，但会受到前后辅音不同发音部位的影响，呈现出比较多的音位变体。

传统上元音主要按舌位高低、舌位前后和唇形这三个生理参数进行描写。这种缺乏量化的生理描写对于安置元音来说不是很好的框架，因而实验语音学兴起以后，就换用描写更为精确更有操作性的声学性质（主要是共振峰）来定义元音。

元音的声学性质是由它们的频谱结构决定的，使用 F1 和 F2 的值，可画出元音声学性质的坐标轴。声学定义的元音和元音生理图大致对应，舌位高低主要与 F1 频率有关，舌位前后主要与 F2 频率有关。我们利用声学元音图可以直接观察到元音在语音空间内的分布特点。

（一）元音/i/的声学性质和音位变体

元音/i/的开口度不受音节个数的影响，而其舌位受到音节个数的影响，即 F2 随着音节个数的增加其频率上升，说明其舌体向前移动。在 V、VC 等以元音开头的音节中，/i/元音 F2 相对高，而在 CV、CVC、CVCC 等以辅音开头的音节中/i/元音 F2 相对低。舌尖辅音使该元音的舌位前移，而双唇音使舌体后缩。

在米尔苏力唐等（1992）的研究中，该元音出现了三种不同的音位变体。其 F1、F2 共振峰频率分别为 270Hz～2000Hz、250Hz～1700Hz、400Hz～1400Hz。图 5.1 为我们根据米尔苏力唐的数据绘出的声学元音图。从数据可以看出，该元音不同变体的开口度几乎没有明显的差别，但是舌体的前后位置差别比较明显。我们将舌位最靠前的第一个变体标记为前高元音［i］。中间的变体标记为半高元音［ɪ］。将最靠后的变体标记为半高央元音［ə］。

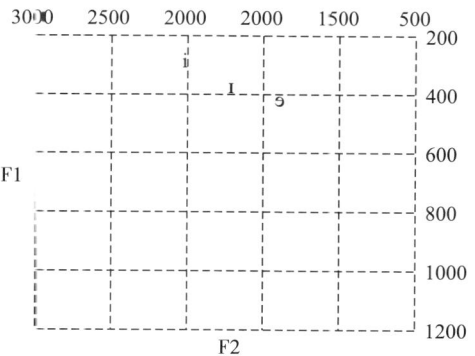

图 5.1　/i/元音三个变体的声学元音图

元音/i/的变体不止这些，它受很多因素的影响（音节类型、词中位置、语音环境）而发生变化，/i/的分布范围较广。如：

变体［i］：在龈腭辅音之后出现，开音节，如"yigit"（小伙子）。

变体［i̥］：［i］的清化变体，出现在 CVC 音节结构，且两个辅音都是清辅音。C1 为龈腭音，如"tʃiʃ"（牙齿）。

变体［iː］：在词末与半元音/j/出现在一起。由于半元音/j/和元音/i/的收紧点位置都在硬腭区，同体同位的元音和辅音的发音动作完全重叠在一起而产生生理和声学上表现出比其他位置更长的音质，如"ʤɛnuːj"（南面的）。

变体［ɪ］：出现在两个或以上的词中非重读音节和两个清辅音之间，如"isim"（名字）。

［e］：出现在后辅音之后，如"ikki"（两个）。

［ɯ］：出现在后接小舌或软腭辅音的语境，如"qiriq"（四十）。

［ɨ］：擦音/χ/后或边音/l/之前出现，如"χizmɛt"（工作），"tɨl"（语言）。

［ə］：出现在舌根鼻音/ŋ/之前，如"meniŋ"（我的）。

（二）元音/e/的声学性质和音位变体

元音/e/音长在一定程度上受到音节类型的影响，在 V、VC 等元音开头的音节中/e/元音的音长相对长，而在 CV、CVC 等以辅音开头的音节中/e/元音的音长相对短，而在 CV 音节的音长为最短。音强不受音节类型的影响；/e/元音第二共振峰的前过渡还在一定程度上受到音节类型的影响，在 V、VC 等以元音开头的音节中/e/元音 TF2 模式低于其目标 F2，而在 CV、CVC、CVCC 等以辅音开头的音节中/e/元音的前过渡共振峰受到前置辅音的影响。该元音与辅音/n，z，g，r/等浊辅音在一起时，其时长最长（见图 5.2）。

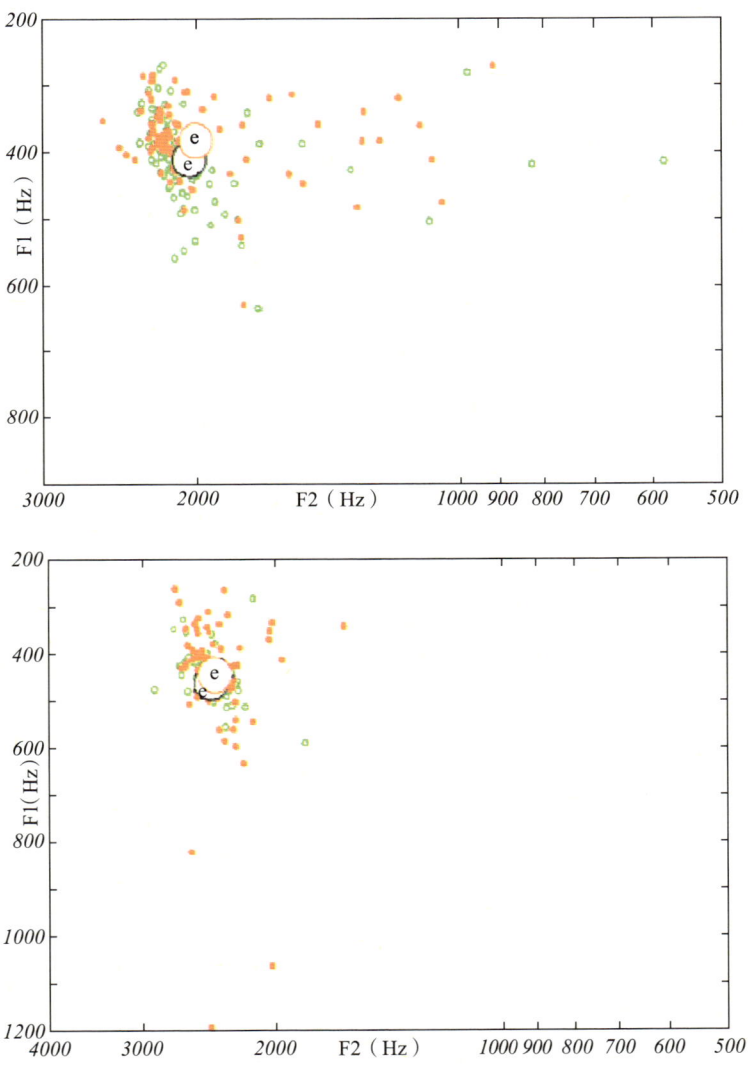

图 5.2 /e/元音元音目标位置（F1/F2）及其前过渡段共振峰（TF1/TF2）

从图 5.2 中可以看出，元音 /e/ 的变化相对小。它的发音特点之一是，在发音过程中其音位音质与前高元音 /i/ 的音位变体发生重叠，后者的发音空间大于前者的发音空间。该元音有两个音位变体。舌根和小舌辅音环境中的变体应该标记为 [eˠ]，例如 "teχnika"（技术）。发音时，该元音的舌体动作受到后接辅音逆向协同发音作用，其舌位随辅音的舌体上升与软腭接触，发生软腭化。另一种变体为 [e]，发生环境为除了以上其他所有的辅音环境。值得注意的是，该元音的舌位与前、高元音 /i/ 的舌位非常接近。在实际的语音产生中，常常被 /i/ 替换的现象在维吾尔语口语中非常普遍。

（三）元音 /ɛ/ 的声学性质和音位变体

该元音的音长随着音节数量的增加而相对缩短，而其音强随着音节数量的增多相对变弱。/ɛ/ 元音目标位置的 F1（舌位高低）受词中音节个数影响，不管是男发音人还是女发音人，其 F1 随着音节数量的增加而变小，呈现出负相关关系。其 F2（舌位前后）与词中音节个数之间几乎没有相关性。

从图 5.3 中可以看出，该元音的舌体动作主要在上下运动，前后维度上的差别相对小。该元音的音长和音强不受音节类型的影响；F1（舌位高低）不受音节类型影响。F2（舌位前后）受到一定的影响，男发音人 VC 音节中

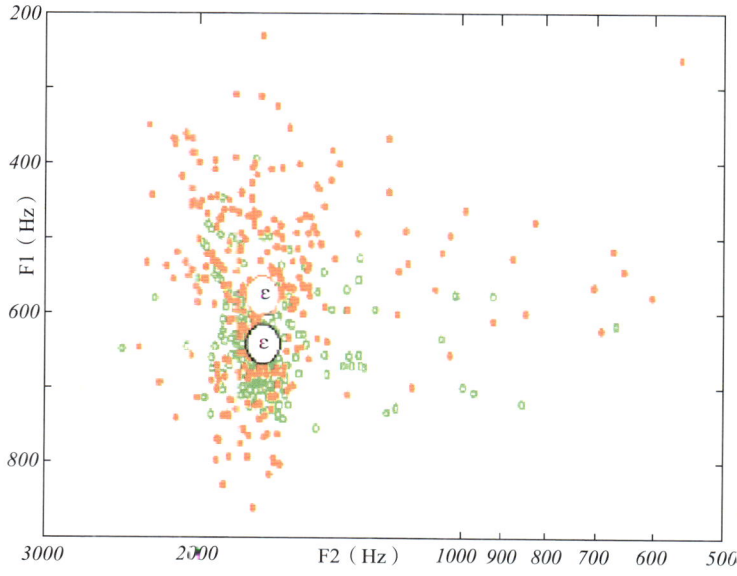

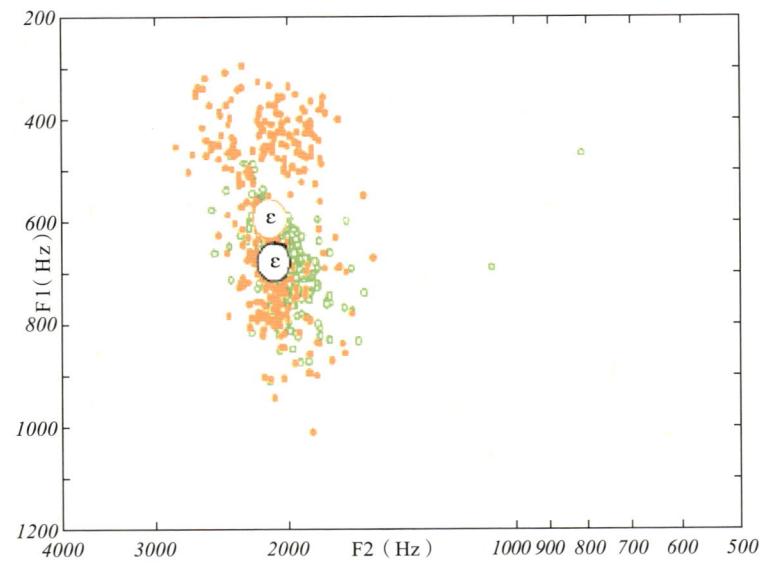

图 5.3　/ɛ/元音目标位置（F1/F2）及其前过渡段共振峰（TF1/TF2）比较图

出现的/ɛ/元音 F2 相对高于其他音节类型。该元音受后接辅音的影响。

该元音有两个变体，在前后维度上基本相同，元音舌位图是在同一个纵轴上，但由于受到不同音节位置和前后语境的影响，其语音表现在高低维度上有所差别。可以标记为［ɛ］和［æ］。

（四）元音/ɑ/的声学性质和音位变体

元音/ɑ/的开口度与词中音节数量呈正相关关系，而/ɑ/的舌位与词中音节数量负相关。［p, t, k, q, ʧ］等清塞音和清塞擦音能够上升/ɑ/的第一共振峰，即降低其舌位。而［m, d, n, r, j］等浊辅音能够相对降低/ɑ/的第一共振峰，即抬高其舌位。

该元音的变体比较多样，硬腭音［j］后的/ɑ/元音第一、第二共振峰频率相差较大，发硬腭音时舌体上升与上腭接触，使得后接元音的舌尖下降；而该元音的第二共振峰提高，说明硬腭音的舌体动作控制该元音的前后移动，因此在这里的元音标记为［ɑʲ］。［p, t, k, q, ʧ］后出现的元音受前接辅音发音方法的影响，发生清化，应该标记为［ɑ̥］。［m, n］等鼻辅音后出现的元音应该标记为［ã］。词首出现的音质应该标记为［ɐ］，受前后置辅音的影响其舌位会改变。/ɑ/可能还有一个变体［ʌ］。

（五）元音/o/的声学性质和音位变体

该元音的音长随着音节数量的增加而相对缩短，而其音强随着音节数量的增多相对变弱。音长在一定程度上受到音节类型的影响，在 V、VC 等以元音开头的音节中/o/元音的音长相对长，而在 CV、CVC、CVCC 等以辅音开头的音节中/o/元音的音长相对短。音强不受音节类型的影响。/o/元音的 F1 和前过渡第一共振峰频率 TF1 不受音节类型影响。F2 和前过渡第二共振峰频率 TF2 在一定程度上受到音节类型的影响，不管是男发音人还是女发音人，在 V、VC 等音节里 F2 和 TF2 都相对低，而在 CV、CVC、CVCC 等音节中相对高。

该元音有两个变体：第一个变体［o］出现在辅音为非小舌或喉音的开音节中，如"polo"（抓饭）；另一个变体［ɔ］出现在舌根鼻音、小舌和喉音的语音环境中，如"qol"（手）。

（六）元音/u/的声学性质和音位变体

元音/u/目标位置的 F1 和 F2，随着音节数的增加而上升。/u/元音前过渡基本不会受词中音节个数的影响，而不论是男发音人还是女发音人，其后过渡 TP1、TP2 频率值随着音节数的增加而上升。音长在一定程度上受到音节类型的影响，在 V、VC 等元音开头的音节中/u/元音的音长相对长，而在 CV、CVC、CVCC 等以辅音开头的音节中/u/元音的音长相对短。/u/元音的 F1 在一定程度上受到音节类型的影响，不论是男发音人还是女发音人，在 V、VC 等音节里 F1 相对高，而在 CV、CVC、CVCC 等音节中相对低。

该元音有两个变体：第一个变体［u］出现在闭音节，且音节末后接半元音/j/，除相邻辅音为小舌和喉音的情况，如［tut］"抓"；另一个变体为［u̥］的清化变体，出现语境为开音节，除小舌或喉音之外的所有辅音，如［tutuq］"模糊"。

（七）元音/y/的声学性质和音位变体

该元音的音长随着音节数量的增加而相对缩短，而其音强随着音节数量的增多相对变弱。男发音人的音长在一定程度上受到音节类型的影响，在 V、VC 等以元音开头的音节中/y/元音的音长相对长，而在 CV、CVC、CVCC 等以辅音开头的音节中/y/元音的音长相对短。音强不受音节类型的影响；/y/元音的前过渡第一共振峰受音节类型影响。前过渡频率 TF1 在 V、VC 等音节里稍低，与之相反，在 CV、CVC、CVCC 等音节中稍高。F2 和前过渡第二共振峰频率 TF2 不受音节类型的影响。

该元音有三个变体：第一个变体［y］出现在词首，后接浊辅音的语境；第二个变体［y］变体出现在多音节词中、非重读音节的两个清辅音之间；第三个变体［y］出现在除以上情况之外所有的语境中。

（八）元音/ø/的声学性质和音位变体

该元音的音长随着音节数量的增加而相对缩短，而其音强随着音节数量的增多相对变弱。音长在一定程度上受到音节类型的影响，在 V、VC 等元音开头的音节中/ø/元音的音长相对长，而在 CV、CVC 等以辅音开头的音节中/ø/元音的音长相对短。/ø/元音的第二共振峰受音节类型影响。F2 和前过渡第二共振峰频率 TF2 在更大程度上受到音节类型的影响，不论是男发音人还是女发音人，在 V、VC 等音节里 F2 和 TF2 都相对低，而在 CV、CVC 等音节中相对高。

该元音有两个变体：第一变体［ø］出现在除舌根鼻音之外的所有语境，如"køk"（蓝色）；第二变体［ø$^\gamma$］出现在舌根鼻音之前，如"kø$^\gamma$ŋlɛk"（裙子）。

二 辅音模式

辅音的特点是随时间而发生变化。可以说动程和阻碍是辅音的两大特点。在人类有声语言里，元音和辅音音段不是单独存在的，而是存在于连续的语流之中。特定音段的产生是由声门上发音器官（双唇、舌尖、舌体、软腭）和声门下发音器官（喉头）以及相关的呼吸系统共同协调的结果。例如，对擦音/s/和/z/而言，发音方法相同，都是擦音，发音时舌尖与齿龈区接触，使得气流从狭窄的缝隙中流出而形成声音，声学表现以乱纹为主要特点，在语图中可以看到能量主要集中在高频区。两者的声源不同，一个是清音、另一个是浊音；发清辅音时声带不震动，而发浊音时声带要振动。可以看出，以上两个擦音是在声门上和声门下两个层面产生的。

相对于元音而言，辅音的类别要清晰很多，一个辅音可能是塞音、擦音或者由塞音和擦音相连而成的塞擦音，但不会是介于塞音和擦音之间的某个音。无论是清音还是浊音，都和声门状态有关。VOT 是判断塞音声学表现的有效参数，频谱特性是判定擦音的有效参数，主要考察前三个共振峰频率和谱斜率的变化模式。

（一）塞音的声学模式

现代维吾尔语共有/p, b, t, d, k, g, q/等 7 个塞音。其中，/p/和/b/为双唇塞音，/t/和/d/为舌尖塞音，/k/和/g/为舌面后－软腭音，/q/是小舌塞音。

1. 舌尖塞音的声学特点

清浊对立的同部位塞音/t/和/d/的 VOT 值在词中不同位置上呈现出不同的模式。这说明，它们之间的差异不仅是清浊对立。清塞音/t/在词首位置上的 VOT 大于其他位置。浊塞音/d/词中音节首的 VOT 值大于其他位置。据此，我们可以判断，清辅音/t/在词首的音质为送气音 [t^h]，其他位置的为不送气清音 [t]。

2. 双唇塞音的声学特点

双唇塞音在男发音人词首 VOT 最短，而女发音人词首 VOT 最长。显然，女发音人的浊音携带微弱的送气段，表现为半浊音。清塞音/p/的 VOT 在词首最长。说明，词首位置的清塞音/p/应该标记为送气音 [p^h]，而其他位置的为不送气清音 [p]。

3. 软腭和小舌塞音的声学特点

浊塞音/g/的词首 VOT 最短，而清塞音/k/的词首 VOT 最长。前者后接高元音/u, i/时，其 VOT 变长。后者与低元音在一起时，其 VOT 变长。

词首/q/的 VOT 比非词首/q/的 VOT 相对长。/q/辅音第二共振峰 CF2 在一定程度上受到后续元音的影响，在 [i] 和 [ɛ] 元音之前较高，在其他元音之前相对低。/q/辅音的 VOT 和音强也在一定程度上受后续元音的影响。

4. 塞音之间的声学特征差别

图 5.4 和图 5.5 为男女发音人塞音的 VOT 和 GAP 分布模式示意图。可以看出，清塞音的 VOT 大于浊塞音，前者的为正值，后者的为负值。其中，无论是清辅音还是浊辅音，软腭塞音的 VOT 值最大，而双唇塞音的 VOT 值最小，舌尖和小舌塞音的 VOT 值居中。女发音人双唇浊塞音/b/的 VOT 值最大，舌尖塞音的最小，软腭塞音的居中。可见，塞音的 VOT 值存在个人差异，但是其基本模式相同。

无论是男发音人还是女发音人，主动发音器官为舌面的塞音 GAP 值最大，而舌尖和双唇塞音的 GAP 值最低。女发音人双唇浊塞音和软腭浊塞音的 GAP 最大，而舌尖浊塞音的最低。男发音人的 GAP 值依次为双唇塞音、舌尖塞音、软腭塞音。无声段存在个人差异。可以看出，舌面塞音在发音中除阻之前的生理持阻相对长。

综上所述，软腭塞音的生理和声学时长都比其他塞音的时长要长。从浊辅音的特点看，声带的振动贯穿于辅音持阻、除阻等整个阶段。这符合维吾尔语塞音的清浊对立，而非送气对立的语音类型。有的语言存在着一些 VOT 值为较大负值的完全浊塞音，维吾尔语的浊塞音属于这一类。例如，浊塞音/b, d, g/的 VOT 值分别为 -68 毫秒、-51 毫秒、-35 毫秒。

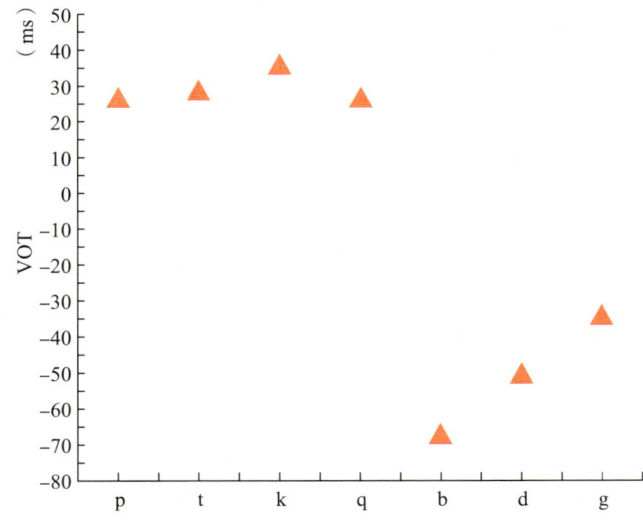

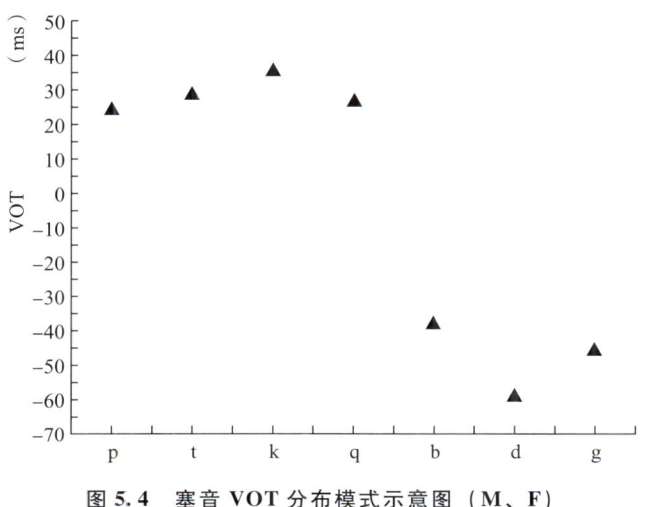

图 5.4　塞音 VOT 分布模式示意图（M、F）

一般来说，辅音的送气程度取决于辅音持阻段声门的开口度。声带张开的越大，送气的时间也就越长。收缩位置越靠后，VOT 就越长。发音器官的动作越快，VOT 越短。软腭塞音总是有较长的 VOT。

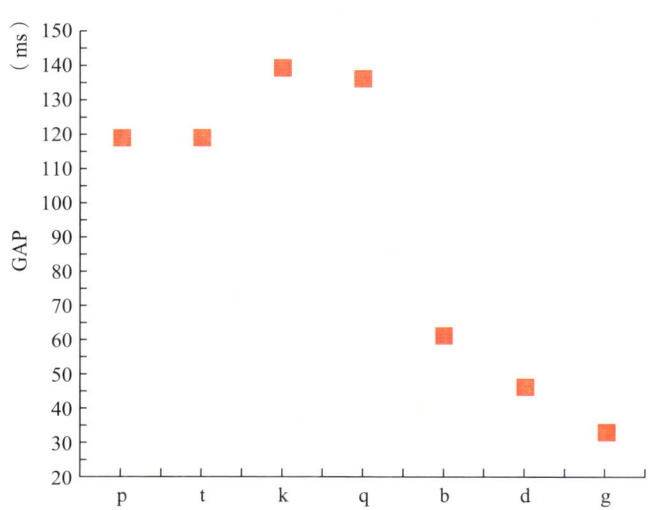

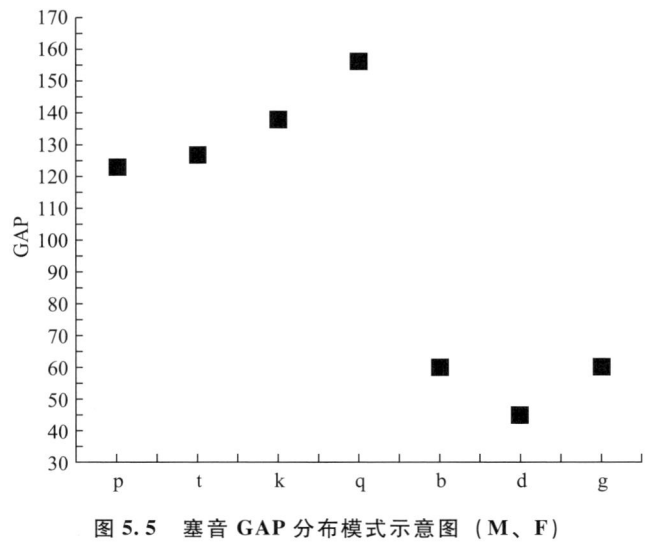

图 5.5 塞音 GAP 分布模式示意图（M、F）

（二）擦音的声学模式

强频集中区（CFA）又称辅音共振峰是清擦音和一切摩擦噪音（塞擦音中的摩擦段和送气音）经声腔共鸣形成的共振峰。擦音是一种摩擦噪音，在语图上表现为乱纹。但由于发音部位的不同（气流受阻位置不同），形成特定的共鸣腔和反共鸣腔，于是某些频率位置的能量得到加强，这就是强频集中区。发音部位越靠前，共鸣腔越短，共鸣频率（特别是最强共鸣）就越高，反之则反。离散度表示语音频谱的离散程度，离散度越大，表示

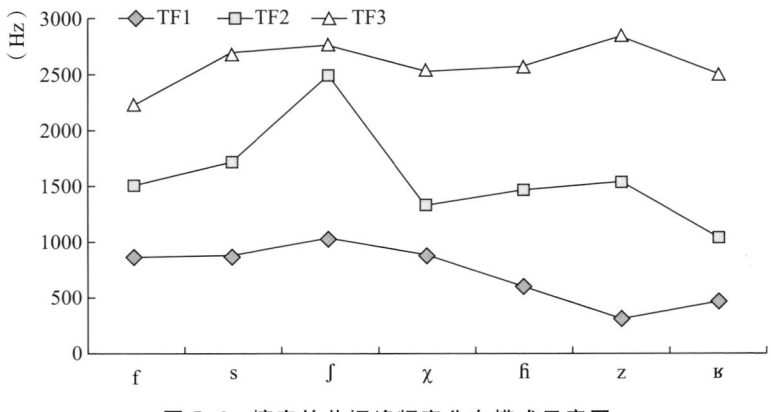

图 5.6 擦音的共振峰频率分布模式示意图

谱越离散，反之则反。倾斜度 SKEW 表示低于谱重心的谱与平均频率以上的谱的差。图 5.8 为维吾尔语强频集中频率和谱特性示意图。

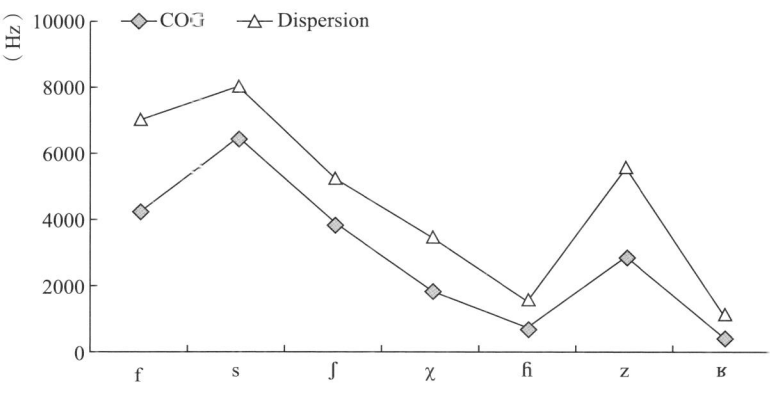

图 5.7 擦音 COG 和 Dispersion 模式示意图

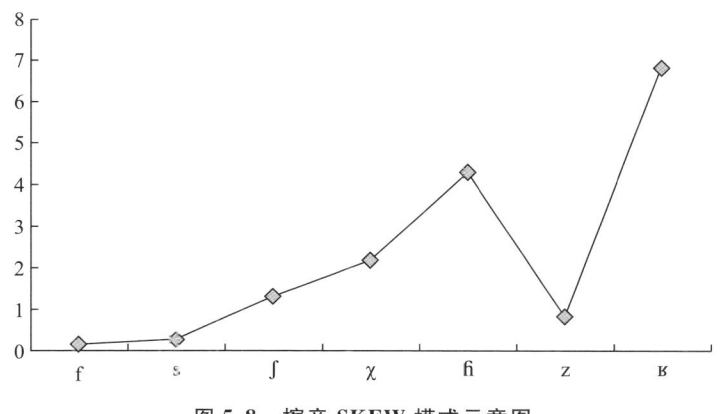

图 5.8 擦音 SKEW 模式示意图

从图 5.8 中可以看出，利用擦音共振峰频率、COG 与 Dispersion 和 SKEW 值可以区分擦音的发音部位和发音方法。（1）第一共振峰（CF1 和 VF1）能够区分擦音的清浊。如，浊擦音/ɦ, z, ʁ/的第一共振峰频率最低（VF1）。（2）第二共振峰（CF2 和 VF2）能够区分擦音的发音部位。如，/s, ʃ, z/的第二共振峰频率相对高（CF2）。因为这些辅音在发音中口腔前体最小，共鸣频率得到加强，是舌位最靠前的擦音。维吾尔语舌尖和唇齿擦音的发音部位相对靠前，而小舌和喉擦音的发音部位相对靠后。这与元音的发音音姿（发声理论）相似。同样 CF3 频率也与辅音发音部位有关。（3）COG 和 Dispersion 也能够区分擦音的发音部位。如，/f, s, ʃ/等舌位靠前辅音在声学空间中的位置明显比舌位靠后辅音/χ, ʁ, ɦ/高（除浊擦音/z/外）。(4) SKEW 值同样也能够区分擦音的发音部位。如，/f, s, ʃ/等舌位靠前辅音的 SKEW 值比舌位靠后辅音/χ, ʁ, ɦ/的相对低。

三 维吾尔语的元音和谐律

（一）元音和谐概述

元音和谐（vowel harmony）是一种比较普遍的语音现象。元音和谐现象最初是学者们从乌戈尔语系的芬兰语和阿尔泰语系的土耳其语中观察到的。"元音和谐"既是一个共时概念，也是一个历时概念。从共时角度看，元音和谐又有狭义和广义之分。根据狭义理解，元音和谐仅指传统语言学上所理解的诸如芬兰语和土耳其语元音和谐之类的现象。广义地说，元音和谐指所有与元音语音特征变异有关的语音现象，不仅包括狭义的内容（元音和谐），而且包括诸如日耳曼语言的曲音（umlaut）现象、罗曼语言的元音交替（metaphony）以及广泛存在的元音同化现象（vocalic assimilation）和元音之间的相互影响等。（李兵，2013）

从不同的角度看，元音和谐有不同的定义。有人认为元音和谐是对形态单位里元音线性排列的限制；还有人认为元音和谐是词内元音的搭配模式；还有一种说法是词的第一音节的元音制约其后续音节中的元音，使它们舌位或嘴唇方面与词的第一音节的元音相适应；另一种观点认为元音和谐是一种顺同化现象，并将元音和谐定义为：贯穿在一种语言全部故有词中的元音与元音的高度同化现象（《辞海．语言文字》，1979）；还有一种观点认为元音和谐和同化现象是两个概念，因为元音和谐现象中存在许多同化理论无法解释的问题，这种观点认为元音和谐是词的各音节中元音搭配上所存在的一种模式（胡振华，1981）；清格尔泰（1983/1986）认为，元音和谐律是音节内元音之间求同性、限制性、序列性和制约性的规律，即词内元音之间的调和及制约关系的规律——所谓求同性，指的是词内全部元音具有相同的语音性质；限制性主要指对能够在词内同现元音的限制；序列性指与圆唇和谐有关的圆唇元音和展唇元音的前后顺序；制约性指位置在前的元音决定位置在后的元音的性质。

以下是有关元音和谐现象本质问题的几种观点。①

1. 元音同化说

"元音同化说"认为，元音和谐是元音之间的同化现象（vocalic assimilation）。就其本质来说，"元音同化说"把元音和谐视作音段想象，着重于词内所有元音音段在某一或某些语音特征方面的相互作用。该观点的局限性是无法确定词干内同化的方向。这里需要指出，参与整个和谐过程的元音是两个或两个以上。其中一个元音是诱发音段（trigger segment），另一个元音是靶音段（target segment），它们是和谐过程中不可缺少的两个因素。

如果说元音和谐是纯粹的元音同化，那么，哪个是诱发音段，哪个是靶音段？这种和谐活动的方向目前尚无定论。"元音同化说"真正难以解释的问题是中性元音。魏玉清（2012）经研究发现，在维吾尔语词汇中存在大量"不和谐"的词，其主要是包含有中性元音的词。维吾尔语中性元音 /i/ 和 /e/ 既可以与后元音结合，也可以与前元音共现。中性元音在维吾尔语中，即不触发和谐过程，也不阻断其他元音和谐过程，因此，中性元音在维吾尔语中是透明的（transparent）。中性元音一直是元音和谐研究中的难点。

"元音同化说"虽然说明元音和谐与元音同化具有某些相同或相似之处，但这一理论不能说明词干内部元音的方向，也不能说明为什么中性元音不能被同化。进一步看，这一理论的中性元音里，可透性中性元音不能同化后续的元音。

2. 韵律特征说

元音和谐"韵律特征说"是 Firth（1948）首先提出来的。根据他提出的韵律特征理论，语音可以成分两个不同层面的结构单位：一是韵律单位（prosodic unit），韵律单位包括音节、短语和句子，韵律单位界定诸如声调、重音等韵律特征（prosodic feature）的作用或音系过程的范围；二是音声单位（phonemic unit），音声单位是把韵律特征去除后剩下的语音成分——根据他的理解，韵律特征指的是任何一个作用范围大于音段的语音特征，例如声调、重音、句调、鼻化、唇化、硬腭化、浊化、元音和谐与辅音和谐等。

---

① 李兵：《阿尔泰语言元音和谐研究》，商务印书馆，2013，第 15~22 页。

根据 Firth 的韵律特征说，元音和谐是一种韵律现象。在特定的元音和谐系统里，某个词全部元音所共有的语音特点是该词的韵律特征（prosody），这个词就是一个韵律单位。

"韵律特征说"在分析方面的局限性较为明显。首先，"韵律特征说"难以说明中性元音在和谐系统中的地位、性质和作用。其次，韵律分析认定韵律单位内元音和谐呈现方向性特点。最后，韵律分析不能解释某些范畴的语素变体交替出现，而另外一些范畴的语素并不受元音和谐的作用而交替。

3. 词根标记说

Lightner（1965）提出了"词根标记说"（root marker theory）。根据"词根标记说"，在有元音和谐的语言里，所有的词根语素分成两类：一类是由一组元音构成的词根；另一类是由另一组元音构成的词根。概括起来说，和谐特征是词根语素的属性。因此，在元音和谐系统里，只有词根语素具有范畴标记或和谐特征，词缀语素没有范畴标记。词根的语素属性决定着整个词的属性。

"词根标记说"提出了对元音和谐现象不同的认识。无论是"元音同化说"，还是"韵律特征说"，都认为元音和谐是一种单纯的语音或音系现象。而"词根标记说"认为，元音和谐是一种形态过程，和谐特征是一个具有语音学基础的音系特征。

虽然"词根标记说"错误地理解了和谐特征，但它提出的词根语素具有和谐特征，而词缀语素没有和谐特征的假设对元音和谐分析仍然具有参考价值。

从以上分析中可知，元音和谐不是单纯的元音同化过程，不是单纯的韵律现象，也不是单纯的音段配置，更不是一种孤立的语音现象。元音和谐是一种与元音系统结构、音段结构、音系表达形式、音系机制、音系规则应用、韵律结构、形态、语素范畴等多种语言因素有关的复杂的音系现象。

（二）维吾尔语元音和谐律

世界上的许多语言有着类型不同的元音和谐。根据已有文献，以和谐特征为基础，元音和谐有八种类型：(1) 腭和谐，(2) 舌根位置和谐，(3) 舌位高度和谐，（4）圆唇和谐，（5）鼻音和谐，（6）咽化和谐，（7）松紧和谐，（8）卷舌和谐。比较常见的是前五种。维吾尔语的元音和谐是以元音的前/后、圆/不圆等特征作为元音和谐基础的。如，同一词中的元音或者均为前元音或者均为后元音，或者均为圆唇元音或者均为不圆唇元音。现代维吾尔语元音和谐主要包括词干内部的元音和谐和词干与词缀之间的元音和谐。这两种元音和谐律基本一致，都包括元音的舌位和谐（前或后特征）和元音的唇状和谐（圆或不圆特征一致）两种基本的和谐类型。① 魏玉清（2012）在其博士学位论文《维吾尔语元音和谐现象的音系学研究》中提出，维吾尔语的元音和谐表现在 [＋后位性]（[＋back]）特征的一致性。一个词（包括词缀）的元音，或者都是前元音，或者都是后元音。

综上所述，我们初步认为维吾尔语元音和谐属于腭和谐（第一种）和圆唇和谐（第四种）。

（三）维吾尔语元音和谐的构成模式及其形式特点

现代维吾尔语共有/a、ɛ、e、i、o、u、y、ø/等 8 个元音，主要以腭和谐和圆唇和谐为基本模式。元音和谐主要表现为词干内和谐和词干与词缀之间的和谐。词干第一音节元音特征控制后续元音（无论是词干内元音还是词缀各音节元音）的特征。除此之外，维吾尔语中性元音/e、i/即可以与前元音共现，又可以与后元音结合。中性元音的出现使维吾尔语元音和谐复杂化，增加了研究难度。

双音节元音和谐包括双音节词干内部和单音节词干与词缀之间的元音和谐。两种和谐的元音匹配关系是一致的，即第一音节为/ɛ、ø、y、i、e/时，第二音节多以元音/ɛ、y、i/与之匹配；第一音节元音为后元音/a、o、u/时，第二音节常以元音/a、u/与第一音节元音匹配。中性元音/e、i/可与前后元音以及中性元音较自由地匹配（固有词的元音/ø、o/不出现在第二音节）。②

维吾尔语元音和谐主要形式（由前后）有/ɛ~ɛ，a~a，ɛ~y，a~u，y~y，u~u，u~u，y~ɛ，ø~y，u~a，ø~ɛ，o~a/等 12 种（赵相如，未

---

① 易斌：《现代维吾尔语元音的实验语音学研究》，中国社会科学出版社，2012，第 86 页。
② 易斌：《现代维吾尔语的元音和谐形式及特点》，《民族语文》2006 年第 2 期。

志宁，1985，p17~18）。例如：bygyn"今天"、bulɑq"源泉"、døwɛ"堆"、egin"衣服"、gojɑ"仿佛"、ɦɑsɑ"拐杖"、mɑmuq"羽绒"、mɛjdɛ"胸腹"、obrɑz"形象"、oʁul"男孩"。

中性元音和谐可分为两种情况：第一种是，音节首中性元音可以与前/后元音和谐，例如，ilmɛk"趾钩"、ekrɑn"屏幕"、inɛk"奶牛"、iqrɑr"承认"；第二种是，音节末中性元音可以与音节首前/后元音和谐（前/后元音与中性元音构成和谐），例如，qɑp"箱子" – ni（宾格）、gɑl"脖子" – ni（宾格）、sɑzim"我的乐器"。

（四）元音和谐机制

现代维吾尔语同其他语言一样，在元音和谐的形式上有自己的特点。易斌（2006）认为，无论双音节或三音节词元音和谐形式，还是舌位和谐与唇状和谐，实际上是具有相同特征的一组元音按照一定匹配关系排列而成的元音序列。魏玉清（2012）认为维吾尔语元音和谐表现在[＋后位性]（[＋back]）特征的一致性。特征的一致性是元音和谐的最大特点。维吾尔语的元音和谐现象已经具备了同其他语言一样的特征。

维吾尔语元音和谐有对立性层级特点。对立性特征层级理论认为，音段的底层特征赋值是由音段的特征对立性决定的，只有那些能够体现音段之间对立性的特点才能出现在底层表达式中，而是否具有对立性特征，则由特征层级排列顺序决定。魏玉清（2012）提出，维吾尔语元音和谐系统三个对立性区别特征："后位性""低位性""圆唇性"。这三个特征以"低位性"＞"圆唇性"＞"后位性"的层级排列顺序，将维吾尔语元音系统分为不同子集。该元音子集切分完全与元音音段在和谐规则中的表现吻合。如中性元音被切分为一个不具有"后位性"特征的子集，而中性元音在和谐过程中的不和谐性完全由其不具有"后位性"特征所决定的。其他能够触发和谐过程的元音都具有"后位性"这一对立特征。因此，作者提出，对立特征排列层级决定了维吾尔语和谐元音在底层已赋值"后位性"这一对立特征，并在词库项中，决定元音和谐的自主音段"后位性"特征已与词干和谐元音相连，而中性元音不具备这一特征，因此即不触发和谐过程，也不阻断其他元音和谐过程，即对和谐完全透明。

（五）元音和谐的声学表现

古力努尔·艾尔肯[①]（2014）基于"维吾尔语语音声学参数数据库"首次提出维吾尔语元音和谐的声学表现问题。如，双音节词的声学表现：在时长方面，词首音节时长值明显高于词尾音节。由此得出的一般规律是和谐词的变化是按照一定的方向分散，即第一音节到最后音节由下往上或者由上往下的特征；在音高方面，和谐词的变化规律是按照固定的方向进行扩散，即词首音节到词尾音节由下往上或者由上往下，而中性元音在维吾尔语中有透明的性质；在音强方面，在中性元音参与前/后元音和谐词中，无论是男性还是女性的词末元音音强值比非词末元音的均要强（依次分别为词尾＞词首）；与此同时，女发音人词首音节音强值强于男发音人，而男发音人词尾音节音强值强于女发音人。不论前元音和谐还是后元音和谐，唇形和谐特征只是部位（舌位）和谐的伴随性特征；在共振峰方面，不论是前元音与前元音和谐形式，还是后元音与后元音和谐形式，共振峰等参数都比较集中，离散度都小于10%。据此，她们认为元音和谐在不同的语音环境中，舌位前后的变化并不造成元音和谐中各元音音质的不同，该元音没有其他音质，语音变化更准确。

三音节词的声学表现：三音节词中的和谐分为两种类型：全和谐与半和谐。在时长方面，不同发音人（男女）、不同类型的和谐方式（全或半）以及不同元音类型（前元音或后元音），词末元音的时长值都大于其他位置的时长值，其循序为词末＞词中＞词首（半和谐），词末＞词首＞词中（全和谐）。同时，时长特点为女发音人的值比男发音人的长；在音高方面，无论男性还是女性都先低后高再低，即"L－H－L模式"；音高分布特点是词首音节平稳，词中音节呈上升趋势，词尾音节呈下降趋势，音高曲线的落点低；在音强方面，男性的音强分布模式是：词末＞词中＞词首，并且均值起伏不大。无论是全合谐或半和谐相互结合构成和谐词的音强值范围（均值）在62dB到70dB之间，而女性为70dB到74dB；在共振峰方面，圆唇元音参与构成的和谐词中，圆唇对F2值有降低作用，而对F1、F3和F4值的变化规律不明显。

[①] 古力努尔·艾尔肯：《维吾尔语元音和谐的声学特征分析》，新疆大学硕士学位论文，2014。

这一方法首次探讨了维吾尔语元音和谐的声学表现（声学线索）问题，但是该文中所提出的和谐类型的分类（全或半）值得商榷。另外，有关音段之间的和谐问题和超音段特征对音段和谐的影响问题以及描写参与和谐的每个元音的具体表现特征、不同元音在和谐中的声学特征等问题也有待进一步研究。

参考文献

[1] 艾则孜·阿不力米提，基于动态电子腭位的维吾尔语辅音协同发音研究［D］，北京大学博士论文，2018 年 6 月

[2] 艾则孜·阿不力米提，艾扎木·艾拜都拉，基于语音声学参数的维吾尔语词重音研究［J］，语言学论丛，2016（2）：100 – 116.

[3] 艾则孜·阿不力米提，艾扎木·艾拜都拉，浅谈现代维吾尔语的音位［J］，双语教育研究，2015，2（4）：25 – 30 + 2.

[4] 江海燕，刘岩，卢莉，维吾尔语词重音实验研究［J］，民族语文，2010（3）：67 – 71.

[5] 呼和，蒙古语词重音问题［J］，民族语文，2007（4）：58 – 67.

[6] 仲晓波，杨玉芳，国外关于韵律特征和重音的一些研究［J］，心理学报，1999（4）：468 – 475.

[7] 徐思益，高莉琴，关于维吾尔语的重音、声调问题［J］，语言与翻译，1992（3）：12 – 15.

[8] 林茂灿，颜景助，普通话轻声与轻重音［J］，语言教学与研究，1990（3）：88 – 104.

[9] 帕尔哈提·季兰，魏江，维吾尔语的重音［J］，语言与翻译，1985（1）：53 – 57.

[10] 曹剑芬，现代语音研究与与探索［M］.北京：商务印书馆，2007

[11] 王昆仑，吐尔洪江，维吾尔语综合语音数据库系统［C］，第五届全国人机语音通讯学术会议论文集，1998

[12] 呼和，加强少数民族实验语音学的几点建议［C］，第十届全国少数民族语言文字信息处理学术研讨会论文集，2005

[13] 戴庆厦，中国少数民族语言研究［M］，北京：中央民族大学出版社，2009

[14] 孜里卡木·卡斯木，那斯尔江·吐尔逊，吾守尔·斯拉木，维吾尔语词首音节元音声学分析［J］，中文信息学报，2009年9期

[15] 祖力皮亚·阿曼，艾斯卡尔·艾木都拉，地理木拉提·吐尔逊，维吾尔语三音节词韵律特征［J］，计算机应用，2009年7期

[16] 艾斯卡尔·肉孜，热娜古丽·达古提，艾斯卡尔·艾木都拉，维吾尔语长元音的实验语音学研究［J］，通信技术，2011

[17] 地理木拉提·吐尔逊，艾斯卡尔·艾木都拉，维吾尔语清化元音的实验语音学研究［J］，中文信息学报，2010

[18] 艾合买提将·祖农，从实验语音学角度研究维吾尔语辅音的声学特征，［D］.新疆大学，2011

[19] 艾斯卡尔·艾木都拉，从实验语音学角度探析维吾尔语鼻音的声学特征研究［J］，中文信息学报，2012

[20] 地理木拉提·吐尔逊，玛依努尔·阿吾力提甫，艾斯卡尔·艾木都拉，维吾尔语/r/辅音的声学特征分析［J］，通信技术，2011

[21] 热娜古丽·达古提，地理木拉提·吐尔逊，艾斯卡尔·艾木都拉，维吾尔语CVC型音节韵律特征分析［J］，计算机工程，2011

[22] 艾合买提将·祖农，地理木拉提·吐尔逊，艾斯卡尔·艾木都拉，维吾尔语边音的声学特征分析［J］，信息通信，2011

[23] 玛依努尔·阿吾力提甫，艾斯卡尔·艾木都拉，地理木拉提·吐尔逊，维吾尔语清塞音的声学特征分析［J］，计算机工程，2011

[24] 祖力皮亚·阿曼，艾斯卡尔·艾木都拉，维吾尔语双音节词韵律特征分析［J］，中文信息学报，2009

[25] 杨红军，维吾尔语新闻广播中双音节及三音节词重音声学特征分析［D］，新疆师范大学，2010

[26] 吴宗济，林茂山，实验语音学概要［M］，北京：高等教育出版社，1989

[27] 罗常培，王均，普通语音学纲要［M］，北京：商务印书馆，1978

[28] 米尔苏里唐，阿米娜等，现代维吾尔语语音声学分析［M］.乌鲁木齐：新疆人民出版社，1992

[29] 曹剑芬，现代语音基础知识［M］，北京：人民教育出版社，1990

[30] Beckman, Mary E. 1986. Stress and non-stress accent. Berlin: de Gruyter Mouton

[31] Lindstrom, Eva & Bert Remijsen. 2005. Aspects of prosody of Kuot, a language where intonation ignores stress. *Linguistics* 43 (4), 839 – 870.

[32] Ladd D. Robert. 1996. *Intonational Phonology*. Cambridge: Cambridge University Press

[33] Fry, Dennis B. 1955. Duration and intensity as physical correlates of linguistic stress. *Journal of the Acoustical Society of America* 27 (4), 765 – 768.

[34] Sluijter, Agaath M. C. & Vincent J. van Heuven. 1996a. Acoustic correlates of linguistic stress and accent in Dutch and American English. 4th International Conference on Spoken Language Processing, Philadelphia, PA, 630 – 633.

[35] 鲍怀翘，实验语音学讲义，2005 年 6 月手稿

[36] 鲍怀翘，阿西木（1988），维吾尔语元音声学初步分析，民族语文，1988 年第 5 期

[37] 曹剑芬等（2003），基于文本信息的韵律结构预测及其在合成系统中的应用，第七届全国人机语音通讯学术会议（NCMMSC7）论文集，厦门，2003 年 11 月，pp. 162 – 165.

[38] 易斌，维吾尔语元音/y/的声学特征分析 [J]. 南京师范大学文学院学报，2005 (4)：168 – 171.

[39] 呼和，鲍怀翘，陈嘉猷（1997），关于蒙古语语音声学参数数据库，内蒙古大学学报（汉文版），1997 年第 5 期，韩国阿尔泰学会学报，1998 年第 8 号，pp. 201 – 210.

[40] 呼和，陈嘉猷，郑玉玲（2001），蒙古语韵律特征声学参数数据库，内蒙古大学学报（汉文版），2001 年第 1 期，pp. 39 – 43.

[41] 林茂灿（1994），关于普通话两音节的 F0 过渡及其感知问题，中国社会科学院语音研究室语音研究报告，1994 年，pp. 8 – 28.

[42] 林茂灿（2001），普通话孤立句的韵律结构和 F0 下倾 // 新世纪的现代语音学（第五届全国现 [43] 代语音学学术会议），清华大学出版社，北京，2001 年 9 月，pp. 180 – 184.

[44] 林茂灿，颜景助，北京话四音节词和短语中声调协同发音模式，中国社会科学院语音研究室语音研究报告，1990 年，pp. 35 – 64.

[45] 李俭，鲍怀翘（2003），汉语普通话动态腭位的数据检索方法。第六届全国现代语音学研讨会，天津，2003月6月

[46] 李俭、郑玉玲（2003），汉语普通话动态腭位的数据缩减方法，第六届现代语音学学术会议论文集，天津，2003年

[47] 罗常培，王均，普通语音学纲要，北京：商务印书馆，1981年12月，P104.

[48] 冉启斌，石锋（2008），塞音的声学格局分析，南开语音年报，第二卷，Vol. 2. No. 2.

[49] 冉启斌，石峰（2009），北京话擦音格局分析，南开语音年报，第三卷，第一期，Vol. 3. No. 1.

[50] 沈炯，汉语语调模型议，语文研究，1992，VOL 4，pp. 16 – 24.

[51] Svantesson, Jan-Olof (1986) Acoustic analysis of Chinese fricatives and affricates, *Journal of Chinese Linguistics*, 14：53 – 70.

[52] 吴宗济，普通话语句中的声调变化，中国语文，北京，1982年

[53] 吴宗济，林茂灿（1989），实验语音学概要，高等教育出版社，1989年月1月

[54] 王士元，关于声调语言、听觉，语言学论丛，第11辑，北京，1983年

[55] 王洪君（1996），韵律的层级和韵律的最小自由单位//第三届全国语音学研讨会论文集，中国社会科学院语言研究所，北京，1996年8月，pp. 17 – 18.

[56] 杨顺安，面向声学语音学的普通话语音合成技术［M］，社会科学文献出版社，北京，1994

[57] 杨玉芳（1996），语句重音分布模式知觉//第三届全国语音学研讨会论文集，中国社会科学院语言研究所，北京，1996年8月，pp. 91 – 92.

[58] 张家禄（1998），语音学与信息技术，语言文字应用，1998年第1期（总第25期），pp. 78 – 87.

[59] 张家禄，汉语文语转换系统的语音规则和声学参数，声学学报，Vol. 15, No. 22, pp. 113 – 120.

[60] 赵相如，朱志宁（1985），维吾尔语简志，民族出版社，1985年，北京

[61] 朱川，实验语音学基础，华东师范大学出版社，1986年，上海

[62] 朱川（1996），新闻语音节节奏群时长实验研究//第三届全国语音学研

讨会论文集，中国社会科学院语言研究所，北京，1996 年，pp. 19 – 20.

[64] 郑玉玲，呼和，陈嘉猷（2002），蒙古语三音节词重音研究，JOURNAL OF THE ALTAIC SOCIETY OF KOREA（韩国阿尔泰学会学报），2002 年第 12 号

[65] 郑玉玲，鲍怀翘（2003），论普通话／– N1C2／的协同发音∥第六届全国现代语音学研讨会，天津，2003 年

[66] 郑玉玲，刘佳（2006）普通话辅音发音部位及约束研究～基于 EPG∥第七届中国语音学会暨语音学前沿问题国际论坛论文集，北京，2006 年

[67] 郑玉玲，韵律词边界的协同发音问题∥第八届全国人机语音通讯学术会议（NCMMSC8）论文集，黄山，2007 年 10 月

[68] 朱晓农（2006），音韵研究，商务印书馆，北京，2006 年第 1 版，pp. 1 – 37.

[69] Yakup M. Acoustic correlates of lexical stress in native speakers of Uyghur and L2 learners [D]. University of Kansas, 2013.

[70] 孜丽卡木、那斯尔江、吾守尔·斯拉木、呼和、郑玉玲（2008），维吾尔语词首音节元音声学分析，第八届中国语音学学术会议，2008 年 4 月，北京

[71] 祖丽皮亚·阿曼、艾斯卡尔·艾木都拉、呼和、郑玉玲（2008），维吾尔语双音节词韵律模式初探，第八届中国语音学学术会议，2008 年 4 月，北京

[72] 呼和（2009），蒙古语和维吾尔语双音节词韵律模式比较，汉语韵律及语调研究讨论会，2009 年 8 月 20 – 22，大连

[73] 呼和（2018），再论蒙古语词重音问题，民族论文，2014 年第 4 期

[74] 呼和（2017），蒙古语和维吾尔语双音节词韵律模式比较，满语研究，2017 年第 1 期

[75] 呼和，梅花，蒙古语词重音及其分类问题，满语研究，2018 年第 1 期

[76] 呼和，蒙古语语音声学研究 [M]，社会科学文献出版社，2018.

后 记

通过几年的努力，这部"中国少数民族语言方言实验研究丛书"陆续跟读者见面了。该丛书是我们团队十几年研究工作的总结，作为我国民族语言实验研究方面的第一部大型丛书，一定会有很多待改进和完善的地方。如，在统计分析方面，该丛书只采用了均值、标准差和变异系数等，未采用 SPSS 中的相关分析和 T 值检验；有些结果和结论有待更多、更完整的验证。出版该丛书的目的是让读者了解民族语言音段和超音段（词层）声学研究方面的最新成果，给同行们提供语言声学实验研究思路和方法，促进我国民族语言实验语言学学科体系建设，推动民族语言学学科的发展。本丛书如果能在这方面做出一点贡献，那将是我们莫大的欣慰。

"中国少数民族语言语音声学参数统一平台"（简称"语音声学参数统一平台"）建设和撰写出版"中国少数民族语言方言实验研究丛书"是我们团队目前的主要任务。这两项工程的实施和完成需要花费大量的人力和财力。感谢全国哲学社会科学工作办公室和中国社会科学院科研局多年来对我们的支持和资助。"中国少数民族语言方言实验研究丛书"是"语音声学参数统一平台"的一种检验。在实施两项庞大工程中有太多值得感谢的同人。感谢所有发音合作人，他们对母语的热爱和对自己民族的责任感深深地打动了我们团队每一位成员；感谢参与本项工程的所有研究生，他们能够理解和支持这项庞大而艰难的工程，每一个音段的参数中都凝聚着他们辛勤劳动和汗水；特别感谢郑玉玲副研究员在"维吾尔语语音声学参数库"方面所做的基础工作，感谢新疆大学艾斯卡尔·艾木都拉和西北民族大学阿里木·玉苏甫两位教授；感谢民族学与人类学研究所领导和我们研究室的同事们，他们的鼓励和支持是我们团队最强大的动力。特别感谢"语音声学参数统一平台"管理软件的设计和制作者——我们研究所网络中心主任周学文副研究员；感谢审阅本卷的我的同事阿米娜木·买买提明博士；感谢社科文献出版社的领导和本丛书的责任编辑周志静女士；最后感谢资助本丛书的中国社会科学院创新工程学术出版资助管理委员会。

在进行大量统计分析中发现，与蒙古语和鄂温克语语音标注相比，维吾尔语语音标注有些不足之处。如在标注词首塞音、塞擦音的 GAP 方面未能实现我们提出的标注原则，人为地给出了时长等。为此，我们舍去了该参数。像所有作品一样，由于所涉及的范围广、问题多，加上我们研究能力和水平有限等诸多原因，该卷中难免会有不足之处，望同行们斧正。我们相信，随着实验语言学理论和方法的不断成熟和改进，以及我们团队研究领域的逐渐拓展和研究水平的不断提高，这些问题和难题会逐步得到解决。因为汉语不是我们的母语，用汉语进行写作，我们需要克服一定的语言文字上的障碍，尽管我们非常努力，但在本卷中仍然可能出现"维吾尔式或蒙古式"语句，甚至可能存在表达不清楚的地方，望各位读者谅解并提出宝贵意见。

2019 年 9 月 16 日

图书在版编目(CIP)数据

维吾尔语语音声学研究 / 艾则孜·阿不力米提, 呼和著. -- 北京：社会科学文献出版社, 2020.5
(中国少数民族语言方言实验研究丛书)
ISBN 978 - 7 - 5201 - 5292 - 1

Ⅰ.①维… Ⅱ.①艾… ②呼… Ⅲ.①维吾尔语(中国少数民族语言) - 语音学 - 研究 Ⅳ.①H215

中国版本图书馆 CIP 数据核字(2019)第 160194 号

中国少数民族语言方言实验研究丛书
维吾尔语语音声学研究

主　　编／呼　和
著　　者／艾则孜·阿不力米提　呼　和

出 版 人／谢寿光
组稿编辑／宋月华　周志静
责任编辑／刘　丹

出　　版／社会科学文献出版社·人文分社 (010) 59367215
　　　　　地址：北京市北三环中路甲29号院华龙大厦　邮编：100029
　　　　　网址：www.ssap.com.cn
发　　行／市场营销中心 (010) 59367081　59367083
印　　装／三河市东方印刷有限公司

规　　格／开　本：787mm × 1092mm　1/16
　　　　　印　张：21.25　字　数：347 千字
版　　次／2020 年 5 月第 1 版　2020 年 5 月第 1 次印刷
书　　号／ISBN 978 - 7 - 5201 - 5292 - 1
定　　价／268.00 元

本书如有印装质量问题，请与读者服务中心 (010 - 59367028) 联系

▲ 版权所有 翻印必究